江苏省中小学幼儿园教师自学考试学前教育专业专升本教材

学前教育思想史

唐 淑
王 雯 主编

苏州大学出版社

图书在版编目(CIP)数据

学前教育思想史/唐淑,王雯主编.—苏州:苏州大学出版社,2004.5(2023.5 重印)
江苏省中小学幼儿园教师自学考试学前教育专业专升本教材
ISBN 978-7-81037-989-2

Ⅰ.学… Ⅱ.①唐…②王… Ⅲ.学前教育-教育思想-思想史-高等教育-自学考试-教材
Ⅳ.G619-09

中国版本图书馆GIP数据核字(2004)第030752号

学前教育思想史
唐淑 王雯 主编
责任编辑 朱坤泉

苏州大学出版社出版发行
(地址:苏州市十梓街1号 邮编:215006)
丹阳兴华印务有限公司印装
(地址:丹阳市胡桥镇 邮编:212313)

开本 850mm×1168mm 1/32 印张 18.75(共两册) 字数452千
2004年5月第1版 2023年5月第9次印刷
ISBN 978-7-81037-989-2 定价:58.00元
(共两册)

苏州大学版图书若有印装错误,本社负责调换
苏州大学出版社营销部 电话:0512-67481020
苏州大学出版社网址 http://www.sudapress.com

江苏省中小学幼儿园教师自学考试学前教育专业专升本教材编写委员会

主 任 委 员 王斌泰

副主任委员 许仲梓　朱小蔓　杨九俊　孙建新
　　　　　　　鞠　勤　李学农

委　　　员（以姓氏笔画为序）
　　　　　　　孔起英　许卓娅　朱　曦　邱学青
　　　　　　　张　俊　陈春菊　周　兢　耿曙生
　　　　　　　唐　淑　顾荣芳　徐文彬　虞永平

前　　言

　　为加快我省幼儿园教师本科学历培训步伐,优化教师队伍结构,提高幼儿园教师素质和学前教育质量,江苏省教育厅决定从2001年起启动幼儿园教师学前教育专业(专升本)自学考试,以南京师范大学为主考单位。

　　学前教育专业(专升本)自学考试,既是我国自学考试的一种全新形式,也是江苏省在21世纪推进幼儿园教师继续教育,提高学历,以适应教育现代化需要的重要举措。

　　1999年,原江苏省教育委员会组织专家着手进行了幼儿园教师学前教育专业(专升本)自学考试方案和课程考试计划的制定工作。2000年,江苏省教育厅组织专家对此进行了论证,确定了《江苏省中小学幼儿园教师自学考试学前教育专业(专升本)课程考试计划》。在此基础上,江苏省教育厅又组织了一批专家根据课程计划编写教材,确立了教材编写的指导思想:根据21世纪对幼儿园教师素质的要求,适应基础教育改革的需要,突出思想政治及道德素养的提高和教育思想的转变,进一步夯实幼儿园教师文化科学素质基础,强化在教育实践中进行学习研究、自我提高的意识及能力,进一步提高幼儿园教师现代教育理论素养,树立正确的教育思想和观念,提高教育技艺水平。教材编写力求体现先进性、科学性、专业性和实用性的原则。

学前教育专业(专升本)自学考试是一项全新的事业,需要不断发展和完善,希望广大自学考试辅导教师和自学考试者在教材的使用与学习中,提出宝贵意见,为这一事业的发展和提高作出贡献。

江苏省中小学教师自学考试办公室
2001 年 10 月

目　　录

上篇　中国学前教育思想

第一章　古代学前教育思想 …………………………………（3）
　第一节　贾谊的早期教育思想 …………………………（5）
　第二节　颜之推的家庭教育思想 ………………………（9）
　第三节　朱熹重规范的教育思想 ………………………（18）
　第四节　王守仁顺自然的教育思想 ……………………（24）
　第五节　陆世仪熏陶涵养的教育思想 …………………（34）
　第六节　张履祥耕读相兼的教育思想 …………………（38）
　第七节　崔学古"爱养"的教育思想 ……………………（44）
　第八节　唐彪"善诱"的教育思想 ………………………（48）

第二章　近现代学前教育思想 ………………………………（56）
　第一节　张之洞的学前教育主张 ………………………（58）
　第二节　康有为的学前儿童公育思想 …………………（68）
　第三节　蔡元培的儿童教育思想 ………………………（76）
　第四节　张雪门的学前教育理论与实践 ………………（85）
　第五节　陶行知的学前教育理论与实践 ………………（98）
　第六节　陈鹤琴的学前教育理论与实践 ………………（114）

第七节　恽代英的儿童公育思想 …………………… （116）
第八节　张宗麟的学前教育理论与实践 …………… （178）
第三章　当代学前教育思想 ……………………………… （192）
第一节　前苏联教育理论影响下的学前教育思想 … （192）
第二节　新时期学前教育思想的发展 ……………… （209）

下篇　外国学前教育思想

第一章　古代学前教育思想 ……………………………… （231）
第一节　柏拉图的学前教育思想 …………………… （231）
第二节　亚里士多德的学前教育思想 ……………… （237）
第三节　昆体良的学前教育思想 …………………… （243）
第二章　近代学前教育思想 ……………………………… （253）
第一节　夸美纽斯的学前教育思想 ………………… （253）
第二节　洛克的儿童教育思想 ……………………… （267）
第三节　卢梭的儿童教育思想 ……………………… （281）
第四节　裴斯泰洛齐的儿童教育思想 ……………… （295）
第五节　赫尔巴特的儿童教育思想 ………………… （306）
第六节　福禄倍尔的学前教育思想 ………………… （320）
第三章　现代学前教育思想 ……………………………… （330）
第一节　杜威的儿童教育思想 ……………………… （330）
第二节　蒙台梭利的学前教育思想 ………………… （345）
第三节　克鲁普斯卡娅的学前教育思想 …………… （355）
第四章　当代学前教育思想 ……………………………… （363）
第一节　皮亚杰的认知发展理论与学前教育思想 … （364）
第二节　人本主义教育家的学前教育思想 ………… （388）
第三节　当代早期教育理论概述 …………………… （406）

上 篇

中国学前教育思想

第一章　古代学前教育思想

中国自汉代"独尊儒术"以来,孔子所创立的儒家思想便成为占统治地位的思想,儒家的教育观也就成为古代正统的教育观,影响了整个封建时代。以孔子为代表的先秦儒家倡人本、主仁义、重育人,在诸子百家中形成了自己的独特个性。

首先,他们重人生,以人为本。孔子反对人殉制度,诅咒"始作俑者,其无后乎!"①意思是最先用木偶或土偶殉葬的人,必定断子绝孙。马厩失火了,孔子问有无伤亡人员而不问马。在"匹马束丝"换五个奴隶的时代,孔子关心的是人不是马,这说明人(包括奴隶)在他心目中的地位提高了。孔子反对苛政,因为"苛政猛于虎也"②,主张德治,认为"为政以德,譬如北辰,居其所而众星共之"③。统治者如果用道德来治理国家,那么他就会像北极星由众星环绕那样,受到民众的拥戴。孟子提出:"民为贵,社稷次之,君为轻。"④他告诫统治者要"与民同乐","保民而王",只有行仁政,才能得民心,只有得民心,才能坐天下。虽然孔、孟的人本思想是以巩固统治为归宿的,但在那个时代,人本思想的提出确实是一大进步。

其次,他们重道德,仁义并举。"仁"是孔子的创造,而仁的核

---

① 《孟子·梁惠王上》。
② 《礼记·檀弓下》。
③ 《论语·为政》。
④ 《孟子·尽心下》。

心内涵是"爱人"。尽管孔子的"爱人"是有别、有等级的,但他的"泛爱众"已将关爱之心投向了广大民众,其中也包括奴隶,这实在是了不起的进步。孔子认为,任何人都要爱别人,也就是说,每个人都具有道德义务。他说:"君使臣以礼,臣事君以忠。"①君主对臣子以礼相待,臣子就会对君主忠心耿耿。孟子继承了孔子"仁"的思想,并发展成为仁义学说。他说:"亲亲,仁也;敬长,义也。"②仁就是爱亲,义就是敬长。他把"义"运用到君臣关系上,指出:"君之视臣如手足,则臣视君如腹心;君之视臣如犬马,则臣视君如国人;君之视臣如土芥,则臣视君如寇仇。"③他认为君臣双方都有道德义务,不仅臣要敬重君,而且君也应当尊重臣。从某种意义上来说,臣对君的态度,取决于君对臣的尊重与否。他以仁义思想作为处理各种人际关系的标尺,提出了"父子有亲,君臣有义,夫妇有别,长幼有序,朋友有信"④的道德准则,对整个封建社会产生了深远的影响。

再则,他们重教育,诲人不倦。孔子说:"性相近也,习相远也。"⑤由于人们"性相近",天赋平等,所以人人可以受教育,于是便有"有教无类"主张的提出。孔子说:"爱之,能勿劳乎?忠焉,能勿诲乎?"⑥爱一个人,能不为他付出辛劳吗?对一个人尽心,能不教诲他吗?又因为"习相远",绝大多数人是"学而知之"者,所以孔子在教育上最为用心着力。他重视传统文化,主张"述而不作,信而好古"⑦,以诗、书、礼、乐为主要教育内容。他以身作则,因材施教,启

---

① 《论语·八佾》。
② 《孟子·尽心上》。
③ 《孟子·离娄下》。
④ 《孟子·滕文公上》。
⑤ 《论语·阳货》。
⑥ 《论语·宪问》。
⑦ 《论语·述而》。

发引导,循循善诱,使学生欲罢不能。孟子强调"明人伦",而要达到这一目的,只有通过教育的途径。他"教亦多术",循序渐进,主张专心致志,持之以恒地"深造自得"。荀子主"性恶",认为人性中"固无礼义"。因此,教育就更显得重要。他要人们"强学而求有之也"①。他重闻见之知,以感性认识为出发点,强调隆师亲友,强学力行,锲而不舍,以达到"化性起伪"的目标。

总之,先秦儒家从以人为本思想出发,主张尊重人、爱护人,以仁义道德协调人际关系,通过教育来培养人、完善人,以实现其"修身、齐家、治国、平天下"的人生追求。他们的教育思想对整个封建社会的教育,包括学前教育,产生了极大的影响。

第一节 贾谊的早期教育思想

贾谊(前200—前168),洛阳人,西汉初年杰出的政治家、文学家和教育家,以能诵《诗》《书》,善文辞著称,20岁左右即被召为博士。他极富政治远见,对汉代的大政方针发表了不少看法,提出了许多治国良策,颇受汉文帝赏识。一年后被提升为太中大夫,后遭谗言被贬为长沙王太傅,又转任梁怀王太傅。文帝十一年(前169),梁怀王不慎坠马身亡。贾谊深感自己没有尽到太傅的职责而极度悲伤,自责过深,于次年忧郁而终,年仅33岁。

贾谊两度八年的太傅生涯,积累了丰富的君主教育的实践经验,在此基础上形成了他的君主早期教育理论。他的著述颇丰,今人辑为《贾谊集》,内有《新书》10卷等。有关君主早期教育的理论,主要见之于《新书》的《胎教》《保傅》《傅职》《劝学》诸篇中。

---

① 《荀子·性恶》。

一、及早施教

贾谊认为,君主教育意义重大,因为它关系到国家的兴衰存亡。他指出:殷周之所以国祚长久,而秦代却"二世而亡",原因就在于对君主继承人的教育不同。"殷周之所以长久者,其辅翼太子有此具也,及秦而不然。"① 殷周时对君主继承人的教育好,有诸多贤士辅翼,故能长治久安;而秦代则反之,故"二世而亡"。由此可见,"天下之命,县于太子"②。对太子的教育,直接关系到国家将来的安危。因此,必须使太子接受良好的教育,使其品行端正,则"太子正而天下定"。只要太子行得正,天下就安定了。"治乱之机,其要在是矣。"③ 国家治与乱的关键,就在于此。

贾谊认为,"太子之善,在于早谕教"。对君主继承人的教育在其未出世前就要进行。"古者胎教之道,王后有身,七月而就蒌室。"④ 王后怀胎七个月,就要迁往安静清幽的侧室居住,使其不听邪音,不食邪味,以养成良好的心性,保证充足的营养,"立而不跛,坐而不差,笑而不喧,独处不倨,虽怒不骂"⑤,一切言行举止皆合正礼,这样生出的婴儿才会中正不邪。

如果说胎教尚属通过母体对胎儿施加间接影响的话,那么在太子出生以后,直接的教育就应当开始了。贾谊主张:"自为赤子,而教固已行矣。"⑥ 赤子即刚生下来的婴儿。他说:"古之王者,太子初生,固举以礼。"⑦ 古代的君王在太子初生时,便举行一定的

---

① 《新书·保傅》(以下凡出自《新书》,仅注篇名)。
② 《保傅》。
③ 《保傅》。
④ 《胎教》。
⑤ 《胎教》。
⑥ 《保傅》。
⑦ 《保傅》。

礼节仪式,对其加以熏陶影响。及早施教之所以重要,其一,在于小时候形成的品行习惯根深蒂固,就仿佛人的天性一般,不易改变。正如孔子所说的:"少成若天性,习惯如自然。"①其二,在于婴幼儿尚未受到外界环境的影响,心地单纯,既容易形成良好的品德,也容易感染不良的习气。因此,及时施加教育影响,便可获得事半功倍的效果。所谓"心未滥而谕教,则化易成也"②。一旦恶习养成,再加矫正,非但失去了最佳教育时机,且效果必然是事倍功半。

二、慎重择师

贾谊认为,慎重择师是对君主进行早期教育的根本保证。他指出,要使"太子正",除了"早谕教"外,还必须"选左右",就是为太子选择老师。太子的老师为太师、太傅、太保,合称"三公";少师、少傅、少保,合称"三少","三少"为"三公"的副手。"三公"、"三少"须慎重选择,"天下之端士、孝悌博闻有道术者"③,方能充任。他说:"昔者周成王幼,在襁褓之中,召公为太保,周公为太傅,太公为太师。"④此三人均为古代贤士,周公"诚立而敢断,辅善而相义",即忠诚而敢于决断,以德辅政;太公"洁廉而切直,匡过而谏邪",即清正廉洁,敢于直言极谏;召公"博闻强记,捷给而善对"⑤,即博学敏捷,善于应对。正是由于他们自身德才兼备,加上善于教育引导,才使成王自幼"见正事,闻正言,行正道"⑥,即位后

---

① 《保傅》。
② 《保傅》。
③ 《保傅》。
④ 《保傅》。
⑤ 《保傅》。
⑥ 《保傅》。

才能够"虑无失计而举无过事"①,考虑问题十分周密,处理事情正确无误,以至于成为一代明君。贾谊指出:"人性非甚相远也。"②人生下来,天性都差不多,可是为什么周成王圣明,而秦二世暴戾?是两者本性的差异吗?不是,是他们的老师不同。成王的老师均是贤者,成王的"左右前后,皆正人也。习与正人居之,不能无正也"③。而秦二世胡亥因择师不当,以宦官赵高为傅,在师傅的影响下,胡亥是非颠倒,草菅人命,昏庸暴戾,数载即亡。由此看来,择师不可不慎。

三、三育并举

贾谊为"三公"规定的职责是:"保,保其身体;傅,傅之德义;师,道之教训。"④这反映了他体、德、智三育并举的思想。婴幼儿正处在长身体阶段,将"保其身体"置于首位,符合儿童生长发育的特点。在保证太子健康发育的前提下,要特别关注道德教育。"傅之德义"显然属于德育,而"道之教训"虽属智育,但教训的内容仍不离道德范畴。如教之《春秋》,以"耸善而抑恶",教之《礼》"使知上下之则",教之《诗》"而广道显德"⑤等,这是先秦儒家重德思想的延伸。道德品质的形成是一个由小而大逐步发展的过程,贾谊说:"善不可谓小而无益,不善不可谓小而无伤。"⑥人的善行不能因其小而认为无多大价值,同样,人的恶行也不能因其小而觉得无关紧要。所以,对于儿童极细微的闪光点,应当及时加以引导,使其发扬光大;而对他们行为中的小毛病,切不可听之任之,要

---

① 《保傅》。
② 《保傅》。
③ 《保傅》。
④ 《保傅》。
⑤ 《傅职》。
⑥ 《审微》。

及时加以制止,使其迅速改正。人的品行优劣正是在无数细微小事中体现出来的。无论善端、恶端,都须在萌芽阶段及时加以正确引导,方能使儿童存善去恶,成为品行端正的人。总之,三育并举,德育为本,是贾谊早期教育思想的核心。

四、深浅适宜

贾谊认为,对君主实施早期教育要深浅适宜。"太浅则知暗,太博则业厌"①。教学内容太浅,则智力得不到发展;教学内容过于深博,则会因难以接受而产生厌学情绪。所以,教育者应当"适疾徐,任多少"②,根据学生的学习能力来确定教学的快慢和内容的多少;"造而勿趣,稍而勿苦"③,要积极引导学生而不加强制,要让学生逐渐积累,而不使其因负担过重而产生厌苦之情;"省其所省,而堪其所堪"④,减少那些不必要的内容,使其能够胜任。

贾谊继承并发展了孔子的"因材施教"和孟子的"循序渐进"思想,提出了深浅适宜,快慢得当,最大限度地发挥学生智慧潜能的教学原则,对后世产生了重要影响。

贾谊的早期教育思想虽然是针对君主提出来的,具有一定的局限性,但其基本精神对于一般儿童的早期教育也是适用的。他的思想为我国古代学前教育理论的发展奠定了基础。

第二节　颜之推的家庭教育思想

颜之推(531—约595),字介,梁朝建业(今江苏南京)人,南

---

① 《容经》。
② 《容经》。
③ 《容经》。
④ 《容经》。

北朝时期著名的教育家、文学家。出生于士族家庭,其家学渊源世代相承,这奠定了他一生的儒学基础。而当时的儒学衰微,玄学、佛学并兴,又对其思想多有影响。他经历了几十年改朝换代的风波,"三为亡国之人",却四朝为官,历任南梁散骑侍郎、北齐黄门侍郎、北周御史上士以及隋学士等职。他根据自己一生的曲折经历,写成《颜氏家训》20篇,用以"整齐门内,提撕子孙"①。这是我国古代第一部系统完整的家庭教科书,在社会上产生了广泛的影响,其意义已远远超出对颜氏家族子弟的训诫,被人们视为家训的鼻祖和家教的典范。

一、家教奠基,父母有责

颜之推说:"吾生于乱世,长于戎马,流离播越,闻见已多。"②他从自己一生的经历中,深深认识到学习文化知识、提高自己才能的重要性。他说:"自荒乱已来,诸见俘虏,虽百世小人,知读《论语》、《孝经》者,尚为人师;虽千载官冕,不晓书记者,莫不耕田养马。"③他认为,有知识有才能的人,不论其出身如何,都可以成为劳心的君子,始终居于社会的上层;而没有知识、缺乏才能的人,即使出生显贵,世代为官,也必将成为劳力的小人,居于社会的下层。知识和才能是一种资本,它可以作为谋生的手段。他说:"父兄不可常依,乡国不可常保,一旦流离,无人庇荫,当自求诸身耳。"④在社会大变动时期,个人的地位和前途都没有依靠,没有保证,只有靠自己,只有自己有知识、有才能,方可保住较高的社会地位。他本人就是凭借其学识才能,先后在四朝为官的。对此,他的感受实

---

① 《颜氏家训·序致》(以下凡出自《颜氏家训》,仅注篇名)。
② 《慕贤》。
③ 《勉学》。
④ 《勉学》。

在太深刻了。因而,他从维护自己的家族乃至整个士族的利益出发,提出了学习的极端重要性。由于当时官学衰废,颜之推便特别关注家庭教育。他认为,一个人的道德才能如何,取决于其早期家庭教育的优劣,因为家教是奠基的教育。他自己在儿童时期,由于父母要求严格,而养成了良好的习惯,为其今后的发展奠定了基础。然而,由于父母去世,家教放松,在社会的不良影响下,他渐渐变成一个"肆欲轻言、不修边幅"①的人。成年之后才开始觉醒,无奈"习若自然,卒难洗荡"②,坏习气一经形成,便很难一下子改过来。他深感自己存在的问题是由没有始终坚持严格的家庭教育所造成的。他又列举了大量的事实,证明大凡在儿童时期接受了良好的家庭教育,一般都能"守道崇德",建功立业;相反,若早年未受到严格的家庭教育,往往"终为败德",甚至招来"杀身之祸"。因此,家庭教育关系到个人的成败和家族的兴衰。要使子女将来有所作为,家长就必须十分重视家庭教育。

颜之推认为,家庭教育具有学校教育、社会教育难以取代的效果。他说:"禁童子之暴谑,则师友之诫,不如傅婢之指挥;止凡人之斗阋,则尧舜之道,不如寡妻之诲谕。"③要制止孩子的戏闹,侍婢的呼唤胜过师友的训诫;而制止人们的争斗,以尧舜之道去说服还不如妻子的规劝作用大。其所以如此,原因在于"同言而信,信其所亲;同命而行,行其所服"④。在家庭中,父母与子女朝夕相处,感情深厚,这一天然亲情可以使家庭教育收到事半功倍的效果。因此,家长的责任重大,其教育作用是任何师友圣贤所不能代替的。

---

① 《序致》。
② 《序致》。
③ 《序致》。
④ 《序致》。

二、教儿婴孩,勿失良机

颜之推认为,一个人的发展,幼年时期是奠定基础的重要阶段。所以,家庭教育应当抓住时机,及早进行,有条件的可从胎教开始。他说:"古者,圣王有胎教之法;怀子三月,出居别宫,目不邪视,耳不妄听,音声滋味,以礼节之。"①在他看来,孕妇的道德行为影响胎儿的生长,孕妇"目不邪视,耳不妄听",胎儿便能"正"而勿"邪"。然而,只有帝王之家才有条件实施胎教,一般家庭根本就做不到。那么,他们又应当何时开始施教呢? 他指出:"当及婴稚,识人颜色,知人喜怒,便加教诲。"②就是说当孩子开始能够认识外界的人和事物的时候,就要及时进行教育。他引用当时的俗谚"教妇初来,教儿婴孩"③,说明要使媳妇听话,就要在她刚过门时就约法三章;要使孩子长大有出息,就要在他刚懂事时就加以教育。为什么"当及婴稚"就要教育呢? 因为只有及早施教,才能取得最佳效果。其一,"人在年少,神情未定"④,因而可塑性大。此时,各种社会影响,无论好坏,都会在儿童幼小的心灵上烙上深深的印痕。尽早进行教育和引导,使儿童养成良好的习惯,便可以抵御各种不良影响的侵袭。其二,"人生小幼,精神专利;长成已后,思虑散逸,固须早教,勿失机也"⑤。年龄越小,思想越单纯,精神越专一,记忆力也就越好,因而学习的知识掌握得牢固;长大成人之后,事情繁多,思想复杂,注意力难以集中,故学习效果就差。他以自己的经验加以证明:"吾七岁时,诵《灵光殿赋》,至于今日,十

---

① 《教子》。
② 《教子》。
③ 《教子》。
④ 《慕贤》。
⑤ 《勉学》。

年一理,犹不遗忘;二十之外,所诵经书,一月废置,便至荒芜矣。"①所以,家庭教育宜早不宜迟,每个做家长的切勿错失良机。

三、德艺双修,博专统一

颜之推认为,家庭教育的目的在于培养对国家有用的人才,这种人才须德行与学艺两者兼备。因此,家庭教育的内容应当是德艺双修。

首先,要重视对儿童进行道德理想和道德情操的教育。所谓"生子孩提,师保固明孝仁礼义,导习之矣"②。父母要教育子女从小立志,树立高尚的生活理想,确立正确的道德观念,分清是非善恶,这是家庭教育最主要的内容。要使子女牢记,凡是符合仁义的事情,即使会损害个人利益,甚至要牺牲自己,"丧身以全家","泯躯而济国"③,也在所不惜;凡是不仁不义之事,就是能为个人捞取好处,获得名声,也决不去做。他反对为了个人的目的而不择手段,厌恶那些依附权贵、屈节求官的人。他说,在北齐时,某人为使自己的孩子往上爬,就教他学鲜卑语、弹琵琶,以此来博得达官贵人的宠爱,做父亲的不以为耻,反以为荣,常向别人炫耀自己教子有方。颜之推认为,像这样教育孩子,不顾人格和气节,志趣低下,实在可鄙,严诫子孙切勿仿效。

其次,要对儿童进行广泛的"艺"教,即"修以学艺"。颜之推指出,"贵游子弟,多无学术",却"耻涉农商,差务工伎",在"离乱之后","求诸身而无所得,施之世而无所用",以至于"转死沟壑之际"④。他认为士族子弟大多不学无术,却又鄙视农工商贾,当乱

---

① 《勉学》。
② 《教子》。
③ 《养生》。
④ 《勉学》。

世之时,他们毫无生存能力,以至于死无葬身之地。而"有学艺者,触地而安","谚曰:'积财千万,不如薄伎在身'"①。一个人只要有一技之长,即使在兵荒马乱的年代,也可安身立命。因此,"艺"教对一个人来说也是十分重要的。在他看来,"艺"包括"文艺"和"杂艺"。所谓"文艺",主要是指"六经"以及百家之书,掌握了这些知识,即使"不能增益德行",也"犹为一艺"②,成为谋生的手段。所谓"杂艺",包括琴、棋、书、画、医、数、射、卜等,甚至连儒家并不重视的农业生产知识也包含其中。这些"杂艺"在生活中各有其实用价值,学成一艺,"得以自资"。

颜之推主张博专统一。他说:"夫学者,贵能博闻也。"所谓博闻,包括"郡国山川,官位姓族,衣服饮食,器皿制度,皆欲寻根,得其原本"③。博闻有助于开阔眼界,避免犯片面性错误。他指出:"观天下书未遍,不得妄下雌黄。"④没有博览群书,就不可乱下结论。只有尽可能地扩大获取知识的范围,才能作出比较准确的判断。因此,他认为:"农工商贾、厮役奴隶、钓鱼屠肉……皆有先达,可为师表。"就是说各行各业都有值得学习的东西,"博学求之,无不利于事也"⑤。广博地学习这些知识,对于做事是很有益处的。

在颜之推看来,博闻固然有益,但如果无论何事,都浅尝辄止,"略得概梗,皆不通熟"⑥,这也不行。"古人云:'多为少善,不如执一;鼯鼠五能,不成伎术。'"⑦事情做了许多,却大都做得不好,就

---

① 《勉学》。
② 《勉学》。
③ 《勉学》。
④ 《勉学》。
⑤ 《勉学》。
⑥ 《省事》。
⑦ 《省事》。

如同鼯鼠有五种本领,却一种都不精。要想学问精深,除博闻外,还须专一。只有专心做一件事,才能把它做好。所谓"省其异端,当精妙也"①。博专统一,就是要"博览机要"。机要,意思是机微精要。博览群书,掌握其精要,则"必能兼美"②。

四、偏宠有害,严教是爱

颜之推认为,天下父母无不爱自己的子女,然而有不少人不知道该如何爱孩子,有的只知道宠爱、溺爱,"饮食运为,恣其所欲。宜诫翻奖,应呵反笑"③,对孩子生活方面的要求尽量给予满足,完全放任而不加限制。孩子做了错事本应批评,反而加以奖励;孩子说了错话本应责备,却一笑了之。这样使儿童难以树立正确的是非观念,久而久之,就会养成不良习惯。而"骄慢已习,方复制之,捶挞至死而无威,忿怒日隆而增怨,逮于成长,终为败德"④。等到恶习已成,此时再加以管束,但为时已晚,即使天天打骂也无济于事,这样的孩子长大以后终将成为品德败坏的人。还有的人偏爱孩子,对子女不一视同仁,其结果是受冷漠的孩子自尊心遭到伤害,发展受到影响;而受偏爱的孩子则会养成骄、娇二气,也难以健康成长。他列举了历史上的实例来加以说明。如春秋时郑庄公之弟共叔段,因母亲偏爱而骄横霸道,终因篡位而被诛。又如北齐武成帝之子琅邪王,因受父母偏爱,年纪不大便骄恣傲慢,后因谋反而被杀。共叔段与琅邪王之死,责任在其父母,"虽欲以厚之,更所以祸之"⑤。颜之推说:"人之爱子,罕亦能均。自古及今,此弊

---

① 《省事》。
② 《勉学》。
③ 《教子》。
④ 《教子》。
⑤ 《教子》。

多矣。贤俊者自可赏爱,顽鲁者亦当矜怜。"①历史的经验告诉我们,如果家长对孩子宠爱偏爱,看起来是爱他,实际上是害他。

那么,怎样才是正确地爱孩子呢?颜之推认为,必须将爱与教结合起来,寓爱于教,这才是真正的爱孩子。教育孩子一定要严格,父母要有威严,"使为则为,使止则止"②。为了提高教育效果,他甚至主张采用打骂等强制性措施,如果父母能做到"威严而有慈",那么孩子就能"畏慎而生孝"③。只有严加管教,孩子才有希望成器。将体罚作为管教子女的有效手段,这是不正确的,但对子女提出严格要求,却是有道理的。

五、风化熏陶,闻见结合

颜之推认为,儿童正处于生长发展的阶段,极易受周围环境的影响。他说:"人在年少,神情未定,所与款狎,熏渍陶染,言笑举动,无心于学。潜移暗化,自然似之。"④儿童的发展尚未定型,他们虽"无心于学",却时时受到"熏渍陶染"、"潜移暗化",久而久之便形成了自己的品格。因此,父母应当为儿童创造一个良好的家庭环境,以家长的模范行为为孩子树立榜样,他把这种示范作用称为"风化"。"夫风化者,自上而行于下者也,自先而施于后者也,是以父不慈则子不孝,兄不友则弟不恭。"⑤换句话说,只有父慈才有子孝,只有兄友才有弟恭。长辈品德作风好,晚辈在这样的家庭环境中,会随风而化,这是一种自然的仿效,无须任何强制。好的家庭教育,不在长篇说教,而在长辈示范。父母以身作则,就能引导孩子去恶从善。再就语言教育来说,要使子女发音准确,父

---

① 《教子》。
② 《教子》。
③ 《教子》。
④ 《慕贤》。
⑤ 《治家》。

母必须语言正确。他说:"吾家儿女,虽在孩稚,便渐督正之。一言讹替,以为己罪矣。"①他自己以身作则,使用标准语言,并认真示范。在孩子身上总能见到家长的影子,所以,父母必须慎其言行,做孩子称职的教师。

此外,父母还要关心孩子的交友情况。因为"与善人居,如入芝兰之室,久而自芳也;与恶人居,如入鲍鱼之肆,久而自臭也"②。和好人交朋友,时间久了自己也会变好;和坏人交朋友,时间长了自己也会变坏。所谓"近朱者赤,近墨者黑"。颜之推要求家长引导儿童"慎交游"、"交益友"。

颜之推认为,闻见结合是一种重要的学习方法。当时一些士大夫子弟不学无术,"贵耳贱目"③,把道听途说的趣闻琐事作为谈论的资本,并以此为学。他不赞成这种重耳闻、轻眼见的学习方法,认为只有眼见方能知其真伪。因此,他提倡"眼学",重视亲身直接观察以获取知识。他说:"必须眼学,勿信耳受。"④所谓"眼学",包括书本知识的学习和实践经验的积累,一方面要认真阅读典籍,查考原文,这样才能相信,方可转述;另一方面要亲身实践,亲自勘察,这样得到的认识才真切。不过,颜之推虽重"眼学",却也并非排斥"耳学"。他认为听闻也可开阔眼界,但不能轻信,主张闻见结合,既要耳闻,更须目睹,做到"目能视而见之,耳能听而闻之"⑤,只有这样,方能获得真正的学问。

颜之推有丰富的社会阅历和广博的学识。他把自己立身、为学、治家、处事的经验体会加以总结,写成《颜氏家训》,用以训诫子孙,勉励他们努力学习,继承家风,扬名于世。在南北朝以前,我

---

① 《音辞》。
② 《慕贤》。
③ 《慕贤》。
④ 《勉学》。
⑤ 《风操》。

国也曾出现过一些有关家庭教育的文章,如刘向的《诫子歆书》、马援的《诫兄子严、敦书》,诸葛亮的《诫子书》,王昶的《家诫》等,但像《颜氏家训》这样系统而完整地论述家庭教育的专著尚未见过。《颜氏家训》提出了士大夫家庭教育中带有普遍性的问题,"篇篇药石,言言龟鉴"①,对后世影响很大。后代作家训,皆溯源《颜氏家训》。宋代陈振孙在《书录解题》中说:"古今家训,以此为祖。"在封建社会家庭教育发展史上,它是一座重要的里程碑。

颜之推因受阶级和时代的局限,其家庭教育思想中也存在某些消极因素,如重劳心、轻劳力,想出人头地、光宗耀祖以及主张体罚,等等,对此我们应加以批判。但他重视家庭教育,尤其是儿童早期教育,在家庭教育的意义、内容、原则和方法等方面提出了一系列有价值的观点,这对当今儿童的家庭教育具有重要的启发和借鉴意义。

第三节 朱熹重规范的教育思想

朱熹(1130—1200),字元晦,又字仲晦,号晦庵。祖籍徽州婺源(今江西婺源县),出生于福建南剑(今福建南平)尤溪县,南宋著名的理学家、教育家。他出生书香门第,祖辈世代为官。自幼接受儒学教育,后师从北宋理学家程颐、程颢的三传弟子李侗,奠定了其学术思想的基础。他18岁中举人,19岁中进士,从此踏上了坎坷的仕途。先后在闽、赣、浙、湘等地为官,晚年曾被召为宋宁宗侍讲,仅40余天便被罢免,结束了他的政治生涯。

朱熹一生热衷于教育事业,他从事讲学活动长达40年之久,曾长期在福建寒泉精舍、武夷精舍和竹林精舍授徒讲学。即使在从政期间,他也不忘兴学育才,每到一处都积极创办书院和州县官

---

① 王钺:《读书丛残》。

学,如整顿同安县学,主持修复白鹿洞书院、岳麓书院,并亲自讲学等,有力地推动了地方教育的发展。他所制定的《白鹿洞书院揭示》,成为南宋以后书院和各地官学共同遵守的学规。

朱熹著述甚丰,其涉及领域之广、数量之多,实所罕见。后人编有《朱文公文集》《朱子语类》等。他编撰了许多教材,如《四书集注》、《周易本义》、《诗集传》、《资治通鉴纲目》、《近思录》等,其中《四书集注》成为元、明、清三朝的钦定教科书和科举考试的重要依据,在中国封建社会中后期的影响长达数百年。他还专门为儿童编写了《小学》、《童蒙须知》等教材,其儿童教育思想主要反映在这两本教材及一些诗文中。

一、儿童教育的意义

朱熹认为,自古以来,教育就分为小学和大学两个阶段,这两个阶段既有区别又有联系。他说:"学之大小,固有不同,然其为道,则一而已。"①区别表现在内容和形式上,而联系则体现在目的和本质上。对于学习修己治人之道这一根本问题,小学与大学是统一的、前后一贯的。

在教育的两个阶段中,朱熹特别重视小学教育,即儿童教育。他说,"古人之学,固以致知为先,然其始也,必养之于小学"②。如果"不习之于小学,则无以收其放心,养其德性,而为大学之基本"③。在他看来,儿童教育是基础教育,是培养"圣贤坯璞",即"打坯模"的教育。"古者小学自养得小儿子,这里定已自是圣贤坯璞了。"④在此基础上进一步加工,就可成为圣贤。"古者小学已

---

① 《小学辑说》。
② 《小学辑说》。
③ 《小学辑说》。
④ 《小学辑说》。

自暗成了,到长来,已自有圣贤坯模,只就上面加光饰。"①如果儿童时期基础打好了,那么后来的学习就不费力。"古人便都从小学中学了,所以大来,都不费力。"因为"大学之序,特因小学已成之功"②,假如儿童时期没有打好基础,再要补救,便十分困难。"而今自小失了,要填补,实是难"③,因为"蒙养弗端,长益浮靡"。小时候没教育好,长大以后就会违背封建纲常。由此看来,儿童教育对人的成长极其重要。"必使其讲而习之幼稚之时,使其习与智长,化与心成,而无扞格不胜之患也。"④只有抓紧、抓好幼稚时期的教育,才能使其心智得到充分发展。

二、儿童教育的内容

朱熹认为,儿童年幼,"智识未开",思维能力较弱,根据这一特点,儿童教育的内容应当力求浅近、具体。所谓"圣贤之学……必自其近而易者始"⑤。为此,他提出:"小学者,学其事";"小学之事,知之浅而行之小者也"⑥。"小学之事"是眼前日用之事,具体包括:在礼仪规范方面,学习"洒扫、应对、进退之节"⑦;在文化知识方面,学习"礼、乐、射、御、书、数之文"⑧;在道德品质方面,学习"爱亲、敬长、隆师、亲友之道"⑨。他认为,要让儿童在日常生活中,通过具体行事,逐步懂得基本的道德规范,养成良好的行为习惯,掌握初步的文化知识,在"学其事"的实际活动中经受锻炼,培

① 《小学辑说》。
② 《小学辑说》。
③ 《小学辑说》。
④ 《小学书题》。
⑤ 《续近思录》。
⑥ 《小学辑说》。
⑦ 《大学章句序》。
⑧ 《大学章句序》。
⑨ 《小学书题》。

养德性,增长才干,成为"圣贤坯璞"。

为便于儿童"学其事",朱熹以生动形象、激发兴趣为原则,广泛采集经传史籍和其他论著中有关道德的格言、训诫诗、故事等,编成《小学》一书,作为童蒙教材,广为流传,影响很大。此外,他还为儿童编写了《童蒙须知》,从"衣服冠履"、"言语步趋"、"洒扫涓洁"、"读书写文字"和"杂细事宜"五个方面,对儿童的日常行为规范作了具体详细的规定。如"大抵为人,先要身体端整。自冠巾衣服鞋袜,皆须收拾爱护,常令洁净整齐";"凡为人子弟,须要常低声下气,语言详缓,不可高言喧哄,浮言戏笑";"当洒扫居处之地,拂拭几案,常令洁净";"凡读书,……须要读得字字响亮,不可误一字,不可少一字,不可多一字,不可倒一字";"凡写字,未问写得工拙如何,且要一笔一划,严正分明,不可潦草"。儿童年幼无知,不了解生活与学习的基本要求;因此,为他们制定一些简单明了、通俗易行的准则,让其遵照执行,对于培养良好的行为习惯具有积极意义。但是,在这些具体要求之中也有一些压抑儿童个性发展的条规,如"父兄长上有所督教,但当低首听受,不可妄大议论。长上检责,或有过误,不可便自分解,姑且隐默",等等。对此,我们应当加以批判。

三、儿童教育的原则

朱熹对儿童教育的重视,不仅表现在他亲自为儿童编写教材,而且还表现在他提出了不少重要的教育原则。

(一)正面教育,防患未然

朱熹认为,儿童教育要有预见性,所谓"存天理之本然","遏人欲于将萌"[1]。儿童的不良品德一旦形成,纠正起来就相当困难。《学记》云:"发然后禁则扞格而不胜。"因此,教育者只有防患

---

[1] 《中庸章句》。

于未然,才能"无扞格不胜之患"。为避免儿童形成不良品德,应当从积极方面入手,正面引导。他说:"小学书要多说那恭敬处,少说那防禁处。"①根据这一原则,他所编撰的《小学》一书,收录了大量古今圣贤的"嘉言懿行",作为儿童学习的榜样。而《童蒙须知》中的许多规定,也都着眼于正面引导。如"凡读书须整顿几案,令洁净端正,将书册整齐顿放,正身体,对书册,详缓看字,仔细分明";"凡写文字,须高执墨锭,端正研磨";"文字笔砚,凡百器用,皆当严肃整齐,顿放有常处,取用既毕,复置原所";等等。

所谓正面教育,在朱熹看来,就是引导儿童按照规矩去做。他说:"只是教他依此规矩做去"②,"学者须先置身于法度规矩之中,使持于此者足以胜乎彼,则自然有进步处"③。儿童长期受规矩的约束,"积久成熟",便会"自成方圆",从而形成良好的行为习惯。他在《童蒙须知》中详细拟定了诸多规矩之后说:"若能遵守不违,自不失为谨愿之士……入于大贤君子之域。"

(二)认真专一,知行并重

朱熹指出,儿童教育要培养"主敬"的学习态度;没有这种态度,就"无以涵养本原","无以开发聪明"④。他说:"敬之一字,圣学之所以成始而成终者也。为小学者不由乎此,固无以涵养本原,而谨夫洒扫应对进退之节与夫六艺之教。"⑤"敬"有两方面的涵义:其一是认真严谨,"小心畏谨"、"不敢放纵,便是敬"⑥。"敬"就是一种严肃认真、一丝不苟的心理状态,儿童只有保持这样一种

---

① 《小学辑说》。
② 《朱子语类》卷七。
③ 《答潘淑昌》。
④ 《小学辑说》。
⑤ 《小学辑说》。
⑥ 《朱子语类辑略》。

状态,才能不掉以轻心,不放纵自己,进而做到"内无妄思,外无妄动"①。其二是专心一致。"敬……只是收拾自家精锐,专一在此。"②朱熹说:"人做功课,若不专一,东看西看,则此心先已散漫了。如何看得道理出。"③只有专心致志,集中注意,方可有得。

朱熹主张,儿童教育应当知行并重。所谓"知",是对行为规范的认识;所谓"行",是对行为规范的践行。儿童首先要了解行为规范,知道该做什么,不该做什么。他说:"譬如人走路,不先知得路,怎么走路?"④人的行为是受认识支配的,不懂得应当怎么做,那又如何去做呢?所以,教育儿童第一步要让他们认识规矩,然后就要求他们按规矩去做。他说:"为学之实,固在践履。苟徒知而不行,诚与不学无异。"⑤儿童学习的目的在于实践行为规范,光学不做又有何益?因此,"知行常相须,如目无足不行,足无目不见"⑥。

(三)循序渐进,启发诱导

朱熹提倡儿童教育要循序渐进。所谓循序渐进,就是教育内容要由浅入深,由易到难,根据儿童年龄的大小,"而有高下、深浅、先后、缓急之殊"⑦。由小到大,"一岁有一岁的功夫"。不同年龄阶段,其教育内容应有所不同,如同树木成材和人的成长一样,"乃天理本然"。儿童刚学,当从浅近平易处开始,从洒扫、应对、进退等小节入手,使其所学内容均为浅显易懂、易学易做之事,不超越儿童的生活实际,以使他们容易接受。

---

① 《朱子语类辑略》。
② 《朱子语类辑略》。
③ 《朱子语类》卷十一。
④ 《朱子语类》卷九。
⑤ 《答曹元可书》。
⑥ 《朱子语类辑略》。
⑦ 《小学辑说》。

朱熹认为,要使儿童真正理解规范的要求,就应当启发诱导,即"示之于始而正之于终"①。所谓"示之于始",就是开头由老师对儿童加以提示和引导。"正之于终",就是最后由老师作出评价和总结。而"中间三十分工夫,自用吃力去做"②,就是让儿童在老师的指导下,自己动脑、动手,去思考、去践行,努力按规矩去做,以养成良好习惯。在他看来,教师"只是做得个引路底人,做个证明底人"③。也就是说,"指引者,师之功也"④。他将启发诱导比做春风化雨,催生万物。他说:"此正所谓时雨之化,譬如种植之物,人力随分已加,但正当那时节,欲发生未发生之际,却欠了些小雨。忽然得这些小雨来,生意岂可御也。"⑤

在我国古代,一般说来只重视大学教育,而往往忽视儿童教育。南宋以后,儿童教育开始受到重视,并因此而获得迅速的发展,童蒙教材大量涌现,蒙养教育遍及城乡。这些变化与朱熹有着密切的关系。朱熹的儿童教育思想在某种程度上反映了他对儿童身心发展特点的直观理解,含有不少合理因素,深化了儿童教育理论,在今天仍具有借鉴意义。

第四节 王守仁顺自然的教育思想

王守仁(1472—1528),字伯安,号阳明,浙江余姚人,明代中叶著名的思想家、教育家。因筑室故乡阳明洞,世称阳明先生。王守仁出生于官宦家庭,自幼饱读经书。21岁中举人,28岁登进士第,任刑部主事等职。因反对宦官刘瑾,被贬为贵州龙场驿臣,后

---

① 《朱子文集》卷一。
② 《朱子文集》卷一。
③ 《朱子语类》卷八。
④ 《四书集注》。
⑤ 《四书集注》。

以镇压农民起义和平定宁王叛乱有功,封"新建伯",官至南京兵部尚书。死后谥"文成",后人亦称王文成公。

王守仁十分重视教育,34岁开始收徒讲学。他居官时热心办学,先后创建和修复龙冈、贵阳、濂溪、稽山等书院,又在南赣、广西等地兴办社学,从学者遍布各地。由于他的积极倡导和大力推动,明中叶的书院有了很大发展。他不仅热心于大学教育,而且对童蒙教育亦十分关注,提出许多有价值的儿童教育主张。

王守仁是一位理学家,在学术思想上继承并发展了陆九渊的"心学",提出"心即理"、"致良知"和"知行合一"说,主张自求自得,提倡独立思考。其学说以"反传统"的姿态出现,明中叶一度广为流行。

王守仁平生不著书,门人将其语录、文录、杂文等汇编成《王文成公全书》,共38卷。他关于儿童教育的论述,主要有《训蒙大意示教读刘伯颂等》、《教约》和《传习录》等。

一、儿童教育的目的和任务

王守仁认为,儿童教育和大学教育一样,皆以"明人伦"为目的。他说:"古圣贤之学,明伦而已";"明伦之学,孩提之童亦无不能,而及其至也,虽圣人有所不能尽也"[①]。在他看来,古代圣贤的学问,就是"明人伦"。这种学问,儿童也能学、能做,但是要做得非常好,就连圣人也很难达到。所谓"明人伦",就是要明白处理人际关系的准则。人不能离开社会而独立生存,他无时无刻不在与别人打交道。在家庭里,要和父母、兄弟、配偶及子女相处;在社会上,要和同事、朋友交往。因此,在处理人与人之间的关系时,必须遵循一定的准则,这就是孟子提出的五伦:"父子有亲,君臣有义,夫妇有别,长幼有序,朋友有信"。

---

① 《万松书院记》,《王文成公全书》卷七。

以"明人伦"为教育目的,从主观方面来说,就是要培养封建的道德品性,塑造理想的人格;从客观方面来说,就是要维护封建伦理关系,以巩固地主阶级的统治,所谓"'人伦明于上,小民亲于下',家齐国治天下平矣"①。因此,只有从小懂得了人伦准则,长大后立身处世、待人接物才会符合封建社会的要求。

从"明人伦"的目的出发,王守仁将培养德性作为儿童教育的主要任务。他说:"今教童子,惟当以孝悌忠信礼义廉耻为专务。"②教育儿童,应当以封建伦理道德为内容,使他们从小就了解道德规范,懂得如何做人的道理,并切实遵守行为准则,以实现"'蒙以养正'之功"③。

二、儿童教育的程序

王守仁在《教约》中对儿童每天的功课作了精心的安排:"每日工夫,先考德,次背书诵书,次习礼或作课仿,次复诵书讲书,次歌诗。"在他为儿童设计的这张"日课表"中,首先是考德,它通过谈话的方式进行;接下来就是背书,背完书以后再读新书;然后练习行礼,学习各种礼节,或者练习写字;再往后又是读书,在熟读的基础上,老师再对书中的要点逐一讲解;最后是歌诗。

这样的教学程序,体现了动静搭配、学行结合的原则。在课业中,将动的课程"习礼"与"歌诗"安排在静的课程"背书"、"诵书"和"讲书"之间,有利于调节儿童的精神,提高教学效果。儿童背书、诵书之后会感觉疲乏,此时变换一下教学方式,通过练习行礼,活动身体,舒展筋骨,在习礼中既学到礼仪知识,又得到积极的休息,为下一阶段的学习取得良好效果提供了保证。经过一段时间

---

① 《万松书院记》,《王文成公全书》卷七。
② 《训蒙大意示教读刘伯颂等》,《王文成公全书》卷二。
③ 《训蒙大意示教读刘伯颂等》,《王文成公全书》卷二。

的读书和讲授之后,再组织儿童歌诗,以悠扬的歌声结束一天的课业,这既可消除疲劳,又可活跃气氛,提高儿童的学习兴趣,使他们热爱学习。

三、儿童教育的形式

王守仁认为,儿童教育的主要形式是考德、读书、习礼、歌诗。

(一) 考之以德,督其谨饬

考德即考察学生在家里的行为表现。每日清晨,教师首先要逐一询问每个孩子:在家里一切言行举止是否都符合道德规范?是否真正做到了"忠信笃敬"?儿童要如实回答,"有则改之,无则加勉"①。然后,老师根据每人的具体表现,"随时就事,曲加诲谕开发"②,有针对性地进行教育。

考德是王守仁"知行合一"学说在儿童教育中的具体体现。它要求儿童将所学到的行为准则落实到一切言行举止中去,每日清晨老师逐一检查,有效地促进儿童品德习惯的形成。

(二) 讽之读书,开其知觉

读书是开启儿童智慧之门的主要形式。王守仁认为,"讽之读书",能够使儿童增长知识,开发智力,明白做人的道理,以形成良好的道德观念,树立远大的志向,所谓"沉潜反复而存其心,抑扬讽诵以宣其志"③。他要求儿童在读书时必须专心一意,边读边想,字字句句,反复推敲,即"抑扬其音节,宽虚其心意,久则义理浃洽,聪明日开"④。时间长了,就会对封建道德有深入透彻的了解,人也就日益聪慧起来。

---

① 《教约》,《王文成公全书》卷二。
② 《教约》,《王文成公全书》卷二。
③ 《训蒙大意示教读刘伯颂等》,《王文成公全书》卷二。
④ 《教约》,《王文成公全书》卷二。

(三)导之习礼,肃其威仪

习礼是培养儿童品德习惯的重要途径。王守仁指出:"凡习礼,须要澄心肃虑,审其仪节,度其容止;毋忽而惰,毋沮而怍,毋径而野;从容而不失之迂缓,修谨而不失之拘局。久则体貌习熟,德性坚定矣。"①儿童学习礼仪,务须静心思考,明悉其仪节,揣度其仪容举止,切不可轻视与懈殆,亦不可沮丧而惭愧,更不可任意而粗野。要做到从容而不迂缓,谨慎而不拘束。这样时间久了,对礼仪就会十分熟悉,从而养成良好的行为习惯。他认为,习礼不但能够使儿童养成遵守礼仪的好习惯,产生道德教育的作用,而且通过"周旋揖让"、"拜起屈伸"等礼仪动作的训练,"动荡其血脉"、"固束其筋骸"②,从而达到锻炼身体、增强体质的作用。

(四)诱之歌诗,发其志意

歌诗是陶冶儿童心灵的好方法。王守仁认为:"凡诱之歌诗者,非但发其志意而已,亦所以泄其跳号呼啸于咏歌,宣其幽抑结滞于音节也。"③歌诗不但能激发儿童的志趣和意向,而且还可以将儿童活泼好动的倾向引向咏歌,使他们内心的忧闷与烦恼得到正当的排解与宣泄,对儿童的情感具有陶冶和调节作用。为此,他要求儿童在歌诗时必须做到:"整容定气,清朗其声音,均审其节调;毋躁而急,毋荡而嚣,毋馁而慑。"④仪容要修饰,情绪要安定,声音要清脆响亮,对音节、音调要详细审察;既不可急躁,又不可放浪喧嚣,也不可气馁害怕。这样久而久之,"则精神宣畅,心气和平"⑤。

总之,通过考德、读书、习礼和歌诗,对儿童的兴趣加以引导,对其性情加以调整,使其不良习惯在潜移默化的过程中得以消除,这

---

① 《教约》,《王文成公全书》卷二。
② 《训蒙大意示教读刘伯颂等》,《王文成公全书》卷二。
③ 《训蒙大意示教读刘伯颂等》,《王文成公全书》卷二。
④ 《教约》,《王文成公全书》卷二。
⑤ 《教约》,《王文成公全书》卷二。

样,他们就会逐渐按礼义来要求自己而不感到困难,从而在不知不觉中提高道德水平,所谓"日使之渐于礼义而不苦其难,入于中和而不知其故,是盖先王立教之微意也"①。

四、儿童教育的原则与方法

王守仁在总结前人经验的基础上,根据自己的教育理论与实践,对儿童教育的原则与方法提出了不少富有启发性的观点,对当时及后来我国儿童教育的理论和实践产生了深远的影响。

(一)顺其性情,寓教于乐

王守仁认为,儿童教育要注意其身心发展特点,否则就会影响孩子的正常发育。那么,儿童的特点是什么呢?他说:"大抵童子之情,乐嬉游而惮拘检。"②儿童天性活泼好动,喜欢无拘无束、自由自在地玩耍嬉戏。因此,他们就"如草木之始萌芽,舒畅之则条达,摧挠之则衰萎"③。若按照儿童的特点,顺其性情,就能促进其发展;否则,便会阻碍他们的成长。而当时有不少蒙师却无视儿童的特点,摧残儿童的天性,他们"日惟督以句读课仿,责其检束,而不知导之以礼;求其聪明,而不知养之以善。鞭挞绳缚,若待拘囚"④。他们整天只是督促孩子读书、写字、作文,要求儿童约束自己,却不知用礼来加以引导;希望孩子日渐聪明,却不知用善来熏陶涵养。他们滥用体罚,不是鞭子抽就是绳子捆,将儿童当做囚徒看待。其结果是使儿童"视学舍如囹狱而不肯入,视师长如寇仇而不欲见"⑤。当孩子把学舍看成是监狱而不肯去,将老师视为仇敌而不愿见的时候,又怎么能得到良好的教育呢?而得不到良好

---

① 《训蒙大意示教读刘伯颂等》,《王文成公全书》卷二。
② 《训蒙大意示教读刘伯颂等》,《王文成公全书》卷二。
③ 《训蒙大意示教读刘伯颂等》,《王文成公全书》卷二。
④ 《训蒙大意示教读刘伯颂等》,《王文成公全书》卷二。
⑤ 《训蒙大意示教读刘伯颂等》,《王文成公全书》卷二。

教育的孩子将一天天变坏。这实际上是将孩子"驱之于恶"。

所以,教育儿童,必须"常存童子之心"①,顺应他们的性情,"使其趋向鼓舞,中心喜悦,则其进自不能已"②。这就好比花草树木在春风吹拂、时雨滋润之下,全都萌发生长,生意盎然;如果正当花木萌发之际,以冰冻霜打,结果只会是生机全无,日渐枯萎。

要使儿童"趋向鼓舞,中心喜悦",就要激发他们的学习兴趣,使其喜欢学习,"乐习不倦"③。孔子早就说过:"知之者不如好之者,好之者不如乐之者。"④可见,"乐之"是学习的最高境界。儿童只有乐学,才能极大地发挥其学习积极性,才能真正理解学习内容,从而达到预期的效果。所以,教育者要采用适合儿童的特点,采用儿童所乐于接受的教育形式、教育内容和教育方法,以提高他们的学习兴趣,在快乐的气氛中和愉悦的情境下,教育效果必将明显提高。

(二)随人分限,因材循序

王守仁主张,施教要"随人分限所及"。他说,"我辈致知,只是各随分限所及","与人论学,亦须随人分限所及"⑤。所谓"随人分限所及",对于不同的儿童来说,就是要因材施教;对于同一个儿童来说,就是要循序渐进地施教。

王守仁认为,由于"人的资质不同"⑥,故施教的内容、分量和方法等,均要因人而异。良医治病,要根据各人的病情对症下药,所谓"斟酌加减,调理补泄之"⑦。教育儿童就如同良医治病一样,

---

① 《教约》,《王文成公全书》卷二。
② 《训蒙大意示教读刘伯颂等》,《王文成公全书》卷二。
③ 《教约》,《王文成公全书》卷二。
④ 《论语·雍也》。
⑤ 《传习录》下,《王文成公全书》卷三。
⑥ 《传习录》下,《王文成公全书》卷三。
⑦ 《与刘道元书》,《王文成公全书》卷五。

"无一定之方",万不可一刀切。用同一种要求和方法去教育所有儿童,不仅达不到预期教育效果,反而会误人子弟。

儿童有个性与能力的差异。从个性方面来看,儿童中有刚性的"狂者",也有柔性的"狷者"。王守仁主张:"狂者便从狂处成就他,狷者便从狷处成就他。"①对于胆大敢为者就要从勇敢方面去培养他,而对于小心谨慎者则可从办事认真上去成就他,这样才能培养出具有不同个性的人才。再从能力方面来看,他认为"圣人之才力,亦有大小不同"②,常人更是如此。他说:譬如有三人习射,"一能步箭,一能马箭,一能远箭,射得到俱谓之有力,中处,俱可谓之巧。但步不能马,马不能远,各有所长,便是才力分限有不同处"③。要根据各人的不同能力和特点,加以引导和培养,使其才能、特长得以充分发展。"圣人教人,不是束缚他通做一般"④,而是"因人而施之",以使之"各成其才"⑤。

王守仁关于针对儿童发展水平的差异,注重个性发展,因材施教的思想,有力地批判了抹煞儿童个性的存在,以统一的模式塑造儿童的传统教育,具有积极的意义。

对于每个儿童来说,要做到"随人分限所及",就要按照他的接受能力,循序渐进地进行教育。王守仁认为,儿童的生长发育就是一个循序渐进的过程。他说:"婴儿在母腹时,只是纯气,有何知识?出胎后方能啼,既而后能笑,又既而后能识认其父母兄弟,又既而后能立、能行、能持、能负。"⑥这是一个"精气日足,则筋力

---

① 《传习录》下,《王文成公全书》卷三。
② 《传习录》上,《王文成公全书》卷一。
③ 《传习录》下,《王文成公全书》卷三。
④ 《传习录》下,《王文成公全书》卷三。
⑤ 《别王纯甫序》,《王文成公全书》卷七。
⑥ 《传习录》上,《王文成公全书》卷一。

日强,聪明日开"①的生长过程,儿童教育必须从这一过程中不同阶段的年龄特点出发,"渐渐盈科而进"②。如学走路,"襁褓之孩,方使之扶墙傍壁,而渐学起立移步","童稚之年,使之学习步趋于庭除之间"③。婴幼儿刚学走路时要从扶墙傍壁、起立移步开始,以后随着年龄增长,便可渐渐在庭院中学步。

儿童教育不但要符合其身体发育水平,而且要符合其认识发展水平。他说:"童子自有童子的格物致知。"④儿童的认知水平与成人不同,"洒扫应对就是一件事物,童子良知只到此,便教去洒扫应对,就是致他这一点良知了"⑤。儿童认识水平较低,故只能从日常生活中的简单事情入手。他以种树作比喻:"如树有这些萌芽,只把这些水去灌溉,萌芽再长,便又加水,自拱把以至合抱,灌溉之功,皆是随其分限所及。"⑥树木在生长的不同阶段对水的需求量不同,萌芽时只能浇少量的水,以后随着小树的长大,再逐渐增加水量。正如给树浇水要以它的需要出发一样,对儿童的教育也要从他们的认识水平出发,不能超过"分限所及";否则,就如"若些小萌芽,有一桶水在,尽要倾上,便浸坏他了"⑦。如果不顾儿童的接受能力、揠苗助长,其结果非但无益,反而十分有害。为此,他要求量力施教,留有余地。他说:"凡授书,不在徒多,但贵精熟。量其资禀,能二百字者只可授以一百字,常使精神力量有余,则无厌苦之患,而有自得之美。"⑧教学不可贪多图快,即使在

---

① 《传习录》上,《王文成公全书》卷一。
② 《传习录》上,《王文成公全书》卷一。
③ 《传习录》中,《王文成公全书》卷二。
④ 《传习录》下,《王文成公全书》卷三。
⑤ 《传习录》下,《王文成公全书》卷三。
⑥ 《传习录》下,《王文成公全书》卷三。
⑦ 《传习录》下,《王文成公全书》卷三。
⑧ 《教约》,《王文成公全书》卷二。

儿童"分限"之内,也要留有充分的余地,使其容易完成,否则将会"食而不化"。他说:"凡饮食只是要养我身,食了要消化,若徒积蓄在肚里,便成痞了,如何长得肌肤?"①吃饭是为了长身体,如果吃了不消化,非但长不了身体,反会酿成病痛。当然,这并不意味着儿童教育越简单、越容易就越好,如果让能够独立行走的儿童去"扶墙傍壁"学步,那也达不到教育的效果。总之,一切都要"随人分限所及"。

(三)分班教学,相互观摩

我国古代均以个别教学为主,而王守仁提倡的"歌诗"和"习礼",却以分班教学为主。他在《教约》中规定:"每学量童生多寡,分为四班,每日轮一班歌诗,其余皆就席敛容肃听。每五日则总四班递歌于本学。每朔望集各学会歌于书院。"社学无论儿童多少,均分为四个班次。每天有一班儿童歌诗,其余三班观摩;第五天则由四个班儿童轮流歌诗,既互相学习,又带有比赛性质;半个月则将各班集中于书院,举行"会歌"。"习礼"也如同"歌诗"一样,分班教学。这种有分有合、观摩与比赛相结合的教学方法,既有利于互相学习,相观而善,又能提高儿童的学习兴趣,"使其乐习不倦"。

王守仁的儿童教育思想是他整个教育思想中最精彩的部分之一。他提倡顺应儿童的性情,按照儿童的能力,寓教于乐,并创造性地提出了四种教学手段,即考德、读书、习礼、歌诗,还亲自为儿童设计了每日的功课表,使他们在德、智、体、美诸方面都得到发展。他的自然主义教育思想为近代教育理论的产生开创了先河。

---

① 《传习录》下,《王文成公全书》卷三。

第五节　陆世仪熏陶涵养的教育思想

陆世仪(1611—1672),字道威,号桴亭,又号刚斋,江苏太仓人,明清之际教育家。明末曾师事刘宗周,博学多才。明亡后,他隐居讲学,拓地十亩,筑亭其中,自号桴亭,人称桴亭先生。曾主持无锡东林书院、毗陵大儒祠,又设教于云阳黄塘,后归故里,讲学于太仓书院。他讲学笃实,不空谈心性,主张敦守礼法,施行实政。著有《思辨录》、《性善图说》、《论学酬答》等。其《论小学》一文对儿童教育的论述,在当时产生了较大影响。

一、重视早期教育

陆世仪认为,儿童教育并非自入学开始,入学前的家庭教育也非常重要。他说:"凡家庭之教最急。"①而有许多家长不懂得这个道理,当孩子"知识乍开时,即戏教以打人骂人",以此逗乐,或给孩子"玩以声色玩好之具",殊不知这样做将会对孩子产生很坏的影响,使不良习气"沁入心脾"②,对其今后的成长极为不利。所以,做家长的一定要在孩子刚开始懂事时,就抓紧教育。"孩提之时,倘或不肖,则其父兄必变色而训之"③,以督其改正。若从小养成良好的品质,则终生受用无穷。因此,家庭教育是至关重要的。

在陆世仪看来,古时候由于"人心质朴,风俗淳厚",因而孩子到七八岁时,"知识尚未开"④。而如今"人心风俗,远不如古",五六岁的孩子便已受到不良风气的影响,所以,启蒙教育必须"自五

---

① 《论小学》。
② 《论小学》。
③ 《论小学》。
④ 《论小学》。

六岁始"①。如果到八岁才开始,那么就会出现二三年时间的教育间断,"即使父教师严,已费一番手脚"②。这种教育间断所造成的损失,以后是难以弥补的。因此,蒙养教育必须及早开始。

二、强调以身示范

陆世仪认为,教育者的身教具有重要意义,他称之为"端本清源"。他说:"教子须是一身率先。每见人家子弟,父母未尝着意督率,而规模动定,性情好尚,辄酷肖其父,皆身教为之也。"③教育孩子必须以身作则,许多人家的孩子,父母并未有意识地教育引导,而孩子的言行举止、性格特点等,都与父母十分相像,这都是身教的缘故。所谓身教,就是以身示范。教育者的一言一行、一举一动都要符合封建道德规范,以保持其端正、庄重的形象。儿童好模仿,喜欢学大人的样子。教师与家长的以身示范,对于儿童来说是一种潜移默化的教育因素,良好的示范作用可以培养出具有善良品德和行为的孩子,而不良的示范作用,则只会让孩童染上种种恶习。因此,教育者的自身素质是教育儿童的前提条件,他们以身示范的榜样作用是教育取得成功的基本保证。

三、加强礼乐教化

陆世仪认为,儿童教育在于培养孩子良好的道德品质,为其今后立身处世奠定基础。而良好品德的形成并非一朝一夕之功,它是靠长期的熏陶与涵养,日积月累,逐渐养成的。对于儿童来说,"涵养气质,熏陶德性"④的最好途径便是礼乐。

---

① 《论小学》。
② 《论小学》。
③ 《思辨录》。
④ 《论小学》。

陆世仪指出:"古人教人,自幼便教他礼乐,所以德性气质,易于成就。今人自读书之外,一无所事,不知礼乐为何物,身子从幼便骄惰坏了。"①古时候从小就教孩子学习礼乐,这样易使其养成良好的品德习惯。而如今的孩子除读书外,一无所知,这样的教育难以成功。他主张,儿童应当从小就歌诗、习礼,使其在愉悦的情境中不知不觉地接受教育,这样身心便可得到健康发展。礼乐之所以有这样的作用,是因为它们是符合儿童性情的。"人少小时,未有不好歌舞者。"②大凡儿童,没有不喜欢歌舞的,这是孩子的天性。所以圣人根据儿童喜爱歌舞的特点,"而教之以礼乐,所谓因其势而利导之"③。如今许多教育者不理解圣人教以礼乐的真实用意,没有认识礼乐的真正价值,于是便"惟督句读",不事礼乐。针对这种情况,陆世仪主张恢复古人礼乐教育的传统,组织儿童"升歌习礼"。歌诗可以使儿童精神振作、情绪高昂,提高其学习积极性;习礼则是对儿童的言行加以规范,使其懂得各种规矩、准绳,并以此来约束自己的行为。以歌诗、习礼来熏陶涵养,可收事半功倍之效。

四、注意难易适中

陆世仪认为,儿童"知识未开",思维较弱,因而"少悟性","语音未朗,未能便读长句"④。根据这一特点,儿童教育不是让孩子去领会高深的道理,而是引导他们去学习易学易做之事,如洒扫、应对、进退等,为日后做人、做学问奠定基础。然而,朱熹为儿童编写的教材——《小学》,却并不适合儿童,因为其"所集多穷理之

---

① 《论小学》。
② 《论小学》。
③ 《论小学》。
④ 《论小学》。

事,则近于大学;又所集之语,多出《四书》、《五经》,读者以为重复;且类引多古礼,不谐今俗;开卷多难字,不便童子"①。就是说,朱熹编写的《小学》教材,因其难度较大,不便于儿童学习,故未能在教学实践中广泛应用。为改变这一状况,陆世仪从儿童特点出发,选择古今有关幼儿礼仪的知识,"编成一书,或三字,或五字,节为韵语,务令易晓,名曰《节韵幼仪》"②。三五字一句,文字较少,易读易解;多为韵语,琅琅上口,便于记诵。如"头容直",就要求儿童"端正头项";"手容恭",则要求他们"整齐手足"③。这样的教育,难易适中,孩子既易懂,又会做,方能取得良好的效果。

五、力求宽严得当

陆世仪认为,教育儿童要掌握好分寸,该宽则宽,该严则严,只有宽严得当,才是好的教育。可是,当时有不少蒙师不善于把握分寸,不是过宽便是过严,"宽者或流于放荡,严者或并遏其天机"④。前者放任自流,易使儿童放荡不羁;后者过于严苛,扼杀儿童的天性,使其聪明智慧得不到发展,其结果"欲蒙养之端,难矣"⑤。

陆世仪主张,教育儿童要因其年力,宽严得当,即年幼以宽,年长以严。儿童幼小时,胆子较小,若教育过于严厉,他们必然会因恐惧而畏缩,表面上虽不敢违背,但实际上内心却受到了伤害,因此对年幼儿童的要求可适当放宽一些。如果有的孩子不听教诲,只须脸色严厉一点,令其改正即可,切不要大声呵斥,更不要扑责。年幼以宽,其目的在于保护儿童的身心健康。儿童稍长,"则智计

---

① 《论小学》。
② 《论小学》。
③ 《论小学》。
④ 《论小学》。
⑤ 《论小学》。

渐生"①,即智慧渐开,思想渐渐复杂起来。此时若仍旧要求过宽,"则将有放荡不制之患"②。所以,对年长儿童要求应当严一些。年长以严,是为了防止孩子学坏,使其能走上正道。教育儿童宽严相济,是为了达到诱、禁结合的目的。"宽者所以诱其入道","严者所以禁其或放"③。宽是为了引导儿童学习做人的道理,严是为了禁止儿童误入歧途。作为教育者,应当善于利用宽严手段来达到教育的目的。

陆世仪重视早期教育,强调以身示范,倡导礼乐教化,注意难易适中,力求宽严得当,所有这些观点都是很有价值的。此外,他还认为要使儿童教育取得成功,必须使学校、家庭、社会三者相互配合、协调一致。学校教育以家庭教育为基础,而家庭教育又受到社会风尚的极大影响。若社会重道德,则家庭亦重道德;若社会重名利,则家庭亦重名利。因此,良好的社会风尚是取得良好教育效果的前提。以上这些见解,对后世均具有启迪作用。

第六节 张履祥耕读相兼的教育思想

张履祥(1611—1674),字考夫,号念芝,浙江桐乡人,明清之际教育家。世居清风乡炉镇杨园村,人称杨园先生。明末受业于刘宗周,明亡后隐居授徒,从事著述讲学。先后设馆十余处,执教四十年。讲学之余,躬耕农田十余亩,提倡"耕读相兼"。教人为学力主"经世致用",重视切实学风的培养。著有《杨园先生全集》,其中《初学备忘》、《训子语》、《示儿》、《补农书》等,就蒙养教育问题发表了一系列独到的见解。

---

① 《论小学》。
② 《论小学》。
③ 《论小学》。

一、正其心术

张履祥指出:儿童"读书先要正其心术"①。所谓心术,是指人的思想道德品质。心术就如同是树木的根系、庄稼的种子。若心术不正,则好比"根先坏,千枝万叶,总无着处。种是莨莠,栽培滋养,适为害耳"②。如果树木的根坏了,那么枝叶便无法生长;如果种下的是草籽,即使精心栽培,也不会长出庄稼来。人们立身处世,均以心术为本。心术正,则能"立廉耻","兴礼让",表现出良好的道德行为;心术不正,则"寡廉鲜耻","诈伪百端"③,尽干些见不得人的勾当。而人的心术端正与否,关键在于儿童阶段所受的教育。他说,儿童"先要识得人之贤否,事之善恶,言之是非,则心术自能向正,虽离父母师傅,亦可不至于邪慝矣"④。他认为,在儿童阶段就要明辨是非善恶,从而树立正确的道德观念。这样,以后即使离开父母老师,也不会走上邪路。因此,从小就要教育孩子"亲贤乐善","见刚毅正直、老成笃实之人,能爱之敬之"⑤;见仁义礼智、孝悌忠信之事,能乐之行之。这样日长月化,心术便逐渐归于纯正。

二、耕读相兼

张履祥认为,自古以来,农人务农,士子读书,耕读从不相兼,其结果是"读而废耕,饥寒交至;耕而废读,礼义遂亡"⑥。农人因不读书而不明义理,士子因不务农而空谈心性。针对这种情况,他

---

① 《初学备忘》。
② 《初学备忘》。
③ 《初学备忘》。
④ 《初学备忘》。
⑤ 《初学备忘》。
⑥ 《训子语》。

提出:"虽肄《诗》、《书》,不可不令知稼穑之事;虽秉耒耜,不可不令知《诗》、《书》之义。"①读书者须知农事,务农者亦须读书,无论农人还是士子均须自幼耕读相兼。

首先是读书。张履祥说:"读书须立准课程。"他认为《小学》和《近思录》是最适合儿童初学的内容。"《小学》一书,以《嘉言》、《善行》终篇",使儿童"日闻古人之言,日见古人之行",以此"正其趋向,立其根基",为他们打下良好的思想基础,这样"栽培滋养,习以性成"②。久而久之,自能不断长进。

儿童读书须"体之于心,验之于身"。先仔细体味,以理解其义;再联系实际,使平日一切行为举止,均以书中要求加以规范。如此,则"将来成就,自是不同"③。

为使儿童学有所得,教师必须认真督促检查,使孩子抓紧时间,珍惜分分秒秒。如有浪费时间的"闲思想、闲言语、闲行走",则务必切实改正,"勿使一日虚度"④。

其次是劳动。儒家学者一向视体力劳动为小人之事。孔子将要求学习农业技术的樊迟斥为"小人",孟子则将劳心、劳力作为区分君子与小人的界限。张履祥作为一位乡村教师,深知稼穑的重要和艰难。他说:"食者,生民之原,天下治乱、国家废兴存亡之本也。"⑤俗话说,民以食为天。粮食是人们最基本的生活资料,农业生产是关系到国计民生的大事。"古之人,自天子以至于庶人,未有不知耕者"。所以,"稼穑之艰,学者尤不可不知"⑥。张履祥不仅坚持参加农业劳动,而且坚决主张对儿童实施劳动教育。他

---

① 《训子语》。
② 《初学备忘》。
③ 《初学备忘》。
④ 《初学备忘》。
⑤ 《初学备忘》。
⑥ 《初学备忘》。

说:"稼穑艰难,自幼固当知之。"①当孩子稍长,具备劳动能力时,便须参加农业劳动。他说:"农事不理,则不知稼穑之艰难。"②他认为,儿童参加农业劳动,可以体验劳动的艰辛,在此基础上才能培养良好的品德。所谓"知稼穑之艰,则不妄求于人;不妄求于人,则兴礼让"③。同时,儿童掌握了劳动技能,便提高了他们的生存能力,这是一种重要的"治生"手段。他引用元代教育家许衡的话说:"学者以治生为急"。而在他看来,"治生以稼穑为先,舍稼穑无可为治生者"④。要想提高生存能力,首先必须学会农业劳动,"能稼穑,则可无求于人"⑤;无求于人,方能自立。此外,儿童参加农业劳动,还有助于锻炼身体,促进他们的健康成长。

总之,张履祥主张蒙养教育须亦学亦农,既明义理,又会劳动,所谓"耕田读书",两者不可偏废。这是他的蒙养教育思想区别于其他儒家学者的重要特征。

三、谦虚笃实

张履祥说:"学问之道,惟虚受最有益。譬之一器,虚则凡物皆能入之;若先置一物于中,更何物能入。"⑥一个人只有虚心,才能接受新知识。这就好比一个容器,只有当它不满的时候,才能装进东西;如果它已满了,便什么也装不进去。要引导儿童常和"贤于我者"相比,这样便会始终感到自己的不足,才能"学日进,志益谦"。反之,若与"不及我者"相比,那么只会觉得自己还不错,"而

---

① 《示儿》。
② 《补农书下》。
③ 《初学备忘》。
④ 《初学备忘》。
⑤ 《初学备忘》。
⑥ 《初学备忘》。

志日损,心日放"①,于是就不再继续努力学习,以至日趋下流。所以,儿童切不可自以为是,稍有一知半解,便妄自尊大。

张履祥力倡笃实,深戒轻浮。他说:"为学最喜是实,最忌是浮。"②他认为,立身处世,待人接物,须以忠信为本,而忠信的核心便是一个"实"字。"故敬曰笃敬,信曰笃信,行曰笃行,好曰笃好。"③总而言之,人的一切行为均须笃实。君子为人"厚而重",其原因就在于"实";小人为人"轻而薄",其原因就在于"浮"。故"实"与"浮"是区分君子和小人的重要标准。儿童时期容易滋生轻浮之气,而"轻浮二字,是子弟百恶之根"④。因此,蒙养教育要倡笃实而戒轻浮。

四、恭俭勤谨

张履祥认为,儿童初学,最要紧的便是"恭俭"二字。他说:"恭非貌为恭,以敬存心",才是"恭之实事"⑤。只有真正存有恭敬之心,才能在与人相处时表现出恭敬的态度,"在家庭敬父兄,在学舍敬师长"⑥,一言一行均体现出恭敬之实。"俭非吝啬琐细",生活上不要有过高的要求,注意节约,不铺张浪费,"是俭之实事"⑦。以恭敬节俭要求儿童,不断学习和训练,那么奢侈放纵的念头就会逐渐消除,久而久之,"心思自能向正"⑧。

张履祥认为,朱子教子弟,"要之以勤谨二字"。"勤则敬业,

---

① 《初学备忘》。
② 《初学备忘》。
③ 《初学备忘》。
④ 《初学备忘》。
⑤ 《初学备忘》。
⑥ 《初学备忘》。
⑦ 《初学备忘》。
⑧ 《初学备忘》。

谨则寡失。"①如果儿童能做到这两个字,那么既能提高道德水平,又有益于身心健康。儿童学习要勤奋,做事要勤劳,不可懒惰,因为许多坏事都是从懒惰开始的。那些饱食终日、无所事事者,不过是天地间一蠹虫而已,"原其病根,只是不勤"②。因此,孩子从小就应当"朝而受业,昼而服习,夜而记过"③,只有勤奋努力,才能不断进步。除了勤奋外,还要有谨慎的态度。儿童学习做人、做事、做学问,就好比登山,一步一个脚印地向上攀登,才能登上绝顶;但如果不小心谨慎,稍不留意,一脚踏空,便会堕入万丈深渊。故"君子修身,只在敬谨"④。

五、知耻改过

张履祥指出,人应当知耻。孟子说:"人不可以无耻,无耻之耻,无耻矣。"⑤就是说人不能没有羞耻观念,缺乏正确的羞耻观,才是真正的可耻。虽然人皆"莫不各有所耻",然而,只有明智之人,才懂得什么是真正的可耻;只有贤德之人,才能做到"耻其所当耻"⑥。因此,对于儿童,要引导他们逐步确立正确的羞耻观,了解什么是可耻的事;只有"能知耻",方能"耻其所当耻"。

张履祥认为:"人不能无过,但期于改。"⑦每个人都不可避免地会犯错误,会有过失。有过失并不可怕,可怕的是有过而不知,有过而不改。许多孩子看不到自己身上的毛病,自以为无过,这就需要教育者为其指出毛病之所在,使其知过而后能改。人们大多

---

① 《初学备忘》。
② 《初学备忘》。
③ 《初学备忘》。
④ 《初学备忘》。
⑤ 《孟子·尽心上》。
⑥ 《初学备忘》。
⑦ 《初学备忘》。

不喜欢听批评意见,故别人有意见也不愿意提出来,就连父兄师长也怕招其怨恨,而不愿多加批评。因此,"攻人实过者最难",而"能受人实攻者尤难"①。有一种人表面上能接受别人的批评,可心中却不以为然,依然我行我素,不思悔改。所以,对于过失,"非知之难,改之为难"②。犯了错误,若额头背浃流汗,自知悔改,则以后不至犯大错误;若毫无惧惮,闻过不改,见善不迁,这样的人就没有希望了。孟子说,"人恒过,然后能改",能"恒改则恒无过"③。教育者要帮助儿童及时改过,这是蒙养教育的重要任务。

张履祥以其多年从事蒙养教育的经验,写下《初学备忘》一文,系统阐述了蒙养教育的基本观点,其着眼点偏重于学习者,多从儿童的角度出发提出要求,阐明道理,其中包含了不少合理因素,对于儿童教育的实施具有重要的价值。

第七节 崔学古"爱养"的教育思想

崔学古,生卒年不详,安徽当涂人,清初蒙学教育专家。其《幼训》一文,反映了他的蒙养教育思想,具有较大的价值。

一、爱护儿童是蒙养教育的出发点

崔学古认为,启蒙教育应以爱护儿童为出发点。他提出了"爱养"的观点。所谓"爱养",就是以慈爱的精神关心、爱护儿童,用说理的方法教育、感化儿童。孩子年幼,好动好玩,兴趣不定,此时"不问智愚,皆当用好言劝谕"④。即不管是聪明还是愚钝的孩

---

① 《初学备忘》。
② 《初学备忘》。
③ 《初学备忘》。
④ 《幼训》。

子,都要耐心加以说服教育,使他们懂得为什么要读书的道理。并且要"勤于教导",使他们不惧怕"读书之苦"①。切不可一味训斥甚至"扑责",因为这样做非但无益,反而有害。儿童稍长,渐渐懂事,此时仍应以诱导为主,"循循诱掖",使之"专心读书",自当"不责自进","水到渠成"②。对于那些不听教诲的学生,可适当采用责罚手段,但这只是一种万不得已的措施,只能偶尔为之,不可经常使用。在责罚学生时,必须做到"四毋责",即"空心毋责,方饭毋责,毋乱责,毋出不意从背后掩责"③。就是说当孩子饿着肚子或吃饭时不要责罚,也不要乱责罚,更不要从背后出其不意地责罚,因为这些都有害儿童的健康,"皆足致疾",所以要绝对禁止。此外,对于那些松懈惯了的孩子,不可操之过急,"须缓缓约束",耐心开导,反复劝说,使他们明白事理、心悦诚服之后,再加以责罚,"切不可性急"④。

以爱养之,就是要对儿童的健康成长负责,要像爱护幼苗那样,关爱孩子稚嫩的心灵,不使其受到任何伤害。为此,蒙养教师必须将他的爱心奉献给他所教的孩子。

二、因人而异是蒙养教育的基本要求

崔学古认为,儿童的资质有高下之分,应根据其资禀的高低、特点的不同,因人而异地进行教育。孩子中有的"聪颖",有的"愚顽"。对于聪明听话的孩子,应"采用善言警悟",使其不责自成;而对于愚钝顽劣的孩子,可适当予以责罚,但责罚后仍然要用"好言劝谕",使其"知悔而能新"⑤。如果只采取处罚措施,而缺乏说

---

① 《幼训》。
② 《幼训》。
③ 《幼训》。
④ 《幼训》。
⑤ 《幼训》。

服教育,那么,孩子就不会明白自己为何受到责罚,到底犯了什么错误,这样的处罚就达不到预期的教育效果。在聪颖的孩子中,总有那么极个别绝顶聪明的,他们常常傲气十足。对于这样的孩子,即使表现突出,也不宜过多表扬,相反倒应经常指出他们的不足之处,以免其骄傲自满。所谓"极慧者,必摘其短以抑之,则不骄"①。在愚顽的孩子中,也总有极少数过于笨拙的,他们往往对自己缺乏信心,仿佛总是低人一等。对这样的孩子如果责罚过多,便会令其更加自暴自弃。因此,对他们要多表扬、少批评,即使只取得了点滴进步,也要大加赞扬,以增强其信心。所谓"极钝者,必举其长以扬之,则不退"②。

三、宽严相济是蒙养教育的重要原则

自古以来,对待儿童教育,大多主张从严要求,所谓严教是爱。但也有主张宽严结合的,如陆世仪从儿童年龄阶段的不同特点出发,提出年幼以宽、年长以严的观点。崔学古也是主张宽严相济的一位教育家,不过他考虑问题的角度与陆世仪不同,他是从开发儿童的智慧潜能出发提出宽严相济的教育原则的。

崔学古指出:"盖心之虚灵知觉,人人完具";"第患开关启钥者之无人,聪明乃蔽耳"③。就是说,儿童人人都具有极大的智慧潜能,但如果没有人能开启儿童的心灵之门,则其智慧潜能将难以发掘出来。而当时不少蒙师"只事扑责,徒张威势",只知道体罚儿童,以显示自己的威严。其实他们这样做,"适足以固其灵机,何能开豁其慧性?"④即只会束缚孩子们的灵性,哪里还能够开发

---

① 《幼训》。
② 《幼训》。
③ 《幼训》。
④ 《幼训》。

他们的潜能呢？要开发儿童的潜能,就须打开孩子的心灵之门;而要进入孩子的心灵,又必须去除他们的恐惧心理。于是,崔学古提出了"宽假其辞色,紧严其课程"①的要求,就是说,蒙师对儿童的态度应当宽厚仁慈一些,表情要和蔼,语言要温和,耐心细致,循循善诱,则儿童便会产生亲近之感,从而敞开其心扉。因此,教育者宽和的态度是打开儿童心灵之门的钥匙。当然只宽不严也不行。在学习上对儿童要从严要求,丝毫放松不得,不能有一点马虎。宽是就态度说的,严是就要求说的,只有宽严相济,才有利于儿童的成长发展。

四、正面引导是蒙养教育的主要方法

崔学古强调,蒙养教育应以正面开导为主,要经常给孩子们讲道理。"上之动以圣贤德业,次之动以功名、富贵,再次之惕以利害、祸福"②,即用古代圣贤的榜样和现实生活中的目标追求以及利害得失等,对儿童加以教育引导,使他们遵守行为准则,从而提高道德水平。

儿童"良知方长,智识初开",故"宜取古人嘉言善行以涵养之"③。可将各种宣传善行的教育书籍,当做每日学习的功课;亦可选取历史上可师可法之人与可歌可泣之事,用通俗易懂的语言,时时与儿童讲说。这样,即使再愚钝的儿童,每天听到有益于身心的"嘉言",自然会逐渐警醒,久而久之,"足以悚动心目,感发天良"④,产生追求上进之心。

---

① 《幼训》。
② 《幼训》。
③ 《幼训》。
④ 《幼训》。

五、家馆合作是蒙养教育的必要途径

崔学古认为,蒙养教育既是蒙馆的任务,也是家庭的责任,蒙馆与家庭应当既有分工又有合作,只有两方面协调得当、配合默契,才能取得良好的教育效果。他说:"馆以内,师傅制之;馆以外,父兄制之。"[①]在蒙馆,由老师负责教育;而离开蒙馆,则应由父兄加以教育。如果"师傅严于馆,而父兄狎于家",即在蒙馆里老师严格要求,而在家庭中父兄放任自流,如此"曝寒相间"[②],那么即使蒙师教育再好,其效果也必将被家庭教育中的负面影响所抵消。所以,蒙养教育必须做到家馆相互配合,统一要求,形成合力,才能达到预期的教育目标。

崔学古从关心、爱护儿童出发,主张以正面教育为主,用说理的方法开导儿童,用表扬的手段鼓舞儿童,用古人的嘉言善行感化儿童。他十分重视调动和保护儿童的学习积极性,即使对那些愚钝顽劣的儿童,也要"循循诱掖",耐心说服,使其切实改正。将"爱养"作为蒙养教育的出发点,表现了一位教育家对儿童的热爱,对教育事业的责任感和事业心,这就形成了崔学古儿童教育思想的鲜明特色。

第八节 唐彪"善诱"的教育思想

唐彪,生卒年代不详。字翼修,浙江兰溪人,清初教育家。历任会稽、长兴、仁和训导,授徒讲学多年。他总结了自己的教学经验,并参照古今先贤的论说,写成《父师善诱法》一文,以阐发其儿童教育观点,时人认为它具有与朱熹《小学》并行的价值。

---

① 《幼训》。
② 《幼训》。

一、尊重蒙师，教之前提

唐彪认为，蒙师虽为启蒙老师，教授年幼子弟，但"其督责之劳，耳无停听，目无停视，唇焦舌敝，其苦胜于经师数倍"①。蒙师整天忙碌，十分紧张，口干舌燥，劳苦至极，其工作负担超过经师数倍，理应受到世人的尊敬。可是，当时人们却"仅知尊敬经师，而不知尊敬蒙师"②，蒙师的待遇和经师相差甚远，这是极不合理的现象。因为蒙师对于儿童的健康成长，关系重大。儿童阶段是人们品德形成、学问奠基的关键时期，所谓"得力全在十年内外"③。儿童的品质好坏，学问深浅，"工夫得失，全赖蒙师"④。只有经过蒙师的"时时训诲"，方能"使归于正"⑤。所以，人人都必须尊敬蒙师。他大声疾呼："岂可以子弟幼小，因而轻视先生也哉！"⑥决不能因为蒙师的教育对象是小孩子，就受到轻视！尊重蒙师是儿童教育的前提。

二、读书为本，识字为先

唐彪引用欧阳修的话说："力学以读书为本。"他主张："童蒙初入学，先令读《孝经》、《小学》，继读《四书》本经。"⑦儿童读书，首先要有好书。这就如同"工欲善其事，必先利其器"⑧，手艺之人要想干好他的工作，必须先有好的工具。可是天下书虽多，好书却

---

① 《父师善诱法》。
② 《父师善诱法》。
③ 《父师善诱法》。
④ 《父师善诱法》。
⑤ 《父师善诱法》。
⑥ 《父师善诱法》。
⑦ 《父师善诱法》。
⑧ 《父师善诱法》。

极少。"朱子《读书歌》云：'好书最难逢，好书真难置。'"①因此，蒙师须向儿童介绍好书，"令之购觅"；若买不到，"必宜令之借抄"②。读书不仅可使儿童"学充识广"、知识丰富，而且有益于身心发展，使儿童明白事理，懂得如何做人。

唐彪认为，读书须以识字为基础。他主张儿童三四岁时，即可教以识字，每日或三五字，或十字均可。教儿童识字"或聚或散，或乱或齐，听其顽耍"③，即不断变换方式，如同做游戏一般，以激发儿童的兴趣，只要达到识认的目的便可。当儿童认识一二千字后，就可以入塾读书。蒙师教童蒙，不可立即读书，"须先令认字"。他认为"初入学半年，不令读书，专令认字，尤为妙法"④。因为，书要儿童自己读，"苟字不能认，虽欲读而不能"⑤。常见不少孩子惧怕读书，"疾书如仇"，蒙师不问缘由，以为儿童顽皮笨拙，于是便"骂詈扑责交加"⑥，而训斥与体罚的结果，使儿童更加畏惧读书。实际上，儿童"非不欲读也，不识字也"⑦。只要"一二句中字认不清，故不敢放心读去"⑧。于是越不敢读，就越不识字，而不识字，就更不敢读，这样就形成一种恶性循环。所以，他强调"读书在认字"⑨。

三、先易后难，分层致功

唐彪指出，蒙学教育应当让儿童学习那些容易理解和掌握的

---

① 《父师善诱法》。
② 《父师善诱法》。
③ 《父师善诱法》。
④ 《父师善诱法》。
⑤ 《父师善诱法》。
⑥ 《父师善诱法》。
⑦ 《父师善诱法》。
⑧ 《父师善诱法》。
⑨ 《父师善诱法》。

内容,使之易学,只有易学才能够条理通达。若"以高深之文令初学读,是犹责十余岁童子,而令之肩百斤之担,行五十里之途,此岂易能之事乎?"①如果让初学儿童去学习艰深的内容,就好比让小孩子挑上百斤的担子,走五十里路,如何能做得到呢?儿童做不到的事,却偏要他去做,他就会因苦其难而生畏惧之心,这样的教学对儿童有害而无益,必定不会成功。只有"先易后难,方有进益"②。

要做到先易后难,就必须分层致功。唐彪说,"幼童读文,贵分层次",因为"学问工夫,必非一截可到"③。如果不分层次,不循次序,企图一步登天,那么,虽欲速成,结果往往适得其反。那么,如何分层呢?唐彪认为:首先必读明代成化、弘治、正德、嘉靖年间的文章六七十篇,"以为入门之路",这是第一层;其次,"宜读近时平易之文百篇",要选择"精佳不朽之文",这是第二层;再次,"须读精细深厚之文六七十篇"④,这是第三层。所读文章必须是"有用之文,如学问、政事、伦纪、品行之类"⑤。只有由易到难地分层阅读,才能取得成效。

此外,儿童读书,切不可只求近效,而不顾远功。要切实打好基础,基础深厚扎实了,以后再加以扩充,就好比"酒母之串水,厚使之薄,少使之多"⑥,就十分容易了。有些在幼时读的书,当时看不出多少效果,然而到成年之后,效果就自然显现了。这是因为幼年奠定的基础,终生都起作用。

---

① 《父师善诱法》。
② 《父师善诱法》。
③ 《父师善诱法》。
④ 《父师善诱法》。
⑤ 《父师善诱法》。
⑥ 《父师善诱法》。

四、随读随解,启发思考

唐彪指出,教儿童读书,"宜及时与之讲解,以开其智慧"。他说:"随读随解,则能明晰其理,久久胸中自能有所开悟。"①如果只读不讲,学生不明其义,即使读得再多,也毫无益处,"故先生教学工夫,必以勤讲解为第一义"②。

蒙师讲授,通常要逐字逐句解释,但遇"难解者","不必逐字呆讲",可先解释大意,再用譬喻加以说明。讲解"须极粗浅","如俗语一般,使知书如说话",简单明白,通俗易懂。要讲解书中的道理,还必须联系实际,"证之以日用常行之事"③,这样儿童才容易领会。若脱离实际,空洞讲解,孩子就难以真正理解。

蒙师讲授要启发儿童思考,使其产生疑问,有疑才能有悟。唐彪说:"凡理不疑必不生悟,惟疑而后悟也。小疑则小悟,大疑则大悟。故学者非悟之难,而疑之难。"④因此,作为蒙师要诱导儿童生疑,并"令之日记所疑,以便请问"⑤。儿童若能勤问,则说明他已用心思考,必有所得。对于那些不提问的孩子,蒙师可向他们提问,"如果皆知而不问",即回答正确,表明他已完全掌握,无须再问;"倘不知而又不问",说明他尚未用心思考,须加以处罚,使其"留心体认,勤于问难",方能"学有进益"⑥。

唐彪认为,对于年幼初学者,蒙师可重复讲解。因为年幼初

---

① 《父师善诱法》。
② 《父师善诱法》。
③ 《父师善诱法》。
④ 转引自林治金主编:《中国小学语文教学史》,山东教育出版社1996年版,第196页。
⑤ 《父师善诱法》。
⑥ 《父师善诱法》。

学,往往不得要领。"初讲一周,多未领略,惟经再讲,始知梗概。"①蒙师讲完两遍后,再让儿童复讲,其"解错者,可以改正,不解者,可以再解,不用心听,全不能复者,惩儆之"②。对于孩子讲错的地方,老师可加以纠正;儿童不理解的地方,老师可以再讲,直到他们真正弄懂为止。至于那些不用心听讲,完全不能复讲的儿童,需要适当惩罚,以督促其用心学习。让儿童复讲可以了解他们的学习情况,以便有针对性地进行教学,帮助他们真正掌握教学内容,"使之胸中开明,真实有得"③。

五、奖功督过,赏罚分明

唐彪认为,儿童教育必须正确处理奖励和惩罚的关系,将两者有机结合起来,做到奖功督过、赏罚分明,以此来引导儿童不断进步。在运用这一方法教育儿童时,应当针对不同的孩子,分别不同的情况,加以实施。"子弟聪明有志者,可以责扑骂詈愧耻之,使之激励精进。"④对于"聪明有志"的孩子应当提出更高要求,如果他们不努力,达不到这个要求,可加以一定的惩罚,使其感到愧悔而改正,所谓"鞭打快牛"。"愚顽无志者,督责之则彼益自弃,而安于下流,无上进之机矣。唯故加奖誉,并立赏格鼓舞之,或踊跃向往之心生,未可知也。"⑤对于那些表现差的孩子,则不可多加督责,因为过多地批评、责罚他们,会使其更加自暴自弃、破罐子破摔。对他们的缺点要耐着性子好言相劝,晓之以理,动之以情,使其逐渐有所醒悟。当他们有了点滴进步时,则应多加表扬、奖励,使其受到鼓舞,促其奋发向上。自古以来,治理国家"必赏罚并

---

① 《父师善诱法》。
② 《父师善诱法》。
③ 《父师善诱法》。
④ 《父师善诱法》。
⑤ 《父师善诱法》。

行",教育儿童也应如此。只有恰当地运用赏罚手段,才能取得良好的效果,所谓"神机妙用,亦在奖励鼓舞与督责兼行也"①。

唐彪是一位教育经验丰富的宿儒。他呼吁要尊敬蒙师,提高其地位和待遇;他对于如何教儿童读书,如何讲解书中的道理,提出了许多有价值的见解,并采取了不少行之有效的措施;他主张巧妙地运用奖罚手段,以提高教育效果。这些对于后来的儿童教育都具有重要的借鉴意义。

纵观中国古代的教育思想,其中蕴含着丰富的儿童教育内容。虽然从总体上来说,我国古代教育是重大学而轻小学,重成人教育而轻童蒙教育,但也有不少教育家对儿童教育十分关注,倾注了大量的心血,提出了许多有益的教育主张。自宋代以后,蒙学教育有了较大发展,出现了许多影响广泛的蒙养教材。在此基础上,儿童教育思想也日益丰富起来。到了明清时期,蒙学教育十分兴盛。尤其是清代,可以说是我国古代蒙学教育集大成的时代,涌现出一大批致力于蒙养教育事业的学者和专家。他们总结了蒙养教育的实践经验,提炼出了丰富的儿童教育思想,其中有不少观点符合儿童身心发展的特点和教育发展的规律,因而对当时的蒙养教育具有指导作用,对今天的学前教育也有着重要的借鉴意义。当然,在我国古代儿童教育思想中,既有精华又有糟粕,其精华,需要继承和发展;其糟粕,需要剔除。中国近现代儿童教育思想,正是在继承前人教育思想之精华、剔除其糟粕的过程中不断发展起来的。

思 考 题

1. 试析贾谊"早喻教"的主张。
2. 简述颜之推的家庭教育思想。

---

① 《父师善诱法》。

3. 简评朱熹的儿童教育原则。
4. 简析王守仁"自然主义"儿童教育观。
5. 评析陆世仪的"熏陶涵养"思想。
6. 张履祥"耕读相兼"主张有何积极意义?
7. 评述崔学古"宽严相济"的教育原则。
8. 试析唐彪"启发思考"的教育观点。

第二章 近现代学前教育思想

1840年,西方列强用坚船利炮打开了中国的大门,中西两种不同文化的冲突便不可避免地发生了。在西方文化的冲击下,中国传统的价值观念产生了一系列变化,这些变化对于近现代中国教育思想的发展具有重要的影响。

第一次鸦片战争之后,以龚自珍、林则徐、魏源为代表的一批明智的中国人最先喊出了"学西学"的口号,以后在洋务运动中出现了"中学为体,西学为用"的思想。这一主张的提出,冲破了传统观念的"坚冰",在长期以来以"中学"为惟一体系的思想界打开了一个缺口,使西方文明不断渗入进来,让中国人看到了一个全新的、陌生的世界。在"中体西用"思想的指导下,中国近代最早的新式学堂诞生了,第一批官费留学生被派遣出国,许多西学书籍被翻译出版。这些新事物的出现进一步改变了人们传统的思想观念、社会心理和风俗时尚,从而为中国教育近现代化扫除了某些障碍。

在维新运动中,以康有为、梁启超为代表的维新派接过洋务派"中体西用"的口号,将其改造成变法维新的指导思想。他们所讲的"中体",已不再是封建的专制政体,而是君主立宪的资本主义政体。因此,他们所主张的"学西学",已不仅仅是学习西方的科学技术,而且更注重学习资产阶级的人文社会科学,包括哲学、伦理学等,以彻底改变中国人落后的思想观念。

在辛亥革命和五四新文化运动中,"学西学"已成为人们的共识,西方的科学与民主思想逐渐深入人心。向西方寻求真理,是同传统的价值观相背离的,但正是这种观念的转变,才导致了西学的广泛传播,使新教育得以产生,从而推动了中国教育近现代化乃至整个社会近现代化的发展。

在近代中国,个体的发展越来越受到人们的重视,五四时期许多教育家在批判传统教育时指出:长期以来,中国一向重视协调人际关系,突出伦理道德,从表面上看,似乎是最重视人的教育,而实际上它所重视的是整体的人,而不是无视个体的人。这种以社会为本位的价值观抹杀了个性发展的价值,因而传统教育培养的是只有共性而无个性的人。这种人不是主人,而是奴隶,是在人格上丧失了独立地位而依附于统治者的奴隶。正如鲁迅先生所说:中国人向来就没有争到过人的价值,至多不过是奴隶。

为了提高国民素质,提升中国人作为人的价值,许多思想家和教育家在思考、在探索。王国维提出了培养"完全之人物"的教育宗旨,以培养身体和精神"无不发达且调和"的人。蔡元培主张以"养成健全人格"作为普通教育的目的,即培养德、智、体、美和谐发展的人。陶行知则强调实施"知情意合一"的教育,使受教育者的身心协调发展,从而促进其自身的不断完善。杨贤江则倡导"全人生的指导",使学生能够全面地健康成长,成为一个"完整的人"。总之,他们都将关注的焦点指向了个体的人,强调个性的发展和能力的培养,重视开发每个受教育者的内在潜能,通过发展个人以提高整体的国民素质。

注重个体的发展是以个人为本位的教育思想,这种思想在中国古代处于被排斥、受压抑的非主流地位而得不到伸展。到了近代,尤其是五四运动以后,人们的思想观念发生了很大变化,以人为本、发展个性、完善人格的教育思想日益深入人心。实际上,尊重人的主体地位,开发人的潜在能力,促进人的素质发展,实现人的自我完善,是教育这一人类特有的活动所追求的根本目标。以人为本的教育观,改变了长期以来以社会为本位的所谓"无人教育"的严重弊端,使受教育者以大写的人的姿态进入教育者的视野之中,从而引发了一场教育大变革,即按照儿童的身心发展水平确定教育内容,制定教育计划,依据学生不同的个性心理特点选择不同的教育方法,因材施教。这场大变革推动了我国近现代教育逐步朝着科学化、民主化、平等化的方向发展。

正是在这一时期,我国的学前教育由家庭走向社会。1903年9月,我国第一个学前教育机构——湖北幼稚园的诞生,标志着我国学前家庭教育向学前社会教育的转变。经过近现代教育家们的努力,我国产生了学前教育的机构以及学前教育的法规、理论和实践,开始逐步建构起中国现代科学的学前教育思想体系。

第一节 张之洞的学前教育主张

张之洞(1837—1909),字孝达,号香涛,直隶南皮(今河北交河县)人。近代教育家,洋务派的代表人物之一。出生于官宦之家,27岁时中进士,授翰林院编修,后历任湖北、四川学政,山西巡抚,两广、湖广、两江总督及军机大臣等职,卒后谥"文襄"。

张之洞注重兴学育才,一生创办过多所学校,其中既有学习经史之学的传统书院,也有提倡西学、讲求洋务的新式学堂。他重视师范教育,创办了三江师范学堂、湖北师范学堂、两湖师范学堂等。他关心蒙养教育,在他的推动下,我国最早的幼稚园——湖北幼稚园于1903年成立。他参与主持制定了中国第一个正式颁行的近代学制——《奏定学堂章程》,亦称"癸卯学制"。他撰写了《劝学篇》,全面阐述了"中学为体,西学为用"的思想,对清末教育产生了很大影响。其著作由后人汇编为《张文襄公全集》,共229卷。

一、"中体西用"的洋务教育指导思想

张之洞于1898年著成《劝学篇》,着重阐述了"中体西用"的

思想,"中学为体,西学为用"的思想虽不是张之洞最先提出,但对这一思想加以全面论述的却非他莫属。

张之洞认为,"中学"就是"旧学",是中国的传统文化,具体地说是指"四书、五经、中国史事、政书、地图"①等,其中最重要的莫过于封建的三纲五常。他说:"五伦之要,百行之原,相传数千年更无异义。圣人所以为圣人,中国所以为中国,实在于此。"②在他看来,三纲五常是人们行为的根本准则,必须无条件地坚守,不能有丝毫的更改。

"西学"主要是指"西政"和"西艺"。他说:"学校、地理、度支、赋税、武备、律例、劝工、通商,西政也。算、绘、矿、医、声、光、化、电,西艺也。"③很明显,"西政"是指西方某一行政部门的管理制度,"西艺"是近代西方的科学技术。他认为,"西艺"的学习需要很长时间,"非十年不成",故宜于年少者;而"西政"则相对易学,"三年可得要领",故适于年长者。从当时国家的需要出发,他提出"政尤急于艺"④。

从"中学"与"西学"的关系来看,"中学为体,西学为用",两者不可偏废,但"中学"是主要的,"西学"是次要的,故"欲强中国存中学,则不得不讲西学。然不先以中学固其根柢,端其识趣,则强者为乱首,弱者为人奴,其祸更烈于不通西学者矣"⑤。因此,学习者必须首先精通"中学",在此基础上再有针对性地学习"西学",这样才"有其益而无其害"⑥。"中体西用"的实质,是以西方的科学技术来巩固传统的政治伦理制度,以达到维护清王朝统治

---

① 张之洞:《劝学篇·设学》(以下凡出自《劝学篇》,仅注篇名)。
② 《明纲》。
③ 《设学》。
④ 《设学》。
⑤ 《循序》。
⑥ 《循序》。

的目的,即所谓借西方资本主义的甲胄以保护中国封建主义的躯体。

"中体西用"思想的出现,反映了充满危机的中国封建社会正急速地向半殖民地、半封建社会转变。既然"中学"不能使传统的封建社会保持不变,那么,统治者为了巩固封建政权,就不得不到"西学"中去寻找武器。然而,由于经历了长期高度发展的"中学"已根深蒂固,而且在社会生活的各个领域里,封建的传统都还占有巨大的优势,而资本主义在当时的中国实在太弱小了,所以"西学"还不足以代替也不能简单代替"中学"。因此,19世纪后半期的中国只能产生出这种不中不西、亦中亦西的"中体西用"思想。

"中体西用"思想刚刚出现的时候,夜郎自大、盲目排外、愚昧僵化的思想占统治地位。而"中体西用"的提出,实际上是承认"中学"的不足,必须以"西学"加以补充。它将封闭的传统文化思想打开了一个缺口,使中国人看到了另一个陌生的世界。在洋务运动前期,"中体西用"思想的侧重点在于强调学"西学"。随着对"西学"了解的逐渐增加,"西用"的范围也就不断延伸,从西文(语言文字)到西艺(科学技术)再到西政(管理制度),逐渐增加新的成分。教育的内容也不断扩展,从办外语学校,到办技术学校,再到办管理学校。新式学堂种类的增加,改变了单一的传统教育结构,促进了近代科技与教育的发展,因而具有积极、进步的意义。

到了洋务运动的后期,洋务派"中体西用"思想的侧重点发生了变化,它开始强调巩固"中学",维护"中体"。虽然当时资产阶级维新派的思想已开始广泛传播,他们也讲求"学西学",但其重心已由经济与科技领域推进到政治思想领域,这样一来就直接冲击了封建专制主义的政治制度和纲常伦理等"中学"的核心部分,危及封建统治政权的基础。在这种情况下,张之洞抛出了《劝学篇》,强调"明纲",以明"君臣之纲",反对维新派的民权之说;以明"夫妇之纲",反对维新派男女平权的思想,妄图阻碍维新思想的传播。此时,"中体西用"思想的积极作用便消失了。

"中体西用"作为中西文化碰撞的产物,有其历史必然性,但这一思想本身却包含着不可克服的内在矛盾。因为"中学"和"西学"代表了本质上相互对立的封建主义和资本主义两种文化,为体的"中学"必将顽固地阻碍"西学"的传播与发展,而为用的"西学"又势必冲击并动摇"中学"这个体。如果将这两者强行凑合在一起,其结果是"中体"既保不住,"西用"也发展不了。"中体西用"的错误之处,就在于洋务派把外来文化看成是可以轻易照搬和套用的形式,企图设计出一个中西文化并立与共存的实体文化,这只能是一种幻想。因为中西文化从经济基础到上层建筑是完全不同的两种文化,所以"西学"不可能拿来为巩固"中体"服务,无论洋务派怎样力图维护"中体",只要他们引进"西学",那就必然会削弱甚至瓦解封建统治,而扩大资本主义的影响,这便是洋务派的主观动机与洋务运动(包括洋务教育)的客观效果不相符合的根本原因所在。

洋务派原以为"西学"有利于封建政权的巩固,于是便大力提倡采"西学"办洋务,结果他们搬起"西学"这块石头,却正好砸在他们所要维护的封建体制这只"脚"上,这是他们始料未及的。而当他们发现"西学"有害于"中体"时,又反过来限制"西学"的发展,使西方资本主义文化在中国这块土地上得不到迅速、充分的生长。这就是洋务运动归于失败、洋务教育成效不大的一个十分重要的原因。

二、第一个学前教育法规中的基本思想

1904年1月,清政府颁布并实施了由张之洞、张百熙、荣庆共同制定的《奏定学堂章程》,即"癸卯学制"。其中《奏定蒙养院章程及家庭教育法章程》(下称《章程》)是我国第一个学前教育法规,它体现了张之洞等人的学前教育观点。

（一）重视学前教育，蒙养家教合一

《章程》指出："蒙养通乎圣功，实为国民教育之第一基址。"[①] 教养蒙童是通向圣人的事业，是国民教育的第一块基石。《章程》充分肯定了学前教育的重要性，因此它规定，"各省府厅州县以及极大市镇"，均须在"育婴、敬节二堂内附设蒙养院"[②]。所谓蒙养院，即外国的幼稚园，"为保育三岁以上至七岁幼儿之所"[③]。但因国外幼稚园的保教人员为女师范生，而中国不设女学，没有女师范生，所以只能采用外国幼稚园的办学方式，而不用其名称。

《章程》指出："蒙养家教合一之宗旨，在于以蒙养院辅助家庭教育"[④]。由于"保姆学堂既不能骤设，蒙养院所教无多，则蒙养所急者仍赖家庭教育"[⑤]。为了充分发挥家庭教育的作用，《章程》要求各省学堂编辑家庭教育读本，发给每户一册，并广为翻译出版外国家庭教育书籍，使各家均能收藏一本。同时，初等小学识字课本及小学一、二年级各教科书也可作为家庭教育用书。每个家庭主妇都要学习以上书籍，识字者可以自己阅读，不识字者可由别人为之讲读。通过学习，逐步掌握一些家庭教育的知识，于是家家户户便都有了蒙养教师。"有子者母自教其子，以为入初等小学之基；

---

① 舒新成：《中国近代教育史资料》（中册），人民教育出版社 1961 年版，第 388 页。
② 舒新城：《中国近代教育史资料》（中册），人民教育出版社 1961 年版，第 385 页。
③ 舒新城：《中国近代教育史资料》（中册），人民教育出版社 1961 年版，第 385 页。
④ 舒新城：《中国近代教育史资料》（中册），人民教育出版社 1961 年版，第 385 页。
⑤ 舒新城：《中国近代教育史资料》（中册），人民教育出版社 1961 年版，第 387 页。

有女者母自教其女,以知将来为人妇为人母之道。"①在幼儿的家庭教育中,母亲教育儿子,为其以后入小学打下基础,教育女儿,为其长大后"为人妇为人母"创造条件。这样一来,每个孩子都能受到良好的家庭教育,所以家庭便成了蒙养院。如果为人母者不懂得如何教育孩子,"则母教必不能善,幼儿身体断不能强,气质习染断不能美"②。那么,国民素质就无法提高,国家也就决不可能强盛。

我国古代对家庭教育就相当重视,因为学前儿童都是在家庭接受教育的。《章程》继承了这一传统,强调幼儿家庭教育的重要性,提出了学前教育应以家庭教育为主,以蒙养院为辅的观点。尽管蒙养院是一种辅助手段,但要求创办蒙养院,这就是一大进步,是在古代家庭幼儿教育基础上的一大发展。作为制度化的学前教育机构,以往从未有过,而制度化教育所产生的效果是非制度化教育所无法比拟的,所以,创办蒙养院是中国学前教育思想发展的一个里程碑。

(二)提倡保教结合,强调启发涵养

《章程》指出:"外国所谓保育,即系教导主义,非仅长养爱护之谓也。"③对于学前儿童,不能只管保育,不管教导,因为幼儿正处于身心发展的关键期,所以,既要保育,满足其物质需求,使其身体健康发育,同时也要教导,培养其德性,开启其智慧,使其精神健康成长。因此,《章程》强调,蒙养院应以保教结合为原则,其要点如下:

"一、保育教导儿童,专在发育其身体,渐启其心知,使之远于

---

① 舒新城:《中国近代教育史资料》(中册),人民教育出版社1961年版,第387页。

② 舒新城:《中国近代教育史资料》(中册),人民教育出版社1961年版,第388页。

③ 舒新城:《中国近代教育史资料》(中册),人民教育出版社1961年版,第388页。

浇薄之恶风,习于善良之轨范。"①即学前教育要将体、智、德三育有机结合起来,使儿童在身体、智慧、品德三方面都能得到很好的发展,为今后的成长奠定坚实的基础。

"二、保育教导儿童,当体察幼儿身体气力之所能为,心力知觉之所能及,断不可强授以难记难解之事,或使为疲乏过度之业。"②就是说,学前教育要遵循量力性原则,根据儿童身心发展的水平实施教育,使其力所能及,切不可超越幼儿的能力范围,强行灌输"难记难解"的知识,令其"疲乏过度",以致不堪重负,这样极不利于儿童的发展。

"三、保育教导儿童,务留意儿童之性情及行止仪容,使趋端正。"③它要求教育者从幼儿的性格特点出发,关注其行为举止,引导其趋向端正。

"四、儿童性情极好模仿,务专意示以善良之事物,使则效之,孟母三迁即此意也。"④根据儿童好模仿的特点,学前教育应注意营造良好的环境氛围,用模范的榜样去影响儿童,使之潜移默化,逐渐形成善良的品德。

对幼儿的教育,应采用启发涵养的方法。《章程》指出:"蒙养院保育之法,在就儿童最易通晓之事情,最所喜好之事物,渐次启发涵养之。"⑤所谓启发涵养,就是要从儿童的兴趣爱好与能力水

---

① 舒新城:《中国近代教育史资料》(中册),人民教育出版社 1961 年版,第 388 页。
② 舒新城:《中国近代教育史资料》(中册),人民教育出版社 1961 年版,第 388 页。
③ 舒新城:《中国近代教育史资料》(中册),人民教育出版社 1961 年版,第 388 页。
④ 舒新城:《中国近代教育史资料》(中册),人民教育出版社 1961 年版,第 388 页。
⑤ 舒新城:《中国近代教育史资料》(中册),人民教育出版社 1961 年版,第 388 页。

平出发,逐渐加以引导,以开发儿童的智慧,涵养儿童的德性,使他们在愉悦的情境中,得到滋润养育,促进身心发展。

(三) 依据幼儿特点,确定教学内容

《章程》提出,蒙养院要根据幼儿的特点来确定教学内容,其具体条目为:"游戏"、"歌谣"、"谈话"和"手技",这些内容"与初等小学之授以学科者迥然有别"[①]。

1. 游戏

喜好游戏是儿童的天性,故开展游戏活动最能满足儿童的心理需求。游戏可分为"随意游戏"(即单个儿童的自由活动)和"同人游戏"(即集体游戏活动)。在游戏活动中,儿童的身体得到了锻炼,"心情愉快活泼",并养成"爱众乐群之气习"[②]。

2. 歌谣

一般来说,儿童大多爱好唱歌。歌声乃心灵之声,它可以抒发内心的情感,或表达心中的兴奋与快乐,或宣泄胸中的幽郁和烦恼。在幼儿阶段,可教以"平和浅易之小诗,如古人短歌谣及古人五言绝句"[③]等。儿童在学习唱歌的过程中,既使耳目喉舌等感觉器官得到锻炼,以促进其发育;又可以涵养德性,提高思想道德水平;还可以在愉悦的情境中培养积极、健康向上的情感。

3. 谈话

谈话即语言训练,"须择幼儿易解及有益处、有兴味之事实,

[①] 舒新城:《中国近代教育史资料》(中册),人民教育出版社1961年版,第388页。

[②] 舒新城:《中国近代教育史资料》(中册),人民教育出版社1961年版,第388~389页。

[③] 舒新城:《中国近代教育史资料》(中册),人民教育出版社1961年版,第389页。

或比喻之寓言"①,作为谈话的内容,以提高儿童学习的积极性。与幼儿谈话须注意直观性,"就常见之天然物及人工物等指点言之"②,以培养其观察及思维能力。当儿童对谈话内容"已通晓时",可使其复述。儿童说话时必须声音洪亮,语言连贯流畅,不得颠倒错乱,以此训练儿童的语言表达能力。

4. 手技

手技即手工劳动。教儿童利用木片、竹签、纸张、粘土等材料,制作各种物体;或于庭院中栽花种草,且观察其生长过程。在手工劳动中,让儿童动手操作,以训练其手眼协调动作,发展其操作能力。

(四) 实施保姆培训,提高幼教师资

《章程》指出:"中国因无女师范生",故不能单独设立幼稚园,只能"于育婴、敬节两堂内附设蒙养院"③。蒙养院内实施保育的教导者称为"保姆",保姆由乳媪和节妇训练而成。训练的方法是,将"官编女教科书、家庭教育书"及"保育要旨条目",发给育婴、敬节二堂,令保姆"自相传习"④;并选一识字妇女充当教员,若堂内无一识字者,可"专雇一识字之老成妇人入堂"⑤任教。凡"在育婴、敬节两堂学保姆者","均发给蒙养院学过保姆凭单,听其自

---

① 舒新城:《中国近代教育史资料》(中册),人民教育出版社 1961 年版,第 389 页。
② 舒新城:《中国近代教育史资料》(中册),人民教育出版社 1961 年版,第 389 页。
③ 舒新城:《中国近代教育史资料》(中册),人民教育出版社 1961 年版,第 387 页。
④ 舒新城:《中国近代教育史资料》(中册),人民教育出版社 1961 年版,第 386 页。
⑤ 舒新城:《中国近代教育史资料》(中册),人民教育出版社 1961 年版,第 386 页。

营生业",但"讲习无成效者,不给凭单"①。

经过培训的保姆较之未加培训的乳媪、节妇,其教育幼儿的能力有所提高,因此由她们来承担保育教导幼儿的责任,比未加培训者要合适一些。然而,由于保姆培训的内容以封建的"三纲五常"、"三从四德"为主,对学前教育的专业训练不够重视,因此,这样培养出来的幼儿师资是不合格的。不过,在一个世纪前的中国能够提出保姆培训的要求,并将"保姆教育要旨"作为培训内容之一,已属不易,在中国学前教育史上是一大进步。

由张之洞等人制定的我国第一个学前教育法规,深受洋务派"中学为体,西学为用"思想的影响。我国封建时代男尊女卑,女子不得入学受教育,这已形成了传统。《章程》为维护这一传统,强调"少年女子断不宜令其结队入学,游行街市,且不宜多读西书,误学外国习俗","女子只可于家庭教之"②。而女子所受家庭教育的内容,主要是"《孝经》、《四书》、《列女传》、《女诫》、《女训》及《教女遗规》"③等封建的道德规范,以及外国家庭教育书籍,此外还有"应用之文字"和"家庭应用之书算物理"等,其目的是使女子"足以持家教子而已"④。关于外国家庭教育书籍,必须有所选择,要"择其平正简易,与中国妇道妇职不相悖者",方能"广为译书刊布"⑤。由此可知,《章程》的制定是为培养具有封建

---

① 舒新城:《中国近代教育史资料》(中册),人民教育出版社1961年版,第387页。

② 舒新城:《中国近代教育史资料》(中册),人民教育出版社1961年版,第388页。

③ 舒新城:《中国近代教育史资料》(中册),人民教育出版社1961年版,第387页。

④ 舒新城:《中国近代教育史资料》(中册),人民教育出版社1961年版,第388页。

⑤ 舒新城:《中国近代教育史资料》(中册),人民教育出版社1961年版,第387页。

传统思想的人才奠定基础,从而为巩固封建统治服务的。然而,《章程》中关于保育教导要旨、条目、设备、管理等方面的要求及规定,大多是从国外引进的,是学西学的结果,这是我国近代学前教育机构创办的依据。因此,尽管《章程》具有十分明显的"中学为体"的思想倾向,但它主张按外国幼稚园的办学模式来创办蒙养院,从而将我国学前教育的发展推向了一个新的阶段,其功不可没。

张之洞是洋务运动后期的主要代表人物,他以"中体西用"思想为指导,制定了我国第一个学前教育法规,确定了蒙养院在整个学制体系中的基础地位,从而开始了我国学前教育近代化的历史进程。

第二节 康有为的学前儿童公育思想

康有为(1858—1927),原名祖诒,字广厦,号长素,广东南海人,人称南海先生。近代著名的政治家、思想家、教育家,资产阶级维新派领袖,戊戌变法的领导人。1879年,康有为游历香港后,开始走上向西方寻求真理的道路。1888年,他上书光绪皇帝,请求变法,以图自强。1891年,他在广州创办万木草堂,收徒讲学,宣传维新变法思想,培养了陈千秋、梁启超等一批维新派骨干。1895年,在《马关条约》签订之际,他和梁启超等人联络各省赴京应试举子一千余人,联名上书请愿,要求"拒和、迁都、变法",史称"公车上书"。同年,他考中进士,授工部主事,但他并未到任就职,而是继续一次又一次给皇帝上书。与此同时,他组织学会,创办报纸,设立学堂,积极开展救亡图强的维新活动。在1898年的维新变法运动中,康有为是主要的领导者之一,他殚精竭虑,为变法出谋划策。变法失败后,他流亡日本,在海外组织了保皇会,反对孙中山领导的资产阶级民主革命。以后又支持张勋复辟,成为阻碍历史前进的绊脚石。

康有为著述颇丰,《大同书》是他的代表作之一。该书描绘了一个带有空想社会主义色彩的大同世界,体现了他的社会理想。

首先,大同社会没有家族。康有为认为,"中国人以族性之固结,故同姓则亲之,异姓则疏之;同姓则相收,异性则不恤"。人们"不知有国而惟知有姓",以致"一国之中分万姓则如万国","故四万万人手足不能相助",致使地广人众的中国却国力寡弱。而推其原因,乃由家族之流弊所致①。"因有家之故",人们"心术必私","而不能天下为公"。"人各私其家,则无从以私产归公产",故"贫穷困苦之人"多,"疾病者多",使"人体不健","人种不善"。同时,因公产少而办学经费拮据,致使人们得不到良好的教育,而造成"人格不具","人种必恶而性无由善"。由此观之,家族是"太平世界妨害之物也"。因此,"欲至太平独立性善之美,惟有……去家而已"②。只有消灭了家族,才能进入大同世界。

其次,大同社会废除私有财产。康有为指出:"今欲致大同,必去人之私产而后可。凡农、工、商之业,必归之公。"③土地、工厂、商店等一切财产均不得私有。"太平世人无私家,无私室,无私产,无私店"④,人们的劳动所得以"工金"支付,"其俸令足为其衣食之资"⑤,即充分满足人们的生活需要。他主张用废私产为公产的方式来实现大同。

再则,大同社会提倡男女平等。康有为强调:"女子与男子,同为天民","各有自立、自主、自由之人权"⑥,故"女子当与男子

---

① 陈得媛、李传印评注:《大同书》,华夏出版社2002年版,第208页。
② 陈得媛、李传印评注:《大同书》,华夏出版社2002年版,第225～226页。
③ 陈得媛、李传印评注:《大同书》,华夏出版社2002年版,第282页。
④ 陈得媛、李传印评注:《大同书》,华夏出版社2002年版,第295页。
⑤ 陈得媛、李传印评注:《大同书》,华夏出版社2002年版,第286页。
⑥ 陈得媛、李传印评注:《大同书》,华夏出版社2002年版,第161页。

一切同之,此为天理之至公,人道之至平"①。他反对男尊女卑,认为"压制女子",剥夺她们应有的权利,是"损人权,轻天民,悖公理,失公益,于义不顺,于事不宜"②。他呼吁,女子要和男子一样享有受教育的权利、工作的权利、婚姻自由的权利以及自主行动的权利。一句话,凡公民所应有的一切权利,女子都应当享有,因为,"此天予人之权也"③。男女平等是社会文明程度的重要标志。康有为认为,要实现大同的社会理想,就要废除家庭制度和私有财产,而要去家族与私产,又必须从男女平等着手,因为人人平等是大同社会的基石。

在康有为设计的这个理想的大同社会中,有一个"公养"、"公育"的教育系统。梁启超曾经说过,《大同书》"最要关键在毁灭家族",而"破家界之道奈何?凡子女之初生也,即养之于政府所立之育婴院,凡教养之责,皆政府任之,为父母者不与闻。故凡人一出世即为公民,为国家之所有,为世界之所有,父母不得而私也"④。就是说,在大同社会里,孩子不是父母的私有财产,而为社会所共有,每个人一出生便离开父母,由政府设立的公共教育机构担负其培养教育的责任,所谓"公立政府当公养人而公教之"⑤。康有为在《大同书》中勾画的理想的教育系统为:人本院、育婴院、小学院、中学院和大学院。在这前后衔接、长达20年的完整的教育体系中,人本院和育婴院是6岁以前的儿童接受教育的机构,属于学前教育阶段。康有为说:"一曰人本院,凡妇女怀妊之后皆入焉,以端生人之本;胎教之院,吾欲名之曰人本院也,不必其夫赡养。二曰公立育婴院,凡妇女生育之后,婴儿即拨入育婴院以育

---

① 陈得媛、李传印评注:《大同书》,华夏出版社2002年版,第154页。
② 陈得媛、李传印评注:《大同书》,华夏出版社2002年版,第177页。
③ 陈得媛、李传印评注:《大同书》,华夏出版社2002年版,第296页。
④ 陈得媛、李传印评注:《大同书》,华夏出版社2002年版,第10页。
⑤ 陈得媛、李传印评注:《大同书》,华夏出版社2002年版,第277页。

之,不必其母抚育。"①康有为的"公养"、"公育"的教育理想,虽然带有空想的色彩,但是在这一构想中所体现出来的教育平等化和民主化思想,以及关于按儿童年龄分段教育促进其身心协调发展的观点,在当时无疑是进步的、新颖的、开风气之先的。

康有为提倡的儿童公育思想,包括胎教与幼教两个阶段,认为"生人之本,皆在胚胎,人道之始,万化之原也"②。故须胎教,即"教之于未成形质以前"③,凡妇女怀孕以后皆入人本院接受胎教,以"正生人之本,厚人道之源",而"源既清矣,流自不浊"④,从而为人一生的发展打下良好的基础。当婴儿断乳之后,即送入育婴院养育,由政府请专人担负养育之责。康有为指出:"盖人者杂质,须加熔铸冶斫,自始生而熔铸冶斫则易,长后而熔铸冶斫则难。"⑤故须加强婴幼儿的早期教育。

综合康有为关于胎教与幼教的观点,大致可分为以下几个方面:

一、重视环境

康有为认为,人本院应建在气候冷暖适宜的温带,最好选择"平原广野、丘阜特出、水泉环绕之所","或近海广平之地",使孕妇"多吸天气,多受海风"⑥,"其室外游观之所,楼观高峻,林园广大,水池环绕,花木扶疏,皆务使与孕妇身体相宜"⑦,从而使其心情舒畅,精神愉悦,有利于胎儿的生长发育,这样生出的孩子,大多

---

① 陈得媛、李传印评注:《大同书》,华夏出版社2002年版,第277页。
② 陈得媛、李传印评注:《大同书》,华夏出版社2002年版,第230页。
③ 陈得媛、李传印评注:《大同书》,华夏出版社2002年版,第231页。
④ 陈得媛、李传印评注:《大同书》,华夏出版社2002年版,第232页。
⑤ 陈得媛、李传印评注:《大同书》,华夏出版社2002年版,第225页。
⑥ 陈得媛、李传印评注:《大同书》,华夏出版社2002年版,第233页。
⑦ 陈得媛、李传印评注:《大同书》,华夏出版社2002年版,第235页。

形象美好,性格中正、活泼。

育婴院选址与人本院大致相同,但须注意的是"不得在山谷狭隘倾压、粗石荦确、水土旱湿之地"①,也"不可近戏院声伎之地,葬坟火化之旁,作厂、市场、车场哗嚣之所"②。育婴院内环境"应楼居少而草地多,务令爽垲而通风,日临池水以得清气,多植花木,多蓄鱼鸟"③,使婴幼儿在优美的环境中受到熏陶感染,形成优良之品德。

二、慎择保傅

康有为主张孕妇的一切衣食住行均由医生安排,由女傅、女保具体管理照料,因此,保傅的责任重大,必须慎重选择。他要求人本院的管理者"由众公举其仁慈智慧尤深者"④,且从事过医务工作的妇女担任,看护人员"其名曰保",也"皆用女子","由总医生择其德性慈祥、身体强健、资禀聪敏、有恒心而无倦性者为之"⑤。

育婴院的管理与保教人员也都由女子担任。之所以选择女子而不用男子,因为在康有为看来,"男子心粗性动而少有耐心,不若女子之静细慈和而有耐性也"。由于保教人员肩负双重责任,既当老师,又做母亲,"其事至仁,其行至难","其责最大",故"不可不重其选也"。育婴院中女保的要求在人本院女保条件的基础上,又增加了一条——"有弄性而非方品者"⑥,而管院事者则须"选仁质最厚,养生学最明者"⑦,即由精通儿童身心发展规律且充

---

① 陈得媛、李传印评注:《大同书》,华夏出版社2002年版,第247页。
② 陈得媛、李传印评注:《大同书》,华夏出版社2002年版,第249页。
③ 陈得媛、李传印评注:《大同书》,华夏出版社2002年版,第247页。
④ 陈得媛、李传印评注:《大同书》,华夏出版社2002年版,第233页。
⑤ 陈得媛、李传印评注:《大同书》,华夏出版社2002年版,第245页。
⑥ 陈得媛、李传印评注:《大同书》,华夏出版社2002年版,第247页。
⑦ 陈得媛、李传印评注:《大同书》,华夏出版社2002年版,第248页。

满仁爱之心的医生充任。

三、教导孕妇

康有为要求,孕妇进入人本院后,即由女师、女傅和女保对其实施胎教,以陶冶其性情,培养其品德,开发其智慧,保养其身体。对孕妇的教育大致包括学道、育德和养身三个方面。

(一) 学道

每日由女师讲"仁爱慈惠之故事,高妙精微之新理",使孕妇掌握"人道之公理","以涵养其仁心,使之厚益加厚,以发扬其智慧,使之明益加明"。同时,由女保就平时个人卫生、生产时应注意事项,以及"育子之良法",逐一加以讲授,"使之了然自解"。如此,孕妇在生产前便能注意养生之道,在生产时熟悉产子之法,在生产后了解养育之方,"则其孕育必安,生产必易"[1],这对于母子双方均大有裨益。

(二) 育德

孕妇入院后,即由"一女傅随之出入,同其起居",女傅的职责是"傅其德义,化其气质"。平日在院中,要精选文明、中和、纯粹、仁慈的书籍和超妙、精微、慈惠、吉祥的图画让孕妇阅读和观看,并选取和平中正的音乐让孕妇欣赏;孕妇如要出游,女傅皆当陪同,凡与身心不利之处皆不得前往,凡不正之人皆不得与之交游。总之,无论院内院外,均使"孕妇目不视恶色,耳不听恶声,口不道恶言,鼻不闻恶臭,身不近恶人,心不知恶事"[2]。这样便足以"蓄德、理性、兴起仁心"[3],"必能养性情而发神智"[4],形成良好的品德,

---

[1] 陈得媛、李传印评注:《大同书》,华夏出版社2002年版,第236页。
[2] 陈得媛、李传印评注:《大同书》,华夏出版社2002年版,第236页。
[3] 陈得媛、李传印评注:《大同书》,华夏出版社2002年版,第238页。
[4] 陈得媛、李传印评注:《大同书》,华夏出版社2002年版,第239页。

进而影响腹中胎儿,以养其魂魄,培养"顺正中和"之善性。

(三)养身

康有为指出,孕妇"入院之后,以养胎为宗旨职业"①。为了胎儿的健康,孕妇必须注意养身。孕妇在院中的冷暖饮食、动静行止,均由医生负责调理。每日早晚由医生察视两次,无病注意保养,有病则及时治疗。孕妇的饮食,由医生选择最能养胎健体的食品,根据各人身体状况不同而确定其数量之多少,"每日开单,如给药然"②。孕妇的衣着,由医生根据地区与气候的差异,"考察其最宜于孕妇身体者"③,以免因穿着不当而生病。此外,为了养身,孕妇还须寡欲,"无爱私愁感以乱其中,生子乃能和平中正"④。总之,孕妇的全部生活"皆由医生体察,加以节度,务令四肢、身体、血气、心知"⑤均健康强壮,这样就保证了胎儿的正常发育和健康成长。

四、培育婴幼

康有为认为,婴儿6个月断乳,断乳后即进入育婴院;幼儿满3岁后进入慈幼院;若不设慈幼院,则3~5岁幼儿仍在育婴院接受教育。他指出,婴幼儿的教育应以"养儿体,乐儿魂,开儿知识为主"⑥。

(一)养体

一个人身体是否强健,关键在于其早年所奠定的基础。婴幼儿时若身体强健,则长亦强健,因此,学前教育应当尤重养体。在

---

① 陈得媛、李传印评注:《大同书》,华夏出版社2002年版,第238页。
② 陈得媛、李传印评注:《大同书》,华夏出版社2002年版,第235页。
③ 陈得媛、李传印评注:《大同书》,华夏出版社2002年版,第236页。
④ 陈得媛、李传印评注:《大同书》,华夏出版社2002年版,第234页。
⑤ 陈得媛、李传印评注:《大同书》,华夏出版社2002年版,第238页。
⑥ 陈得媛、李传印评注:《大同书》,华夏出版社2002年版,第248页。

育婴院中,医生每日早晚诊视两次,对每个儿童的衣着、饮食及游戏、休息作出具体的安排,并由女保负责实施,使其"宜儿体"、"适儿度"、"合儿神","务令得宜以壮儿体"。若儿童生病,应及时治疗,轻者"每日医生诊视三次",重者则须诊视无数次,"且归大医诊视"①,即由医术高明者负责治疗,使其早日康复。

(二)乐魂

儿童"魂体未定"②,易受外界感染,育婴院须创造条件,使儿童感受快乐,而"声音动荡,最能感人,其入魂尤易"③。所以,当婴儿能唱歌时,"则教仁慈爱物之旨以为歌,使之浸渍心耳中"。同时要购置各种玩物,使"本院凡弄儿之物,无不具备"④,让儿童尽情嬉戏玩耍,享受快乐,以"合儿神"。快乐是儿童教育与发展的催化剂,只有体验到快乐,才能深入魂魄,进而塑造心灵,形成一定的品质和习惯。康有为主张通过婴幼儿所喜闻乐见的音乐和游戏等形式来实施美育,以实现"乐儿魂"的目的。这种将道德教育和美感教育及心理教育三者结合起来,以培养儿童良好的品德、审美的意趣和健康的情感的思想,是符合儿童身心发展特点的。

(三)开智

开智即"开儿知识",是对婴幼儿进行早期知识教育和能力培养,"子能言时教以言"⑤。为了增强直观性,以符合婴幼儿的认识特点,育婴院要将各种事物制成模型或绘成图画,在教儿童语言时,指物或看图说话。当儿童知识稍开以后,可"将世界有形各

---

① 陈得媛、李传印评注:《大同书》,华夏出版社2002年版,第248页。
② 陈得媛、李传印评注:《大同书》,华夏出版社2002年版,第249页。
③ 陈得媛、李传印评注:《大同书》,华夏出版社2002年版,第239页。
④ 陈得媛、李传印评注:《大同书》,华夏出版社2002年版,第248页。
⑤ 陈得媛、李传印评注:《大同书》,华夏出版社2002年版,第248页。

物,自国家至农工商务"①,都做成雏形,相当于今天的玩具,亦可教儿童自己制作,使他们在制作过程中增长知识,开阔视野,发展能力,为他们长大以后学习各种职业技能奠定基础。

康有为所主张的养体、乐魂和开智三方面教育,并不是孤立的、割裂的,而是统一的。养体是乐魂与开智的基础,乐魂又是开智的前提,而开智则有利于身体与精神的发展。因此,这三方面教育体现了德、智、体、美和谐发展的精神,它们共同促进了儿童的健康成长。

康有为在《大同书》中吸取了古今中外教育思想的某些合理因素,设计了一个从胎教到幼教的完整的学前儿童公共教育体系。他重视环境建设和教师的选择,强调对孕妇和幼儿进行德、智、体、美的教育,以促进儿童身心协调发展。他的儿童公育思想虽然带有许多空想成分,且有的并无科学根据,但他强调不分男女和贫富,每个儿童都要接受学前教育,并且要根据儿童的年龄特点施教,这种教育民主化与科学化的思想,在当时及对以后都产生了很大的影响。

第三节　蔡元培的儿童教育思想

蔡元培(1868—1940),浙江绍兴人,著名的民主革命家和教育家。他为发展中国新文化教育事业、建立中国资产阶级民主教育制度作出了巨大的贡献。

蔡元培出生于钱庄经理家庭,其父早亡,幼年在叔父指导下饱读经书。17岁起,先后考中秀才、举人、进士,28岁为翰林院编修。甲午战争失败激发了他的爱国精神,他开始涉猎西书,学习日文,

---

① 高平叔编:《蔡元培教育文选·出版者的话》,人民教育出版社1980年版,第1页。

探求救国救民的真理。戊戌政变后,他深感清廷腐败,决心弃官归里从教。1902年,同章炳麟等在上海发起创立中国教育会,任会长。同年,又组织爱国学社和爱国女学。1904年成立光复会,任会长。次年又加入同盟会,为上海分部负责人。后数度赴德国和法国留学、考察,研究哲学、文学、美学、心理学和文化史等,为改革封建教育奠定了思想理论基础。

  1912年,中华民国成立,蔡元培任南京临时政府教育总长。他在任职期间废除了封建旧学制,制定了资产阶级性质的教育宗旨和学制,后因不满袁世凯的独裁统治而辞职。1917年任北京大学校长,实行"囊括大典、网罗众家、思想自由、兼容并包"[①]的办学方针,对学校进行全面整顿和改革,使北大成为五四运动的发祥地、新文化运动的中心、享誉海内外的著名高等学府。1927年,蔡元培参加南京国民政府,先后任大学院院长、中央研究院院长等职,曾主持了第一次全国教育工作会议。1931年"九一八"事变后,他坚决主张抗日,与宋庆龄等在上海组织发起"中国民权保障同盟",任副主席,积极援救爱国志士。1933年3月,在白色恐怖的上海,他与李公朴、陶行知等人共同发起"马克思逝世50周年纪念会"。1937年,抗日战争全面爆发,他拥护国共合作,共赴国难。上海沦陷后,他移居香港养病,1940年病逝。由于蔡元培一生为发展中国教育文化事业作出了重大贡献,勋劳卓著,毛泽东和周恩来都给予他很高的称誉。

  蔡元培的教育思想涉及面广,从教育方针、学制到教学方法,从高等教育到学前教育,从家庭教育到社会教育,他都有过许多论述。他的儿童教育思想主要体现在发表于五四前后的《新教育与旧教育的歧点》、《贫儿院与贫儿教育》、《美育的实施方法》、《美

---

① 高平叔编:《蔡元培教育文选·出版者的话》,人民教育出版社1980年版,第1页。

育》等著名篇章中。

一、"五育"并举的教育方针论

1912年2月,蔡元培发表了《对于教育方针之意见》的重要文章。他在批判封建主义教育宗旨的基础上,根据资产阶级的需要,为养成"共和国民健全之人格",提出了军国民教育、实利主义教育、公民道德教育、世界观教育和美育"五育"并举的教育方针。

军国民教育即军事体育。蔡元培鉴于当时国家屡遭强邻交逼、亟图自卫的国情,认为非提倡军国民教育不能强兵,并且要举国皆兵,进行军事训练。同时,他十分重视体育锻炼,指出人的健康不仅靠饮食,尤靠运动。他强调,学校体育的任务,在于"发达学生的身体,振作学生的精神"[1]。他视体育为培养共和国民健全人格的重要环节,他指出"健全的精神,必宿在健全的身体"[2]。

实利主义教育即智育。蔡元培认为,"今之世界恃以竞争者,不仅在武力,而尤在财力"[3]。而中国地下宝藏尚未开发,各种新式企业尚少兴办,人民失业者很多,国家非常贫穷。实利主义教育能给人以各种普通的文化科学知识,发展实业的知识和技能,以及一定的职业训练,这对发展国民经济、强国富民有着重要意义。他对基础教育非常重视,说:"普通教育则像一新房子的地基,有了地基,便可把楼台亭阁等建筑起来。"[4]他认为基础教育关系到国家人才的培养和成长,甚至认为小学教员责任比总统大,在社会上的位置最重要。此外,他还重视学生智力的发展,反对注入式的教学,主张学生应自觉主动地学习,养成独立思考的能力和习惯。

---

[1] 高平叔编:《蔡元培教育文选》,人民教育出版社1980年版,第116页。
[2] 高平叔编:《蔡元培教育文选》,人民教育出版社1980年版,第150页。
[3] 高平叔编:《蔡元培教育文选》,人民教育出版社1980年版,第1页。
[4] 高平叔编:《蔡元培教育文选》,人民教育出版社1980年版,第3页。

公民道德教育即德育。蔡元培认为,德育是完全人格教育的核心,是"五育"的"中坚"。他认为如果仅有军国民教育和实利主义教育,则很可能产生智欺愚、强凌弱的现象,造成贫富悬殊,"资本家与劳动者血战之惨剧"①。所以,军国民教育和实利主义教育必须以道德为根本。他把法国资产阶级革命时期提出的要求作为道德教育的内容。他说:"何谓公民道德?曰,法兰西之革命也,所标揭者,曰自由、平等、博爱。道德之要旨,尽于是矣。"②并将此内容与中国儒家的"义"、"恕"、"仁"相对应。所谓自由,就是孔子的"匹夫不可夺志",孟子的"富贵不能淫,贫贱不能移,威武不能屈",即为"义"。所谓平等,就是孔子的"己所不欲,勿施于人",即为"恕"。所为博爱,就是孔子的"己欲立而立人,己欲达而达人",即为"仁"。从上可见,蔡元培提倡资产阶级新道德,是他反封建的进步性表现;但他把它与旧道德相对应,又反映了他反封建的不彻底性。关于道德教育的方法,他认为"道德不是熟记几句格言,就可以了事的,要重在实行"③。身体力行是他道德教育的重要原则。

关于世界观教育,蔡元培认为,军国民教育、实利主义教育、公民道德教育是"隶属于政治之教育",而"世界观则统三者而一之"④。世界观的教育则是"超轶政治之教育",其主要任务是培养人们超轶现世之观念,而达于实体世界之最高精神境界,使人生变得更有价值,人格更趋完善。这是蔡元培教育理论的最高目标。

关于美育,蔡元培指出,"美育者,应用美学之理论于教育,以陶养感情为目的者也"⑤。他认为美育的作用在于"陶养吾人之感情,使有高尚纯洁之习惯,而使人我之见,利己损人之思念,以渐消

---

① 高平叔编:《蔡元培教育文选》,人民教育出版社1980年版,第2页。
② 高平叔编:《蔡元培教育文选》,人民教育出版社1980年版,第2页。
③ 高平叔编:《蔡元培教育文选》,人民教育出版社1980年版,第118页。
④ 高平叔编:《蔡元培教育文选》,人民教育出版社1980年版,第5页。
⑤ 高平叔编:《蔡元培教育文选》,人民教育出版社1980年版,第195页。

沮者也"①。在他看来,只有通过美育才能有效地进行世界观的教育,因为"美感者"介乎现象世界和实体世界之间,可以起"津梁"的作用。

以上"五育",蔡元培认为尽管它们各自的作用不同,然而均是培养健全人格所必须的,是统一整体所缺一不可的。对"五育"不可偏废的功能,他还借用人体的机制构造作了形象的说明:"军国主义者,筋骨也,用以自卫;实利主义者,胃肠也,用以营养;公民道德者,呼吸机循环机也,周贯全体;美育者,神经系统也,所以传导;世界观者,心理作用也,附丽于神经系,而无迹象之可求。"②总之,蔡元培"五育"并举的思想,是以公民道德教育为中心的德、智、体、美和谐发展的思想。它体现了辛亥革命后资产阶级改革封建教育的需要,反映了发展资本主义而对人才提出的要求,顺应了当时社会变革的潮流,为中国资产阶级创建新教育体制提供了思想武器,也是改革学前教育的指导方针。

二、"尚自然"、"展个性"的儿童教育主张

1918年,蔡元培发表了著名的讲话《新教育与旧教育之歧点》,认为新旧教育的不同在于:昔之教育,使儿童受教育于成人;今之教育,乃使成人受教育于儿童。他解释说,旧教育"是教者预定一目的,而强受教育者以就之;故不问其性质之动静,资禀之锐钝,而教之止有一法,能者奖之,不能者罚之"③。他对这种违反自然,束约人的个性自由发展的教育深恶痛绝。他主张新教育应反其道而行之,在把握儿童身心发展规律的基础上,"而择种种适当之方法以助之。如农学家之于植物焉,干则灌溉之,弱则支持之,

---

① 高平叔编:《蔡元培教育文选》,人民教育出版社1980年版,第30页。
② 高平叔编:《蔡元培教育文选》,人民教育出版社1980年版,第5~6页。
③ 高平叔编:《蔡元培教育文选》,人民教育出版社1980年版,第48页。

畏寒则置之温室,需食则资以肥料,好光则复以有色之玻璃;其间种类之别,多寡之量,皆几经实验之结果,而后选定之;且随时试验,随时改良,决不敢挟成见以从事焉"①。总之,在他看来,"教育者,与其守成法,毋宁尚自然;与其求划一,毋宁展个性"②。蔡元培这种崇尚自然,尊重儿童,让儿童自由发展的主张,也是学前教育领域内批判封建教育观的思想武器。

三、学前儿童公育的理想

1919年,蔡元培在《贫儿院与贫儿教育的关系》这篇演讲稿中提出了他的学前儿童公育的理想。首先,他揭露了封建家庭的黑暗及对儿童产生的不良影响。他指出:大多数父母夫妇的关系、兄弟妯娌的关系、主仆的关系、亲戚邻居的关系,高兴了就开玩笑,讲别人的丑事;不高兴了,相骂相打。在娶妻纳妾、男女仆人成群的大家庭里,更是整日的演妒忌猜疑的事,甚至什么笑话都可以闹出来。这种不正常的家庭人际关系,以及不适合儿童看的书报图画和不适合儿童听的鼓词笑话,都给孩子带来极不良的影响。其次,他强调"教育是专门的事业,不是人人能担任的"③。他列举琢玉和炼金的例子,说明要把自家子女造就成适当的人物,当然也不是人人可以自任的。他举古人易子而教的例子,得出结论说:"照此看来,圣如孔子、贤如孟子,尚且不敢用家庭教育,何况平常人呢?"④他还进一步指出:"有子女的人,不是人人有实行教育的时间。"⑤不仅男子上班工作,应酬亲友、随意消遣,每日中没有多少时间可以在家与他的子女相见;而且妇女也是或就业,或操家政,

---

① 高平叔编:《蔡元培教育文选》,人民教育出版社1980年版,第48~49页。
② 高平叔编:《蔡元培教育文选》,人民教育出版社1980年版,第49页。
③ 高平叔编:《蔡元培教育文选》,人民教育出版社1980年版,第77页。
④ 高平叔编:《蔡元培教育文选》,人民教育出版社1980年版,第78页。
⑤ 高平叔编:《蔡元培教育文选》,人民教育出版社1980年版,第77页。

或应酬消遣,每日中没有多少时间可以专心对付他们的子女。于是,有钱的便将孩子交给仆婢,结果统统给引诱坏了;没钱的则或任其胡闹,或打骂交加,也不能教育好孩子。这也是不能用家庭教育的一个重要原因。

蔡元培正是针对上述情况提出他的学前儿童公育理想的。他主张:不论哪个人家,要是妇女有了身孕,便进胎教院。生了子女,便迁到乳儿院。一年以后,小儿断乳,就送到蒙养院受教育,不用他的母亲照管。所以他的理想是:"一个地方必须于蒙养院与中小学校以外,有几个胎教院、几个乳儿院,都由专门的卫生家管理。"①同时他还提出这些机构的设备,如饮食、器具、花园、运动场、装饰的雕刻与图画、陈列的书报,都是有益于孕妇或乳儿母亲的身体与精神。蔡元培的公育理想显然是受到康有为公育思想的影响,但他比康有为实际。他清楚地看到"现在还没有这种组织,运动别人,别人也不肯信"②。依据这一事实,于是便"想先从贫儿院下手。要是贫儿院试办这种事情很有成效,那就可以推广到不贫的儿童了"③。可见,蔡元培试图通过贫儿院的试验和推广,逐步以学前公共教育替代现行的家庭教育,最终实现其学前儿童公育的理想。他对封建家庭教育的批判无疑有进步性,但其公育理想显然也是空想。

四、倡导学前儿童的美育

蔡元培是我国近现代美育的首倡者。他倡导美育,是学习和研究我国古代和西方国家的美学思想史、教育思想史以及哲学、伦理学、心理学之结果。1922年,他发表《美育实施的方法》一文,对

---

① 高平叔编:《蔡元培教育文选》,人民教育出版社1980年版,第78页。
② 高平叔编:《蔡元培教育文选》,人民教育出版社1980年版,第79页。
③ 高平叔编:《蔡元培教育文选》,人民教育出版社1980年版,第79页。

实施美育的范围和时期、内容和方法作了全面、系统的论述。其中关于学前儿童美育的实施,他提出以下几点意见:

首先,他主张从家庭教育、学校教育、社会教育三方面实施美育。就学校美育而言,除建筑和陈设都要合乎美的条件外,还应开设音乐、图画、运动、文学等美育课程,并通过一切课程贯彻美育的精神;还可经常组织音乐会、展览会、纪念会并开展各种艺术活动,以便向所有的学生进行普通美育的教育。此外,学校美育还包括专门美育,即开设各级音乐学校、戏剧学校、美术学校等,以便把有艺术天赋的学生培养成为专门的艺术人才。这两个部分都是学校美育不可或缺的部分:普通美育面向全体,并为专门美育孕育苗子、打好基础;专门美育是在普通美育基础上的提升,肩负着为国家、为社会输送艺术工作者和艺术家的重任。社会美育方面,要专设美育机关,如美术馆、剧院、影戏馆、博物馆等,要利用一切建筑物、公园、道路、古迹、景观等,经常举办展览会和开展各种艺术活动。家庭美育也是实施美育的重要方面,应创设物质和精神的美育环境,将美育寓于家庭生活之中。蔡元培关于家庭、学校、社会三结合的美育思想,对学前儿童美育起着导向作用。

其次,他设想通过胎教院、育婴院、幼稚园三级机构实施学前儿童美育。蔡元培把胎教作为美育的起点。他认为:"我们要作彻底的教育,就要着眼最早的一步。虽不能溢出范围,推到优生学;但至少也要从胎教起点"[1],并"要从公立的胎教院与育婴院着手"[2]。对此,他有一整套的设想:"公立胎教院是给孕妇住的,要设在风景佳胜的地方,不为都市中混浊的空气、纷扰的习惯所沾染。建筑的形式要匀称,要玲珑"[3],"四面都是庭院。有广场,可

---

[1] 高平叔编:《蔡元培教育文选》,人民教育出版社1980年版,第154页。
[2] 高平叔编:《蔡元培教育文选》,人民教育出版社1980年版,第154页。
[3] 高平叔编:《蔡元培教育文选》,人民教育出版社1980年版,第154页。

以散步,可以做轻便的运动,可以赏月观星。园中杂草花木,使四时均有雅丽之花叶,可以悦目。选毛羽秀丽、鸣声谐雅的动物,散布花木中间"①。"引水成泉,勿作激流。汇水成池,蓄美观活泼的鱼"②。"陈列雕刻图画,都取优美一派;应有健全体格的裸体像与裸体画"③。"过度刺激的色彩,也要避去。备阅览的文字,要乐观的、和平的"④;"每日可有音乐,选取的标准,与图画一样"⑤。"总之,在他看来,胎教院的环境一定要十分优美,要使孕妇完全生活在平和活泼的氛围里,才不致对胎儿有不好的影响。

蔡元培认为,"孕妇产儿以后,就迁到公共育婴院……育婴院的建筑,与胎教院大略相同,或可联合在一处。其中陈列的雕刻、图画,可多选裸体的康健儿童,备种种动静的姿势;隔几日可更换一套。音乐选简单静细的。院内成人的言语与动作,都要有适当的音调态度,可以作儿童的模范。就是衣饰,也要有一种优美的表示"⑥。但在公立教养机关未成立之前,若在家庭里面,按照上列的条件小小布置,也可承认为家庭美育。总之,要让婴儿及其母亲生活在自然美和艺术美构成的环境之中。

蔡元培把幼稚园视为"家庭教育与学校教育的过渡机关"⑦,他认为此时"儿童的美感,不但被动领受,并且自动的表示了"⑧。因此,在幼稚园里应该开展各种美育活动,使儿童不仅感受美,而且能表现美。幼稚园的美育,一方面通过舞蹈、唱歌、手工等"美

---

① 高平叔编:《蔡元培教育文选》,人民教育出版社1980年版,第154页。
② 高平叔编:《蔡元培教育文选》,人民教育出版社1980年版,第154页。
③ 高平叔编:《蔡元培教育文选》,人民教育出版社1980年版,第154页。
④ 高平叔编:《蔡元培教育文选》,人民教育出版社1980年版,第155页。
⑤ 高平叔编:《蔡元培教育文选》,人民教育出版社1980年版,第155页。
⑥ 高平叔编:《蔡元培教育文选》,人民教育出版社1980年版,第155页。
⑦ 高平叔编:《蔡元培教育文选》,人民教育出版社1980年版,第155页。
⑧ 高平叔编:《蔡元培教育文选》,人民教育出版社1980年版,第155页。

育的专课"进行;另一方面则要充分利用其他课内涵的美育因素,如"计算、说话,也要从排列上、音调上迎合他们的美感,不可用枯燥的算法与语法"①。

蔡元培上述关于学前儿童美育方面的主张虽有脱离实际的地方,但是他重视学前儿童美育的基本思想和他所提出的一些合理要求,至今仍可作为我们向学前儿童进行美育的借鉴。

第四节　张雪门的学前教育理论与实践

张雪门(1891—1973),浙江鄞县人,著名的幼儿教育专家。20世纪三四十年代我国幼教界"南陈北张"中的"北张",他对北方和台湾地区的幼教影响很大。

张雪门幼年熟读四书五经,后毕业于浙江省立第四中学(现宁波一中),1912年就任鄞县私立星荫小学校长。他在青年时期就对幼儿教育发生兴趣,曾到沪宁一带参观,目睹当时一些日本式的蒙养园或教会幼稚园对幼儿的不良影响,深感痛心,遂立志投身幼教。1918年,他与几位志趣相投者创立了当地第一所中国人自办的星荫幼稚园,并任园长。1920年4月,又与人合办两年制的幼稚师范。同年,应邀到北平任孔德学校小学部主任,并考察平津幼稚教育。1924年任北平大学职员,同时在教育系学习。此间,他得到教育系主任、中共党员高仁山先生的悉心指导,计划用一年时间研究福禄倍尔,一年时间研究蒙台梭利,再用一年时间研究世界各国的幼稚教育,然后以毕生精力研究我国的幼稚教育。不久,他的译著《福禄倍尔母游戏辑要》和《蒙台梭利及其教育》相继问世。张雪门研究幼稚教育,是从幼稚园的课程入手的。他通过社会调查、参观访问,于1926年拟定了《幼稚园第一季度课程》,在

---

① 高平叔编:《蔡元培教育文选》,人民教育出版社1980年版,第155页。

《新教育评论》上发表,引起同行关注。1928年秋,孔德学校开办了幼稚师范,请他主事。不久,他创办了艺文幼稚园,作为实习场所。

1930年秋,应北平香山慈幼院院长熊希龄之聘,张雪门任北平幼稚师范学校(香山慈幼院的第三校)校长。期间,他编辑了幼稚师范丛书,进行了教育见习、实习的改革试验,该校毕业生深受社会欢迎。1934年,他聘陶行知的学生戴自俺到北平幼师任教,由戴自俺带领三年级师范生与北大农学院合作,在北平阜城门外罗道庄开办了"乡村教育实验区",区内除设有农村幼稚园外,还创办了儿童工学团、青年工学团、妇女工学团等。同时,张雪门开始了幼稚园行为课程的研究,并应北平民间大学、中国大学、天津女子师范大学之邀,讲授"幼稚教育"。

抗战烽火燃起之后,张雪门思想有了较大变化,爱国热情高涨,支持学生参加抗日救亡活动。1937年7月初,他出席在北平召开的中华儿童教育社的第六届年会,8日下午忽闻发生"芦沟桥事变",随后又得知日军已入侵北平,遂与熊希龄商定将北平幼师南迁。1938年2月,北平幼师在广西桂林东华门大街成立,招生2个班,1942年又招4个班。当时广西全省99个县1个市均有该校的毕业生从事幼教工作,为广西省播下了幼教的种子。期间,他编著了《幼稚园行政》、《儿童保育》等书,并去陕西城固西北师范学院讲授"儿童保育"课程。1944年,幼师迁重庆,在张雪门的领导下,一方面组织了师范生辅导委员会,拟定保育员培训规程,招收战时儿童保育院毕业生进行保育员训练;另一方面进行儿童福利制度的实验。为适应抗战的需要,他规定教育的重点在加强幼儿的民族意识和爱国观点,培养幼儿吃苦耐劳的习惯等。在他的推动下,当时重庆及其附近各地均成立了作为试验机构的幼儿团,仅重庆一地就成立了4个幼儿团。

抗战胜利后,张雪门于1946年1月返回北平。他为恢复幼师终日奔波,却到处碰壁。同年7月中旬前往台湾并办儿童保育院。1947年,该院更名为台北育幼院,他任院长,竭力肃清由于日本帝国主义统治台湾50年造成的奴化思想影响,向幼儿进行爱国主义教育,培养民族自尊心,使他们自觉地争取成为国家未来的主人翁。至1948年,育幼院得到著名华侨胡文虎及其夫人的资助,建起了从婴儿部、幼稚园到小学的完整的儿童教育机构。1952年,张雪门因操劳过度、眼疾加重而离开育幼院,但他仍热心参加幼教工作:任台南幼师科顾问、全省幼儿团教师暑期讲习班班主任并兼任教务和讲课、侨民教育函授学校教育科主编;出席台湾幼教业务讨论会;做幼稚教育专题演讲;在《中华日报》主办《幼教之友》专栏。

1960年,他突患脑病,半身不遂。在眼睛几乎失明、手脚失灵、耳朵失聪的情况下,他仍然以顽强的意志克服了种种困难,陆续写下了《幼稚教育》、《幼稚园课程活动中心》、《幼稚园行为课程》等十几本专著,为幼儿教育理论的建设作出了重要的贡献。张雪门一生中,从20年代后期开始,曾先后撰写了幼儿教育方面的论著约200多万字,这是他为后人留下的一份珍贵的遗产。1994年,由北京少年儿童出版社出版了《张雪门幼儿教育文集》上、下卷,选载了其代表作。

张雪门是位爱国教育家,晚年虽客居台湾,却心系大陆,曾有《芙蓉》诗曰:"未向园林添艳色,时从来客探芙蓉,年来心似秋光淡,却忆西山一片红。"①西山即香山,诗中充分抒发了他对北京的怀念。1973年,张雪门因脑病复发,抢救无效病逝,终年83岁。

张雪门毕生致力于幼稚教育,前后达60年。他一生淡泊名利,热爱儿童,热爱幼教,甘愿几十年如一日始终在幼稚园和幼稚师范最基层的岗位上辛勤工作。他那鞠躬尽瘁的献身精神、严谨

---

① 张雪门著:《闲情集》,台湾书店1973年版,第10页。

求实的治学态度,他对幼稚教育目的、课程和师资培养方面的论述,值得后人认真学习和深入研究。

一、论幼稚教育的目的

早在20世纪30年代初,张雪门就根据教育目标的不同,把中国幼稚教育分为四类:

(一)以培植士大夫为目标的幼稚教育

张雪门认为清末仿效日本办理的蒙养院就属于此类。它们都是以陈腐的学问、忠孝的道德、严格的管理,再加上劳心而不劳力的培养,为造就士大夫服务的。他在1933年发表的《我国三十年来幼稚教育的回顾》一文中,对这类日本式蒙养院还曾作了这样的描述:"他们将谈话、排板、唱歌、识字、积木等科目,一个时间一个时间规定在功课表上,不会混乱而且也不许混乱,教师高高的坐在上面,蒙养生很端正的坐在下面。教师教一样,学生学一样,全部活动不脱教师的示范,儿童不能自己别出心裁,也不许其别出心裁。至于各种工具和材料,如果教师不给,儿童自然不能自由取用,且放置的地方很高,儿童虽欲取而不得……在这种教育底下……儿童是被动的,双方都充满了压迫的苦闷。所学的全是零零碎碎的知识技能,都是浮面的、虚伪的,日子稍久就立刻忘怀了。"①对蒙养院管理上的过严、刻板、僵化作了十分具体、十分深刻的揭露。

(二)以培养宗教信徒为目标的幼稚教育

张雪门指出,教会办的幼稚园,都是以宗教为本位的。在教育目标方面,总是以基督教徒为标准,力图通过宗教教育毒害幼儿,使之将来成为虔诚的教徒和帝国主义温顺的奴仆。张雪门对这类

---

① 张雪门:《我国三十年来幼稚教育的回顾》,载中国学前教育史编写组编:《中国学前教育史资料选》,人民教育出版社1989年版,第197页。

教会幼稚园也曾作了具体描述,说他们"有美丽的教室,小巧的设备,在一时动作以后茶点以前,儿童们一定要闭一会儿眼睛,他们的小嘴一定还要唱一首祷告的歌曲;早晨相见,放学话别,'上帝祝福'诗一样的调子,全从舌端跳到恬静的空中,飘宕在这边那边。他们心儿是甜美的,精神是活泼的,因为他们所受的材料都是从西洋直接的翻译过来,是已经经过了多少教育者的匠心精选。至于教法,也是从西洋局部的摹拟。这种教育多半操于一知半解的西洋传教士的太太们,利用国内教会出身年轻的女子"①。张雪门对此种奴化教育深感痛心,在许多著作中都予以深刻的抨击。他认为教会幼稚园的保姆只是为教会尽职而不是为教育服务,她们关心的是宗教而不是孩子,并尖锐指出教会幼稚园作为帝国主义文化侵略的工具,它所起的作用"消极的是在减弱中国民族的反抗,积极的是在制造各国的洋奴"②。

(三)以发展儿童个性为目标的幼稚教育

张雪门认为:"幼稚教育的目的,应完全以儿童为本位;成就儿童在该时期内心身的发展,并培养其获得经验的根本习惯,以适应环境。"③他指出,这种以儿童为本位的教育是从意大利和美国传入我国的。前者通过教具进行日常生活的训练、感官的训练和知识的训练;后者则利用生活环境中日常所见所闻的事物为教学材料,按时令的变化,从儿童的动机和需要出发设计和编制课程。30年代初,张雪门的思想随着形势的发展有了较大转变,原先他竭力主张儿童本位,此时,他已认识到儿童本位思想完全不适应我国当时的国情和时代的需要,认为教育如果不考虑社会需要,那就

---

① 中国学前教育史编写组编:《中国学前教育史资料选》,人民教育出版社1989年版,第197~198页。
② 张雪门著:《新幼稚教育》,儿童书局1948年版,第50页。
③ 戴自俺等编:《张雪门幼儿教育文集》(上卷),北京少年儿童出版社1994年版,第337页。

没有多大效果。

（四）以改造中华民族为目标的幼稚教育

以改造中华民族为目标,是张雪门所倡导的。他认为要推究中国社会贫、弱、愚、私的原因,"则在于国内封建势力未曾铲除,而国际上帝国主义的侵略日益加甚"①。如果要改革中国社会的问题,则其革命不在枪炮而在教育。应通过教育"培养国民生产的习惯与兴趣,团结的能力,客观的态度,自动的精神,并唤起民族的意识及反帝国主义的情绪"②。所以,教育是改造中国的关键,而幼稚教育应居其始。他认为优秀民族实基于幼稚教育,并提出改造民族的幼稚教育有四项具体目标:"铲除我民族的劣根性;唤起我民族的自信心;养成劳动与客观的习惯态度;锻炼我民族斗争为争中华之自由平等而向帝国主义作奋斗之决心与努力。"③基于这种认识,他主张幼稚教育必须是自己创造的而不是抄袭的。他提出,要创造中国的幼稚教育,必须根据三条原则:一是中国的传统文化;二是国家民族的需要;三是儿童的心理发展,因为这样才能培养儿童的伦理观念、民主生活和科学头脑。总之,他认为幼稚教育的目标必须随时代的前进而改变,以符合时代的需要和造就中华民族优秀新一代的要求。

二、论幼稚园的行为课程

20 世纪 30 年代初,原南京高等师范学校教授董任坚翻译了《行为课程》一书,此后行为主义学说开始在我国传播。张雪门也

---

① 戴自俺等编:《张雪门幼儿教育文集》(上卷),北京少年儿童出版社 1994 年版,第 452 页。

② 戴自俺等编:《张雪门幼儿教育文集》(上卷),北京少年儿童出版社 1994 年版,第 452 页。

③ 戴自俺等编:《张雪门幼儿教育文集》(上卷),北京少年儿童出版社 1994 年版,第 471 页。

在此时开始了对幼稚园行为课程的研究,先后在《幼稚教育概论》、《幼稚教育新论》、《新幼稚教育》等著作中对幼稚园课程进行了专门的探讨。1946年去台湾以后,他继续致力于幼稚园课程的研究,于1966年出版了《增订幼稚园行为课程》一书,初步形成了他的"行为课程"理论和实践体系。随后在70年代,他又出版了《中国幼稚园课程研究》一书,对幼稚园的课程作了进一步探讨。在此,特将他在幼稚园行为课程方面的主要观点和主张作一简略介绍。

（一）幼稚园行为课程的含义

什么是课程？张雪门认为:"课程是经验,是人类的经验。用最经济的手段,按有组织的配制,用各种方法,以引起孩子的反应和活动。"①这里清楚地告诉我们:通过课程获得的经验,不是零散无序、不讲效益、不计价值的自然经验,而是有目的、有计划、有组织地通过活动让儿童获得的有益经验。正如他指出的那样:"课程源于人类的经验,只为这些经验对于人生（个人和社会）有绝大的帮助,有特殊的价值；所以人类要想满足自己的需求,充实自己的生活,便不得不想学得这些经验,学得了一些又想学得了多些,而且把学得的再传给后人。"②因此,他认为不应当把课程仅视为知识的积体,而应当把"技能、知识、兴趣、道德、体力、风俗、礼节种种经验,都包括在课程里。换一句话来说,课程是适应生长的有价值的材料"③,亦即为儿童入学和终身作好经验准备。

什么是行为课程？张雪门说:"生活就是教育,五六岁的孩子

---

① 戴自俺等编:《张雪门幼儿教育文集》（上卷）,北京少年儿童出版社1994年版,第24页。

② 戴自俺等编:《张雪门幼儿教育文集》（上卷）,北京少年儿童出版社1994年版,第338页。

③ 戴自俺等编:《张雪门幼儿教育文集》（上卷）,北京少年儿童出版社1994年版,第399页。

们在幼稚园生活的实践,就是行为课程。"①可见,生活和实际行为是行为课程的两大要素。首先,他认为这种课程"完全根据于生活,它从生活而来,从生活而开展,也从生活而结束,不像一般的完全限于教材的活动"②。他强调:"在幼稚园中,各种科目都变成儿童生活的一面,不能分而且不必分,不独这科与那科不分,有时候甚至一种科目当作儿童自己生活之表现,科目与人都无法分了。"③在他看来,"先有了生活,然后才有材料的需要;不是有了教材,再去引起儿童生活作机械的反应"④。他认为,行为课程应自然地融合在儿童的生活中。可见,行为课程理论中贯穿了幼稚园教育以生活为中心,使教育生活化的理论。其次,他认为行为课程应注意实际行为(即行动、活动、做事),并把生活和行动看做是相互联系的整体。"凡扫地、抹桌、熬糖、爆火花以及养鸡、养蚕、种玉蜀黍和各种小花等,能够让幼儿实际行动的,都应该让他们实际去行动。"⑤因为,"从行动中所得的认识,才是起初的知识;从行动中所发生的困难,才是真实的问题;从行动中所获得的胜利,才是真实的制驭环境的能力"⑥。同时,幼儿只有通过这种实际行为,才能使个体与环境接触,从而产生直接经验,这种经验也可以说是

---

① 戴自俺等编:《张雪门幼儿教育文集》(上卷),北京少年儿童出版社 1994 年版,第 24 页。

② 戴自俺等编:《张雪门幼儿教育文集》(下卷),北京少年儿童出版社 1994 年版,第 1088 页。

③ 戴自俺等编:《张雪门幼儿教育文集》(上卷),北京少年儿童出版社 1994 年版,第 474 页。

④ 戴自俺等编:《张雪门幼儿教育文集》(上卷),北京少年儿童出版社 1994 年版,第 407 页。

⑤ 戴自俺等编:《张雪门幼儿教育文集》(下卷),北京少年儿童出版社 1994 年版,第 1089 页。

⑥ 戴自俺等编:《张雪门幼儿教育文集》(下卷),北京少年儿童出版社 1994 年版,第 1089 页。

人生的基本经验。他还郑重说明:"幼童一定先有了直接经验,然后才可以补充想像。"①至于游戏、故事、唱歌等教材,虽然也可以给予幼儿模仿和表演的机会,然而并不能代表人类的实际行为。所以,他要求教师一定要注意儿童的实际行为,要"常常运用自然和社会的环境,以唤起其生活的需要,扩充其生活的经验,培养其生活的力量"②。他认为若教师真想做到这样,这便是行为课程了。他断言:"课程未经行为的活动,其所得到的经验,不过是表面的、机械的,绝不是有机的融化。"③

(二)幼稚园行为课程的组织

张雪门认为,幼稚园课程的组织与小学、中学和大学各级学校的课程不同,它有自己的特点和要求。其特点有三:第一,"幼稚生对于自然和人事界没有分明的界限,他看宇宙间一切的一切,都是整个儿的"④。所以,编制课程时如果分得太清楚、太有系统了,反不能引起儿童的反应。第二,"在幼稚生的时期中,满足个体的需要,实甚于社会的希求"⑤。所以,编制课程时虽然要考虑社会的需要,但更应强调满足儿童个体的需要。第三,"幼稚园的课程,须根据于儿童自己直接的经验"⑥。虽然这种经验不如传授式

---

① 戴自俺等编:《张雪门幼儿教育文集》(下卷),北京少年儿童出版社1994年版,第1089页。

② 戴自俺等编:《张雪门幼儿教育文集》(下卷),北京少年儿童出版社1994年版,第1090页。

③ 戴自俺等编:《张雪门幼儿教育文集》(上卷),北京少年儿童出版社1994年版,第129页。

④ 戴自俺等编:《张雪门幼儿教育文集》(上卷),北京少年儿童出版社1994年版,第342页。

⑤ 戴自俺等编:《张雪门幼儿教育文集》(上卷),北京少年儿童出版社1994年版,第342页。

⑥ 戴自俺等编:《张雪门幼儿教育文集》(上卷),北京少年儿童出版社1994年版,第342页。

的经济和整齐,但对于幼儿来说,意义重大。可见,他非常重视幼稚园课程的整体性、个体性和直接性。此外,他于20世纪70年代初出版的《中国幼稚园课程研究》一书中,又在总结近半个世纪研究经验的基础上,进一步提出了组织幼稚园课程的一些标准和要求:"课程须和儿童的生活联络。是有目的有计划的活动。事前应有准备,应估量环境,应有相当的组织,且需要有远大的目标。各种动作和材料全须合乎儿童的经验能力和兴趣。动作中须使儿童有自由发表创作的机会。各种知识技能兴趣习惯等全由儿童直接的经验中获得。"[①]他在实践中还指导学生根据上述标准,拟定了《各月活动估量表》,即全年的课程表,将活动分为自然环境、社会环境和儿童三大类。自然环境类包括节气、动物、植物和自然现象;社会环境类包括节日、纪念日、家作、家庭、店铺、职业、风俗、公共机关、学校;儿童类包括游戏和疾病,并规定了每月的中心活动。

(三)幼稚园行为课程的教学法

张雪门指出,行为课程的要旨是以行为为中心,以设计为过程。只有行为而没有计划、实行和检讨的设计步骤,算不得有价值的行为;只有设计而没有实践的行为是空中楼阁。所以,行为课程的教学法应当是起于活动而终于活动的有计划的设计;根据设计,精选有助于儿童发展的自然而良好的行为,并进行指导;在指导中必须把握住远大而客观的标准,并注意劳动中亦须劳心的原则。行为课程教学法采取单元教学,即先根据幼儿的学习动机决定学习目的,再根据目的估量行为的内容。内容包括幼儿的工作、游戏、音乐、故事儿歌以及常识等科的教材,但在实施时,则应彻底打破各学科的界限,在各教材中选择与学习单元有关的材料加以运用,适当配合幼儿实际行为的发展,使各科教材自然地融化于幼儿生活

---

① 戴自俺等编:《张雪门幼儿教育文集》(下卷),北京少年儿童出版社1994年版,第776页。

中。采用行为课程教学法,教师在课程进行前要准备教材、布置环境、详拟计划;在课程进行中,教师要随时巡视指导,不重讲解,而着重指导幼儿行为的实践,使幼儿在活动中养成负责守法、友爱互助等基本习惯。行为课程的教学结束后,评量与检讨也是重要的一环,教师可就此了解幼儿在知识、思考、习惯、技能、态度、理想、兴趣等方面的成就,作为改进教学的参考。至于单元的选择,则须配合教育宗旨、教育政策、社会需要及幼儿的能力作出取舍。

综上所述,可见张雪门的幼稚园行为课程的基本思想就是"生活即教育"、"行为即课程"。其目标兼顾个体的需要与社会的需要,其内容来自周围生活环境,其方法采用单元设计教学法,其实施则以行为为中心。此种课程不仅在当时起了积极的作用,而且至今还影响着台湾的幼教。

三、论幼稚师范教育

张雪门志愿从事幼教工作以来,一贯重视幼稚园师资的培训和幼稚师范教育。他认为:"幼教的良窳,由于主持幼教者的师资,而师资的由来,实由于师范教育的培植。如果我们研究幼教仅限于幼稚园的教育,抛弃了师范教育,这无异于清溪流者不清水源,整枝叶者不整树本,决不是彻底的办法。"[①]他任北平幼稚师范学校校长期间,确定的培养目标是:培养为改造民族素养、塑造新一代国民而献身的幼稚教育师资。其幼稚师范教育思想的鲜明特点是非常注重实践。在20世纪20年代初,他就从"骑马者应从马背上学"这一基本指导思想出发,采取半日授课半日实习的办法。他始终突出见习和实习的地位,并作了系统的论述。

(一) 关于见习、实习的场所

张雪门认为幼师生的实习场所应有四种单位:

---

① 张雪门编著:《实习三年》,台湾书店1996年版,第1页。

1. 中心幼稚园

幼稚师范设立的中心幼稚园是供幼师生获得教育幼儿实际经验的重要实习基地。中心幼稚园的教师，既是幼儿的老师，也是幼师生的导师。幼师生通过在中心园的实践，可以奠定学习幼稚教育、从事幼稚教育、热爱幼稚教育事业的基础。

2. 平民幼稚园

这是幼师生第二学年实践的主要场所。当时北平幼稚师范学校内外共有平民幼稚园五六个之多。它们均是借用正规幼稚园的园舍设立的，于是幼师生的实习活动便从商借园舍开始，然后进行生源的社会调查，宣传动员经济贫困的家长送幼儿入园来免费受教育。在幼儿入园后，幼师生则在园内轮流担任园长、教师、会计、采购等工作，这种实习可以使幼师生具有独立从事幼稚园各种工作的能力。

3. 婴儿保教园

当时香山慈幼院的婴儿教保园，收托初生至四五岁的儿童，规模较大，设备讲究，对婴儿的保健、营养、教育都很重视。幼师生在这里通过卫生保健、儿童营养、膳食烹饪、婴幼儿服装裁剪和制作等方面的实习，可以了解婴幼儿的身心特点及婴儿保教的基本常识。

4. 小学

通过在小学的参观和实习，幼师生可以了解幼儿入小学前在知识、行为、兴趣、态度等方面应如何作好准备，为他们入学打好基础。

除以上几种实习和见习之外，张雪门还主张组织学生下乡举办乡村幼稚园，使学生了解农村迫切需要幼稚教育的情况，进一步体会幼稚教育的社会价值，从而坚定其百折不挠地为幼稚教育事业献身的决心。

(二) 关于见习、实习的时间安排

在三年中,张雪门规定第一学年每周实习 9 学时,分三次进行。先参观本校中心园的园址、园舍、设备、教具、教学设计、各种教学、游戏,教师的态度、技能、兴趣、习惯、仪表及教师对幼儿发生问题的处理等,使幼师生对幼稚园有个基本的了解。然后参观各类型的幼稚园,使师范生开扩眼界、扩充知识,研究适合我国国情的幼稚教育。最后是参与实习,每周有三个上午到中心园实习教育教学活动,以形成幼师生的基本观念和教学能力。第二学年的实习时间则主要由学生自己支配。在平民幼稚园里,从建园到管理,都让幼师生独立完成。第三学年的第一学期,一半时间在婴儿园实习,另一半时间到小学实习,使幼师生确立为城市平民及乡村农民的幼稚教育而献身的志向,忠诚于贫苦劳动人民的教育事业。

(三) 关于实习的组织

张雪门把上述实习计划称为"有系统有组织的实习",他认为这种有系统有组织的实习必须符合以下几个条件:第一须有步骤,第二须有范围,第三须有相当时间,第四更须有适合的导师与方法。同时,他指出这种实习大体上可分为四大阶段:

第一是参观,时间为一个学期,"其对象为建筑、教具、工具、材料等设备,师生的仪表、态度和兴趣,对幼稚生习惯积极消极之处置,工作、游戏、文学等教学过程以及整个的设计"。在这时期指导的教师,应以担任实习的导师为主、幼稚园教师为辅。在参观时期的师范生,惟一注重的是培养对幼儿园的基本观念。

第二是见习,时间也是一个学期,从供备材料开始,一直到整个设计活动的参与。在这一时期指导的教师,应以幼稚园教师及担任实习的导师为主。见习的地点,也以附属幼稚园等为宜。

第三是试教,这一时期的时间为一个学年。凡幼稚园中的招生、编级、选材、组织课程指导活动、编制预算决算,以及一切教学上、教师业务上、幼稚园行政上的处理,都由二年级的师范生来担

任,担任实习的导师则退居于顾问地位。

第四是辅导,时间也是一个学年。辅导既包括开展家庭访问,又要广泛开展社会联系,包括社区调查及开办营养站、卫生站、辅导会、导生班。这些工作一律由三年级的师范生负责,他们要自己计划,自己分配工作,自己检讨并改进。这一阶段的实习不但要了解儿童的发展情况,而且要进一步主动地展开全面的儿童福利工作,培养地方师资,以求达到幼稚教育的合理和普及①。根据以上所述,我们可以清楚地看到张雪门提出的实习计划与传统师范学校的实习有明显不同:一是在空间上,它把幼师生的实习场所从幼稚园扩大到婴儿园和小学,从校内扩大到校外,从城市扩大到农村;二是在时间上,它从只集中在三年中的最后一学期,增加到三年(六个学期)中均有实习;三是内容上,它从仅仅实习幼稚教育扩展到婴儿保育、小学教育,从只实习教育和教学扩展到实习行政管理以及缝纫、炊事等。

第五节 陶行知的学前教育理论与实践

陶行知(1891—1946),安徽歙县人。现代教育史上伟大的人民教育家。

陶行知出身于小商人家庭,其父原经营酱园,破产后回乡务农。陶行知幼年家境贫寒,得亲友帮助始得就读私塾。1906年入耶稣教会办的徽州崇一学堂求学,接受了西方文化科学的教育。此时他曾表示:我是一个中国人,要为中国作一些贡献。1908年,他抱着医学救国的思想入杭州广济医学堂,因不满学校歧视非信教学生而退学。1909年,考入南京金陵大学文学科,学习期间他关心时局,拥护辛亥革命,组织演讲会、爱国募捐等活动,先后担任

---

① 张雪门著:《实习三年》,台湾书店1966年版,第9~10页。

金陵大学学生会主办的学报《金陵光》的中文编辑和主笔,宣传民族、民主革命思想。

1914年,陶行知以优异的成绩毕业于金陵大学,获得美国纽约州立大学文科学士学位①。同年秋,他赴美留学,入伊利诺大学就读,一年后获政治硕士学位。后转入哥伦比亚大学研究教育,师承杜威、孟禄。1917年,他获"都市学务总监"资格文凭,是年秋,即怀着"要使全中国人都受到教育"的宏愿回国。

陶行知回国后,任南京高等师范学校教授、教务主任兼教育科主任,讲授"教育学"、"教育行政"、"教育统计"等课程,介绍实用主义教育理论。1921年,南京高等师范学校并入东南大学后,陶行知任教育科、教育系主任。

1919年,陶行知倡议并联合南京各校教师,组织了"南京教育界联合会",他被推为会长,领导各校师生开展各项进步活动。"五四"运动爆发时,他投身爱国运动,在南京6000人的集会上,慷慨陈词,痛斥卖国的"二十一条"。他还担任南京学生联合会顾问,指导学生运动。

1921年,陶行知参加中华教育改进社的筹备工作。次年4月,该社成立,陶行知任主任干事。主办《新教育》杂志,力倡改造中国教育。1923年,辞去东南大学各职,专任改进社总干事。

1923年至1926年间,陶行知以主要精力从事平民教育运动。他与朱其慧、晏阳初等人发起组织中华平民教育促进会,编写《平民千字课》,并在南京、安徽、北京等地创办平民学校,热心为贫民服务,立志把人民大众的教育事业作为自己一生的大事业。

陶行知在从事平民教育的过程中,逐渐认识到中国教育的根本问题,是占全国人口80%以上的农民的教育问题,遂开始致力

---

① 当时金陵大学在美国纽约州教育局及纽约州立大学立案,毕业生可获纽约州立大学的学位。

于乡村教育。陶行知在他起草的《中华教育改进社改造乡村教育宣言书》中提出，要筹集100万元基金，征集100万位同志，提倡100万所学校，改造100万个乡村的宏大计划。这在当时的社会历史条件下虽然是不可能实现的，但是他却身体力行。1927年，他与东南大学教授赵叔愚一起创办了南京试验乡村师范学校，后改称为晓庄师范学校。在此期间，他提出"生活即教育"、"社会即学校"、"教学做合一"、"在劳力上劳心"等教育主张，形成了他的生活教育理论。陶行知还以晓庄为基点，先后创办了小学师范院、幼稚师范院等，包括8所中心小学、5所中心幼稚园、3所民众学校以及中心茶园、乡村医院等。由于晓庄师范学校在全国影响很大，1929年12月14日，上海圣约翰大学为了表彰陶行知对中国教育科学的贡献，授予他科学博士的学位。1930年2月至4月，晓庄师范师生为反对英、日军舰侵入长江和支援下关工厂工人反帝大罢工，举行游行示威。国民党南京政府因此下令封闭晓庄师范学校，逮捕革命青年，并通缉陶行知。陶行知在危难中撰写了《护校宣言》，提出了严正抗议，后被迫流亡日本。陶行知在乡村教育的实践中走上了与工农相结合的道路，对中国新教育理论和方法进行了探索和开拓，说明他的政治思想和教育思想进入了一个新的发展时期。

1931年春，陶行知由日本回到上海，从事科学普及教育，提倡"科学下嫁运动"，创办了"自然科学园"，组织编写《儿童科学丛书》和《大众科学丛书》，倡导教育救国、科学救国。

同年，"九一八"事变发生，陶行知坚决主张抗日，反对蒋介石的不抵抗主义和卖国政策，进一步认清了国民政府的反动本质。1932年，他撰写了《古庙敲钟录》，以文艺作品表达他的生活教育思想。同时，他制定了《乡村工党团初步计划》，先后创办了山海工学团、晨更工学团、报童工学团、女工读书班等，并积极推行小先生制，大力普及劳动大众教育，在国内外产生了较大影响。

1935年"一二·九"运动爆发后,陶行知撰文支持学生的革命运动,同时与宋庆龄、何香凝等知名人士联名发表了《上海文化界救国运动宣言》,并于1936年2月组织"国难教育社",并被推选为社长,起草《国难教育方案》。同年5月,"全国各界救国联合会"成立,他被选为常务委员和执行委员,大力开展国难教育运动。同年7月,陶行知应邀赴伦敦参加"世界新教育会议"第七届年会,并受全国各界救国联合会之命,担任国民外交使命,先后赴欧、美、亚、非28个国家和地区宣传抗日,因而再次遭到通缉。1938年回国,年底在桂林成立"生活教育社",任理事长,出版《战时教育》杂志,开展战时教育运动。1939年7月,他在重庆创立了育才学校,为培养抗战建国的人才幼苗倾注了全部心血,取得了令人瞩目的成绩,受到社会各界人士的广泛关注。

1944年12月,中国民主同盟成立。陶行知加入了民盟,并当选为中央常务委员会兼教育委员会主任委员,主编《民主教育》和《民主》星期刊,积极开展民主教育运动。1946年1月,他在重庆创办社会大学,任校长,李公朴任副校长。1946年4月,陶行知由重庆经南京回到上海,继续进行反内战、反独裁、争和平、争民主的斗争。他在生命的最后三个月中,曾在学校、工厂、机关、广场发表了100多次演说。1946年7月11日、15日,李公朴、闻一多在昆明先后惨遭国民党特务暗杀,陶行知十分悲痛。当他得知自己也被列入黑名单时,仍临危不惧、大义凛然地说:"我等着第三枪!"7月24日,他连夜整理诗稿10万字后,于25日凌晨因患脑溢血不幸逝世,终年55岁。

作为一名民主革命时期的爱国知识分子,陶行知是由教育救国走上民族民主革命道路的典范。在政治上,他从晓庄时期的"摸黑路"到终于成为"一个无保留地追随党的党外布尔什维克";在教育上,他从在教育救国思想指导下从事平民教育、乡村教育、普及教育转变为为民族民主斗争而开展国难教育、抗战教育、民主教育,他热爱祖国、追求真理、追求进步,以毕生精力致力于救国事业、民主事业和教育事业的精神永远值得人们学习和怀念。

陶行知的学前教育理论与实践,是他的教育理论与实践的重要组成部分。他发表过《创设乡村幼稚园宣言书》、《幼稚园的新大陆》、《如何使幼稚教育普及》等人民性、进步性极强的著名文章;曾和陈鹤琴在第一次全国教育会议上提出了《注重幼稚教育案》;并带领学生建立了我国第一批乡村幼稚园和劳工幼儿团,创建了我国第一所乡村幼师,组织了乡村幼教研究团体,开展了卓有成效的试验和研究工作,为我国现代学前教育和教育思想的发展作出了不可磨灭的贡献。

一、生活教育理论

(一)生活教育理论的形成

陶行知认为,旧教育以书本为中心,脱离生活实际,培养出来的是一些书呆子、蛀书虫,缺乏生活力和创造力,只能为少爷、小姐所享用。他深受杜威教育思想的影响,并积极宣传杜威的思想观点。杜威实用主义教育强调将教育与生活相联系,提倡从做中学,这些无疑是反传统教育的强有力的思想武器,但陶行知把杜威的一套用到实践中却到处碰壁,这使他深刻地认识到照搬照抄杜威的实用主义行不通,于是决心从中国实际出发,寻找新出路。他吸收了杜威教育思想的精华,"翻了半个筋斗",在晓庄学校时期形成了生活教育理论体系。可见,生活教育理论是在反传统教育的过程中,引进杜威教育思想并在自身探索普及大众的实践教育中产生和形成的。

(二)生活教育理论的内容

1. 生活即教育

陶行知将杜威的"教育即生活"改造为"生活即教育",以实际生活为教育源泉,使教育领域更为宽广。陶行知在《谈生活教育》

一文中说:"从定义上说:生活教育是给生活以教育,用生活来教育,为生活向前向上的需要而教育。从生活与教育的关系上说:是生活决定教育。从效力上说:教育要通过生活才能发出力量而成真正的教育。"①

2. 社会即学校

陶行知将杜威的"学校即社会"改造为"社会即学校",学校教育要延展到大自然、大社会去活动。他反对把学生关在"鸟笼"里,主张冲破高墙,在伟大的"学校"(即大自然、大社会)里,人人可做先生和学生,处处都是教育的场所和课堂。

3. 教学做合一

陶行知将杜威的"从做中学"发展为"教学做合一",以做为中心,在做上教的是先生,在做上学的是学生,教学做不是三件事而是一件事。"教学做合一"讲的是教学与实践的关系,劳力与劳心或动手与动脑的关系,反对它们的分离,强调两者的结合。"教学做合一"体现了陶行知的"行是知之始,知是行之成"的基本哲学观点。

(三)生活教育理论在学前教育中的运用

陶行知的生活教育理论不仅成为当时反对旧教育、提倡新教育的理论武器,而且对当前呼唤教育回归生活,也有现实的指导意义。

首先,陶行知主张"生活即教育",冲破了学前教育的狭隘范畴,强调寓教育于幼儿生活之中,使生活无时不含教育的意义。从一日来说,幼儿入园、所起、晨检、早操、作业、游戏、散步、进餐、午睡、入厕、回家等,每一环节、每一活动都是幼儿学习的过程,也是教师教育的机会。《幼儿园工作规程》规定:将教育内容"渗透于

---

① 《陶行知教育文选》,教育科学出版社1981年版,第267页。

幼儿一日生活的各项活动中"①,使幼儿在园、所的全部生活成为受教育的过程。

其次,陶行知主张"社会即学校",从而使教育的材料、方法、工具、环境、范围都极大地增加和扩大。学前教育机构的教育也不能只局限于狭小的教室里,也应使幼儿生活在大自然、大社会的怀抱里。如园、所周围的街道、商店、节日氛围、人际关系以及自然景象、动植各物,无一不是学前教育的场所、范围和内容。《幼儿园工作规程》规定,要"充分利用周围环境的有利条件"②。

再次,陶行知主张"教学做合一",使教与学都以做为中心,以行求知,手脑并用。学前教育很适宜用"教学做合一"的方法,让儿童在操作中进行学习,教师在儿童活动过程中进行教育、教学。《幼儿园工作规程》规定,要"为幼儿提供充分活动的机会,注重活动的过程,促进幼儿在不同水平上的发展"③。

二、论学前教育的重要性

陶行知是从国家的前途、儿童早期教育的必要性来论述学前教育的重要性的。他在《幼稚园应有之改革及进行方法》一文中指出:"人格教育,端赖六岁以前之培养。凡人生之态度、习惯、倾向,皆可在幼稚时代立一适当基础。"④他把6岁以前当作人格陶冶最重要的时期,他说:"这个时期培养得好,以后只须顺着他继

---

① 《中华人民共和国幼儿教育重要文献汇编》,北京师范大学出版社1999年版,第423页。
② 《中华人民共和国幼儿教育重要文献汇编》,北京师范大学出版社1999年版,第424页。
③ 《中华人民共和国幼儿教育重要文献汇编》,北京师范大学出版社1999年版,第424页。
④ 戴自俺、龚思雪主编:《陶行知幼儿教育的理论与实践》,四川教育出版社1987年版,第29页。

长增高的培养上去,自然成为社会优良的分子;倘使培养得不好,那末,习惯成了不易改,倾向定了不易移,态度决不易变。这些儿童升到学校里来,教师须费尽九牛二虎之力去纠正他们已成的坏习惯,坏倾向,坏态度,真可算为事倍功半。"①因此,陶行知极力反对那种忽视幼稚时代、漠视学前教育的态度和做法,大声疾呼"有志之士,起而创设幼稚园,以正童蒙"②。

陶行知又从世界幼儿教育发展史的角度来阐述学前教育的重要性。他说:"从福禄培尔发明幼稚园以来,世人渐渐的觉得幼儿教育之重要;从蒙台梭利毕生研究幼儿教育以来,世人渐渐的觉得幼稚园之效力;从小学校注意比较家庭送来与幼稚园升来的学生性质,世人乃渐渐的觉得幼儿教育实为人生之基础,不可不乘早给他建立得稳。"③

陶行知还认为学前教育能否普及关系到国家的前途和命运,因为学前教育是为培养大批建设国家的栋梁之材打基础的事业。他说:"教人要从小教起。幼儿比如幼苗,必须培养得宜,方能发荣滋长。否则幼年受了损伤,即不夭折,也难成材,所以小学教育是建国之根本;幼稚教育尤为根本之根本。小学教育应当普及,幼稚教育也应当普及。"④

可见,陶行知论述学前教育的重要性,是以国家的前途、儿童早期教育的重要性为出发点和归宿的。在教育极其落后的旧中

---

① 戴自俺、龚思雪主编:《陶行知幼儿教育的理论与实践》,四川教育出版社1987年版,第29页。

② 戴自俺、龚思雪主编:《陶行知幼儿教育的理论与实践》,四川教育出版社1987年版,第32页。

③ 戴自俺、龚思雪主编:《陶行知幼儿教育的理论与实践》,四川教育出版社1987年版,第44页。

④ 戴自俺、龚思雪主编:《陶行知幼儿教育的理论与实践》,四川教育出版社1987年版,第44页。

国,作为教育家的陶行知,能如此重视学前教育,说明了他的远见卓识。同时,他重视学前教育的思想对当前仍有很大的现实意义。

三、论学前教育为劳苦大众服务的方向

陶行知学前教育思想的着眼点是人民大众的需要,他从工农大众的需要出发,论述学前教育的重大意义。在《幼稚园之新大陆》一文中,开头就提出:"最需要幼稚园的地方是什么?最欢迎幼稚园的地方是什么?幼稚园应当到而没有到的是什么地方?幼稚园还有什么新大陆可以发现?"①接着,他旗帜鲜明地指出:工厂和农村最需要幼稚园。陶行知非常体察工农大众的疾苦,他说:"妇女上工厂做工,小孩子留在家里,无人照应,最感痛苦,若带在身边,那末工厂里的特殊紧张之环境,便要阻碍儿童的发育。"②在他看来,"倘使工厂附近有相当之幼稚园,必能增进儿童之幸福而减少为母者精神上之痛苦。同时女工既不必心挂两头,手边又无拖累,则做工效率,自然也要增加好多。所以为儿童教育计,为女工精神计,为工业出产效率计,这种工厂附近必须开办幼稚园"③。同时,陶行知又认为农村最需要幼稚园。他说:"农忙的时候,田家妇女们忙个不了,小孩子跟前跟后,真是麻烦。哥哥姐姐要帮忙操作,无暇陪伴弟伴玩耍,所以农忙一到,乡村小孩子就要缺乏照料。倘使农村里有了幼稚园,就能给这些小孩子一种相当的教育,

---

① 中国学前教育史编写组:《中国学前教育史资料选》,人民教育出版社1989年版,第140页。
② 中国学前教育史编写组:《中国学前教育史资料选》,人民教育出版社1989年版,第140页。
③ 中国学前教育史编写组:《中国学前教育史资料选》,人民教育出版社1989年版,第140页。

并能给农民一种最切要的帮助。"①为了工农大众的需要,他大声疾呼"幼稚园的下乡运动和进厂运动必须开始"②。陶行知的这些观点,不仅阐述了学前教育与工农利益的休戚关系,而且也指明了幼稚园向工农开门、为工农服务的正确方向。

在半封建、半殖民地的旧中国,帝国主义教会几乎垄断了我国的学前教育。陶行知猛烈地抨击了当时的"幼稚园害了三种大病"。一是外国病。他指出:"参加今日所谓之幼稚园,耳目所接,哪样不是外国货?他们弹的是外国钢琴,唱的是外国歌,讲的是外国故事,玩的是外国玩具,甚至于吃的是外国点心。中国的幼稚园几乎成了外国货的贩卖场,先生做了外国货的贩子,可怜的儿童居然做了外国货的主顾。二是花钱病。国内幼稚园花钱太多,有时超过小学好几倍。这固然很难怪,外国货那(哪)有便宜的。既然样样仰给于外国,自然费钱很多。费钱既多,自然不易推广。三是富贵病,由于花钱多,学费高,只有富贵子弟可以享受他的幸福。所以幼稚园只是富贵人家的专用品,平民是没有份的。"③

陶行知对旧中国学前教育的无情揭露和猛烈抨击,表现了他对帝国主义和封建主义统治中国的强烈不满,也表现了他对劳苦大众及其子女的深切同情。为此,他针对旧中国学前教育的三大弊病,提出了一整套为劳苦大众子女服务的学前教育理论。他倡导建设中国的、省钱的、平民的幼稚园,并论述了工厂和农村是幼稚园之新大陆等观点。

关于招生的对象,陶行知主张对工农子女应"来者不拒,不来

---

① 中国学前教育史编写组:《中国学前教育史资料选》,人民教育出版社1989年版,第140页。

② 中国学前教育史编写组:《中国学前教育史资料选》,人民教育出版社1989年版,第140页。

③ 中国学前教育史编写组:《中国学前教育史资料选》,人民教育出版社1989年版,第137~138页。

者送上门去"①。他认为不仅要培养幼儿,而且要培养婴儿,所以他除号召开展幼稚园的下乡进厂运动外,还号召开展托儿所运动,甚至连刚生下的小婴儿也收,以解决当时女工无产假之苦。

关于收托时间,陶行知提出要办"整天整年的幼稚园。半天幼稚园只能解决一半困难"②,这样才能真正为女工和农妇服务。根据陶行知的这一思想,他的助手和学生摒弃了当时幼稚园大多为半日制,每天只收托二三小时的不合理规章制度。如陶行知的学生孙铭勋所办的劳工幼儿团,就是根据工人有日班、夜班,没有寒暑假、没有节假日的情况,实行了寄宿制。陶行知还规定:"幼稚园放假也只能跟着女工家妇空闲的时候为转移。"③

陶行知不仅积极倡导幼稚园必须向工农开门、为工农服务,而且亲自带领其助手张宗麟等于1927年11月创办了我国第一所乡村幼稚园,即燕子矶幼稚园,以后经过孙铭勋、戴自俺等学生的努力,又创办了晓庄、和平门、迈皋桥、新安等乡村幼稚园及上海沪西劳工幼儿团。这是一批真正为工农服务的中国的、省钱的、平民的学前教育机构。

陶行知还提出了普及幼稚教育的三个步骤:一是改变我们的态度。承认幼年生活之重要,是普及幼稚园之出发点;承认幼稚园为全社会的教育场所,是普及正当幼稚园的出发点。有了这样的态度,幼稚园才有普及的希望。二是改变幼稚园的办法。必须以节俭省钱的方针去谋根本改造,幼稚园才有下乡的希望,才有普及的希望。三是改变训练教师的制度。

---

① 戴自俺、龚思雪主编:《陶行知幼儿教育的理论与实践》,四川教育出版社1987年版,第179页。

② 戴自俺、龚思雪主编:《陶行知幼儿教育的理论与实践》,四川教育出版社1987年版,第37页。

③ 中国学前教育史编写组:《中国学前教育史资料选》,人民教育出版社1989年版,第141页。

四、论儿童创造力的培养

(一) 认识儿童的创造力

陶行知是我国创造教育的首创者。他认为儿童是创造产业的人,不是继承产业的人;儿童的生活是创造、生产,不是继承、享福、做少爷。所以,他特别重视创造力的培养。他发表了创造宣言,设立创造奖金,提倡创造教育,热情号召人们把创造未完成的工作接过来继续创造,要求教育者努力创造出值得自己崇拜的学生。如何通过创造教育培养儿童的创造力呢?陶行知认为首先应当注意发现他们、了解他们、相信他们,认识到儿童不但有力量,而且有创造力;否则,儿童即使有创造力,也会因得不到发展而枯萎。

(二) 解放儿童的创造力

解放儿童的头脑,让他们能够去想、去思考。要把儿童的头脑从迷信、成见、曲解、幻想中解放出来。

解放儿童的双手,让他们去做、去干。陶行知批评那种自古以来不许孩子动手的做法。爱动手是动脑、好奇、好学、好创造的表现。如爱迪生被学校开除后,要不是他母亲让他在地下室搞实验,一些伟大的发明不就夭折了吗?

解放儿童的眼睛,让他们去观察、去看事实。对儿童的观察力如果不加以引导和培养,则他们犹如睁眼瞎,大千世界将在他们面前白白流过。

解放儿童的嘴巴,使他们有足够的言论自由。特别要使儿童有问的自由,从问题的解答中增进他们的知识,充分发挥他们的创造力。

解放儿童的空间,让儿童从鸟笼式的学校里走出来,去接触大自然中的花草树木、青山绿水、日月星辰以及大社会中的士农工商、三教九流,自由地对宇宙发问,与万物为友,并向中外古今三百六十行学习。创造需要广博的基础。解放了空间,才能搜集丰富的资料,扩大认识的眼界,以发挥其内在的创造力。

解放儿童的时间,使儿童做支配时间的主人。给他们一些空闲时间消化所学的知识,学一点他们自己渴望要学的学问,干一点他们自己高兴干的事情,使他们不致失去学习人生的机会,养成无意创造的意向。

(三)培养儿童的创造力

需要充分的营养。儿童的体力与心理发展都需要适当的营养。有了适当的营养,才能生发高度的创造力,否则创造力就会被削弱,甚至夭折。

需要建立良好的习惯。日常行为有良好的习惯,才能积极向上,产生更高的追求。

需要因材施教。要认识他们,发现他们的特点,有针对性地教育和培养,切忌一刀切、一律化,要扬其长而补其短。

陶行知的创造教育理论不仅适用于一般的儿童教育,也适用于学前教育。它不仅在当时具有划时代的意义,即使在今天,仍具有极强的指导价值,21 世纪需要的正是具有这种创造精神的人才。

五、论幼稚师范教育的改革

普及教育的最大难关是教师的训练。陶行知认为改革训练教师的制度是普及幼稚教育的重要步骤之一。他主张采用两种途径来训练新型的幼儿教师。

(一)改造旧的幼稚师范教育

陶行知说:"幼稚师范是要办的,但幼稚师范必须根本改造才能培养新幼稚园之师资。"[①]旧的幼稚师范培养的学生理论脱离实

---

① 戴自俺、龚思雪主编:《陶行知幼儿教育的理论与实践》,四川教育出版社 1987 年版,第 46 页。

际,连一所像样的幼稚园都办不起来,这是旧幼稚师范的最大缺憾。而新型的幼师,招收的是中学生,以幼稚园为中心,学生既在课堂上学习基本理论知识,又在幼稚园中来学习如何办幼稚园。

(二) 用"艺友制"培养大批幼稚园教师

陶行知认为不能专靠正式幼稚师范去培养全部的师资,提出用"艺友制"的方法来培养大批幼稚教育师资。他说:"艺,是艺术,也可以作手艺解。友,就是朋友。用朋友之道,跟着别人学艺或手艺的,叫做艺友。幼稚园是一幅艺术的园地,幼稚教师的事业也是一种手艺。凡用朋友之道,跟着幼稚教师在幼稚园里学做幼稚教师的,便叫做幼稚园的艺友。"[①]用这种方法来培养幼稚教师的方式就叫"艺友制"。陶行知指出:"发现艺友制之起因有二:一是由于感觉现行师范教育之缺憾,二是由于感觉各种行业施行艺徒制之实效。"[②]陶行知十分欣赏其他行业实行徒弟制的效果。他说:"我们再看看木匠徒弟所做的桌椅,裁缝徒弟所做的衣服,漆匠徒弟所做的牌匾,不由人要觉得十分惭愧了。艺友制便是这种叹息惭愧的土壤里面发生出来的一根嫩苗。"[③]陶行知指出,徒弟制也有流弊,即"劳力而不劳心,师傅不肯完全传授,对于徒弟之虐待"[④]。因此,陶行知主张采用徒弟制之精华而除去它的流弊,这就是要使"教师"和"徒弟"成为朋友。陶行知认为,"跟朋友操练比从师来得格外自然,格外有效力。所以要想做好教师,最好是

---

① 戴自俺、龚思雪主编:《陶行知幼儿教育的理论与实践》,四川教育出版社1987年版,第286页。

② 戴自俺、龚思雪主编:《陶行知幼儿教育的理论与实践》,四川教育出版社1987年版,第40页。

③ 戴自俺、龚思雪主编:《陶行知幼儿教育的理论与实践》,四川教育出版社1987年版,第41页。

④ 戴自俺、龚思雪主编:《陶行知幼儿教育的理论与实践》,四川教育出版社1987年版,第46页。

和好教师做朋友"①。因此,"凡用朋友之道教人学做教师,便是艺友制师范教育"②,而不称"艺徒制"。

"艺友制"招收乡村教师之夫人、未婚妻、高小和中学毕业程度的女学生来训练。这样,"乡村小学教师办小学,夫人办幼稚园,便可造成夫妻学校,减少乡村教师之寂寞,树立乡村家庭之模范,还可为乡村受过教育的妇女开一职业之出路"③。

"艺友制"的一个根本观点就是幼稚教师要在幼稚园里学,才能得到真实的本领。艺友在幼稚园学习一般的教育理论,幼稚教育的过去与未来,儿童身心研究,一般的儿童教育方法,幼稚园的一切技能,如医药、音乐、图画、手工、歌谣、故事、谈话、游戏、读法、设备、布置、簿记,等等。

"艺友制"有以下两个特点:

一是学用结合,理论密切结合实际。艺友不仅在实践过程中学习基本理论知识,而且能学习到许多实际的技能,克服了学、用分家的弊端。

二是"艺友制"培养师资学习时间以半年为限,周期短,比较经济,是一条结合当时中国农村实际,用穷方法来解决幼教师资紧缺矛盾的好途径。

当然,陶行知强调运用"艺友制"并不排斥其他培养途径。相反,他认为"艺友制"一定要与幼稚师范相辅而行,两者可起一种相互补充的作用,而不是用"艺友制"来代替师范学校。

还有一点值得注意的是,陶行知还十分重视开展乡村幼稚教

---

① 戴自俺、龚思雪主编:《陶行知幼儿教育的理论与实践》,四川教育出版社1987年版,第40页。

② 戴自俺、龚思雪主编:《陶行知幼儿教育的理论与实践》,四川教育出版社1987年版,第40页。

③ 戴自俺、龚思雪主编:《陶行知幼儿教育的理论与实践》,四川教育出版社1987年版,第52页。

育的研究工作。他说:"我们必须用科学方法去试验,必须用科学方法去建设。我们对于幼稚园之种种理论设施都要问他一个究竟,问他一个彻底。我们要幼稚园里样样活动都要站得住。我们要运用科学的方法来建设一个省钱的、平民的、适合国情的乡村幼稚园。"①他创办农村和工厂幼稚园的主要目的就是为了研究和试验如何办好工农幼稚园的具体方法,以便普及于全国。1929年10月18日,晓庄幼教研究会成立,会员为晓庄幼师指导员及幼稚师范生、晓庄志愿幼教者、外校志愿者。这是中国幼教史上惟一的一个专门研究农村幼儿教育的群众性组织。会员们在陶行知的领导下开展了儿童心理、儿童卫生、儿童教育、师资培养等专题研究。陶行知能以科学的态度办园,并不盲目排外。他说:"我们一方面在这里干,我们一方面还要吸收别人的经验,我们要把英国的、法国的、日本的、意大利的、美利坚的……一切关于幼稚教育的经验都吸收进来,我们来截长补短冶成一炉,来造成一个今日之幼稚园!"②陶行知和他的学生、同事对乡村学前教育的研究成果体现在他们于20世纪30年代撰写的著作中,现已编入《陶行知幼儿教育的理论与实践》一书。

综上所述,陶行知留给我国学前教育的遗产是全面、丰富、宝贵的。他的学前教育思想的特色,一是主张人民第一、教育为公,坚持为工农大众服务的方向,他是我国为工农服务的乡村和工厂学前教育事业的开拓者;二是重视儿童生活力和创造力的培养,要求根据"生活教育"的精神,采用教学做合一的方法。

---

① 中国学前教育史编写组:《中国学前教育史资料选》,人民教育出版社1989年版,第139页。

② 戴自俺、龚思雪主编:《陶行知幼儿教育的理论与实践》,四川教育出版社1987年版,第61页。

第六节　陈鹤琴的学前教育理论与实践

陈鹤琴(1892—1982),浙江上虞人。我国现代教育史上著名的儿童心理学家和幼儿教育专家。

陈鹤琴幼年丧父,祖传的杂货店也随之倒闭,贫困的家境和艰苦的生活使他从小感到"人生非奋斗,没有出路"①。读了几年私塾之后,靠亲友资助进入基督教浸礼会办的杭州蕙兰中学。在学习期间,他勤奋刻苦,成绩优异,常以"有志者事竟成"等格言自勉,形成了济世救人的人生观。

1911年2月,陈鹤琴考入上海圣约翰大学,秋季又转考入清华学堂高等科。此间,他得知清华经费是美国退还的庚子赔款,遂萌发了爱国爱民的思想。曾创办补习夜校和城府村义务小学,自兼两校校长,并组织社团,实行社会服务,热心普及教育。

1914年8月,他与陶行知同行,前往美国留学。原打算学医,经思前想后,认为"医生是医病的。我是要医人的……我是喜欢儿童,儿童也是喜欢我的。我还是学教育,回去教他们好"②。终于,在"为人类服务,为国家尽瘁"③志向的指导下,他决意学习教育以献身教育事业。他先在霍布金斯大学学习,自奉求学原则为:凡百事都要知道一些,有一些事物,要彻底知道。他不仅如饥似渴地学习本科和几门外语,还学习政治学、市政学、经济学等,对地质学、生物学的实验研究也怀着极大的兴趣。暑假还到康奈尔大学和阿默斯特大学暑期学校选读园艺、养蜂、鸟学、普通心理学等。1917年夏毕业,得文学学士学位。入秋,进哥伦比亚大学师范学

---

① 陈鹤琴:《我的半生》,江西省教育用品厂1941年版,第50页。
② 陈鹤琴:《我的半生》,江西省教育用品厂1941年版,第147页。
③ 陈鹤琴:《我的半生》,江西省教育用品厂1941年版,第146页。

院,专心研究教育学和心理学,就学于克尔帕屈克、孟禄、桑戴克、罗格等名教授。同年冬,由孟禄率领去美国南方考察黑人教育。留学期间,不仅打下广泛的知识基础,并学习了启发式教育法和实验研究的方法和精神。1918年夏获教育硕士学位,随后转入心理系,师从伍特沃思教授,准备攻读博士学位,但因5年留学期已满,遂接受南京高等师范学校(后改为东南大学)郭秉文校长之聘请,于1919年夏回国。

在南京高等师范学校期间,陈鹤琴任教育科儿童心理学和教育学教授。由他在高校首开的"儿童心理学"课程,不仅介绍当时许多国外知名心理学家的研究成果,而且最早运用观察实验的方法,系统地研究我国儿童的心理发展。从1920年起,他以长子一鸣为对象,进行儿童心理发展的观察和实验,共808天。他把研究所得比照西方儿童心理学家的研究成果,写成《儿童心理之研究》一书;同时又以其子女为对象,研究家庭教育,写了《家庭教育》一书。两书均于1925年由商务印书馆出版发行,列入大学丛书。

1923年春,陈鹤琴在自宅客厅里创办南京鼓楼幼稚园,亲任园长。不久,又以该园作为东南大学教育科的幼教实验园地,建立了我国第一个幼教实验中心,开创了幼教科学研究之先河。当时,教育科曾委派张宗麟协助工作,在陈鹤琴的直接指导下开展了幼稚园的课程、设备、故事、读法以及幼稚生应有的习惯和技能等项实验研究。在此基础上,陈鹤琴于1927年发表了《我们的主张》一文,提出了适合我国国情、儿童心理、教育原理和社会现状的15条办园主张。鼓楼幼稚园的实验研究成果,于1928年曾作为"幼稚教育丛刊"出版了4种,并成为1932年教育部公布的《幼稚园课程标准》的基础。

1927年3月,陶行知创办南京晓庄试验乡村师范学校,陈鹤琴兼任该校指导员及第二院(幼稚师范院)院长,支持晓庄师范创办乡村幼稚园,开辟乡村幼稚教育实验基地。

同年6月,陈鹤琴任南京特别市教育局学校教育课课长,着力整顿中小学和幼稚教育,设立实验区,试验新教法,并编纂教科书、儿童读物,研究和设计玩具、教具、设备等。

为了推动教学研究工作,陈鹤琴还发起组织幼稚教育研究会,创办我国最早的幼稚教育研究刊物《幼稚教育》(1928年改为《儿童教育》),并自任主编。1929年7月,中华儿童教育社在杭州成立,他被推选为主席。

1928年5月,在蔡元培主持召开的第一次全国教育会议上,陈鹤琴与陶行知共同提出《注重幼稚教育案》7·条。同时,经过几年的研究,他从90多万字的白话文材料中选出4179个常用字,编成《语体文应用字汇》,作为"中华教育改进社丛刊",于6月由商务印书馆出版发行。

1928年9月,陈鹤琴应聘赴上海主持公共租界工部局的华人教育,任华人教育处处长达11年之久,先后办了6所小学(附设幼稚园),其中1所为半日二部制的简易小学(专为贫寒子弟开办),1所女子中学,4所工人夜校;并争得了升国旗权及在4所华童公学增设中国人为校长和副校长等。期间,他还对小学教育及小学教科书进行了研究,编写有关国语、算术、英文、作文、自然、历史等课本、卡片、字贴、读本、丛书等,并主编《小学教师》刊物。

1934年7月至次年3月,陈鹤琴赴英国、法国、比利时、荷兰、德国、丹麦、苏联、波兰、奥地利、意大利、瑞士等11个国家考察教育。回国后积极介绍欧洲先进教育经验,特别是前苏联推行普及教育和儿童教育的经验,并在教育实践中作为借鉴。

1937年2月,陈鹤琴代表中华慈幼协会与熊希龄、毛彦文、关瑞梧等出席在爪哇举行的国际联盟远东禁贩妇孺会议,他负责起草我国代表向大会的报告《中国妇女被贩卖》,并于回国后在上海组织妇孺问题研究会和儿童保护会。

7月,抗日战争爆发。"八一三"事变以后,有近百万难民涌入上海租界。在中国共产党的领导和推动下,通过各慈善团体的努力,大批难民收容所和难民教育机构成立。陈鹤琴先后担任上海国际救济会常务委员会委员兼教育组负责人和上海国际红十字会教育委员会主任,领导开展难民中的儿童教育、成人教育和职业教育。在200多个收容所的160多所学校中,有27000多名难童受到教育。以后又任上海慈善团体联合会救济战区难民委员会(简称慈联会)教育委员会主任,在难童和难民中开展文化教育和抗日教育。为收容和教育流浪儿及孤儿,他发起组织儿童保育会,任理事长,并创办儿童保育院和报童学校10所(另设两个报贩成人班)。期间,他还大力提倡拉丁化新文字运动,编撰新文字课本和读物,进行教学实验,举办师资培训班、展览会,召开座谈会、研究会,以推进扫除文盲、普及教育工作,并担任了上海语文学会、上海市成人义务教育促进会的理事长。同时,他还参加地下党领导的"民社"、"星二聚餐会"等进步团体,开展抗日救亡活动。为此,陈鹤琴遭汪伪忌恨而被列入暗杀名单,因及早转移,幸免于难。

　　1940年,陈鹤琴以"要做事,不做官"的志气,拒绝了教育部提出的要他担任国民教育司司长的要求,赴江西筹建幼稚师范。10月1日,江西省立实验幼稚师范学校——我国第一所公立幼稚师范学校便诞生于江西省泰和县文江村,由陈鹤琴任校长。学校全面实验"活教育",以实现其办中国化幼稚教育,由中国人自己培养中国化幼教师资的宏愿。当时江西省政府仅拨款25000元,划地340亩。他克服各种困难,亲自规划设计、选购建材、寻找水源,并带领师生开山筑路、建造校舍、种菜养猪,不久便使荒岗出现了20多座简易、美观、实用的教室、宿舍、礼堂等。他还为幼师设计了校徽———只象征觉醒的幼狮图案;为幼师校歌作词:"……幼师,幼师,前进的幼师!做中教,做中学,随作随习。活教材,活学生,活的教师。大自然,大社会是我们的工作室。还要有手脑并用,文武合一……"①;并创办《活教育》月刊,任主编。

1943年,该校由省立改为国立,同时增设幼稚师范专修科。国立幼师包括专科部、师范部、小学部、幼稚园、婴儿园等5部分,另附设国民教育实验区,从而形成了一个较充实完整的幼稚师范教育体系。

1944年,日寇窜扰赣江两岸,陈鹤琴迁校至赣南。1945年初,局势再度紧张,他率领师生及家属200多人历尽艰辛,长途跋涉,于3月在广昌县甘竹乡饶家堡重建校园。抗战胜利,幼师改为省办,专科部迁至上海,成为国立幼稚师范专科学校。

1945年9月,陈鹤琴任上海市教育局督导处主任督学,负责接管外国人办的中小学30余所。同年,创办上海市立幼稚师范学校(1947年2月改为市立女子师范学校)并任校长,继续实验活教育,复办《活教育》月刊,并编写了《活教育——理论与实施》、《活教育的创造》、《活教育的教学原则》等,建立了活教育理论体系。同时支持学生参加进步政治运动,赞助学生去上海大场及江苏金坛举办农忙托儿所,实验并推广乡村学前教育。期间,他还创办上海儿童福利促进会,以解决难童教养问题。他又筹建上海特殊儿童辅导院,担任院长,计划将该院建成为盲、聋哑、伤残、低能和问题儿童等5种特殊儿童的综合性教育机构。

1946年春,陶行知从渝返沪,两位好友切磋交流,互相勉励。陈鹤琴担任陶行知主持的生活教育社上海分社的理事长,陶行知应邀赴陈鹤琴任校长的幼师作报告,出席幼专学生的毕业典礼。7月25日,陈鹤琴主持生活教育社上海分社暑期进修班开幕式,正等着陶行知前来讲话,突然传来陶行知逝世的噩耗,他悲痛万分,不顾个人安危,筹办并主持了陶行知的追悼会,护送陶行知灵

---

① 陈鹤琴著:《创建中国化科学化的现代幼儿教育》,金城出版社2002年版,第500页。

柩去南京晓庄安葬。

从1946年至1949年,陈鹤琴积极投入了民主运动。他不顾反动当局的压力,支持、保护师生的民主进步运动,聘用、接纳了一些遭受当局迫害的师生来校任教、学习,担任了"上海市小学教师联合进修会"等进步团体的顾问,国立幼专和市立女师在学生运动中异常活跃,被誉为"民主堡垒"。由于陈鹤琴追求进步,支持子女和学生的革命活动,因而多次受到反动派的警告和恐吓,两次被捕入狱,经各大学校长集体作保始得获释。

中华人民共和国诞生后,陈鹤琴努力学习马克思主义,拥护中国共产党的领导,热爱社会主义祖国,以极大的热情参加各项政治运动。历任第一至第五届全国政协委员、中国人民保卫儿童全国委员会委员、全国文字改革委员会委员等,先后担任南京大学师范学院和南京师范学院院长兼幼教系主任。期间,他亲自开设儿童心理学、中国幼教史等课程,并创立了包括附属幼儿园、附属幼儿师范学校、儿童教育研究室、儿童玩具研究室以及附设玩具工厂等在内的一套完整的教学、科研、生产体系,使他从20世纪20~40年代奋斗了30年尚未能完全实现的理想,在新中国成立后的短短几年内全部实现了。

然而,在这一过程中,由于"左"的思潮的影响,他遭到了不公正的待遇。从50年代初起,由批判电影《武训传》波及到陶行知的生活教育和陈鹤琴的活教育,对他的儿童教育思想全盘否定,一棍子打死。继而又在1958年对他进行了错误的批判,使他不得不于1959年被迫离开教育岗位。但在任江苏省政协副主席期间,他仍十分关心教育事业,并为祖国的和平统一大业做了大量工作。

"文化大革命"结束以后,经过拨乱反正,陈鹤琴作为著名教育家的地位得以重新恢复。1979年起,他出任江苏省人民代表大会常务委员会副主任、九三学社中央委员会常务委员,并当选为中国教育学会名誉会长、全国幼儿教育研究会名誉理事长、江苏省心理学会名誉理事长。1980年,他患了脑血栓病,双腿瘫痪。1981年"六一"儿童节时,他虽然行动不便,仍挥笔题词:"一切为儿童,一切为教育,一切为四化。"①1982年病情加重,在连说话都困难之时,他还对友人写下了"我爱儿童,儿童也爱我"②的肺腑之言。

陈鹤琴的好友,著名心理学家高觉敷教授在挽联中,对陈鹤琴在学术上的建树给予了恰当的评价,称赞他"采用日记法,辛勤观察,为新科学儿童心理学作贡献;提倡活教育,大声疾呼,给死读书传统训练猛扣丧钟"。

陈鹤琴的一生为我国教育事业,特别是为学前教育事业作出了重要贡献。同时,他所留下的近400万字的著作,也是我国教育史,特别是学前教育史研究的宝贵财富。现在汇集他的教育论著的《陈鹤琴教育文集》上、下卷及《陈鹤琴全集》6卷均已问世,可供人们研究和学习。

一、论儿童的发展与教育

陈鹤琴从1920年冬开始,以其长子一鸣为对象,从出生时起,就儿童的动作、能力、情绪、言语、游戏、学习、美感等方面的发展,逐日对其身心发展变化和各种刺激反应进行周密的观察和实验,作出详细的文字记录和摄影记录,写成《儿童心理之研究》一书。他在书中阐述了儿童心理发展的一般规律与年龄特征,揭示了儿童形成心理特征和道德品质、掌握知识与技能以及发展智力和体力的心理过程。50年代初,陈鹤琴结合教学完成了《儿童心理学》讲稿,进一步系统地论述了儿童从新生到成长的整个过程当中所产生的一切变化。正是由于他对儿童身心发展进行了缜密的研

---

① 《光明日报》1981年5月28日。
② 北京市教育科学研究所编:《陈鹤琴全集》第一卷,江苏教育出版社1987年版,第2页(高觉敷序)。

究,为我国儿童教育的科学化提供了坚实的基础。

(一)儿童期对人生教育方面的意义

陈鹤琴根据他的研究,认为人和一般动物相比,有一个明显的不同之处,就是人比一般动物不仅胎期长,儿童期(幼稚期)更要长得多。这有什么意义呢?他指出,这种长期的胎内生活与后天发展有密切的关系,并说:"现在我们人的环境比较从前的环境一天复杂一天了。适应环境的准备期当然也要长些。"[①]"环境既然复杂,学的时期当然要长,如果要全靠先天的遗传,而不加以后天的学习,必不能适应这样复杂的环境。"[②]同时,他指出,"儿童期愈长,学习的机会愈多;学习的机会愈多,天赋的智力发展愈快,然后才可以适应复杂的环境。所以人的儿童期实在是预备适应环境的重要时期"[③]。他将初生的婴儿与小鱼、小鸟作比较,说明鱼鸟的各种活动能力可以说是与生俱来的,而人的活动大部分是后天学来的。"儿童的身体脑筋都要渐渐的发展;儿童的道德要逐渐涵养;儿童的谋生能力也要渐渐的储蓄;人生一切的活动都要在儿童期内发展。"[④]他还特别强调:"儿童期是发展个人的最好机会。什么言语,什么习惯,什么道德,什么能力,在儿童的时候学习最速,养成最易,发展最快。"[⑤]因此,他得出结论,"儿童期就含这两方面意思:一方面儿童期是发展能力的时期,一方面儿童期具有可以发

---

① 北京市教育科学研究所编:《陈鹤琴全集》第一卷,江苏教育出版社 1987 年版,第 59 页。

② 北京市教育科学研究所编:《陈鹤琴全集》第一卷,江苏教育出版社 1987 年版,第 59 页。

③ 北京市教育科学研究所编:《陈鹤琴全集》第一卷,江苏教育出版社 1987 年版,第 59 页。

④ 北京市教育科学研究所编:《陈鹤琴全集》第一卷,江苏教育出版社 1987 年版,第 58~59 页。

⑤ 北京市教育科学研究所编:《陈鹤琴全集》第一卷,江苏教育出版社 1987 年版,第 59 页。

展的性质,此即所谓可塑性或谓可教性"[1],从而认定"幼稚期(自出生至七岁)是人生最重要的一个时期"[2],应当把幼稚期的教育当作整个教育的基础。

(二) 幼儿的心理特点与幼稚教育

陈鹤琴通过揭示幼儿的心理特点来提出教育教学原则。他认为儿童不是"小人","儿童的心理与成人的心理不同,儿童时期不仅作为成人之预备,亦具有他本身的价值,我们应当尊敬儿童的人格,爱护他的烂漫天真"[3]。他认为幼儿具有以下几个主要特点:

1. 好动

陈鹤琴认为,"儿童生来好动的,他喜欢听这样,看那样;推这样,攫那样;忽而玩这样,忽而弄那样;忽而立,忽而坐;忽而跳,忽而跑;忽而哭,忽而笑。没有一刻的工夫能像成人坐而默思的"[4]。他对儿童的各种动作进行了观察记录,如口的动作、头的动作、手的动作、臂的动作、坐的动作、立的动作、爬的动作、足的动作、走的动作、跳的动作、腿的动作等。他发现儿童出生后的第一天就有许多生来就有的动作,如打呵欠、打喷嚏、吸乳、把手指放入嘴里、吸指作声、手臂交互展动、两腿上下伸缩、足有防御性的反射动作、眉眼皱缩等。陈鹤琴经过研究,认为"儿童还没有养成自制力,他的行动完全为冲动与感觉所支配"[5],所以儿童是好动的。陈鹤琴指

---

[1] 北京市教育科学研究所编:《陈鹤琴全集》第一卷,江苏教育出版社1987年版,第58页。

[2] 北京市教育科学研究所编:《陈鹤琴全集》第二卷,江苏教育出版社1987年版,第674页。

[3] 北京市教育科学研究所编:《陈鹤琴全集》第一卷,江苏教育出版社1987年版,第9页。

[4] 北京市教育科学研究所编:《陈鹤琴全集》第一卷,江苏教育出版社1987年版,第1~2页。

[5] 北京市教育科学研究所编:《陈鹤琴全集》第一卷,江苏教育出版社1987年版,第2页。

出这是"因为他的感觉与动作很连通的,若他一想到吃,他就去寻东西吃。他一觉得痛,他就哭。他一听得门外欢呼声,会即刻跑出去看"①。对于儿童的这种好动心,家长及教师要正确对待,应当给他们充分的机会、适当的刺激,使儿童多与万物接触,儿童就是通过"他玩这样弄那样,就渐渐儿从无知无能的地步,到有知有能的地步"②。

2. 好模仿

陈鹤琴指出:"这个模仿心,青年老年亦有的,不过儿童格外充分一些。儿童学习言语、风俗、技能等等,大大依赖这个模仿心。"③为此,他对模仿动作的分类与发展进行了研究。他观察到自己的孩子在第112天时发生笑声的模仿,以后出现模仿唱歌及模仿各种动作(摇手、敲桌、刷牙、怀抱、舌声、读书、洗衣、扫地、浇水、贩卖)等。在此基础上,他对什么是模仿,模仿的种类,模仿在教育上的价值等问题,综合外国学者及自己的研究进行了探讨。他的结论是:

其一,模仿的动作与所模仿的动作不是一样的,比如儿童模仿成人说话时的发音,学写字时握笔的位置和姿势,都不可能和成人的同样。因此,当儿童模仿时,教育者应格外当心,若有错误要及时纠正,以免养成错误的习惯。

其二,模仿只发生在初做的时候,后来继续所做的动作是感觉这个动作的快乐而做的,已不是模仿了。儿童的快乐感有两种:一种是生理的快乐,即从肌肉筋骨以及其他器官所得的快乐感;另一

---

① 北京市教育科学研究所编:《陈鹤琴全集》第一卷,江苏教育出版社1987年版,第2页。

② 北京市教育科学研究所编:《陈鹤琴全集》第一卷,江苏教育出版社1987年版,第2页。

③ 北京市教育科学研究所编:《陈鹤琴全集》第一卷,江苏教育出版社1987年版,第2~3页。

种是社会的快乐,即模仿时得到别人称赞他、鼓励他的快乐感。因此,应当利用这种心理,凡能发生上述两种快感的事情,就做给他看,让他们模仿;反之,则不让其模仿。

其三,模仿包含模仿能力。儿童的模仿能力是有差异的,并有一个发展过程。如四五个月的小孩,只能模仿声音,而决不能模仿写字、读书、缝纫等事。所以,不要勉强儿童模仿他所不能模仿的东西。

其四,儿童模仿是无选择的。儿童的善恶观念很薄弱,不可能选择事物去模仿。所以,成人要注意以身作则,并创设良好的环境,同时要教他鉴别是非善恶。

3. 好奇

陈鹤琴指出:"儿童凡对于一切新的东西就生出好奇心。一好奇,就要与新的东西相接近。一接近,那就晓得这个东西的性质了。假使儿童与新的境地相接触愈多,他的知识愈广。"[1]这种好奇心在教育上极有价值,他说,"好奇心是儿童学问之门径"[2],是父母和教师"施教的钥匙"[3]。怎样引起儿童的好奇心呢? 陈鹤琴认为新异的刺激能激起儿童的好奇心。这种新异有两种:一种是事物本身所具有的,如较大的声响、鲜艳的色泽、显著的对比等;一种是事物与事物相接触而发生的新异,如儿童放风筝,起初风筝是他的新物,放风筝为他的新事,所以他对于风筝是很好奇的。但过了一段时间后,风筝本身的新异已经消失,儿童对它也就不会再有好奇心,这时若让孩子们在一起玩,并比赛谁放得高,儿童对风筝

---

[1] 北京市教育科学研究所编:《陈鹤琴全集》第一卷,江苏教育出版社1987年版,第3~4页。

[2] 北京市教育科学研究所编:《陈鹤琴全集》第一卷,江苏教育出版社1987年版,第5页。

[3] 北京市教育科学研究所编:《陈鹤琴全集》第一卷,江苏教育出版社1987年版,第263页。

则又会产生新的好奇心。

陈鹤琴根据他自己的观察和国外史密斯(Smith)、霍尔(Hall)的研究,认为儿童好奇心的表现有:(1)凝视观察。有的孩子出生后两星期就能凝视物件;其子一鸣到第五天能注视灯光,23天眼能随灯光转移,63天眼能随人转移。(2)自动观察。当一个4岁女孩走进房来发现一个盒子时,便想打开来看看,自己打不开,就拿来问人了。(3)试验。一个5岁男孩,他要把狗的口掰开来看看,想知道嘴里有什么东西会使狗叫的。(4)问句。一个3岁男孩会问手表里有什么东西。(5)破坏的好奇。一个3岁的男孩,把木枪敲断了,要弄明白为什么枪会响。

陈鹤琴还指出,好奇心不是永久不变的,是随年岁而发展的。他以克尔帕屈克的研究为例:当儿童未能行走以前,他们的兴趣在经历新的感觉,并注意感觉的关系;儿童一旦能讲话,就要问所经验的东西的名词:这是什么?那是什么?当儿童知道事物的名称后,就常常要问:这有什么用处?你怎样做的?甚至问:这东西从哪里来的?待到三四岁时,"为什么"的问句格外多,所问大抵是普通公理,而且一直问到底始肯息,或等到受成人的责骂为止。总之,好问、好奇对儿童来说是启迪知识的关键,"儿童生而无知,后来长大起来,逐渐与环境相接触,他的好动能力和模仿能力逐渐滋长,而好问心也渐渐起来"[①]。正是通过提出问题,正确地解答问题,儿童才能获得新知识。成人对儿童的问题不应置之不答或假作聪明、牵强附会。

4. 好游戏

陈鹤琴认为,"儿童好游戏乃是天然的。近世教育利用这种

[①] 北京市教育科学研究所编:《陈鹤琴全集》第一卷,江苏教育出版社1987年版,第263页。

活泼的本能,以发展儿童之个性与造就社会之良好分子"①。他对游戏作了深刻的研究,不仅评述国外的游戏学说,并形成了他自己的游戏理论。

(1) 对国外游戏学说的评价

陈鹤琴承认"力量余剩"学说"确实有点道理,游戏当然要靠力量发生的,力量是游戏的主因"②。他认为"休养"学说不能成立;"生活预备"学说不攻而自破;"复演"学说没有证据;"放弛"学说无非是"复演"学说的变相,并没有多大价值;应该仔细研究"补足"学说,"不过这个学说也有缺陷的地方"③。

(2) 游戏的种类

陈鹤琴认为游戏是一种复杂的动作,根据其本身的因素来分析,游戏有简单的,有复杂的。简单的游戏如四五个月的孩子摇铃作戏或敲棒作声。他指出这种游戏必须有游戏的力量、有反射的动作、有连合动作及有好动的天性;复杂游戏如各种球戏、比赛,这种游戏与简单游戏最大的区别是必定要有智慧,靠记忆力和想像力而不是靠反射动作。这两种游戏均需靠快感,从游戏中所得的快感愈多,对游戏的兴趣也愈浓厚;快感少,兴趣也少。这种快感包括生理上的、心理上的和社交上的。总之,游戏是一种复杂的活动,儿童游戏依赖于游戏自身的吸引力及儿童从中得到的快感和其好动的天性。

陈鹤琴还介绍了帕尔默(Palmer)的游戏分类:

① 关于发展身体的游戏。这又分为两小类:一类是感官游

---

① 北京市教育科学研究所编:《陈鹤琴全集》第一卷,江苏教育出版社1987年版,第6页。

② 北京市教育科学研究所编:《陈鹤琴全集》第一卷,江苏教育出版社1987年版,第204页。

③ 北京市教育科学研究所编:《陈鹤琴全集》第一卷,江苏教育出版社1987年版,第212页。

戏,如各种听的、看的、触的、嗅的游戏;一类是动作游戏,如儿童自己动作的游戏。

② 关于发展社交的游戏。是指各种团体游戏,如捉迷藏及各种比赛等。

③ 关于发展言语的游戏。又分两小类:言语游戏包括讲故事、读童谣等;歌唱游戏包括表情唱歌等。

④ 关于发展手的游戏。这又分为两小类:手工游戏包括积木、图画、折纸等;球戏包括各种颜色球、皮球、木球等。

⑤ 关于发展人生观的游戏。这又分为两小类:化装游戏,如装做父母、装娶亲的游戏;手指游戏,以手指在灯光上做各种形状的游戏。

(3) 游戏的发展

陈鹤琴认为,"人生一期有一期之游戏"。他介绍了华特尔(Waddle)的研究结果。

① 幼稚期(出生至3岁):儿童所爱的游戏是属于感觉和动作方面的。儿童遇到小东西,就要捻它、尝它;遇着大东西,就要推推、动动。儿童不但爱触觉游戏,也爱听觉游戏。所以,应当给以各种发响的玩物,使其单独玩并发展其听觉。

② 儿童初期(4~7岁):不再停留在独自游戏状态,而是要找伙伴同游戏了,或者想像一个或几个同伴共同游戏。这时出现的"模仿游戏"、"化装游戏",常常三五成群玩娶亲、开火车等游戏,使儿童无形中学习社会上的风尚和习惯。

(4) 游戏的价值

陈鹤琴认为,"小孩子生来好动的,以游戏为生命的。要知多运动,多强健;多游戏,多快乐;多经验,多学识,多思想"①。他将

---

① 北京市教育科学研究所编:《陈鹤琴全集》第二卷,江苏教育出版社1987年版,第687页。

游戏的教育价值概括如下：

第一，发展身体。游戏是一种自然的、有兴趣的活泼的运动。游戏的时候儿童不知不觉地会将他的全副精神拿出来，因此游戏可以锻炼他的筋骨，辅助他的消化，促进他的血液循环，增加他的肺活量。

第二，培养高尚道德。游戏是一种发展儿童道德之利器。各种高尚道德，几乎都可从游戏中学得，如自治、克己、忠信、独立、共同作业、理性服从、遵守纪律等美德之养成，没有再比游戏这个利器来得快而切实。至于公平、信实、尊敬他人的权利、勉尽个人的义务等德行，也可从游戏中培养。

第三，能使脑筋锐敏。游戏亦能发展智力，如判断力、知觉力、观察力、想像力、创作心、冒险心等，都能从游戏中渐渐养成。

第四，为休息之灵丹。人的精神有限，不能经年累月地操劳。休息与放弛是必需的。游戏是休息最好之灵丹。一游戏，他的脑筋就得到放松，他的心思就到游戏上去了。所以要使儿童活泼，非选择适当的游戏不可。

5. 喜欢成功

陈鹤琴认为，"小孩子固然喜欢动作，但更是喜欢动作有成就的"[1]。这是"因为事情成功，一方面固然自己很有趣的，但是还有一方面可以得到父母或教师的赞许"[2]。他肯定这种心理是很好的，成人应当利用这种心理去鼓励孩子做各种事情。他告诫人们：让儿童做的事情不要太难，"若太难，就不能有所成就；若没有成就，小孩子或者要灰心而下次不肯再做了"[3]。反之，若所做的不

---

[1] 北京市教育科学研究所编：《陈鹤琴全集》第二卷，江苏教育出版社1987年版，第689页。

[2] 北京市教育科学研究所编：《陈鹤琴全集》第二卷，江苏教育出版社1987年版，第690页。

[3] 北京市教育科学研究所编：《陈鹤琴全集》第二卷，江苏教育出版社1987年版，第690页。

甚难,小孩子能够胜任而易有成就。"一有成就,就很高兴,就有自信力;所成就者愈多,自信力也愈大;自信力愈大,事情就愈容易成功。"①他认为自信力与成就可以互相为用。

6. 喜欢合群

陈鹤琴认为,"凡人都喜欢群居的,幼小婴儿,离群独居,就要哭喊。2岁时就要与同伴游玩,到了五六岁,这个乐群心更加强了"②。他以自己的观察揭示了儿童乐群心的发展。如一鸣在第47天发生乐群心理,当陈鹤琴抚摸其下颌时,发出"a—ke"的声音,以表示快乐并承认他人的存在;到了第3个月时,一鸣喜欢别人同他讲话、玩耍,若别人接近他,他就笑逐颜开呀呀学语了。陈鹤琴还观察到邻家的孩子五六个月时,一定要别人站在他身旁,若离开他,他就哭;一看见有人来就不哭了。他友人的一个5岁女孩,因为孤独的缘故,常常有一个想像的伴侣同她游玩。直到进了幼稚园,这个想像的伴侣才慢慢消失。为此,陈鹤琴告诫人们,要利用这种好群的心理教育孩子,给他良好的小朋友;给他驯良的小动物,如猫、狗、兔等作他的伴侣;给他小娃娃之类的玩具以消解他的寂寞。

7. 喜欢野外生活

陈鹤琴认为,"小孩子都喜欢野外生活。到门外去就欢喜,终日在家里就不十分高兴"③。他指出:不能到外边去看看玩玩是许多小孩子哭闹的一大原因。因此,他主张让"他们在旷野里跑来跑去,看见野花就采采,看见池塘就抛石子入水以取乐。这种郊游

---

① 北京市教育科学研究所编:《陈鹤琴全集》第二卷,江苏教育出版社1987年版,第690页。

② 北京市教育科学研究所编:《陈鹤琴全集》第二卷,江苏教育出版社1987年版,第692页。

③ 北京市教育科学研究所编:《陈鹤琴全集》第二卷,江苏教育出版社1987年版,第690页。

对于小孩的身体、知识、行为都有很好影响的"①。他还主张儿童的野外生活须以他们年龄的差异而有所变化。如年龄较小的儿童,可叫他采采花,种种树,举行短距离的远足会;年龄较大的儿童,则应带他们采集标本,举行旅行等活动,以增长他们的知识,强健他们的身体,愉快他们的精神,使他们无形中得着许多好处。他并告诫做父母或做教师的,要充分认识小孩子不论年纪大的小的,不论男的女的,大都喜欢野外生活,做父母的不要总不放心让孩子到外面去;做教师的则不要怕麻烦而不愿多事,以使学生充分享有与自然界相接触的良好机会。

8. 喜欢称赞

陈鹤琴认为两三岁的小孩子就喜欢听好话,喜欢旁人称赞他。如当他们穿新衣穿新鞋时,就要给他人看。到了四五岁的时候,这种喜欢嘉许的心理还要来得浓厚。成人应用言语、动作、表情来鼓励他,但不可用得太滥,以免适得其反。

陈鹤琴指出,以上这几点儿童的心理,虽然不过是荦荦大者,然而如能据此施行教育,必能取得良好的效果。

(三)学前儿童的发展阶段与教育

陈鹤琴认为,"人生的过程,是一个连续不断的发展过程"②。为了研究人生的整个过程和进行教育,需把人生过程分成几个阶段来考察。我们研究的是儿童的心理生活,进行的是儿童的教育工作,所以,也必须把儿童的生活过程分成几个段落加以研究,因为"儿童时期的重要,就在于他是人类独立人格生活的奠定基础

---

① 北京市教育科学研究所编:《陈鹤琴全集》第二卷,江苏教育出版社1987年版,第691页。

② 北京市教育科学研究所编:《陈鹤琴全集》第一卷,江苏教育出版社1987年版,第600页。

的时期"①。他指出,人类独立人格的生活方式,包括反射生活、感觉运动生活、情绪生活、智慧生活与社会生活。他说:这四种生活内容,在人类生活的过程中虽然是统一表现,相互发展的,可是,就其发展的程序上看,他们都是在相当的年龄中有先后发达的趋势②。一般学者把儿童的分期定为1岁为一个阶段,3岁左右为一个阶段,6岁为一个阶段,12岁为儿童期之终止时期。陈鹤琴则认为儿童的发展程序大致是:大概感觉运动生活在新生后1个月左右就已发展,情绪生活则在新生1个月后至1年左右亦具有发展的雏型,其后在6岁为智慧生活奠基之时,到12岁则社会生活亦均有显著的发展。陈鹤琴根据自己多年的观察和实验的研究成果,主张把新生到学前儿童时期分成四个阶段,每一个阶段都包含一个特征。这四个阶段即:(1)新生婴儿期——新生;(2)乳儿时期——新生后到1岁左右;(3)步儿时期——1岁左右到3岁半左右;(4)幼儿时期——3岁半左右到6岁左右。

陈鹤琴按照儿童发展的有序性,揭示了每一阶段的发展特点,并确定了与各发展阶段相适应的教育重点。

1. 新生婴儿的发展与教育

从出生到1个月左右为新生婴儿期。陈鹤琴指出,新生的一刹那间,在人类的生命过程中来说,实是一个重要的关键,从这一刹那间开始,他便逐渐地向着独立的生活发展。

(1)发展特点

第一,生理现象。婴儿新生时,他的循环系统的变化非常显著,婴儿出生后即开始用肺呼吸,每分钟约37次。消化系统方面,

---

① 北京市教育科学研究所编:《陈鹤琴全集》第一卷,江苏教育出版社1987年版,第605页。

② 北京市教育科学研究所编:《陈鹤琴全集》第一卷,江苏教育出版社1987年版,第606页。

胃壁已有饥饿收缩,饿时会吸吮、觉醒、哭喊、全身乱动,饱后会安静下来重新入睡,饥饿收缩约三四小时一次,这也是理想的哺乳间隔时间。内分泌方面,不管男、女婴儿,最初都有乳汁分泌。体重方面,生后一星期内有减轻的倾向,第七天后才逐渐恢复原有重量,直到第四星期,每日平均增加一两。骨骼方面,主要是软骨,顶骨有大囟门(18个月后才关闭),额后有小囟门(生后两个星期关闭)。总之,新生婴儿的生理现象是复杂的,生长则非常迅速。

第二,感觉。新生婴儿的感觉在胎儿时已萌芽。视觉方面,已有瞳孔反射,能睁眼、闭眼、眨眼、双眼转动、注视灯光等。听觉方面,其发展程序大致如下:第一步,发生听觉;第二步,能感觉各种平常的声音;第三步,能转眼运头找寻声音;第四步,能认识声音;第五步,能辨别和区分声音的高低和粗细。触觉方面,婴儿触觉的敏感区是舌尖、鼻孔、眼和手掌。生后几天的婴儿对各种不同的味(苦、甜、咸、酸)都能作不同的反应。嗅觉的发展较迟缓,约出生10天后才产生。压觉和痛觉的反应在出生后1个月内就已明显,大都是啼哭的反应。

第三,动作。新生婴儿的动作可分成无谓的动作和反射的动作两种。无谓的动作是那些并非被特定刺激所唤起,或具有任何目的的动作。如婴儿静睡在床上时,他的面部肌肉便无时无刻地不在那里活动,他的四肢也在不断地玩弄、活动。反射的动作是那些被某一特定的刺激所唤起,而且往往是非常固定的动作,如巴宾斯基反射(刺激婴儿脚底所引起的层趾反射动作)、吸吮反射、把握反射及哭的动作。

第四,情绪。新生儿已表现出快乐、惧怕、愤怒等情绪变化,但难以确定他的表现说明什么。

(2)教育重点

陈鹤琴认为,新生婴儿第一个月的生活,在其生理与心理发展的过程中,实占有重要的地位①。他针对一般人认为新生儿无须教育的谬误见解,提出:"根据科学的研究,每个儿童自出生之日起就已开始学习(甚至可以说在胎内已开始学习)"②,并强调"新生婴儿的教育,能影响儿童的一生"③。此期的教育重点,"在于建立儿童健康身体的基础,同时使优良习惯的形成,有一个初始的基础"④。

第一,环境。新生婴儿自脱离母体之后,便开始进入一个新的世界,他们对于环境的适应能力是薄弱的,做父母的应控制环境,使之适应于婴儿各方面的要求,如保持环境的安静、室内空气的流通及室温的调节等。

第二,饮食。哺乳在新生婴儿的生活中非常重要,要定时、定量进行。大、小便也要养成定时的习惯。经常观察婴儿有无怪异现象,注意预防疾病。

第三,睡眠。睡眠是婴儿生活的主要部分。要养成睡眠的优良习惯,如独睡、熄灯睡,不应抱着睡等。

2. 乳儿的发展与教育

从生后到1岁为乳儿期。此期最显著的特征是哺乳。动作发展和情绪发展是此期的重要表现。

(1) 发展特点

第一,各种动作的发展。乳儿的生活,已开始从新生时的反射

---

① 北京市教育科学研究所编:《陈鹤琴全集》第一卷,江苏教育出版社1987年版,第587页。
② 北京市教育科学研究所编:《陈鹤琴全集》第一卷,江苏教育出版社1987年版,第588页。
③ 北京市教育科学研究所编:《陈鹤琴全集》第一卷,江苏教育出版社1987年版,第588页。
④ 北京市教育科学研究所编:《陈鹤琴全集》第一卷,江苏教育出版社1987年版,第588页。

生活范围而发展为许多复杂的联合运动的范围。坐、立、爬等动作的发展为日后能独立、行走、跳跑打下基础。根据陈鹤琴的观察和实验,3个多月的乳儿开始有坐的姿势;满4个月的乳儿,便有爬行和站立的初步表现;12个月的乳儿,大概都能站立得稳了。这几种动作的发展因人而异,有的先滚转再经爬行与匍匐而起立及步行,有的也许不经过滚转便能自由爬行。总之,人生最重要的活动之一,亦即人类最宝贵的行走运动,在此期内奠定了基础。

第二,情绪的表现和发展。根据许多研究的结果,情绪表现大概有赖于几个方面:生理上的变化、面部的表现(面色、眼色的变化和嘴角的形状)、全身筋肉的变化(紧张、松弛、痉挛)、声音的表现(哭声、泣声、笑声、惊叫、扬声)、动作的表现(头部、手足、躯体各运动的变化)等。陈鹤琴运用观察法和实验法研究了婴儿的几种特殊情绪——笑的发展、快乐的发展、愤怒的发展、惧怕的发展等。

(2) 教育重点

陈鹤琴认为,不仅要注意乳儿的生理调护,而且还应有正确的教育。

第一,动作的教育。动作的教育,就是儿童身体筋肉活动时所应受的指导和维护。陈鹤琴认为,一个成年人的体态与各种活动的姿势,可以说在乳儿时期就已具备了雏形。乳儿期的体态教育,可从以下几方面着手:为乳儿准备合适的衣服,式样要简单、容易洗涤、轻暖、合身、舒适和没有紧系的带子;鞋袜的大小、质料要注意保护乳儿的脚尖,以便孩子学习行走;要鼓励孩子学习爬行和行走。陈鹤琴告诫人们:"行走的活动,虽然是儿童生长过程中自然的趋势,但成人能给儿童以适当的指导则可以促进儿童行走活动的发展。"①

---

① 北京市教育科学研究所编:《陈鹤琴全集》第一卷,江苏教育出版社1987年版,第618页。

第二,优良情绪的培养。陈鹤琴指出:"一个成人的情绪表现,有许多都是由他幼小时代情绪生活来决定的。"①如怕狗、怕单独在空屋子里等的不良情绪反应,就是由于小时经验的结果。所以,在儿童幼小时来培养其优良习惯是非常重要的。培养的方法要注意不可暗示儿童使他害怕;要避免儿童哭泣,养成儿童乐观的情绪;儿童情绪激动时,要使之安静;勿讲恐怖的故事;等等。如果孩子已养成了不良的情绪反应,应采用隔离法、抑制法、同化法、更替法等方法去纠正他。

3. 步儿期的发展与教育

1岁左右到3岁半左右为步儿期。此期最大的表现为步行,儿童学习步行、开始步行、乐于步行,喜欢跑跳,进步迅速。同时,语言和智力也有明显的进步。

(1) 发展特点

第一,儿童行走的发展。陈鹤琴强调行走的重要,认为"人类之所以能成为万物之灵,直身行走亦是主要因素之一"②。他指出,"行走的活动,在儿童时期,已有完成的趋势,这种运动的构成,是有赖于儿童主观的与客观的原因的"③,如健全的骨骼、筋肉和神经的作用,适当的智力程度,有行走的动机,有行走的机会等。此外,陈鹤琴告诫人们要正确处理成熟与学习的关系,他认为成熟后的学习特别见效,应把握生长之相对可能性而加以练习,促使步儿行走活动的发展。他说:"总之,这时儿童的大筋肉活动,是在迅速地发展着。由于儿童活动空间的扩大,使他从一个不独立的

---

① 北京市教育科学研究所编:《陈鹤琴全集》第一卷,江苏教育出版社1987年版,第619页。

② 北京市教育科学研究所编:《陈鹤琴全集》第一卷,江苏教育出版社1987年版,第633页。

③ 北京市教育科学研究所编:《陈鹤琴全集》第一卷,江苏教育出版社1987年版,第641页。

或半独立的个体,而进于独立的个体。"①

第二,言语的发展。陈鹤琴认为,"言语是人类建立社会关系的主要因素之一。人们借言语之助,使思想的交换成为可能,固然在社会关系的沟通方面,图画、文字等也非常重要,但最简单而最基本的工具,还是要算言语"②。这充分肯定了言语在人际交往和思想沟通方面的重要作用。他介绍了研究言语的几种方法,如长期研究法、逐期研究法、一天研究法、字语意义研究法等。他根据学者们的研究成果,认为儿童言语发展分为四个阶段:言语模仿的开始、将字结合、应用代名词与复数、应用叙述字。陈鹤琴对儿子一鸣的言语发展作了详细的观察记录,从出生后第 99 天发出"a"音起,直到 2 岁半止,经历了从母音到子音、单音到复音、独字句到多字句、歌唱到说话的过程。

(2) 教育重点

第一,行走教育。陈鹤琴指出:"行走是儿童全身各部分大联合的最显著的活动之一,同时也是一种大筋肉的活动。"③对于儿童的行走,必须顺应其自然的发展趋势,而后给予正确的指导。合适的服装、适当的设备(如围杆、梯架、一物三用的轮椅——坐、立、推行)等,积极的暗示和鼓励,都能促进步儿行走的发展。

第二,言语教育。陈鹤琴强调"首先要紧的就是使儿童把学习言语作为游戏一般乐于接受"④。他指出,儿童开始说得不对或

---

① 北京市教育科学研究所编:《陈鹤琴全集》第一卷,江苏教育出版社 1987 年版,第 641 页。

② 北京市教育科学研究所编:《陈鹤琴全集》第一卷,江苏教育出版社 1987 年版,第 641 页。

③ 北京市教育科学研究所编:《陈鹤琴全集》第一卷,江苏教育出版社 1987 年版,第 645 页。

④ 北京市教育科学研究所编:《陈鹤琴全集》第一卷,江苏教育出版社 1987 年版,第 646 页。

发音不正确,成人切不能讪笑他或模仿他,而应纠正他。成人还应注意勿以自己不良言语的习惯影响儿童。对于口吃或"不说话的儿童",既要考察其说话的各种生理机构(接音部、联音部、发音部)有无缺陷,也要注意情绪与思想、心理上的缺陷,做到及早发现,及时纠正。

4. 幼儿的发展与教育

3岁半至6岁为幼儿期。陈鹤琴又将此期分为三小段,即3岁半至4岁,4至5岁,5至6岁。思维的活跃和社会性的发展是此期突出的表现。

(1) 发展特点

第一,思想的活动。陈鹤琴认为,思想是最高的智力作用,也是支配万物、创造文化最紧要的利器[①]。他指出儿童的思想与成人不同:数量不如成人多,准确性比成人差,内容限于游戏方面。但儿童的思想是逐渐发展起来的,其发展过程如下:

① 婴儿出生后茫然无知,论到思想,不过渐渐地能注意人物和观察环境。随着与环境接触的增多,经验逐渐丰富,到了1岁时,对环境中的形状、颜色、声音、物质等稍有认识,并有单独的观念和少数的联念。

② 记忆力渐渐发展,能将各种观念遗留脑中。

③ 言语发展,使之能表达思想,思想力自然有较大进步。

④ 理解能力增长,会比较,好发问,概念亦显雏形。

⑤ 3岁时,能运用想像使单独的经验有系统。

⑥ 儿童经验日渐充足,知识逐渐丰富,思考力也因此逐渐发展。

第二,社会性的发展。陈鹤琴认为,所谓儿童的社会性不仅是

---

① 北京市教育科学研究所编:《陈鹤琴全集》第一卷,江苏教育出版社1987年版,第454页。

指儿童与儿童或儿童与成人的个别关系,应当在于社会的组织性活动的建立。儿童社会性的发展,也是有其进程的。

首先,儿童很早就发生对于人与人的关系的感觉。陈鹤琴认为,"儿童是好群的,甚至年岁很幼的儿童,也不愿意独自孤处"①。如当母亲离开他时便会哭;在他身旁时便显出安静与舒适的样子,表现出对成人的依赖与被动。

其次,3岁前后开始发展真正的社会生活。陈鹤琴指出:"以前他是独自游戏,或者看别人游戏。现在他开始对其他儿童的活动发生了兴趣,他回答他们的问题,并向他们问许多问题。接着便参加了其他儿童团体,共同来进行游戏。"②表现出儿童之间的合作、交往和友谊。

再次,对成人给予的帮助或干涉进行反抗。陈鹤琴认为,如果说此前幼儿对成人依赖或期待的话,现在则表现出一切都开始借自己的力量来做自己所要做的事情③,如自己穿衣、吃饭、取东西来玩等。他指出,"对于成人的帮助或干涉每取强烈的反抗。但他自己,却非常高兴帮助其他儿童,尤其是帮助年龄较幼的儿童"④。陈鹤琴还介绍了布里兹(Bridges)的研究。布氏认为,3岁后幼儿的行为逐渐由固执的、对抗的而转变为合作的、友谊的。4~5岁幼儿表现了充分的自信与互信,跟成人更有友谊的合作。此外,儿童的社会性发展,表现出充分的个别差异。陈鹤琴认为,

---

① 北京市教育科学研究所编:《陈鹤琴全集》第一卷,江苏教育出版社1987年版,第660页。

② 北京市教育科学研究所编:《陈鹤琴全集》第一卷,江苏教育出版社1987年版,第660~661页。

③ 北京市教育科学研究所编:《陈鹤琴全集》第一卷,江苏教育出版社1987年版,第661页。

④ 北京市教育科学研究所编:《陈鹤琴全集》第一卷,江苏教育出版社1987年版,第661页。

儿童社会性的发展并不是完全一致的,"各个儿童具有不同的社会态度,就是每一不同的时期,儿童的社会态度也都在不断地变化"①。一般将社会态度分为三种型式,即社会盲目型、社会依赖型、社会独立型。陈鹤琴指出,"这种种分类,自然并非绝对的,每个儿童由于环境和教育的不同,都具有自己特殊的社会态度"②。

第三,情绪的转变。陈鹤琴指出:"在儿童的初期,他们情绪的表现,大都是由自身生理上的要求所激起的。他们的惧怕、愤怒与情爱的情绪之激起,一般说来,只能与周围的环境发生简单的关系。"③但是,到了幼儿时期,随着儿童身心的发展、生活范围的扩大,儿童与环境之间的关系也表现得空前的繁复。这时,儿童情绪的激起,由于社会环境的刺激而与日俱增。陈鹤琴认为,"儿童情绪表现的这一转变,就是儿童情绪从自我的到他人的,从机械的到繁复的,从个人的到社会的这一转变,与儿童日后的生活,具有极大的关系。尤其是社会性的发展,对儿童情绪生活的转变,关系更大"④。

陈鹤琴介绍了弗洛伊德(Freud)关于情绪的分类和发展阶段的观点,但他不赞成弗氏过分强调性欲本能而忽视其他因素的主张。他还介绍了布里兹对儿童情绪的研究,包括痛苦与哭泣、惧怕与警戒、愤怒与烦恼、愉快与情爱、激动与遗尿、习癖与不正常的说话等。陈鹤琴强调,社会刺激日趋繁复是幼儿情绪发生转变的重

---

① 北京市教育科学研究所编:《陈鹤琴全集》第一卷,江苏教育出版社1987年版,第666页。

② 北京市教育科学研究所编:《陈鹤琴全集》第一卷,江苏教育出版社1987年版,第667页。

③ 北京市教育科学研究所编:《陈鹤琴全集》第一卷,江苏教育出版社1987年版,第667页。

④ 北京市教育科学研究所编:《陈鹤琴全集》第一卷,江苏教育出版社1987年版,第667页。

要原因。

(2) 教育重点

陈鹤琴认为："无论在生理方面或心理方面,幼儿期的教育,都是非常重要的。儿童对社会适应得是否健全,儿童生理方面或心理发展的程度,是否表现着常态的前进,儿童对于卫生习惯有否养成,以及儿童身体健康,是否得到健美的发展,幼儿期的教育都该负担相当的责任。"①根据幼儿思想的活动、社会性的发展及情绪的转变,实施教育时尤其应注意以下几点:

第一,以积极代替消极。陈鹤琴指出,应积极地发展儿童的才能,积极地提高儿童的兴趣。可用暗示、启发和鼓励,切勿消极地批评和抑制他们。

第二,不姑息,不严厉。陈鹤琴既反对过分溺爱子女而姑息迁就,也反对处处用成人的意志要求儿童,用成人的道德规范儿童。他指出,姑息足以发展儿童的自私心,严管则会摧残儿童一切活动的倾向。

第三,让儿童使用自己的手脑。陈鹤琴分析了由大人代替小孩子做的害处是:剥夺了他们肌肉发展的机会;养成他们怠惰的习惯;养成他们不识世务、不知劳苦的习性;阻止他们发展独立自主的精神。为此,他主张让儿童自己去做,让儿童自己能想。

第四,让儿童自己有活动的园地。陈鹤琴批评那些爱把儿童关在冷静狭隘的室内,让其孤处于成人世界的做法,主张儿童应有适当的游戏场所和适当的伴侣。

第五,发展儿童的好问心。陈鹤琴认为,应当详细启发儿童,利用他的发问而进行教育工作,不但要有问必答,最好要常常带儿童外出观察、参观,借以激发其好问心来丰富他的知识和经验。切

---

① 北京市教育科学研究所编:《陈鹤琴全集》第一卷,江苏教育出版社 1987 年版,第 680 页。

忌怕烦斥责,导致阻抑其求知欲望和磨灭其探索雄心。

第六,父母和教师要以身作则。陈鹤琴指出,父母和教师是否以身作则,对于儿童优良习惯的养成关系是很大的。所以,他们的行为举动必须谨慎。

总之,陈鹤琴一贯重视对儿童生理和心理发展特点的研究,要求把教育建立在科学的基础上。为此,20世纪70年代末,在他所提出的发展幼儿教育的几点建议中,首先提出的也就是"要对于作为幼儿教育基础的儿童心理做全面、系统、切实的科学实验"①。他说:"儿童不是成人的缩影,而是有他独特的生理、心理特点的。幼儿期是身体和智力发展的极为重要的时期,必须掌握其特点,掌握其生长发展的科学规律,才能把幼儿教好、养好。"②

二、论儿童的家庭教育和幼稚园教育

(一) 关于家庭教育

家庭教育素为我国所重,家庭教育的书籍从最早的《颜氏家训》起,不乏善本。但若论家庭教育的科学化、民主化、游戏化、艺术化,当首推陈鹤琴所著的《家庭教育》以及20世纪30年代后陆续发表的《怎样做父母》等论文。这些论著既有理论也有实践,融生理学、心理学、教育学、社会学、美学等基本知识于一体,涉及儿童家庭教育的方方面面,可说是具有中国特色的儿童家庭教育百科全书。陶行知为《家庭教育》一书所作《愿与天下父母共读之》的序言中赞誉道:"这本书是儿童幸福的源泉,也是父母幸福的源

---

① 北京市教育科学研究所编:《陈鹤琴全集》第二卷,江苏教育出版社1987年版,第661页。

② 北京市教育科学研究所编:《陈鹤琴全集》第二卷,江苏教育出版社1987年版,第661页。

泉"①,夸著者"以科学的头脑,母亲的心肠做成此书"②,说该书是"中国做父母的必读之书也不为过"③,并肯定此书"系近今中国出版教育专著中最有价值之著作"④。事实证明,该书一经问世,不到 5 个月就再版,至今已再版 15 次。书中所阐明的基本观点和原则,对今天我国的家庭教育仍有借鉴意义。

陈鹤琴的家庭教育思想主要有以下内容:

1. 要把家庭教育作为关系到国家前途、命运的大事

陈鹤琴认为,家庭教育同社会的进步和国家的强盛密切相关。他说:"我们中国有许多人,方在盛年,即显出衰弱的现象,驼着背、耸着肩、垂着头,气息奄奄不绝如缕;讲到他们的道德,其所谓道其所道,非我之所谓道,德其所德,非吾之所谓德,只知利己,不道利人,苟有利于己,虽卖国亦所不惜,倘利于人,即拔一毛而亦不为。至于他的知识,有的固然很丰富,但是有许多人实在欠缺得很,他们有病,不求人而求神,不问医而问卜;倘有不测,即诿之于天,脑筋的简单,知识的缺乏,真和太古民族没有什么两样。"⑤为什么会出现这样一批体弱、缺德、庸才之辈呢?陈鹤琴认为"是因为他们小的时候没有受过良好的教育;不特没有受过良好的教育,

---

① 北京市教育科学研究所编:《陈鹤琴全集》第二卷,江苏教育出版社 1987 年版,第 673 页。

② 北京市教育科学研究所编:《陈鹤琴全集》第二卷,江苏教育出版社 1987 年版,第 673 页。

③ 北京市教育科学研究所编:《陈鹤琴全集》第二卷,江苏教育出版社 1987 年版,第 673 页。

④ 北京市教育科学研究所编:《陈鹤琴全集》第二卷,江苏教育出版社 1987 年版,第 670 页。

⑤ 北京市教育科学研究所编:《陈鹤琴全集》第二卷,江苏教育出版社 1987 年版,第 816 页。

而且受了恶劣的教育"①。倘从小"施以良好的教育,则将来成为良好的国民,倘施以恶劣的教育,那么将来成为恶劣的青年了"②。陈鹤琴在《家庭教育》自序中写道:"幼稚期(自生至七岁)是人生最重要的一个时期,什么习惯、言语、技能、思想、态度、情绪都要在此时期打下个基础,若基础打得不稳固,那健全人格就不容易形成了。"③可见,陈鹤琴充分肯定幼稚期教育对未来良好国民的奠基作用。他进而指出:"知识之丰富与否,思想之发展与否,良好习惯之养成与否,家庭教育实应负完全的责任。"④陈鹤琴对家庭教育寄予热切的期望:"对于如花含苞、如草初萌的小孩子,我们应当用很好的教育方法去教育他,使他们关于体德智三育都从小好好儿学起,那么老大的中国,未尝不可以一变而为少年的国家?不过少年中国的责任,固属诸今日之儿童,而造成少年中国的责任则属诸今日之父母,做父母的能够教育小孩子,而小孩子能够从小学好,则少年中国,即在其中了。做父母的,做小孩子的,大家努力!大家努力!幸勿失之交臂!"⑤

陈鹤琴在《家庭教育》1981年的重版序中,进一步论述了儿童教育与国家命运的关系。他说:"儿童是振兴中华的希望。儿童教育是整个教育的基础,关系到我们伟大祖国的命运……社会主

---

① 北京市教育科学研究所编:《陈鹤琴全集》第一卷,江苏教育出版社1987年版,第816页。

② 北京市教育科学研究所编:《陈鹤琴全集》第二卷,江苏教育出版社1987年版,第816页。

③ 北京市教育科学研究所编:《陈鹤琴全集》第二卷,江苏教育出版社1987年版,第674页。

④ 北京市教育科学研究所编:《陈鹤琴全集》第二卷,江苏教育出版社1987年版,第686页。

⑤ 北京市教育科学研究所编:《陈鹤琴全集》第二卷,江苏教育出版社1987年版,第816~817页。

义现代化建设需要人才,培育人才要从小开始。"①他认为:"家长是子女的第一个老师,父母应尽到教育好孩子的责任。……幼儿在父母那里学说话,认识周围事物,模仿父母言行,在父母影响下形成性格。因此,必须十分重视对幼儿的家庭教育。"②

2. 要把科学地了解儿童作为实施家庭教育的依据

陈鹤琴指出,小孩子难养,更难教。"家庭教育必须根据儿童心理始能行之得当。若不明儿童的心理而妄施以教育,那教育必定没有成效可言的。"③所以,在《家庭教育》中,陈鹤琴首先略述儿童之心理与学习性质和原则,以此为家庭教育之基础。有关儿童之心理特点在第一部分"论儿童的发展与教育"中已作过介绍,现将其有关学习性质及原则略述如下:

陈鹤琴指出,初生小儿"除了几种简单感觉(如痛、触、冷热、饥饿等等)和几种简单动作(如手足上下左右伸缩、头向左右转动、吸乳、打喷嚏、打呵欠等等)之外,差不多别无所能"④,但逐渐地能听、能言、会走、会画、有思想、有能力了,这是因为他有先天的遗传为基础,凭藉后天的环境与教育方能得到发展,其中教育起主要作用。

(1)学习的性质

陈鹤琴认为儿童生来有三种基本能力,即感觉、联念和动作。学习就是先感觉外界的刺激,后把所感觉的事物与所有的感觉联

---

① 北京市教育科学研究所编:《陈鹤琴全集》第二卷,江苏教育出版社1987年版,第678页。

② 北京市教育科学研究所编:《陈鹤琴全集》第二卷,江苏教育出版社1987年版,第662页。

③ 北京市教育科学研究所编:《陈鹤琴全集》第二卷,江苏教育出版社1987年版,第686页。

④ 北京市教育科学研究所编:《陈鹤琴全集》第二卷,江苏教育出版社1987年版,第695页。

合起来,再发生相当的动作去反应外界的刺激。刺激与反应是可见的,联念却相反。

(2) 学习的原则

一是刺激的原则。刺激必须优良、正确,并进行实地施教。二是联念的原则。刺激必须快乐有趣,时间要长,次数要多,联念才能深刻而牢固。三是动作的原则。第一次的动作要格外留意教导,以免错误;养成习惯时不宜有例外的举动;学习事物必须让儿童自己与事物接触,不能包办代替。

3. 要把教育功能自然地渗透于家庭生活的各个方面

陈鹤琴认为家庭教育应融化和渗透于日常生活之中,通过家长的言传身教、亲子间的交往和家庭生活的实践,随机地、个别地、面对面地进行。他是从家庭生活的需要和儿童在家庭中的主要学习内容来阐述家庭教育的各项原则的。

(1) 卫生教育方面

陈鹤琴从一般家庭的现实条件出发,详尽地阐述了培养良好卫生习惯的内容,共计25条,涵盖了吃、喝、拉、睡各个方面以及相应的设备。他指出,卫生习惯与身体的健全是有密切关系的,而"强健的身体是小孩子幸福的根源,若身体不健全,小孩子固然终身受其累,而做父母的也要受无穷的痛苦"[①]。

(2) 情绪教育和群育方面

陈鹤琴非常重视教会孩子待人接物,特别强调要从小教育孩子心中有他人,学会考虑别人的安宁和幸福,鼓励孩子每天做件好事;尊敬长者,对人有礼貌;敬爱父母,父母回家时会热情相迎;亲人有病时,能表示同情;乐意帮助父母做事,养成爱劳动和爱惜物品的习惯;等等。陈鹤琴认为,"我们要救国保民必定从教训小孩

---

① 北京市教育科学研究所编:《陈鹤琴全集》第二卷,江苏教育出版社1987年版,第761页。

子爱人着手,小孩子今日能爱人,他年就能够爱国了"①。陈鹤琴重视保护儿童的心理健康,注重创造温暖、宽松、愉快的精神环境的教育意义。他告诫父母应减少孩子的惊慌和哭泣,不要用雷声、黑暗、大声训斥等恐吓孩子,发现孩子因冷热过度、下身潮湿、饥饿、疲劳、疾病而疼痛、寂寞、惊吓时,要及时缓解和解除孩子的痛苦和精神上的压抑。家庭生活中的这种良好的情感气氛,不仅能给孩子以积极的情绪教育,也是儿童形成对人对事正确态度的重要因素和良好起点。陈鹤琴还坚决反对父母对孩子的溺爱和放任,指出赏罚分明和严格要求正是克服任性和依赖的有效良方。

(3) 智育方面

陈鹤琴强调通过多种途径让儿童获得并积累早期经验。他主张经常带孩子外出观察和参观,以丰富他们的知识,增进他们的经验。他提倡让孩子做自己能做的事情,最好每天帮父母做一点事,使孩子知道自己是家中的一个重要分子,并锻炼其独立能力。他赞成让孩子自己去试探物质,在弄雪、玩沙、敲钉、剪纸等探索活动中,得到许多经验,长进许多知识。他强调要为孩子创造良好的环境,包括游戏的、艺术的、阅读的环境,以开拓儿童的视野,增强其适应能力。

此外,陈鹤琴认为全面提高父母的素质和教育能力,是保证家庭教育质量的前提条件。他再三强调做父母是一桩不容易的事情。他对父母提出:"必须要研究儿童的身体如何发育,儿童的心理如何发展,儿童的知识如何获得,儿童的人格如何培养,这种种问题要在未做父母之前应当有初步的研究;既做父母之后,应当继

---

① 北京市教育科学研究所编:《陈鹤琴全集》第二卷,江苏教育出版社1987年版,第832页。

续不断的注意。"①这是因为,"栽花的人,先要懂得栽花的方法,花才能栽得好;养蜂的人,先要懂得养蜂的方法,蜂才能养得好;育蚕的人,先要懂得育蚕的方法,蚕才能育得好;甚至养牛、养猪、养羊、养马、养鸟、养鱼,都先要懂得专门的方法才可以养得好。"②

20世纪70年代末,陈鹤琴还建议"要重视幼儿家庭教育的科学实验,对幼儿的家庭教育应作为一门科学来研究和推广"③。他说:"幼儿自一出生,就得到父母和家庭成员中的保护和关怀。幼儿在家庭中感到温暖,得到抚爱,这对幼儿的感觉和情感上的发展特别重要。同时,幼儿个性形成的最初基础,也是在家庭中奠定的。家庭对幼儿的思想和行为习惯的影响是极大的。"④所以,必须重视家庭教育,应当向家长广泛宣传科学的育儿知识,使广大家长都能对自己的子女有个正确的培养目标和教育方法。他并结合自己的经验,强调一是"教小孩要从小教起"⑤;二是"开始教的时候必须要教得好"⑥。他盼望能见到这方面的科学实验与研究有更大发展。

(二)关于幼稚园教育

在半殖民地半封建的旧中国,幼稚教育深受外国教会幼稚教

---

① 北京市教育科学研究所编:《陈鹤琴全集》第二卷,江苏教育出版社1987年版,第880~881页。

② 北京市教育科学研究所编:《陈鹤琴全集》第二卷,江苏教育出版社1987年版,第886页。

③ 北京市教育科学研究所编:《陈鹤琴全集》第二卷,江苏教育出版社1987年版,第662页。

④ 北京市教育科学研究所编:《陈鹤琴全集》第二卷,江苏教育出版社1987年版,第662页。

⑤ 北京市教育科学研究所编:《陈鹤琴全集》第二卷,江苏教育出版社1987年版,第663页。

⑥ 北京市教育科学研究所编:《陈鹤琴全集》第二卷,江苏教育出版社1987年版,第663页。

育的影响,存在着"全盘西化"的倾向。陈鹤琴对这种"抄袭外人……墨守成规,不知改良,以致陈旧腐败不堪闻问"①的幼稚教育极为不满。他不仅撰写了《现今幼稚教育之弊病》、《我们的主张》、《幼稚教育之新趋势》、《战后中国的幼稚教育》等论文揭露弊端,提出主张,指明改革的方向;并通过创办鼓楼幼稚园,实验研究有关幼稚园的教育、教学及教材、设备等,探索中国化幼稚教育的道路。

1. 办好幼稚园的15条主张

陈鹤琴认为幼稚园的教育功能和社会功能都是明显的。首先,可以发展儿童的个性,适应其体力、智力和德性发展的需要。其次,可以节省家长的时间和精力,补充家庭教育之不足。再次,可以"养成种种合作的精神,爱护团体、爱护国家的精神。同时又可以培养公民应有的知识与技能,砌成一个稳固的公民基础"②。此外,"幼稚生教得好,小学生就容易教了……幼稚教育,实是小学教育的基础"③。既然幼稚园教育关系到儿童终身的事业与幸福,关系到国家、社会的大局,那么我们在创办幼稚园时,"倘是一些主张都没有,仍旧像中国初办教育时候,今日抄袭日本,明日抄袭美国,抄来抄去,到底弄不出什么好的教育来"④。为此,陈鹤琴提出15条主张:

(1) 幼稚园是要适应国情的。陈鹤琴指出:"现在中国所有的幼稚园,差不多都是美国式的。……要晓得我们的小孩子不是

---

① 北京市教育科学研究所编:《陈鹤琴全集》第二卷,江苏教育出版社1987年版,第1页。

② 北京市教育科学研究所编:《陈鹤琴全集》第二卷,江苏教育出版社1987年版,第21页。

③ 北京市教育科学研究所编:《陈鹤琴全集》第二卷,江苏教育出版社1987年版,第21~22页。

④ 北京市教育科学研究所编:《陈鹤琴全集》第二卷,江苏教育出版社1987年版,第110页。

美国的小孩子,我们的历史、我们的环境均与美国不同,我们的国情与美国的国情又不是一律;所以他们视为好的东西,在我们用起来未必都是优良的。……总之,幼稚园的设施,总应当处处以适应本国国情为主体,至于那些具世界性的教材和教法,也可以采用,总以不违反国情为唯一的条件。"①

（2）儿童教育是幼稚园与家庭共同的责任。陈鹤琴认为:"幼稚教育是一件很复杂的事情,不是家庭一方面可以单独胜任的;也不是幼稚园一方面可以单独胜任的;必定要两方面共同合作方能得到充分的功效。"②他提出多种的合作方法,如恳亲会、讨论会、报告家庭、探访家庭等。

（3）凡儿童能够学的而又应当学的,我们都应当教他。陈鹤琴指出,给孩子学的东西有三条标准:一是"凡儿童能够学的东西就有可能作为幼稚园的教材"③;二是"凡教材须以儿童的经验为根据"④;三是"凡能使儿童适应社会的,就可取为教材"⑤。

（4）幼稚园的课程可以以自然、社会为中心。

（5）幼稚园的课程须预先拟定,但临时以变更。陈鹤琴倡导这种计划性与灵活性相结合的教法,提出一方面幼稚园的设备要充分,另一方面教师的知能要丰富,这样才能使儿童的能力得以加强,儿童的思想可以发展得很充分。

---

① 北京市教育科学研究所编:《陈鹤琴全集》第二卷,江苏教育出版社 1987 年版,第 110~111 页。

② 北京市教育科学研究所编:《陈鹤琴全集》第二卷,江苏教育出版社 1987 年版,第 112 页。

③ 北京市教育科学研究所编:《陈鹤琴全集》第二卷,江苏教育出版社 1987 年版,第 114 页。

④ 北京市教育科学研究所编:《陈鹤琴全集》第二卷,江苏教育出版社 1987 年版,第 114 页。

⑤ 北京市教育科学研究所编:《陈鹤琴全集》第二卷,江苏教育出版社 1987 年版,第 114 页。

（6）幼稚园第一要注意的是儿童的健康。陈鹤琴强调，强国必先强种，强种先要强身，强身先要注意幼年的儿童。他指出，身体强健的儿童，举动活泼，脑筋敏捷，做事容易，乐于听从，所以幼稚园为儿童的现在与将来计，都应极力注意儿童的健康。

（7）幼稚园要使儿童养成良好的习惯。陈鹤琴认为："人类的动作十分之八九是习惯，而这种习惯又大部分是在幼年养成的；所以幼年时代，应当特别注重习惯的养成。"[①]如果从小养成良好的习惯，则终身受其福，否则将终身受其累。

（8）幼稚园应当特别注重音乐。音乐是儿童生来就喜欢的，音乐可以陶冶性情、鼓舞进取。幼稚园应该有音乐的环境，培养他们对音乐的兴趣，发展他们的欣赏能力和音乐技能。

（9）幼稚园应当有充分而适当的设备。陈鹤琴认为："有了充分的设备，小孩子就可以随意玩弄，不但不致生厌而且由此可以得到许多知识。"[②]因此，要发展儿童各方面个性，就应当有充分的设备，应考虑到设备的数量和适用问题。

（10）幼稚园应当采用游戏式的教学法去教导儿童。游戏是儿童生来喜欢的，儿童的生活可以说就是游戏。用游戏方式教育幼儿不但学得快、效果好，而且印象深刻。

（11）幼稚生的户外生活要多。让幼儿到户外去活动，不但可以使他们在接触自然实物中学到功课，还可使他们在新鲜的空气和明亮的日光下增加儿童的快乐，活泼儿童的精神，强健儿童的身体。

（12）幼稚园多采取小团体的教学法。幼儿的年龄是不齐的，

---

① 北京市教育科学研究所编：《陈鹤琴全集》第二卷，江苏教育出版社1987年版，第117页。

② 北京市教育科学研究所编：《陈鹤琴全集》第二卷，江苏教育出版社1987年版，第120页。

智力又各不相同,兴趣又不一致,应划分小团体进行教学才能取得较好的效果。

(13) 幼稚园的教师应当是儿童的朋友。要使幼儿不害怕、肯接近,教师应当和幼儿同游同乐地去玩去教。

(14) 幼稚园的教师应当有充分的训练。教师既要具有各种教学技能,还要有丰富的自然和社会常识,就得有充分的训练。

(15) 幼稚园应当有种种标准,可以随时考查儿童的成绩。对幼稚生在园应当养成的德行、习惯、技能、知识,都应有考查标准。

可见,15条主张阐明了我国幼稚园教育的方向和任务,课程的中心和组织,教学的方式和方法,教师和幼稚生的关系,幼稚园和家庭的关系以及环境设备等。15条主张不仅使20世纪20年代末我国的幼稚园有了办园的标准,而且其基本精神对当代幼儿园教育仍有借鉴作用。

2. 幼稚园的课程理论和实践

20世纪20年代初,我国幼稚园课程非常混乱:有教会幼稚园的宗教课程,如唱赞美诗、听圣经耶稣的故事、行祷告礼仪等;有蒙养园的日本式课程,如学日语、行仪、手技等;也有少数幼稚园实施福禄倍尔、蒙台梭利课程,通过"恩物"或"教具"开展游戏、训练感官等。陈鹤琴认为,这种大抵抄袭外国人的课程,"抄来抄去,到底弄不出什么好的教育来"[①]。他决心实验研究适合我国国情的幼稚园课程。另一方面,他对我国当时那种"幼稚监狱"式的幼稚园教育也十分不满,指出弊病有四:一是没有具体的目标,在教养程度、技能习惯、知识、做人态度等方面达到什么要求、培养到什么程度没有想过,也不去研究,成天忙忙碌碌,没成效,无进步;二是功课太简单,不外是看图、玩沙、玩土、折纸、团体游戏、唱歌、玩积

---

① 北京市教育科学研究所编:《陈鹤琴全集》第二卷,江苏教育出版社1987年版,第110页。

木;三是团体动作太多,既不顾年龄、个体差异,也不管学得如何,是否愿意;四是与环境接触太少,几乎全是室内活动,生活太单调、呆板。陈鹤琴决心实验研究适合幼儿身心发展特点的幼稚园课程。其课程论思想的主要内容有:

(1) 课程应为目标服务

陈鹤琴认为:"课程与方法都是达到目的的工具,所以谈教育,第一应当解释目的。"①在谈目标前,他先确立了"儿童是主体"②的思想。他认为,儿童、教材和教师是教育上的三大要素,并用图示解释三者的关系(见图1),指出教师先测量儿童的个性,明确希望他们达到怎样的目的,然后选择最适宜的教材,使用最适宜的方法,以达到所希望的目的。这样做的目的有四:

① 做怎样的人:应有合作的精神、同情心、服务的精神。

② 有怎样的身体:应有健康的体格,养成卫生的习惯,并有相当的运动技能。

③ 怎样开发儿童的智力:应有研究的态度、充分的知识、表意的能力。

④ 怎样培养情绪:应能欣赏自然美和艺术美,养成欢天喜地的快乐精神,消泯惧怕情绪。

可见,陈鹤琴在20世纪20年代就提出了符合幼儿身心特点和适应未来社会需要的全面发展的培养目标。

(2) 课程应以自然和社会为中心

陈鹤琴指出:小孩子能够学的与应当学的东西,本来是很多的,但是我们不能就这样漫无限制地毫无系统地去教他,"总必定

---

① 北京市教育科学研究所编:《陈鹤琴全集》第二卷,江苏教育出版社1987年版,第23页。

② 北京市教育科学研究所编:《陈鹤琴全集》第二卷,江苏教育出版社1987年版,第23页。

要有一种组织,在相当范围内,使其成为一个系统并使各科目中间互相连接起来发生关系"①。他主张把幼稚园的课程融为一体,成为有系统的组织。但这种有系统的组织以什么为中心呢?他说:"这当然要根据儿童的环境。"②他认为儿童的环境不外乎两种:一种是自然环境,包括动植物和自然现象;一种是社会环境,包括与个人、家庭、集社、市廛等类的交往。可确定的中心如节期,包括中秋、重阳、元旦、端午等;自然界的应时物,包括秋菊、冬雪、春桃、夏荷等;社会性事件,包括纪念日、庆祝会、恳亲会等。自然和社会这两种环境是儿童天天接触到的,应当成为幼稚园课程的中心。

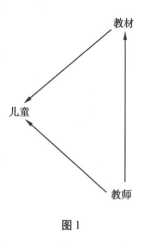

图1

(3)课程应实施"整个教学法"

陈鹤琴不主张幼儿园分科教学,他认为分科教学是模仿大学的产物,大学生程度高、知识深,非分科不可。而幼稚园的分科教学是四分五裂、杂乱无章的,是违反儿童的生活和心理的。他提倡的"整个教学法,就是把儿童所应该学的东西整个地、有系统地去教儿童学"③。因为儿童生活是整个的,教材也必然是整个的、互相连接不能四分五裂的。他并主张最好由一位老师去教,以体现整体性,而不致割裂。

---

① 北京市教育科学研究所编:《陈鹤琴全集》第二卷,江苏教育出版社1987年版,第115页。

② 北京市教育科学研究所编:《陈鹤琴全集》第二卷,江苏教育出版社1987年版,第115页。

③ 北京市教育科学研究所编:《陈鹤琴全集》第二卷,江苏教育出版社1987年版,第224页。

(4)课程应当采用游戏式、小团体式等教学方法

陈鹤琴认为儿童以游戏为生活,儿童总是喜欢游戏的。幼稚园的课程又是很容易游戏化的,儿童在游戏中、在活动中学习,会有事半功倍的效果。陈鹤琴还主张多采用小团体的教学法,认为幼稚生的年龄不齐、智力不同、兴趣不一,应当区别对待、分组施教,以使处于不同发展水平的幼稚生都有所长进。以后,他又继续提出比较法、比赛法、替代法、观察法等。通过多样化的方法,生动、形象、具体地对幼儿进行教育,既可以增强教育效果,又使幼儿的兴趣格外浓厚。

(5)课程应当有考查儿童成绩的标准

陈鹤琴认为,要回答幼稚园应当教什么,幼稚生做什么、做到什么地步、程度怎样等问题,非得有种种标准不可。他说:"考查品行,应当有品行的标准;甄别习惯,应当有习惯标准;检验技能,应当有技能标准;测验知识,应当有知识标准。"[1]知道了幼稚生的成绩,就可以施行相应的教育,扬长补短,促进儿童的发展。为此,陈鹤琴等编制了《幼稚生应有的习惯和技能表》,共计185项,开创了我国幼稚园教育的评估工作。

从以上简介中可知,课程中心制是编制课程的一种方式,指幼儿在园一天的所有活动,包括教育、教学的各种教材、内容、范围和方法等的安排运用,都围绕自然和社会这个中心,组成一个个单元来实施。我们用现代课程理论来分析,陈鹤琴的课程设计有明确的目标,生动的教育内容,整体的组织结构,多样的活动方式和方法,并有一定的评估测验标准,具有整体性、综合性和活动性的特征。这种以儿童生活、儿童经验、儿童活动为中心的课程,基本上属于活动课程模式。

---

[1] 北京市教育科学研究所编:《陈鹤琴全集》第二卷,江苏教育出版社1987年版,第124页。

20世纪50年代初,陈鹤琴努力学习马列主义和毛泽东思想,改造自己的教育观,并用以指导其教育实践,逐步形成新的教育思想,对单元教学有了更新的认识,具体的内容和方法亦随之有所改变。他提出了编制幼稚园课程的十大原则、九项内容、"五指"活动及三种编制课程的方法,使其课程论更趋全面、系统。他在1951年发表的《幼稚园的课程》一文中,批评了欧美国家实行单元教学的弊端(完全从儿童出发,不系统),提出了我国单元教学与编制课程应遵循的原则:(1)是民族的,不是欧美的;(2)是科学的,不是封建迷信的;(3)是大众的,不是资产阶级的;(4)是儿童化的,不是成人的;(5)是发展连续的,而不是孤立的;(6)是配合形势实际的需要,而不是脱离现实的;(7)是适合儿童心身发展,促进儿童健康的;(8)是培养五爱国民公德和团结、勇敢等优良品质的;(9)是陶冶儿童性情,培养儿童情感的;(10)是培养儿童说话技能,以表达自己的情感和思想的。

根据这十大原则,他修订了原来所定的单元,加入了"五爱"教育,共分九项内容,包括节日、"五爱"教育、气候、动物、植物、工业、农业、儿童玩具、儿童卫生。以节日和"五爱"教育为例:一月新年,做慰问袋,慰劳抗美援朝志愿军;二月春节,爱护公共财物;三月植树节、百花节,爱护花草树木;五月劳动节,爱劳动;六月国际儿童节,国际友爱;七月党的生日,热爱中国共产党;八月建军节,热爱人民解放军;十月国庆节,可爱的祖国;等等。

"五指活动"的"五指",陈鹤琴说,"是生长在儿童的手掌上的……是指要注意儿童心理和生理的发展,但是不脱离社会实际,领导儿童作合理的活动,予以适当的教养"[①]。他又说:"五指,是活的,可以伸缩,互相联系。……课程是整个的,连续的。依据儿童

---

① 北京市教育科学研究所编:《陈鹤琴全集》第二卷,江苏教育出版社1987年版,第613页。

心身的发展,五指活动在儿童生活中结成一个教育的网,有组织有系统,合理的编织在儿童的生活上。"①五指活动的五个方面是:(1)健康活动,包括饮食、睡眠、早操、游戏、户外活动、散步等;(2)社会活动,包括朝夕会、周会、纪念日集会、每天的谈话及政治常识等;(3)科学活动,包括栽培植物、饲养动物、研究自然、认识环境等;(4)艺术活动,包括音乐(唱歌、节奏、欣赏)、图画、手工等;(5)语文活动,包括故事、儿歌、谜语、读法等。陈鹤琴指出:"幼稚园的课程全部包括在五指活动中,并采用单元制,各项活动都围绕着单元进行教学。"②

关于幼稚园课程的编制,陈鹤琴提出了三种方法:(1)圆周法,"就是各班预定的单元相同,研究的事物也相同,不过取材内容随着儿童年龄的不同而分别予以适当的教材和分量"③。亦即各班课题相同而要求由浅入深。(2)直进法,"就是将儿童生活中可能接触到的事物,依照事物的性质和内容的深浅而分布在各个不同年龄的班级里,如小班研究猫和狗,中班研究羊和牛,大班研究马和虎"④。亦即各班的课题和要求均不相同。(3)混合法,"就是在编制课程的时候,以上二法均须采用"⑤。亦即课题和要求有相同也有不同。在编制课程时,通常运用混合法为最多。

此外,陈鹤琴对幼稚园的教具和玩具、教材和设备等都进行过

---

① 北京市教育科学研究所编:《陈鹤琴全集》第二卷,江苏教育出版社 1987 年版,第 613 页。

② 北京市教育科学研究所编:《陈鹤琴全集》第二卷,江苏教育出版社 1987 年版,第 614 页。

③ 北京市教育科学研究所编:《陈鹤琴全集》第二卷,江苏教育出版社 1987 年版,第 614 页。

④ 北京市教育科学研究所编:《陈鹤琴全集》第二卷,江苏教育出版社 1987 年版,第 615 页。

⑤ 北京市教育科学研究所编:《陈鹤琴全集》第二卷,江苏教育出版社 1987 年版,第 615 页。

实验研究,建树颇多。

20世纪70年代末,陈鹤琴建议:"对幼儿园的教育应进行系统、深入的科学实验与研究,要办好示范性幼儿园。"[1]他特别认为:"应根据幼儿的特点,多给儿童感性的知识,创造各种环境和条件,多让儿童接触大自然和社会生活,多观察,多活动,扩大他们的眼界,增进幼儿的科学常识,发展他们的智力。"[2]他还认为:"应一分为二地总结'五四'以来及解放以来这方面我国自己的经验和创造,继续前进。外国有许多经验,也有许多好的经验,但不能不加分析的照搬照抄,要结合中国实际情况,以实践来检验哪些是成功的、切实可行的,哪些是不可取的,要适合中国的特点。"[3]此外,他还提出了必须重视和解决幼教玩具、教具的科学实验和制造,认为这是一个极为迫切的重大问题。

3. 幼稚园教师的培养

陈鹤琴认为,中国化的幼稚教育必须由中国化的幼儿教师来实现。创办培养幼教师资的学校是他多年的愿望。早在1928年5月,他即与陶行知提出注重幼稚教育案,其中包括"各省师范学校急须设幼稚科案"[4],他建议"就环境适宜之地,开设幼稚师范学校。或就各省之师范内,添设幼稚科,以培养专门人才,供给良好师资"[5]。他并身体力行,于1940年创办江西省立实验幼稚师范

---

[1] 北京市教育科学研究所编:《陈鹤琴全集》第二卷,江苏教育出版社1987年版,第663页。

[2] 北京市教育科学研究所编:《陈鹤琴全集》第二卷,江苏教育出版社1987年版,第663~664页。

[3] 北京市教育科学研究所编:《陈鹤琴全集》第二卷,江苏教育出版社1987年版,第664页。

[4] 北京市教育科学研究所编:《陈鹤琴全集》第二卷,江苏教育出版社1987年版,第310页。

[5] 北京市教育科学研究所编:《陈鹤琴全集》第二卷,江苏教育出版社1987年版,第310页。

学校,继而又创办国立幼稚师范专科学校,完善了培养幼教师资的体系。他认为幼稚师范是幼稚教育的原动力,所以对幼稚师范生有严格的要求:首先要求学生去创造生活,使自己成为生活的主人;其次培养学生具有敬业、乐业、专业、创业的精神;此外,注意培养学生从事校内外各种社会活动和教育活动的能力。陈鹤琴于1947年发表的《战后中国的幼稚教育》一文中,更是大声疾呼幼稚教育的重要和幼稚师范教育的必要。他强调"中国需要幼稚教育"①,因为第一,幼稚教育是一切教育的基础;第二,幼稚时期是奠定人生健全发展的时期;第三,以幼稚教育的集体力量来减轻工作妇女养育子女的负担;第四,幼稚教育可使贫童、难童及特殊儿童得到社会的养护。而要发展幼稚教育,就必须"大量地造就幼稚师资"②。他批评当局不重视幼稚教育和不重视幼稚师资的培养,呼吁停止内战、安定社会,政府改变教育政策,普设托幼机构,举办各级幼稚师范学校,以推广幼稚教育。

中华人民共和国成立后,陈鹤琴除致力于高等师范教育的建设外,对幼儿园教师寄予厚望。他说:"教师是最伟大而又最辛勤的雕塑匠,是人类灵魂的工程师。……幼稚教育是人生最基本的教育,也是人生最重要的一个教育历程。因此,做一个幼稚园教师,其任务是更加重大。"他于1950年12月发表《怎样做人民的幼稚园教师》的论文,就人民的幼稚园教师应有的认识和应具备的条件作了详细论述:

(1)政治思想方面

陈鹤琴认为幼稚园教师要认识中华人民共和国之文化教育建

---

① 北京市教育科学研究所编:《陈鹤琴全集》第二卷,江苏教育出版社1987年版,第545页。

② 北京市教育科学研究所编:《陈鹤琴全集》第二卷,江苏教育出版社1987年版,第546页。

设的方针;要认识教师的主要任务是提高人民文化水准,培养国家建设人才,肃清封建的、买办的、法西斯主义的思想,发展为人民服务的思想;要学习马列主义、毛泽东思想的立场、观点和方法;要认识教师的重要任务是培养儿童爱祖国、爱人民、爱劳动、爱科学、爱护公共财物等公德;要认识教师是新中国的主人,要热爱祖国,要积极参加政治活动。

(2)业务修养方面

陈鹤琴认为幼稚园教师肩负着伟大而艰巨的任务,因而对教师的业务提出了多方面的要求。

第一,要热爱儿童、热爱幼教。要认识儿童是新中国的幼苗;幼稚园是培养幼苗的苗床,亦是解放妇女的桥梁,改造家庭教育的助手。

第二,要了解和精通幼教业务。要掌握有关音乐、自然、故事、游戏、舞蹈、手工、图画等教学技能和各种教学方法。在保护儿童健康方面,要了解怎样培养幼儿的卫生习惯,注意作息时间,发展儿童各种活动动作,重视户外活动,给儿童充分的娱乐和游戏,注意营养和衣着,预防传染病,矫正儿童身体的缺点,锻炼儿童的体格以适应环境,给不同年龄的儿童各种玩具和游戏器具等。在发展儿童智力方面,要训练儿童的感觉,在游戏中、作业中、劳动生活中、自然社会中使幼儿发展智力,并获得基本知识的累积;要帮助儿童注意四周的环境,使儿童能认识环境、接触环境以至创造环境。在培养儿童的道德品质方面,要和儿童共同游戏、共同工作;要指导儿童在活动中如何爱护公物、互相谦让、合作互助;要教导儿童能服从真理、服从集体、遵守纪律;要培养儿童的毅力、坚韧力、忍耐心及勤劳、勇敢、朴素的品质;要培养儿童爱祖国、爱人民、爱国旗、爱毛主席、爱人民解放军以及国际友爱、憎恨祖国的敌人的意识。在发展儿童的艺术教育方面,要使环境艺术化,让儿童爱美的天性在优美的环境里得到发展;注意自然的美和丰富的形态及声音,指导儿童欣赏自然的美,注意劳动人民的劳动歌声和动作,使儿童从大自然中、从劳动社会里体会到自然的雄伟壮丽和劳动人民的伟大,从而对劳动和自然发生浓厚的兴趣;用诗歌、图画、音乐、舞蹈、各种手工等,发展儿童的创造性。

(3) 教学技术方面

第一,要掌握教学技术的原则。教师首先要了解教学的基本原则在"做",通过耳闻、目睹、调查、研究等实践活动,儿童对生活才有直接的体验;教师要掌握理论与实际一致的教学方法;要了解每个儿童的个性和他的问题,以便对症下药进行教育;要建立师生间的友谊,使儿童觉得你是他的朋友、伴侣,他才能信赖你;要依照儿童的经验、个性、兴趣以及学习能力,为他选择适当的学习材料;能充分利用大自然、大社会中的活教材;能掌握表情达意的工具,如言语、文字、图画、音乐等,使教学活动的内容更生动、更丰富、更能起教育作用。

第二,要掌握教学技术。陈鹤琴要求教师成为多面手,如能讲动听的故事,能编歌谣、谜语,能画图,能做手工,能唱歌,能奏一种乐器,能种花种菜,能玩简单的科学游戏,能布置教室,能做点心和烧菜,能做初步的急救工作等。

(4) 优良品质

陈鹤琴认为教师本身的品质是养成儿童品格的重要因素。所以,一个好教师一定要具有优良的品质。第一,对人,要和蔼可亲,不发脾气,肯帮助别人;第二,对自己,能掌握自我批评的武器,不自私,注意健康;第三,对儿童,要热爱、公平;第四,对同事,必须合作;第五,对工作,有高度热情,富有创造性,决不灰心;第六,对学问,要学习、学习再学习;第七,对敌人,要憎恨。

综上所述,陈鹤琴不仅重视新教师的培养,也重视在职教师的继续提高。他对幼稚园教师所提出的要求,也正是他本人所履行的,他是幼教工作者的光辉榜样。

三、论"活教育"及其实施原则

陈鹤琴自1940年在江西省立实验幼稚师范学校开始提出"活教育"思想,经过几年的教育实验,直到1947年在上海逐步整理出"活教育"的理论体系。什么是活教育呢?他引证陶行知描写当时教育情形的两句警语:"教死书,死教书,教书死;读死书,死读书,读书死。"①他决心使这种腐败的死教育变为前进的、自动的、有生气的活教育,即"教活书,活教书,教书活;读活书,活读书,读书活"②。

陈鹤琴的活教育理论体系,包括三大纲领——目的论、课程论、方法论,以及教学原则、训育原则等。

(一)目的论

陈鹤琴指出活教育的目的就是在"做人,做中国人,做现代中国人"③。这样的人应该具备什么条件呢?第一要有强健的身体。他认为一个人身体的好坏,对于他的道德、学问、事业有很大影响。第二要有建设的能力。当时中国百废待兴,急需建设人才。第三要有创造能力。他坚信儿童本来就有强烈的创造欲,只要善于启发、诱导、教育、训练,是可以培养起创造力的。第四要有合作的态度。改变中国人在团体活动中缺乏合作精神的状况,必须从小训练他们能合作、能团结。第五要有服务的精神。抗战胜利后,随着

---

① 北京市教育科学研究所编:《陈鹤琴全集》第五卷,江苏教育出版社1991年版,第29页。
② 北京市教育科学研究所编:《陈鹤琴全集》第五卷,江苏教育出版社1991年版,第29页。
③ 中国学前教育史编写组:《中国学前教育史资料选》,人民教育出版社1989年版,第344页。

形势的发展,他又进一步提出"做人,做中国人,做世界人"①及"爱国家,爱人类,爱真理"②的要求,说明陈鹤琴的活教育的目的论不仅体现了他的爱国主义精神,并且反映了他具有放眼世界的胸怀。

(二) **课程论**

陈鹤琴指出:"大自然、大社会,都是活教材。"③陈鹤琴针对传统教育书本万能的旧观念,以及由此形成的课程固定、教材呆板的死教育现象,认为大自然、大社会才是活的书、直接的书,应该向大自然、大社会学习。活教育的课程有如下特点:"1. 以大自然大社会作主要的教材,以课本作参考资料,这是直接的活知识,是直接的经验。2. 各科混合或互相关联。3. 不受时间的限制,没有分节的时间表,时间倒为功课所支配。4. 内容丰富。5. 生气勃勃。6. 儿童自己做的。7. 整个的,有目标的。8. 有意义的。9. 儿童了解的。"④活教育课程编制有两个原则:一是根据部颁的课程标准;一是根据当地实际环境的情形。

(三) **方法论**

活教育方法论的基本原则是"做中教、做中学,做中求进步"⑤。活教育重视直接经验,强调以"做"为中心,主张在学校里

---

① 北京市教育科学研究所编:《陈鹤琴全集》第五卷,江苏教育出版社1991年版,第62页。
② 北京市教育科学研究所编:《陈鹤琴全集》第五卷,江苏教育出版社1991年版,第67页。
③ 中国学前教育史编写组编:《中国学前教育史资料选》,人民教育出版社1989年版,第344页。
④ 北京市教育科学研究所编:《陈鹤琴全集》第五卷,江苏教育出版社1991年版,第32页。
⑤ 中国学前教育史编写组编:《中国学前教育史资料选》,人民教育出版社1989年版,第344页。

的一切活动,"凡是儿童自己能够做的,应当让他自己做"①。做了就与事物发生直接的接触,就得着直接的经验,就知道做事的困难,就认识事物的性质。他把教学过程分为四个步骤:实验观察、阅读参考、发表创作、批评研讨,教师的责任是引发、供给、指导、欣赏。

（四）教学原则

陈鹤琴根据"心理学具体化,教学法大众化"的指导思想,提出了活教育的17条教学原则:(1)凡儿童自己能够做的,应当让他自己做。(2)凡儿童自己能够想的,应当让他自己想。(3)你要儿童怎样做,应当教儿童怎样学。(4)鼓励儿童去发现他自己的世界。(5)积极的鼓励,胜于消极的制裁。(6)大自然、大社会是我们的活教材。(7)比较教学法。(8)用比赛的方法来增进学习的效率。(9)积极的暗示胜于消极的命令。(10)替代教学论。(11)注意环境,利用环境。(12)分组学习,共同研究。(13)教学游戏化。(14)教学故事化。(15)教师教教师。(16)儿童教儿童。(17)精密观察。以上17条教学原则可以综合概括为活动性(做)原则、儿童主体性原则、教学法多样化原则、利用活教材原则、积极鼓励原则和教学相长的民主性原则等,其基本精神为当代心理学和教育学的科学研究所证实,尤其适用于学前教育。

（五）训育原则

陈鹤琴认为,训导工作在整个教育工作中可说是最繁重、最重要的。有了训育原则,才可以使训育工作不致茫无头绪,无所适从。他提出的训育原则如下:

(1) 从小到大。

(2) 从人治到法治。

---

① 北京市教育科学研究所编:《陈鹤琴全集》第五卷,江苏教育出版社1991年版,第75~76页。

（3）从法治到心理。
（4）从对立到一体。
（5）从不觉到自觉。
（6）从被动到自动。
（7）从自我到互助。
（8）从知到行。
（9）从形式到精神。
（10）从分家到合一。
（11）从隔阂到联络。
（12）从消极到积极。
（13）从"空口说道"到"以身作则"。

以上13条训育原则,揭示了道德的认知、情感和行为表现的内外统一和相互促进关系,充满了辩证法,符合道德教育的基本规律。

陈鹤琴的活教育主张针对死教育来说无疑具有进步性。他曾将活教育与死教育作对此,阐明了其十大区别[①]。

活教育：

（1）一切设施、一切活动以儿童做中心的主体,学校里一切活动差不多都是儿童的活动。

（2）教育的目的在培养做人的态度,养成优良的习惯,发现内在的兴趣,获得求知的方法,训练人生的基本技能。

（3）一切教学集中在"做",做中学,做中教,做中求进步。

（4）分组学习,共同研讨。

（5）以爱、以德来感化儿童。

（6）儿童自定法则来管理自己。

---

① 北京市教育科学研究所编：《陈鹤琴全集》第五卷,江苏教育出版社1991年版,第30~32页。

（7）课程是根据儿童的心理和社会的需要来编订的,教材也是根据儿童的心理和社会的需要来选定的,所以课程是有伸缩性,教材是有活动性而可随时更改的。

（8）儿童天真烂漫、活泼可爱,工作时很静、很忙,游戏时很起劲、很高兴。

（9）师生共同生活,教学相长。

（10）学校是社会的中心,师生集中力量,改造环境,服务社会。

死教育：

（1）一切设施、一切活动,以教师(包括校长)作中心的主体,学校里一切活动差不多都是教师的活动。

（2）教育的目的在于灌输许多无意义的零星知识,养成许多无关重要的零星技能。

（3）一切教学集中在"听",教师口里讲,儿童用耳听。

（4）个人学习,班级教授。

（5）以威、以畏来约束儿童。

（6）教师以个人主见来约束儿童。

（7）固定的课程,呆板的教材,不问儿童能否了解,不管与时令是否适合,只是一节一节地上,一课一课地教。

（8）儿童呆板,暮气沉沉,不好动,不好问,俨然像个小老人。

（9）师生界限分明,隔膜横生。

（10）校墙高筑,学校与社会毫无联系。

从上可见,活教育是五四新文化运动浪潮下对封建旧教育的有力批判,也是抗日战争烽火催生下时代精神的体现；活教育是对欧美新教育的吸收和再创造,更是陈鹤琴长期教育实践的总结和理论探索的结果。尽管活教育理论有其历史和领域的局限,仍然非常适宜于学前教育领域,与新纲要的基本精神相通。

陈鹤琴毕生致力于中国教育的改造和儿童的教育事业。从普通教育到师范教育,从家庭教育到学校教育再到社会教育,从婴幼儿教育到青少年教育,从一般正常儿童的教育到特殊儿童教育,从普及教育到新文字运动,他都作过全面深入系统的探索和研究。他开创了我国儿童心理、学前教育的科学研究工作,并促使家庭教育科学化、幼儿师范教育系列化。他是我国儿童教育和儿童心理研究的开拓者和奠基人。陈鹤琴无愧为对我国教育事业作过杰出贡献的教育家,我们应当学习其献身精神和创业精神,继承和发展其教育思想,为创建具有中国特色的幼儿教育体系而努力。

第七节 恽代英的儿童公育思想

恽代英(1895—1931),祖籍江苏武进,生于湖北武昌。中国共产党的早期领导人之一,杰出的革命教育家、青年运动的著名领导人。

恽代英出生于一个封建知识分子的家庭,5岁即入私塾读四书五经,1913年考入武昌中华大学预科,1915年进入文科中国哲学门(系)。当袁世凯政府签订了丧权辱国的"二十一条"时,他挺身而出,组织同学宣传群众,抵制日货,举行反帝爱国游行,并在《东方杂志》上发表《文明与道德》一文,揭露帝国主义奢谈"自卫",实为侵略的本质。

1918年,恽代英毕业于中华大学,留校担任附中教员,兼教务主任。他努力整顿学务,进行教育革新。1919年"五四"运动爆发后,他组织武汉地区广大学生和群众,发起罢课、罢市斗争,建立武汉学生联合会,创办《学生周报》,组织进步团体"利群书社",并经售《共产党宣言》、《新青年》等进步书刊,动员广大群众与帝国主义和反动军阀坚决斗争,被公认为群众运动的领导者。

1920年,恽代英和肖楚女等发起组织"中国社会主义青年团"。1921年冬,恽代英加入中国共产党。1923年调上海担任社会主义青年团中央宣传部部长、《中国青年》杂志主编及国民党上海执行部工农部秘书。1926年在国民党第二次全国代表大会上当选为中央执行委员。同年3月任黄埔军校政治总教官,并在广州农民运动讲习所任教。1927年春,主持武汉中央军事政治学校工作,兼湖北省政府委员。第一次国内革命战争失败后,参加"八一"南昌起义,担任组织指挥起义的前敌委员。后又参加广州起义,任广州苏维埃政府中央宣传部秘书长。恽代英在中国共产党第五次全国代表大会和六届二中全会上,均被推选为中央委员。1928年担任中共中央组织部秘书长和宣传部秘书长。1930年任上海沪东行动委员会书记。同年5月6日被国民党反动派逮捕。在狱中,他写下了不朽的诗篇《狱中诗》:"浪迹江湖忆旧游,故人生死各千秋,已摈忧患寻常事,留得豪情作楚囚。"[1]正当党组织营救他出狱时,因叛徒顾顺章出卖,他暴露了身份。1931年4月28日,蒋介石令人狱中劝降。恽代英严词拒绝,坚贞不屈,表现了一个共产党员的英勇气概。蒋介石见劝降阴谋失败,便亲自下手令,将恽代英就地立即处决。次日中午,恽代英在南京国民党政府中央军人监狱慷慨就义,年仅36岁。

恽代英的教育思想与当时反帝反封建的民族民主革命任务紧密相联。在他所发表的教育论文中,曾批判资产阶级教育救国论,揭露教会学校精神奴役的实质,并对教师提出了革命的要求。同时,他还结合自己的教育实践和改革,总结了不少新的教育理论,并编译了部分教育论著,发表在《中国青年》、《少年中国》等杂志上。他的主要著作均已收录在《恽代英文集》上、下两卷中。

在学前教育方面,他曾以马克思主义唯物史观为指导,在《中华教育界》、《解放与改造》、《妇女杂志》、《青年进步》等刊物上发表了《理想之儿童俱乐部》、《家庭教育论》、《儿童公育在教育上的

---

[1] 张注洪、任武雄编:《恽代英文集》(下卷),人民出版社1984年版,第1075页。

价值》、《驳杨效春君非儿童公育》等富有战斗性的论文,并翻译了一些国外论述儿童教育的文章,如《儿童问题的真解决》、《儿童游戏时间之教育》、《婴儿之体操》、《户外活动》等,发表在《青年进步》、《东方杂志》等刊物上。他为我国的儿童教育,尤其是学前儿童的公共教育大声疾呼。虽然他不是我国儿童公育的首倡者,但他深刻地揭示了私有制是造成家庭教育和幼稚教育种种弊病的万恶之源,明确提出打破私产,实行儿童公育的革命主张。他是我国无产阶级学前儿童教育思想的先驱。

一、论儿童公育的重要性

恽代英明确指出,儿童公育是历史发展的必然。他从唯物史观出发,认为随着社会的发展、经济状况的变迁,旧社会必然崩溃,"私产、家庭、国事,都失去了他时代的价值"①。代之而起的将是与新社会相适应的"打破私产,自由恋爱,儿童公育"②。同时,他阐述了在新社会必须实行儿童公育的理由。

(一)儿童公育关系到世界的改造和国家的前途

恽代英认为,"教育是改造世界的唯一有力工具……儿童公育对于世界的改造,有很重大的效力"③,因为"真正到了社会主义的世界,人类一方面固然要建设许多理想的事业,一方面亦要减少许多不经济的消耗"④。而"公共育儿所"和"公共食堂"则是解决

---

① 中国学前教育史编写组编:《中国学前教育史资料选》,人民教育出版社1989年版,第121页。
② 中国学前教育史编写组编:《中国学前教育史资料选》,人民教育出版社1989年版,第122页。
③ 中国学前教育史编写组编:《中国学前教育史资料选》,人民教育出版社1989年版,第122页。
④ 中国学前教育史编写组编:《中国学前教育史资料选》,人民教育出版社1989年版,第131页。

不经济消耗的必要措施。所以,儿童公育对于改造旧社会、建设新社会是必不可少的。

恽代英在《理想之儿童俱乐部》一文中,还强调了儿童教育与国家前途的重大关系。他说:"儿童乃国家、社会将来托命之人物,苟彼等尽为恶势力所吞唼,则将来之国家社会必尽为恶势力所占据,即将来之国家社会绝对无可托命之人。如此,吾国之前途将有较今日更悲惨无望之一日。爱国家与社会者,顾可不发大心立大愿,以拯救此一般儿童乎。"①可见,恽代英是从改造旧世界,从国家的前途、命运的高度来论述儿童公育的必要性的。这一深刻的见解,不仅在当时起了很大作用,而且对今天我们认识早期教育的重要性,增强搞好学前教育的责任感和事业心也是有帮助的。

(二)儿童公育关系到人的全面发展

恽代英认为,对人的教育,不应当以法律上的学龄为起点,必须从结胎堕地开始,而不是从六七岁或二三岁开始。因为"人类的本能,多在幼稚的时候逐渐发达,在这个时候,若无合当的指导,易因彼此仿效,发达于错误的方面。……若能于他本能初萌芽的时候能与以适当的引导,不难信他们都可成为善人。所以谈改良人类改良社会,没有比幼稚教育更要紧"②。他指出幼稚时期的教育是人的圆满发达最重要的事。他说:"儿童在他初生娘胎的时候,无所谓性善性恶,能善导他的本能,使他本能发达于个人及社会有益的方面,那便成为善。不善导他的本能,以致他本能发达于个人及社会有害的方面,那便成为恶。"③指出了学前教育在形成品德上的重要作用。

---

① 《青年进步》第16期,1918年10月第38页。
② 中国学前教育史编写组编:《中国学前教育史资料选》,人民教育出版社1989年版,第124页。
③ 中国学前教育史编写组编:《中国学前教育史资料选》,人民教育出版社1989年版,第124页。

在智育方面,恽代英指出,人类求知欲在学龄前早已发达,此时若有受过训练教师的指导,有必要的设备,并通过游戏、猎寻、模仿、搜集等方式,引导他们学习正确的知识和正确的技能,他们就能聪颖起来,为日后的学校教育打好根基。但一般人对此缺乏认识,为此他感叹道:"普通的人,每每把儿童这个正好求学的时机,任意虚掷了,这中间实在减少了很大人类的造就。"①

恽代英对幼儿的体育和美育也很重视。他指出:"强健与优美原是人类的共同蕲求"②,但如果在幼稚期得不到有知识、有能力的人给予指导和训练,没有良好的环境,那就会"养成荏弱冗的习气"③,不利于儿童的发展。

为了使儿童在德、智、体、美诸方面都能得到很好的发展,恽代英认为最有效的途径,莫过于实行儿童公育。惟有实行儿童公育,才能使每一个儿童受到充分和良好的教育,身心得到全面的发展。

二、论儿童公育的优越性

恽代英认为,当时的家庭和幼稚园都不能很好地担负起儿童教育的重任。与家庭教育和幼稚园教育相比,儿童公育具有明显的优越性。

(一) 使教育得到普及

恽代英认为,在私有制度下,劳动人民的子女是得不到家庭教育的,因为在劳苦大众的家庭里,大人既无时间也无能力教育子女,同时幼童也都要做工,没有可能受教育。他抨击这种穷人子女

---

① 中国学前教育史编写组编:《中国学前教育史资料选》,人民教育出版社1989年版,第125页。
② 中国学前教育史编写组编:《中国学前教育史资料选》,人民教育出版社1989年版,第125页。
③ 中国学前教育史编写组编:《中国学前教育史资料选》,人民教育出版社1989年版,第125页。

被排斥于教育之外的现象,说:"在这种高谈民治的世界,却偏有无量的儿童,因他父母的没有钱,便硬剥夺了受合当教育的权利,这岂说得过去?"①因此,他要求必须对所有儿童实行社会公育,指出只有实施儿童公育,才能求得教育的真正普及。

(二)教师能科学地教育儿童

恽代英指出,教育下一代需要多方面的知识,要只有具备生物学、社会学、生理学、心理学各种理论,才能使婴幼儿生理上得到合度圆满的发达,心理上得到合度圆满的发展,以适应现代复杂的生活,且有能力改造世界到合度的理想地步。但每个父母要掌握这些知识用于教育子女,事实上是办不到的。而儿童公育机构的教师受过专门的训练,掌握了有关的知识技能,有教育能力,有"爱感",而且"负责任,勤慎精细,得社会信任","有彻底的觉悟,合度的修养"②,因而也就能胜任愉快地担负起教育儿童的任务。

(三)儿童公育机构是理想的教育园地

恽代英指出,在私有制社会中,许多人的家庭都是卑湫狭隘,室外繁稠拥挤。穷人的子女,固然是居于愚昧无知的家庭中,即便是富人的子女,"亦只生长于板壁柱头之间",无适当的玩具、设备。而专门设立的公育机关则有完备适宜的教育场所和设备、玩具、教具,且能使孩子生活在集体中,与小伙伴朝夕相处,并在专业教师指导下,逐渐了解群己关系,"习于相处之道",这样就可以使他们将来很快适应社会生活。

(四)幼稚园也不能完全承担教育儿童的任务

恽代英不仅认为,当时的家庭不能承担幼儿教育的重任,身为

---

① 中国学前教育史编写组编:《中国学前教育史资料选》,人民教育出版社1989年版,第127页。

② 中国学前教育史编写组编:《中国学前教育史资料选》,人民教育出版社1989年版,第134页。

专门教育机构的幼稚园也不能完全满足儿童教育的要求。他列举德国、荷兰、瑞士不将幼稚园列入学校系统,学前教育不受义务教育法律保护,因而不能普及,以及英国、法国虽然将幼稚园列入学制受法律保护,但入园年龄规定在二三岁或三四岁,均为时太晚的事实,说明只依靠幼稚园还不能完全解决教育儿童的问题。他认为只有实行儿童公育,才能使儿童受到理想的教育。他说:"真信幼稚教育的可能,真信幼稚教育的重要,只有促进儿童公育;使每个儿童在他下地以后,便在合宜的场所中,合宜的指导人下面,受教育的训练,才是最根本的教育,亦是最经济的教育。"①

恽代英还指出私有制和阶级的存在是旧中国家庭教育和幼稚园教育一切弊病的根源,必须彻底根除之。他认为如果世界不彻底改造,就谈不上什么理想的儿童公育。同时,他告诉人们不能坐等儿童公育的实现,应先争取部分儿童公育,即由共同生活的小团体开始,去求儿童公育的逐步实现。为此,他设想建立"理想的儿童俱乐部",供孩子共同游戏、活动、学习,使孩子健康发展。他认为,如果这种"一部分的儿童公育,果然试验得一个理想的成功,那便他的成绩是一种广告,他的出品将是人类中最优秀、最健全的分子"②。这样便可逐步推广,最终实现儿童公育的理想。

三、论家庭教育

恽代英虽然认为家庭不能胜任儿童教育的任务,但他认为家庭在儿童教育中的地位还是很重要的,尤其在儿童公育尚未能实施以前更是如此。他是中国现代家庭教育的最早倡导者之一。

---

① 中国学前教育史编写组编:《中国学前教育史资料选》,人民教育出版社1989年版,第126页。

② 中国学前教育史编写组编:《中国学前教育史资料选》,人民教育出版社1989年版,第136页。

恽代英指出家庭教育是一门科学、一种学术。早期家庭教育尤为重要。良好的幼儿家庭教育是学校教育的"根基",因为此时幼儿很少受社会恶习熏染,教育容易成功。家庭教育还关系到千家万户的幸福和国家的前途,"小言之,关系到其子之善,大言之,可使国家产较良之国民"①。为此,他强调研究家庭教育理论十分必要,甚至认为"舍研究此项理论方法,无他道矣"②。同时,他对家庭教育进行了深入的研究和探讨,对改造旧式家庭教育提出了许多改革设想。

（一）家庭教育的任务和内容

早在1916年,恽代英在《家庭教育论》中,就明确指出不能把家庭教育片面地视为"孩提之教",或仅"为知识之灌注"、"为职业之传授",或局限于"读书教明理,学圣贤而言"等等。他认为,"所谓家庭教育也,教育者之各种方法使儿童身（体育）、心（智育）、性（德育）各方面均完全发达"③,主张在家庭中应向孩子进行体、智、德全面发展的教育,反对顾此失彼,强调不可畸轻畸重。

关于家庭体育,他说:"强健之心,宿于强健之身。无强健之身,而求其强健之心,不亦难乎。"④为此,在家庭中应使小儿自幼习惯于运动,"活动为教育上最要之条件,而身体之活动尤要"⑤。同时,他指出"吾国为父母者,多不知体育为何事",有的父母误认为体育活动"疫神费力",殊不知身体之活动,每与脑筋之活动有

---

① 恽代英:《家庭教育论》,《妇女时报》1916年11月第20号。
② 恽代英:《家庭教育论》,《妇女时报》1916年11月第20号。
③ 恽代英译:《儿童游戏时间之教育》,《妇女杂志》1917年9月3卷9期第10页。
④ 恽代英译:《美国元老院议员之健康》,《东方杂志》1917年6月15日14卷6号,译者按语。
⑤ 《恽代英日记》,中共中央党校出版社,1981年版,第494页。

关,故资质钝拙者,人亦多不活动,"而天分高明者,则多腾跃不羁也"①。他还指出,"羸弱之儿童,多为父母禁止运动"所致,结果造成"束缚身体者,束缚其心灵也"。身体既不好,心智也不发达。因此,他积极提倡家庭体育,要求从襁褓时开始,就让小儿在床上、地上"自爬自动",以活其筋骨,强其对疾病之抵抗力,促进其尽早发育,并认为婴幼儿体育应以体操和户外活动为主。他主张让孩子适当地过一些户外生活,在户外睡眠、露宿,而不要将孩子放在"温室"内。他还认为家庭体育应包括为孩子从小建立合理的生活作息制度,定时饮食起居,使之自幼"习于秩序的生活"。恽代英坚决反对父母经常抽烟、喝酒、打牌等,认为这会"暗损"儿童的身心。

关于家庭智育,他主张母亲怀胎后,应及时施行胎教,以"正本清源"。胎儿堕地后即应进行感官教育。他说:"小儿犹有最需要之教育,即感官教育也。此教育自堕地已为必要。"②他认为感官教育不仅将影响到孩子今后智力的"锐钝",而且如缺乏对五官的训练,还会造成近视、口吃、驼背等不良后果。他还特别重视对幼儿进行科学常识的启蒙教育。他指出"儿童对于自然科学,有特别之趋向,而有研究之嗜好与性能"③,且自然科学"最易运用",故其启蒙教育应当尽早进行。同时,他也提倡让幼儿学习一点简单的历史、地理、生活等常识。在方法上,他认为智育可结合日常生活进行,采用生动活泼、孩子喜闻乐见的诗歌、谜语、歌谣等形式,这样就可以"鼓励儿童为学之心,激起其学之兴趣"④,充分调动孩子学习的积极性和满足孩子的求知欲望。他指出,幼儿虽然不具有接受以学习书本知识为主的学校教育的条件,不宜"用书

---

① 《恽代英日记》,中共中央党校出版社,1981年版,第476页。
② 恽代英:《家庭教育论》,《妇女时报》1917年4月第20号。
③ 恽代英:《家庭教育论》,《妇女时报》1917年4月第21号。
④ 恽代英:《家庭教育论》,《妇女时报》1917年4月第21号。

籍传授",但孩子从小具有强烈的求知欲,父母应抓住这个时机发展幼儿的智力。他还提倡父母用游戏的方式教孩子识字,要求在教儿童识字时"宜参以极有兴趣之原素,使儿童不疲劳",且每日学习时间要适当,如两三岁孩子每日学两次,总计半小时即可;三四岁孩子每日学习以一小时为限。总之,必须使孩子以读书为乐事,"不可责教过速,使彼者有不能胜之感,如此,则虽读书亦有益无损"①。

关于家庭德育,恽代英十分重视父母的道德行为对子女的影响。他认为"没有好环境,不能有好教育"②。他强调"以身作则为最重要而亦最易有效"的教育方法,要求父母必须"自修其身,务使其不至于为儿童进德之妨碍"③。并对父母的道德行为提出了四项基本要求:第一,须自备有秩序的习惯。因为父母若举止无常,就会使小儿不知从舍之标准,甚至作伪矫饰。只有生活紧张而有秩序,久而久之才会使小儿形成有秩序的生活习惯。第二,须自备有勤俭的习惯。他认为"勤则无耗时,俭则无耗财",勤俭是人生必要的美德。做父母的能勤俭,才可避免幼儿养成奢侈之习。第三,须自备有好善之习惯。因为要使儿童有善良之美德,必须启发他们有善良的愿望,这就要求父母能以身作则,做出好善的榜样。第四,须自备有清洁之习惯。整齐清洁影响着孩子的生长发育和道德品质的形成,故父母必须注意经常保持家庭环境的整齐清洁,以使子女在潜移默化中逐渐养成整洁的习惯。不然,"小儿必无清洁之望",也难以有整洁之美德。恽代英认为,父母只有具备了以上"习惯",才能肩负起家庭教育的重任。

---

① 恽代英:《儿童读书年龄之研究》,《妇女杂志》(上海)1918年第4卷第3号第3页。
② 恽代英:《答刘仁静信》,《少年中国》1921年3月15日第2卷第9期。
③ 恽代英:《家庭教育论》,《妇女时报》1917年4月第21号。

（二）家庭教育的方式和原则

恽代英主张在家庭中应多通过游戏的方式对儿童进行教育。他指出，"游戏乃小儿天然生机，不可遏除"，儿童"如无游戏，即无教育"，故应"使小儿于游戏中得教育"①。1917年，恽代英译介《儿童游戏时间之教育》一文，向国内读者详细介绍了西方教育家利用游戏的情况，同时进一步强调了游戏在儿童教育中的意义。他指出："游戏为小儿各种发达之原动力，若禁遏之，严阻之，不使出此，是无异灭尽小儿一切发达之基础，长使之为麻木不仁之人耳。"②为此，他积极倡导家庭游戏，并要求父母有目的地和孩子一起游戏，为儿童慎选玩具，提供"玩品"、"玩物"、游戏材料，创造有教育意义的游戏内容。这样不仅可以了解和教育孩子，也可以使父母"舒畅精神"，增加"家庭天真之欢乐"。恽代英提出了家庭教育的原则如下：

1. 潜移默化

恽代英认为，"潜移默化四字，在教育中为最上之法门，而家庭教育尤以此为主要之手段"。对孩子进行教育，"不必耳提面命，夏楚横施，全在以潜移默化为蒙养唯一之手段"③。

2. 晓之以理，动之以情

恽代英主张教育儿童应"从理论上告之此等习惯之利益，使之心悦而诚服"④。因为"信而后能从"，只有晓之以理，使之心悦诚服，儿童才会自觉地接受大人提出的要求。同时，他认为教育儿童不但应晓之以理，还应动之以情。如当儿童有了过失时，要使儿童改正过失，正确的做法就应当是用真诚的态度去感动他，而不是

---

① 恽代英:《家庭教育论》,《妇女时报》1917年4月第21号。
② 恽代英:《自然之母教》,《妇女杂志》(上海)1916年7月5日第2卷第7号第7页。
③ 恽代英:《家庭教育论》,《妇女时报》1916年11月第20号。
④ 恽代英:《儿童问题之解决》,《妇女杂志》(上海)1918年第4卷第3号第2,3页。

惩罚他。惩罚容易使儿童隐匿过失。

3. 严而有格,扬长补短

父母必须严格要求子女,对子女提出的行为标准既要合情合理,又应要求其做到"令则必行,禁则必止"[1],不可视命令如儿戏。同时父母应了解儿童的个性差异,在教育工作中注意扬长补短。如能"就其特长而助之发展,则易于成德,就其特短而为之补救,则不致败行"[2],并可避免陷入"不胜防范"的窘境。

4. 任其自由,合宜指导

恽代英认为,父母在教育子女时应"任其自由而立子背后,以合当之指导"。兼顾这两方面,可以说是家庭教育之"金科玉律"[3]。否则,不但达不到教育的目的,反而会引起孩子的厌恶情绪。

5. 适当暗示,积极防范

幼儿对父母情感上的暗示比较敏感。当孩子做了好事或改正错误时,应给予肯定。如当其改正了说谎的毛病时,"宜示以欣喜逾量之情,绝不宜视其为不诚实,或视为不足轻重而置之"[4]。若他做了不该做的事,则应予以否定。当孩子遇到困难欲退却时,父母可以期待的目光、鼓励的神态,给孩子以无形的力量,使其增强信心。此外,父母要注意了解孩子在外所受的影响,积极"防范",不要等沾染上了恶习才去查找原因。应注意观察他交往的师与友,"熟察之,而监督之",务使良善者多,不良善者少。

恽代英认为,在教育孩子的过程中,往往有成功的经验,也有失败的教训,做父母的应经常反省,善于总结,这样才能不断改进

---

[1] 恽代英:《儿童问题之解决》,《妇女杂志》(上海)1918年第4卷第3号第2,3页。
[2] 恽代英:《家庭教育论》,《妇女时报》1916年11月第20号。
[3] 恽代英:《儿童问题之解决》,《妇女杂志》(上海)1918年第4卷第3号第5页。
[4] 恽代英:《儿童问题之解决》,《妇女杂志》(上海)1918年第4卷第4号第2页。

家庭教育,使孩子在良好的家庭教育条件下,身心得到和谐的发展。

总之,在20世纪20年代中国现代学前教育思想的发展过程中,恽代英作为无产阶级杰出的革命家,第一次以唯物史观论述了儿童公育的重要性和实施途径,指出儿童公育是社会发展的必然趋势,社会革命是实现儿童公育的必要前提;同时,有力地抨击了旧家庭教育和当时幼稚园教育的种种弊病,提出了逐步实行儿童公育的设想和革新家庭教育的一系列主张,从而为中国现代学前教育思想增加了新的内容,作出了新的贡献,并为今天的学前教育工作提供了许多有益的启示和借鉴。

第八节 张宗麟的学前教育理论与实践

张宗麟(1899—1976),浙江绍兴人,著名的幼儿教育专家。作为陈鹤琴和陶行知的学生和助手,他积极参与了两位师长在学前教育方面的许多实验研究,并对学前教育理论进行了深入的探讨。他的实验研究成果和他的学前教育论著都曾在我国幼教界产生过广泛和积极的影响。

张宗麟4岁即从姑母认字读诗,1915年考入绍兴浙江第五师范就读,1917年转学至宁波浙江第四师范,1920年毕业。他在中学时代就深感中国之落后,热切寻求革命之路,1919年曾积极参加"五四"活动。

1921年初,张宗麟在家乡袍渎敬敷小学任教。同年秋,以优异成绩考入南京高等师范学校教育科(后改为东南大学教育系),师从陶行知、陈鹤琴等名教授。他勤奋好学,勇于探索,为全校师生所器重。1925年夏毕业时,好几位教授想选他为助手,他毅然决定跟随陈鹤琴研究幼儿教育。当时,他认为幼儿教育是一切教育之本,是培育人才的基础,但又是最不被国人重视的环节,同时痛心地看到这一领域为帝国主义传教士所把持,因此不顾社会的轻视、家庭的阻挠,决心成为我国幼教史上男大学生当幼儿园教师的第一人。20 世纪 20 年代的中国,幼儿教育问题很多,张宗麟一方面赴各地调查研究,另一方面协助陈鹤琴在鼓楼幼稚园等实验基地从事研究,同时兼任宁波启明女子中学校长。1927 年 2～6 月,张宗麟在杭州浙江女子高级中学任教务主任,同年 4 月加入中国共产党。6 月,任南京市教育局学校教育课幼教指导员。此时,他受革命思想的影响,认为当时的幼教只为富人服务,而不面向广大工农大众,这是不应该的,因而于 1927 年 9 月,兼任晓庄第二院(幼稚师范)指导员,开始从事乡村幼稚教育的研究。1928 年上半年又辞去教育局职务,专任晓庄师范指导员及指导员主任(相当于教导主任)。期间,他协助陶行知培育出一批有志于乡村教育的师资,并进一步研究了乡村幼教问题。1930 年 4 月,由于晓庄学生参加声援工人反帝大罢工的示威游行,国民党军警强行搜查和封闭晓庄师范,逮捕学生,杀害共产党员,并通缉陶行知、张宗麟等学校负责人。张宗麟随陶行知去了上海。

　　1931 年初,张宗麟任福建集美幼稚师范教员,次年兼任集美乡村师范校长。期间,主编《初等教育界》杂志,发表了关于闽南初等教育的调查及有关乡村教育与幼稚教育的论文。

　　1933 年初,国民党的通缉令到厦门,张宗麟不得不举家离开福建。以后历任广西桂林师专教师、重庆教育学院教务长、湖北教育学院教育系主任、山东邹平简易师范校长等职。此间,他始终坚持实行"生活教育"的主张,提倡下乡为劳苦大众服务,发动学生下乡实习等。

　　1936 年 2 月,张宗麟回到上海,参加抗日救亡工作,协助陶行知办生活教育社、国难教育社,出任光华大学教授、鲁迅全集出版社秘书长、上海周报社社长;并参加救国会的核心组织,与沈钧儒、邹韬奋等同志一起,在党的领导下积极开展抗日救亡工作。1937

年春,国民党反动派逮捕救国会的沈钧儒、邹韬奋、史良等七位领导人,张宗麟以国难教育社的代表身份,积极参加了以宋庆龄为首的请愿营救运动。

1937年"七·七"事变爆发后,上海成立文化界救亡协会,张宗麟被推选为理事并任训练委员会主任委员,办救亡训练班,主编抗战读本,对抗日宣传教育产生了很大的影响。上海沦陷后,他继续留沪,在地下党的领导下组织复社,开展救亡活动,并编辑出版《西行漫记》、《鲁迅全集》、《列宁选集》等书,先后做了大量工作。由于张宗麟积极抗日,因此被日伪特务与国民党特务列入暗杀名单。

1942年9月,上海地下党组织通知张宗麟撤离上海,他当即前往新四军淮南根据地,任江淮大学秘书长。同年底又参加新四军干部赴延安的小分队,于1943年8月到了革命圣地延安。1944年10月,在陕甘宁边区文教大会上,他被选为模范工作者。在边区,他曾任延安大学教育系副主任、北方大学文教学院院长、华北大学教育研究室主任。

北京解放后,张宗麟任北京军管会教育接管部部长,后任高等教育委员会秘书长。中央教育部成立后,历任教育部高等教育司副司长,高等教育部计划财务司副司长、司长等职。期间,曾负责全国大专院校院系调整工作,由于在学习苏联经验方面,对某些生搬硬套的做法加以抵制,1957年被错划为右派,长期蒙冤。1976年10月,张宗麟在上海病逝。1978年12月,教育部党组重新审查了他在1957年的问题,认为张宗麟不是右派,应予改正,并对他作了这样的评价:张宗麟同志是我们党的一位好党员,教育战线上的一位老战士,他忠于党,忠于人民,忠于党的教育事业。

张宗麟有关幼儿教育的主要著作,已收入《张宗麟幼儿教育论集》,该书由其女张沪选编,1985年湖南教育出版社出版。

一、论幼稚教育的地位和作用

关于幼稚教育的地位和作用问题,张宗麟在《幼稚教育概论》的绪论中,曾开宗明义地指出:"各种儿童教育之发达,以幼稚教育为最迟,各种教育之收效,以幼稚教育为最难;髫龄稚子,能力薄弱,充其量而为之,不足当成人之一眯;于是社会上对于各种教育之轻视,亦以幼稚教育为最甚。然而静心默思,幼稚教育之重要,实为惊人。"①首先,他认为幼稚教育之重要是由儿童对人生、对社会国家的重要性所决定的。幼稚儿童在人生中之重要表现在:"在生理上,此期儿童最易蹈危险,正如初放之芽,最易被虫蚀;在心理上则所有影响最深,几乎一生不消"②。因此,对儿童如果没有良好的教育,就将影响到他的一生。幼稚儿童对国家社会之重要则表现在:为国效劳之壮年国民或为国家败类之壮年国民,追溯其根源,"莫不在童年时代造成之";同时他指出,"据人口调查,儿童自三岁至六岁死亡率最大……倘能有良好的保护与教育,使婴儿皆长为成人,更能表现其个性,则国家社会之进步,必速于今日"③。他认为,"吾人爱国热忱,发于理智者少,而发于情感者多。然而永久的情感,非一时所能造成,必日浸月渐,然后根深蒂固,虔心不改。吾人倘以国民为必须爱国者,必须为社会服务者,则其教育当自最初级之教育开始,此教育为何?即幼稚教育也"④。总之,在他看来,不论从儿童个人发展的角度,还是从国家社会利益的角度来说,幼稚教育都是十分重要的。

其次,他认为幼稚教育之所以重要,也是由于它在学制上的地

---

① 张沪编:《张宗麟幼儿教育论集》,湖南教育出版社1985年版,第3页。
② 张沪编:《张宗麟幼儿教育论集》,湖南教育出版社1985年版,第4页。
③ 张沪编:《张宗麟幼儿教育论集》,湖南教育出版社1985年版,第4页。
④ 张沪编:《张宗麟幼儿教育论集》,湖南教育出版社1985年版,第4页。

位和作用决定的。幼稚教育"为学制上一切教育之起点"①。它不但与小学低年级关系最为密切,是"小学教育之基础"②,而且对中学和大学教育也有重要的影响。他说:"非独小学生,即中学生、大学生许多习惯、性情,亦可以幼稚园养成之,如研究的态度、对人的品性等,皆奠基于此。"③

此外,他还从幼稚园与家庭之关系方面指出,幼稚园是家庭托付儿童之第一场所,最能与父母接触之第一种教育事业,有许多家庭由于父母各有职业,又各有其他事务,不能负子女教育之责,于是便把子女托付于幼稚园;也有许多家庭父母虽然有闲暇的时间,但因学识关系,对于子女往往爱而不知教,也需要幼稚园的帮助,因为幼稚园有专门人才,只有在幼稚园才能使儿童受到良好的教育。同时,幼稚园不但直接担负着教育儿童的责任,还可以通过发起组织母亲会等形式对家长进行教育方法方面的辅导。

可见,张宗麟对作为最初级教育的幼稚教育非常重视,他根据多方面的分析对幼稚教育的地位和作用作了充分的肯定。

二、论幼稚教育的服务对象和发展方向

(一) 幼稚教育的服务对象

张宗麟认为,幼稚园为谁服务的方向问题至关重要。他说:"中国幼稚教育的兴起都是从都市发生的,幼稚生的来源当然是比较富裕的家庭。……但是幼稚教育倘若长此向这条路上去发展,那末,幼稚园将变为富贵孩子的乐园,幼稚教师也不过是有钱人的'干奶妈',对于社会的意义太少,这种幼稚教育必定渐归消

---

① 张沪编:《张宗麟幼儿教育论集》,湖南教育出版社1985年版,第4页。
② 张沪编:《张宗麟幼儿教育论集》,湖南教育出版社1985年版,第4页。
③ 张沪编:《张宗麟幼儿教育论集》,湖南教育出版社1985年版,第4页。

灭。"①从而深刻地指出了幼稚园为谁服务的问题是决定幼稚教育命运和价值的关键问题。因此,他明确提出要使"幼稚教育运动转向劳苦大众的队伍里去"②的主张,指出"世界上第一个幼稚园是产生在穷乡的,世界上幼稚园的发达也在贫民窟里。但是社会是日日在变迁中的,本为贫儿来的幼稚园,反被富人用了"③。"来我国不久的幼稚园,也就整个被都市富人们拿了去"④。他认为这是极不合理的,因为"太太们每天茶来伸手,饭来开口的舒服着,省下打牌的时间就很可以教自己的孩子了"⑤。而"穷人的母亲们,每天不是进工厂做工,便是到田里去做活,她们的孩子谁去教他们呢？这些孩子也是中华民族的幼小国民,难道可以让他们去自生自灭吗？"⑥为此他断言:"幼稚园若是为着整个民族的教育之一,那末非转移方向,从都会转到乡村与工厂区不可。"⑦正是在这一思想的指导下,他对陶行知提出的幼稚园下乡进厂运动的主张非常拥护,并与徐世璧、王荆璞等主持创办了晓庄的乡村幼稚教育。

张宗麟在提倡转移幼稚教育服务方向的过程中,还对幼稚教育的服务对象作了细致的分析,提出以下几种人最需要帮助：

一是农家妇。由于中国是农业国,并且是手工劳动的农业国,农民一家老小,终岁勤劳,方得免于冻饿,不论是男子还是妇女几乎都没有空闲时间,在这种情况下,做母亲的很难去养护自己的孩子。她们不是带孩子到田头去,就是把孩子关在家里,或交给孩子

---

① 张沪编:《张宗麟幼儿教育论集》,湖南教育出版社1985年版,第398页。
② 张沪编:《张宗麟幼儿教育论集》,湖南教育出版社1985年版,第398页。
③ 张沪编:《张宗麟幼儿教育论集》,湖南教育出版社1985年版,第398页。
④ 张沪编:《张宗麟幼儿教育论集》,湖南教育出版社1985年版,第398页。
⑤ 张沪编:《张宗麟幼儿教育论集》,湖南教育出版社1985年版,第398页。
⑥ 张沪编:《张宗麟幼儿教育论集》,湖南教育出版社1985年版,第398页。
⑦ 张沪编:《张宗麟幼儿教育论集》,湖南教育出版社1985年版,第398页。

的哥哥姐姐带领,因此她们最需要帮助。

二是工厂的女工。她们在工作时一般也都将孩子关在家里,因而也最需要帮助。

三是贫民区,失业的小贩、车夫及做短工的家庭。做母亲的为着生活,往往东奔西走,格外忙碌,孩子们也常常饿一天,吃一顿,格外可怜,自然也很需要帮助。

四是有较好的职业者,如女招待、女店员、女秘书等。她们的子女大多交给老妪,当然不会好好教养孩子,惟有送进幼稚园,才可以使母子都得到安慰。

张宗麟认为以上这四种人对人类都有特殊的贡献,她们的子女应该有人替她们负责教养。因此,到农村去、到贫民区去办幼稚园,对孩子们的福利、对社会的贡献要比办任何的幼稚园来得大。

(二)幼稚教育的发展方向

张宗麟在论述我国幼稚教育的发展方向时,首先揭露了当时幼稚教育存在的症结。第一是教会的垄断。他指出,就江浙两省而论,苏州景海和杭州弘道的幼稚师范于民国初年即已设立,历年皆有毕业生,分布遍于江浙两省,遂使江浙两省的幼稚教育基本上为教会所垄断。同时,当时教会创办的幼稚师范全国已有6所,而国人自办的几乎绝迹,已办的也已停办。对此,他十分气愤地说:"委托养成最初基教师之责任于外人,此吾国之创举,亦世界各国所未见之奇事也。"[①]他认为这对于国民教育是"甚为危险"的事情。第二是社会的漠视。他指出:社会上有的人以为幼稚教育乃不急之务,有的人则轻视本国人设立之幼稚园,宁愿把自己的子女送入外人所设立的幼稚园,这些情况对本国幼稚教育无疑是一种摧残。

针对以上两方面的问题,他提出了以下几个补救办法:

---

① 张沪编:《张宗麟幼儿教育论集》,湖南教育出版社1985年版,第11页。

其一,停办外人设立之幼稚师范及幼稚园。他认为世界上的独立国家,断不许外人在本国设立小学以教育当地人民,不许外人充当小学教师,更不许外人设立师范学校。故政府完全可以限期停办外人设立之幼稚师范和幼稚园。

其二,严定幼稚师范及幼稚园标准。外人办理之幼稚师范和幼稚园停办以后,必须有替代者。为免除未来之弊端和创设独立国家之教育精神起见,就应当严定幼稚教育之标准。

其三,筹设幼稚师范并检定幼稚教师。前者为代替已停办幼稚师范之用,亦为造就适应新需要之教师所必须;后者则专为考核从前已受非正式之师范教育,仍愿继续其职业者。

其四,引起社会之注意。他认为此为根本办法,教育当局应宣传该事业之重要,使不知者知之,少知者多知之,同时也使迷信外国者能清醒起来。

张宗麟认为只有通过以上这些措施,才能克服当时中国幼稚教育之顽症,充分发挥幼稚教育培养人才的奠基作用。

张宗麟不仅揭露了当时中国幼稚教育存在之弊病,同时也为中国幼稚教育的发展指出了前进的方向。他提出了明日的幼稚教育的设想,认为明日的幼稚教育将是明日社会的产物,但可以预测和判断的有下列几点:

"1. 明日的幼稚教育必定是普及的。愈是乡村与工厂附近普及得愈加快。

2. 明日的幼稚教育必定为某个集团(国家或其他)或某种思想训练幼稚儿童的一种重要事业。所以它一方面帮助忙碌的母亲们免去麻烦,一方面也就在此时预先训练未来的民众。

3. 明日的幼稚教育必定是'教'与'养'并重的,幼稚园是儿童的另一个家庭,决不是上课读书的场所。

4. 明日的幼稚教育必定是与家庭沟通的。幼稚园不但教育儿童,也是母亲受教育的地方。

5. 明日的幼稚教育必定是与小学联系的。小学与幼稚园的一切办法完全一致。

6. 明日的幼稚教育必定训练儿童有集团工作的精神,免去个人单独行动的散漫行为。

7. 明日的幼稚教育必定引用科学的养护法,使孩子在幼稚园里长成比家庭中光用慈母的爱的教养还有效。

8. 明日的幼稚教育必定有它的一贯主张,一切设施合乎这个主张,尤其如玩具等等都免去神秘等意味。

9. 明日的幼稚教师除了为着维持自己的生活外,最重要的任务还是为着实现他的集团的理想。所以他是集团的工作者,不是为着个人的职业。"①

张宗麟对明日之幼稚教育所提出的上述设想,显然是很有积极意义的,但在当时的社会条件下无疑又是不可能实现的。

三、论幼稚园的课程

张宗麟作为陶行知和陈鹤琴的助手,曾参与鼓楼幼稚园和晓庄乡村幼稚园课程的实验研究,撰写了一批既有理论价值又有实践意义的有关课程研究的实验报告和学术论著。他在幼稚园课程方面的主要论述包括以下几个方面。

(一) 课程的含义

张宗麟指出:"幼稚园课程者,由广义的说之,乃幼稚生在幼稚园一切之活动也"②,其范围"包括一切教材、科目、幼稚生之活动"③。他认为幼稚园课程之分类有两种:一种是以儿童活动分类。包括开始的活动,即幼稚生初入园时必须养成之习惯,亦为人

---

① 张沪编:《张宗麟幼儿教育论集》,湖南教育出版社 1985 年版,第 422~423 页。
② 张沪编:《张宗麟幼儿教育论集》,湖南教育出版社 1985 年版,第 31 页。
③ 张沪编:《张宗麟幼儿教育论集》,湖南教育出版社 1985 年版,第 31 页。

生最基本之习惯,如放手巾、认识老师和同学、初步的礼节等;身体的活动,亦即健身之习惯与技能,如卫生习惯和走、跑、跳等;家庭的活动,即反映家事和家庭关系的娃娃家游戏、建筑游戏等;社会的活动,如手工、图画、整理打扫等。另一种是以学科分类,把儿童活动分为各种学科,包括音乐、游戏、手工、自然等科目。但不论是以"活动"分类的课程还是以"科目"分类的课程,根据上述对课程的广义理解,教师都不可拘泥于某时当教何种课程,而应动静交替地安排好儿童每一日的活动。一般每日可安排一二次团体作业,除午餐、午睡外,不必有规定的时间表,但在某时段宜如何作业教师必须胸有成竹。

在探讨幼稚园课程问题时,张宗麟还特别注意研究了世界上幼稚园课程的历史发展进程。他指出最早的福禄倍尔的幼稚园,"其最关紧要处即为课程"[①]。由于福氏深知游戏为儿童之生命,因此就把游戏作为主要课程,并制成多组恩物,以适应其需要。除此以外,在他的课程中还有欣赏、绘画、故事、自然等。后来,蒙台梭利的儿童之家的课程,则有清洁检查、感觉训练、谈话、唱歌、游戏、体操、手工、图画、动植物照料、祈祷等。由于蒙氏是研究低能儿的医生,所以她在规定课程时特别注重感觉训练和身体养护。同时,张宗麟还概括了当时各国幼儿园课程的大致范围,包括音乐、游戏、故事、谈话、图画、手工、自然、常识、读法、识数等 10 项,并指出课程不是一成不变的,各个国家的不同地区在不同时期的课程都会有所变化,这种变化既具有普遍的共同性,也有特殊的差异性。

(二)社会化的幼稚园课程

这是张宗麟在 20 世纪 30 年代出版的《幼稚园的社会》一书中提出的关于幼稚园课程的一种主张。他指出幼稚园各种活动都

---

① 张沪编:《张宗麟幼儿教育论集》,湖南教育出版社 1985 年版,第 31 页。

应当倾向于社会性,因为教育的灵魂乃在于养成适合于某种社会生活的人民。所以,在幼稚园里不仅设置"社会"这个科目,而且幼稚园的一切活动,从广义上讲,都可以说是"社会",都应有社会性。即便是"自然"科目,也决不是纯粹去研究自然,必定是与人生有密切关系的自然研究。正是从这个意义上,他认为幼稚园的课程应是社会化的幼稚园课程。

张宗麟认为社会化的课程有两个根据,即儿童社会和成人社会,而这二者是极不相同的。他引洛格(Rugg)的看法说:"从成人生活里得来的事实,是决定永久价值的;从孩子生活里得来的事实,是决定各期儿童教育价值的。"[1]在幼儿教育中如何处理好这两方面的关系,张宗麟主张成人社会应当尊重儿童社会,应当让孩子们到他们自己的社会里去,而不要拉他们到成人的社会里来。他认为成人最大的工作,只可以从旁帮助孩子们组织社会。同时他十分赞赏达恩斯提出的下述观点,即"孩子可以领悟任何人生的、物质的,以及社会集团的、现代状况的一切,这种种领悟的能力,只有他自己的经验所能给予"[2]。

关于社会化的课程应包括的内容,他指出共有7类:

(1) 关于衣食住行等生活需要和卫生方法,家庭、邻里、商铺、邮局、救火组织、公园、交通机关等社会组织的观察研究,以及本地名胜古迹的游览;

(2) 日常礼仪的演习;

(3) 纪念日和节日的举行;

(4) 身体各部的认识和简易卫生规律的实践;

(5) 健康和清洁的查察;

(6) 党旗、国旗、总理遗像等的认识;

---

[1] 张沪编:《张宗麟幼儿教育论集》,湖南教育出版社1985年版,第283页。
[2] 张沪编:《张宗麟幼儿教育论集》,湖南教育出版社1985年版,第284页。

(7)集会的演习(以培养公正、仁爱、和平的态度精神为主)。

为了使社会化课程能够更好地促进幼儿社会性的发展,他还强调在实施过程中应特别注意以下几点:

首先,培养儿童具有互助与合作的精神。他指出,人类正是因为有互助和合作才能生存和发展。同时,他认为互助与合作是有区别的,互助是无条件的,无当时或直接的报酬,如儿童在荡秋千时的相互帮助就属于这种性质;合作则是有条件的,如儿童在玩搭房子游戏时的相互配合就属于这种性质。从教育的观点来看,前者胜于后者,而二者又都远胜于竞争。

其次,培养儿童具有爱和怜的情感。他指出爱是有生气的,是双方的,可使被爱者产生力量、培养力量,如亲子间、师生间的爱;怜则是单方面的,如同情弱小或残疾者。从教育的观点来看,前者比后者积极,而二者又都与自私自利相悖。他认为倘若把幼稚园的活动变成是为个人的自私自利,或为某一阶段的自私自利,那就是走入死路。

再次,培养儿童具有顾及别人的思想。他指出,幼儿对"别人"这一概念的理解是不很深切的,他们在活动中往往会自顾自,为此我们要随时教育孩子顾及别人,包括一切玩具与他人共玩、不扰乱秩序、不打断他人说话等。同时,我们应当培养孩子独立自由的精神,但决不可使他们养成骄傲和惟我独尊等习气。此外,他认为在教育过程中,还应该使幼儿知道生活的来源,懂得尊重劳动者。

四、论幼稚园教师的培训

(一)幼稚园教师的任务

张宗麟十分重视教师的培养和训练。他认为幼稚园教师的任务实际上重于小学教师。它包括:养护儿童;发展儿童身体;养成儿童相当之习惯;养成儿童有相当之知识与技能;与家庭联络并谋家庭教育改良之方;研究儿童;等等。其中尤以养护儿童为幼稚园教师最重要的责任。为此,必须对幼稚园教师进行专门的培养和训练。

(二) 幼稚园教师的培养

幼稚园教师的培养主要是通过幼稚师范学校进行的。为了使幼稚师范能够培养出合格的幼稚园教师,他对幼稚师范的设置、招生条件、课程安排都提出了明确的要求。

首先,他认为师范教育为国家事业,绝对不能容许外国人、教会或私人包办,国家对师范教育应负完全责任,幼稚师范自然也不例外。因此,对外国教会所办的幼稚师范,政府急宜令其立即停办,同时在各省从速筹设幼稚师范。

其次,他认为幼稚师范应以培养合格的幼稚园教师为目的,招收初中毕业以上之学生,年龄在16岁以上,身体健康,富有爱国心,真诚爱儿童,有优良基本知识和善能变换之思维者,对他们进行三年或两年之专门师范教育。同时他还特别指出,幼稚园教师非为女子之专业,必须有男子加入。这在当时无疑是一种很富有创见的主张。

张宗麟还认为,幼稚师范为了培养合格的幼稚园教师,决不能搬用教会设立的幼稚师范那种养成牧师式之教师的课程。为此,他对幼稚师范的课程设置提出以下标准:

公民训练组:含本国史、本国地理、世界史概要、社会学、最近世界概况,占15%。

普通科学组:含科学入门、应用科学、生物学、应用数学、簿记,占15%。

语文组:含国文、国语、英文(非必要),占10%。

艺术组:含图画、手工、烹饪、家事学、音乐,占15%。

普通教育组:含教育学、教育心理、教育史、普通教学法,占10%。

专门教育组：含幼稚教育概论、儿童心理、儿童保育法、幼稚园各科教学法、幼稚园各科教材讨论、幼稚园实习、幼稚教育之历史及其最新趋势、小学低年龄教学法，占35%。

（三）幼稚园教师的进修

张宗麟指出，要成为一名优秀的幼稚园教师，只靠在学校中几年的学习还是不够的，还必须随时修养，以谋合于潮流，以求其业之进步。幼稚园教师的修养包括许多方面，有品性上的，有学问上的，也有能力、技术和其他方面的。

张宗麟认为，幼稚园教师在品性上应继续如求学时代之朴素诚笃；在知识上须多读书，每日规定读普通书报几种、教育书报几种、幼稚教育书报几种；同时要与本区幼稚教育联络，如参加研究会、俱乐部，定期讨论最近幼教趋势，交流心得；也可以利用暑假集中一段时间进行学习；此外，还应当正确处理家庭与事业的关系。

可见，张宗麟对幼稚园教师的培养和训练所提出的意见是十分全面的，它既包括在校的正规培养，也包括了职后的学习和进修，这对当前我们的幼儿园教师培训工作也极有参考价值。

思 考 题

1. 简述我国近代第一个学前教育法规中的基本思想。
2. 简评康有为的学前儿童公育思想。
3. 简评蔡元培的学前儿童美育思想。
4. 略评张雪门的幼稚园行为课程。
5. 试论陶行知对我国学前教育大众化的贡献。
6. 述评陶行知的儿童创造教育思想。
7. 试论陈鹤琴对我国学前教育中国化、科学化的贡献。
8. 试评陈鹤琴的幼稚园课程论。
9. 试述恽代英的儿童公育思想对我们的启示。
10. 试评张宗麟的幼稚园社会化课程。

第三章 当代学前教育思想

新中国成立后,学前教育成为人民大众文化教育事业的重要组成部分。在当时特定的国际、国内形势下,学前教育以苏为师,形成了受前苏联学前教育理论影响的学前全面发展思想、学前教学论和游戏论,并影响了中国20世纪五六十年代直至80年代初的学前教育思想。1978年拨乱反正以来,中国的学前教育在重新审视传统的幼教理论的基础上,继承并发扬了优秀的学前教育思想,同时在80年代与国外教育思想逐步交流的过程中,不断地引进与吸收国外先进的教育思想、儿童发展理论、课程理论及其他相关理论,并通过我国学前教育工作者的思考与实践研究,建构了新时期具有中国特色的学前教育思想,使我国学前教育思想的发展进入一个新的阶段。

第一节 前苏联教育理论影响下的学前教育思想

随着新中国的成立,中国的学前教育也发生了革命性的变化,历史性的转折从根本上改变了旧中国半殖民地半封建的性质,学前教育成为人民大众的文化教育事业的一个重要组成部分。尤其是1951年,《关于改革学制的决定》规定了实施幼儿教育的组织为幼儿园,招收3~7岁的幼儿,使他们的身心在入小学前获得健全的发育。自1922年壬戌学制定名,沿用了30年的"幼稚园"从此改为"幼儿园",并开始了它的新生命。

中华人民共和国建立初期,国内各项事业百废待兴。由于缺乏建设社会主义经验,再加上当时的中国处于一个特殊的政治、经济、文化背景中,整个世界被划分为以前苏联为代表的社会主义阵营和以美国为代表的资本主义阵营,而以美国为首的资本主义阵营对新中国实行全面的封锁与禁运,对新中国的生存与发展构成了严重的威胁,只有以前苏联为首的社会主义阵营对新中国予以支持和援助。为了摆脱帝国主义的封锁,尽快地完成社会主义改造,促进新中国各项事业的发展,选择以苏为师,就成为在当时特殊的国内、国际背景中所作出的抉择。新中国建立初期,教育战线面临的迫切任务是改造旧的教育体系,批判旧的教育理论,建立社会主义教育新体系。前苏联是世界上第一个社会主义国家,它在社会主义革命和建设中积累了宝贵的经验,是我们学习的榜样。所以在"以苏为师"的思想指导下,1949年的全国第一次教育工作会议上,钱俊瑞副部长明确提出:建设新教育要以老解放区的教育经验为基础,吸收旧教育有用的经验,借助苏联先进的教育经验建设新民主主义教育。然而,到1950年底,由于抗美援朝运动及清理崇美、亲美思想,开展了对杜威教育理论的批判,并由于电影《武训传》的批判而波及到对陶行知生活教育理论的批判,又由此牵连到对陈鹤琴活教育理论的批判,并将此作为旧教育与新民主主义教育的根本区别。在上述背景下,新中国的学前教育与其他教育一样,从教育理念到教育实践全面地学习前苏联。1950年,凯洛夫著的《教育学》中译本出版,它对当时中国的学前教育产生了很大的影响。除此之外,还翻译出版了前苏联的《幼儿园教养员工作指南》、《我的儿童教育工作经验》等书,教育部并于1950年9月发出通知,指定这两本书作为当时幼儿园教育的参考书籍。与此同时,聘请了前苏联儿童教育专家如戈林娜等来华讲学,指导幼儿园的工作,戈林娜还被聘为教育部的幼儿教育顾问。在她的指导下,教育部于50年代初分别颁布了《幼儿园暂行规程草案》(以下简称《暂行规程》)、《幼儿园暂行教学纲要草案》(以下简称

《教学纲要》)。为了更好地指导学前教育的实施,1954年教育部委托北京师范大学学前教育教研室编写了《幼儿园教育工作指南(初稿)》,从而形成了受前苏联影响的学前教育思想。

要说明的是,前苏联四五十年代的学前教育理论主要源于凯洛夫、乌申斯基、克鲁普斯卡娅、马卡连柯、维果斯基等人的学说与思想。尤其要提到的是前苏联教育家凯洛夫,他所主编的《教育学》及其教育思想曾在20世纪50年代深刻影响了中国的教育。如果说杜威否定了以赫尔巴特为代表的传统教育,那么凯洛夫则在更积极的意义上否定了杜威的实用主义教育思想,并恢复了赫尔巴特倡导的以教师为中心、以课堂为中心、以教材为中心的"三中心"思想,他的新传统教育派的思想,如强调教师在教学工作中的主导作用,强调集体主义教育,强调课堂及智育的重要性,重视人才培养的计划性等等,确实影响了当时我国学前教育思想的发展。

一、全面发展的学前教育理论

(一)体、智、德、美全面发展的学前教育目标

20世纪五六十年代,我国的学前教育主张对儿童实施全面发展的教育,即对儿童实施体育、智育、德育、美育,它是在借鉴前苏联的学前教育理论及《幼儿园教养员工作指南》的基础上形成的,而且详细地规定了体、智、德、美等几育的意义、内容和手段。体育不仅要保护儿童的生命,增强儿童的健康,锻炼儿童的身体,还要培养儿童的文明卫生习惯,同时要发展儿童的基本动作;智育不仅要传授给儿童有关自然现象与社会生活的各种初步知识,形成儿童对周围生活的正确看法,同时也要培养儿童的各种认识能力;在德育上强调以儿童能够理解的形式培养文明的、守纪律的、适合于共产主义道德要求的行为与道德品质;在美育上要求发展儿童美的知觉及体验美的能力,丰富儿童美的印象,培养他们对艺术的兴

趣。总之，促进儿童全面发展的各项任务是彼此联系着的，是统一在一个完整的教育过程中的，并且是在幼儿园中根据儿童的年龄特征和发育程度所进行的教育、教学的过程中实现的。这些思想鲜明地体现在我国当时的学前教育理论与文件中。新中国幼儿教育处的张逸园处长在一次《新中国幼儿教育的基本情况和方针任务》的讲话中就明确指出："全面发展不是一个方法，乃是我们新的幼儿教育所要求达到的目的。这就是说，我们要根据幼儿年龄的特点，循序渐进地给予体、智、德、美全面的教养，使其身心获得全面发展。"[①]所以，在当时中国的学前教育中，对儿童全面发展的教育理念是坚定不移的。如在《暂行规程》中规定幼儿园的任务是："根据新民主主义教育方针教养幼儿，使他们的身心在入小学前获得健全的发育；同时减轻母亲对幼儿的负担……"学前教育的目标是："（1）培养幼儿基本的卫生习惯，注意其营养，锻炼其体格，保证幼儿身体的正常发育和健康。（2）培养幼儿正确运用感官和语言的基本能力，增进其对于环境的认识，以发展幼儿的智力。（3）培养幼儿爱国思想、国民公德和诚实、勇敢、团结、友爱、守纪律、有礼貌等优良品质和习惯。（4）培养幼儿爱美的观念和兴趣，增进其想像力和创造力。"[②]在《教学纲要》中也提出幼儿园教学的总任务就是要有目的、有系统、有组织地对幼儿顺次传达知识，发展他们的体力、智力，并培养他们的优良品德和习惯。在《幼儿园教育工作指南》中则更为详细地阐述了全面发展的指导思想，规定了儿童全面发展的任务，设置了实现儿童全面发展的教育内容，通过体育、游戏、认识周围环境，发展语言、计算、音乐、美

[①] 中国学前教育研究会编：《中华人民共和国幼儿教育重要文件汇编》，北京师范大学出版社1999年版，第620页。

[②] 中国学前教育研究会编：《中华人民共和国幼儿教育重要文件汇编》，北京师范大学出版社1999年版，第49页。

术,以及一日的生活作息制度来保证达到这一目标。从上可以看出,五六十年代学前教育的理论注重儿童体、智、德、美初步的全面发展,而且强调各方面发展的统一。

(二)强调教育在儿童发展中的主导作用

前苏联的学前教育理论辩证地分析了遗传、环境、教育在儿童发展中的作用,对各种遗传决定论及环境决定论进行了深刻的批判,指出教育在儿童的发展中是起主导作用的。克鲁普斯卡娅就认为,儿童的发展不是自然而然地、不是自发地、不是通过先天的遗传素质逐渐成熟来实现的,而是主要决定于教育条件的。所以,她和马卡连柯曾一起对西方的伪科学的教育概念进行了批判。他们认为,西方的教育学者所说的儿童的未来一方面是由遗传,另一方面是由"不变"环境的自发影响"注定"的思想,是完全与马克思主义的观点相对立的,实际上是完全忽视了或否定了教育的决定作用。所以,前苏联的学前教育理论特别反对西方的那种推崇儿童的先天能力和周围环境自发影响的"自由教育"论。凯洛夫就曾明确指出:"儿童的行为形成,是在学前时期就开始的,行为的规范则是在教学的过程中、在教育的影响之下积累起来的",认为"对促进儿童的发展起决定作用的并不是儿童周围的环境,而是能利用环境的有利条件和限制不利条件的影响的教育"。"如果没有教育,环境本身的作用就不能保证儿童获得健全的发展";"教育是人们有目的的活动,是使人们掌握知识、技能、生产经验和了解社会关系的具有决定意义的重要条件之一。从广义方面来说,没有教育,儿童就不可能掌握人类积累起来的知识财富。因此,没有教育和教学,即使有其他重要条件,也不可能保证儿童的健全发展"[1]。

---

[1] 阿·伊·苏罗金娜著,何清新等译:《学前教育学》,人民教育出版社1960年版,第14~15页。

受前苏联学前教育理论的影响,我国五六十年代的学前教育思想也特别强调了教育在儿童发展中的主导作用。所以,在我国的学前理论界,往往是以马克思列宁主义的思想为指导来看待这个问题的,既批判教育无能、遗传不变论,也否定教育万能、环境决定论,认为儿童出生时的禀赋并不是既成的知识、观念或见解,也不是性格或某种职业的倾向,而只是潜能,只是发展的前提条件,这些都要靠教育的力量来形成与完善。"以一个人在各个生长发育阶段的发展来说,人的个性的发展是在学龄前时期奠定基础的。这就说明教育在人的全面发展中的作用。"[1]从中就可看出当时学前教育理论中对教育起主导作用思想的认识了。

(三)学前教育中重视集体主义教育

受马列主义指导的前苏联学前教育,特别重视儿童的集体主义与共产主义教育。早在20世纪30年代,克鲁普斯卡娅就曾在全苏学前教育工作大会上指出,苏联的学前教育工作者必须用共产主义精神教育儿童,这是由苏联学前教育的性质决定的。所以,克氏始终不渝地重视对儿童进行集体主义思想的教育。她认为集体主义教育是与社会主义制度相适应的,所以"我们要把儿童从幼年时起就培养成集体主义者,亦即能够集体工作和集体生活的人"[2]。因此,她认为幼儿园诸如唱歌、共同的活动等事项在培养儿童集体主义观念方面具有重要意义。

马卡连柯则系统地论述了集体教育的意义及原则、方法。他依据马克思主义关于集体和个人的关系、集体在社会主义社会里可作为教育手段及个人只有在集体中才能获得全面发展的可能性的观点,指出在现实生活中,每个人各有其个性特点,但个人不可能离开社会,苏维尔社会主义制度使二者在根本利益上一致起来。

---

[1] 黄人颂著:《幼儿教育的理论与实践》,江苏教育出版社1954年版,第3页。
[2] 《克鲁普斯卡娅教育文选》,人民教育出版社1959年版,第392页。

所以,脱离了集体,个人也无从发展,个人也无幸福可言。健全的集体是最好的教育工具,"应当通过建立统一的、有力的和有影响的集体来组织正确的苏维埃教育"①。在他看来,个人对个人的影响是一种狭隘的、作用有限的因素,集体的影响则要大得多。教师必须把整个集体作为教育对象,把有组织的教育影响针对集体,个人必须保留在集体内,才能很好地受到教育,在集体中通过集体和为了集体而进行教育。

前苏联学前教育理论中重视集体主义教育的思想正好迎合了中国社会传统文化中注重大一统的思想观念及计划经济体制的要求,所以,在我国五六十年代的学前教育中也强调培养儿童的集体主义和友爱精神。《暂行规程》及《教学纲要》都要求教养员从儿童年龄很小的时候起,就培养儿童善于把个人利益同集体利益结合,利用日常的事实,教育儿童掌握自己的行为,妥当地表达自己的愿望,使自己的行动不违反全体儿童的利益;要求在幼儿园里,儿童应该在同年龄的孩子当中、在集体当中受教育,使他们在幼儿园里逐渐养成共同游戏、学习、使用玩具和材料以及互助的习惯。所以,教养员要注意利用集体的作用和通过集体发生的影响,给每个儿童以直接的影响。但在维持集体要求的时候,要注意提出的要求要合理,使集体中的每个儿童都可以完成,既不破坏儿童之间的友爱关系,又不妨碍和约束儿童的行为,使儿童在共同的作业、游戏、生活中得到发展。

二、学前教学论

学前教学论是学前教育理论的重要组成部分,我国20世纪五六十年代由于受维果斯基关于教学与发展的理论及乌索娃学前教学论思想的影响,在当时的学前教学理论中主要形成了以下几方

---

① 《马卡连柯教育文集》(下卷),人民教育出版社1985年版,第21页。

面的思想:

(一)从教学与发展的关系中提出了教学对儿童发展的重要性

在前苏联的心理学界,以维果斯基为代表的关于教学与发展的理论影响了当时的学前教学领域。维果斯基认为,儿童的发展状态不是任何时候都仅仅是由已经成熟的部分决定的,以儿童独立地解决各种智力习题的方法来确定儿童的智力发展水平,只能反映儿童身上今天已经成熟的东西。为此,维果斯基指出,我们至少要确定儿童的两种发展水平,不了解这两种水平,我们就不能在每一个具体场合发现儿童的发展进程和教学可能性之间的实质性关系。这两种水平是:第一种水平指儿童到今天为止已经达到的发展水平,即儿童在独立活动中所达到的解决问题的水平;第二种水平是指儿童在有指导的情况下,借助成人的帮助,在集体活动中,通过模仿所能达到的解决问题的水平。所谓最近发展区就是指两种水平之间的差异。最近发展区比儿童的现有发展水平对智力发展和学习成绩的变化具有更为直接的意义,因为现有的发展水平有助于我们了解儿童发展的昨天,而最近发展区则帮助我们预测儿童发展的未来。为此,维果斯基认为,"只有走在发展前面的教学,才是好的教学"[①]。教学不是发展,但是正确组织的儿童教学,即建立最近发展区的教学能引起并激发儿童的发展。虽然教学和儿童的发展过程有着直接的联系,但是它们永远不是同一的或相互平行的。儿童的发展不会像物体投下的影子那样追随着学校的教学。发展过程与教学过程之间有着极其复杂的、变动的依赖关系,也即教学与发展不直接吻合,它们是处于十分复杂的相互关系中的两个过程。只有当教学走在发展的前面时,这种教学才是好的教学。这种教学引起了处于成熟阶段、位于最近发展区

---

① 高文:《维果斯基论教学与发展问题》,《外国教育资料》1982年第1期。

的一系列机能。教学在发展中的最主要的作用正在于此。这样，维果斯基就从教学与发展的关系中明确地提出了教学必须促进发展的观点，提出了教学对于儿童发展的重要性。维果斯基提出的关于教学与发展的理论在20世纪50年代前苏联学前教学理论的发展中引起了广泛的注意与重视，同时也影响了我国的学前教学理论，重视教学对儿童发展的作用遂成为五六十年代至80年代我国学前领域的一个重要课题，这在《教学纲要》中有明显的反映。《教学纲要》中具体详细地规定了幼儿园六科教学的目标与教学大纲，包括每一科小、中、大班的不同教学要求与教学要点，要求教师运用讲解、谈话、练习、直观（观察、示范、演示）等方法来达成教学目标，促进儿童的发展。在当时，教学的目标尽管可以通过一日生活、游戏、作业、教学、劳动、散步等来完成，但更为强调集体教学的重要作用。所以，教学是整个学前教育过程中不可缺少的重要一环，必须通过有目的、有计划、有组织的教学活动，才能完成儿童全面发展的任务。

（二）注重知识的系统化与作业教学在儿童发展中的作用

关于知识系统化的问题，在前苏联20世纪四五十年代至70年代一直是学前教学理论中的重要课题。前苏联学前教学论的创立者乌索娃在对50年代前苏联学前教学的知识大纲作了详细分析后指出，这些教学大纲只罗列了事实，没有揭示它们之间的联系，因而降低了儿童的发展水平。所以，乌索娃强调："现在最重要的是加深对每一类知识的介绍，确定其联系。""我们希望儿童获得真正的科学知识，但同时这些知识又易于为儿童接受，并具有发展意义。"前苏联学前教育界在对学前儿童的概念思维深入研究的基础上，认识到学前儿童的直觉行动思维和直观形象思维蕴藏着并不比概念思维弱的潜力，他们具有一般思维过程的基本特征，即能够在间接的、概括的形式中反映现实世界内在的、不能被直接感知的联系和关系，所以儿童依靠直觉行动思维和直观形象思维，可以把有关事物之间的联系和关系的知识反映在表象形式中。按这个原则建立的知识体系，可以以某一本质规律为中心环节，把其他零散的知识按层次连接为体系，由此构成由表及里、由此及彼的知识网络结构。如有关动物的知识体系就可以由这样一些问题来组织：这是什么动物（家畜、野生动物；猛兽、非猛兽）？它在哪儿生活？它吃什么？以何种方式觅食？它如何防卫敌人？等等。当儿童真正形成了动物这一概念时，有关动物的零散的经验就构成了一个初级的知识体系网。凭借这个网络，儿童不仅能灵活地再现已有的知识，使旧知识条理化、精确化，达到新的认识程度，而且能处理、解释新的问题与现象，由此及彼地广泛迁移，从而促进儿童智力的发展。所以，乌索娃一再强调，给儿童传授关于现实的某些实物和现象的知识时，重要的是引导他们理解简单的联系和规律性。在提供给儿童的关于现实的某方面的知识体系时，应该反映这一方面的重要联系。因为零散的、偶然的知识不具有发展价值，只有以一定的方式和结构原则组织起来的完整知识体系，才能扩大儿童认识活动的可能性，从本质上改造儿童的认知方式，使他们能更自由地运用旧知识，更深刻地理解新知识，并逐渐掌握认识新事物、获得新知识的智力活动方式。因此，前苏联的学前教育特别强调教学中知识的系统化。

如何使知识系统化就涉及作业的问题。

乌索娃认为，学前儿童应该掌握的知识可以分为两类：一类是比较简单的知识和技能，儿童在与成人的日常交往中，在生活、游戏、劳动与观察中就可以获得，不需要专门的教学；第二类是比较复杂的知识与技能，这类知识虽然在学前儿童的知识总量中只占很小的比重，但对其智力发展却起决定作用，而且掌握这类知识必须经过专门的作业教学。所以，作业教学的任务就在于利用儿童的自发经验即第一类知识，引进轴心概念（表象形式的初级概念），以此为基础帮助学前儿童形成系统化的知识与相应的认识方式。因此,作业就是教学的组织形式。

乌索娃认为,学前期是儿童发展的一个重要时期,必须通过有目的、有计划、有组织的教学活动,才能完成其教育任务。乌索娃把"教学论"引入了前苏联的学前教育理论,创立了学前教学论。乌索娃认为,要使儿童由认识现象的外部特征和联系过渡到认识不能直接感知的知识,就要靠作业,所以作业就是学前教学的基本组织形式,是学前儿童全面发展的重要手段之一,在儿童智育中起着主导作用,也即对儿童进行的教学就是在作业这一组织形式中实施的。这样乌索娃的"学前教学"研究就使学前教育与普通教育获得了一致性,从而也就确立了作业教学在学前教学实施中的突出地位。

乌索娃的作业教学及知识系统化思想也明显地反映在我国五六十年代的学前教学理论中。当时的幼儿园教学中存在这样的问题:(1)作业是有目的、有计划、有组织的集体教学活动,全班儿童必须参加,要在一定的时间内进行同样的活动。(2)在作业教学中,教师起主导作用。教师往往要根据作业的不同方式,如以传授新知识为主要内容的作业,以巩固知识和技能为主要内容的复习作业,儿童独立运用以前获得的知识和技能的作业来灵活运用教学方法,组织多样化的活动,引导儿童围绕知识系统的核心积极思考,发现事物之间的内部联系与规律性,从而帮助儿童建立知识体系。作业教学应有的发展功能能否实现,儿童能否形成系统化的知识与认识方式,主要取决于教师。所以对于学前儿童来讲,系统知识是在作业教学中传授的,教师是知识的拥有者,教师不再是儿童的伴侣,以教师为中心、以作业教学为中心、以教材及知识为中心就成为五六十年代学前教学中的重要思想。(3)幼儿园各班每天都要有必修作业:小班每天作业时数30分钟,一周有9次;中班每天有两次作业,大约60分钟,一周12次;大班也有两到三次作业,每日作业时间为80分钟,每次时间为20~30分钟,在最后一学期可以逐渐增加到40分钟,一周15次。除此之外即是选修作业与户外活动。(4)选修作业尽管可以发展儿童个人的特长,可以由幼儿按照自己的意愿选择,但并不是自由活动,仍要教师的指导和帮助。这些思想都鲜明地反映了学前教学注重知识系统化及作业教学的思想。

(三)学前课程组织上的分科课程与实施上的分科教学

前苏联学前教育理论中由于特别强调系统知识在儿童发展中的作用,强调作业教学的作用,强调教师的传授主导作用,所以其学前课程的组织采用纵向的发展序列,把需要儿童掌握的知识、技能大致分为六科,这些科目包括体育、语言、认识环境、计算、美术、音乐等。每一科目各自按自己的体系,按照年龄大小顺次提出要求进行编排,然后制定严密的学科工作计划。在实施中利用幼儿园集中统一的教学大纲,要求通过有计划的作业教学,把前苏联《幼儿园教养员工作指南》上所规定的各科内容分门别类地、系统地传授给儿童。分科课程的模式是苏联学前课程的典型模式,它直接影响了我国五六十年代直至改革开放前的学前课程组织模式。在我国的《暂行规程》中也明确地把幼儿园课程分为体育、语言、认识环境、图画和手工、音乐、计算六科,它们是根据知识的逻辑体系,按照一定的逻辑顺序及学科本身的体系,从简单到复杂,从具体到抽象,由浅入深来呈现学科知识的。而且,《教学纲要》更为详尽地列出了每一科的具体内容、教学要点、方法及实施细则,从而使学科课程及分科教学在五六十年代成为我国学前教学中惟一的模式,直至80年代依然是主要的模式。

三、幼儿园游戏理论

游戏理论在前苏联的学前教育理论中占据着重要的地位。前苏联的游戏理论坚决反对西方的游戏生物学理论,否定游戏本能论,而是从人的高级心理机能的发展受社会文化历史制约以及活动在人的高级心理机能的产生和发展中起巨大作用的角度出发来看待游戏,充分肯定游戏的教育作用。克鲁普斯卡娅在《论学前教育》中这样写道:"游戏对学前儿童有着特殊的意义:游戏对于他们是学习,游戏对于他们是劳动,游戏对于他们是一种严肃的教育形式。学前儿童的游戏是一种认识周围事物的方法。"①马卡连柯也曾高度评价儿童游戏的教育作用。他说:"游戏在儿童生活中具有极其重要的意义,具有与成人的活动、工作和服务同样重要的意义。儿童在游戏中怎么样,当儿童长大的时候,他在许多方面的工作也会怎么样。因此未来活动家的教育,首先要在游戏中开始。"②

前苏联的游戏理论认为,游戏是一种有目的、有意识的社会反映性活动,是学前儿童的主导活动;儿童的游戏需要成人的指导和干预。受前苏联重视游戏及活动游戏思想的影响,我国20世纪50年代至80年代的学前教育理论中,关于幼儿园游戏的理论主要包括在以下几个方面:

(一)对幼儿园游戏基本特征的认识

1. 游戏是儿童主动的自愿的活动

游戏是儿童自主自愿的活动,儿童的主动性是游戏的主要特点。游戏是适应儿童的内部的需要而产生的。学前儿童正处于身心迅速发展的时期,他们独立活动的能力增强了,对活动有兴趣,有活动的需要、认识周围世界的需要、操作物体的需要及反复练习的需要。而游戏能适合儿童身心发展的特点,游戏中有动作,有活动,有玩具和游戏材料,游戏的内容和形式丰富多彩,灵活多变化,

---

① 转引自李淑贤等主编:《幼儿游戏理论与指导》,东北师范大学出版社1999年版,第160页。

② 阿·伊·苏罗金娜著,何清新译:《学前教育学》,人民教育出版社1960年版,第190页。

所以儿童乐于从事游戏。再加上游戏是一种轻松的活动，它是由儿童的内部需要而产生的，不是外部强加的，因此儿童在游戏中能够全身心地投入，具有极强的主动性。

2. 游戏是在假想的情景中反映周围生活

游戏具有社会性。游戏的内容、种类、玩法都受着时代、地区、文化、习俗等的影响，所以幼儿的游戏是对周围现实生活的反映。但幼儿在游戏中反映的不是周围生活的翻版，他们不是机械模仿，而是通过想像，使日常生活中的表象形成新的形象，用新的动作方式去重演别人的活动。游戏中，幼儿不受实际环境的具体条件及时间的限制，通过想像，创造新情景，或根据游戏的需要，改变物体的用途。同时，幼儿在游戏中，是以真诚的情感体验游戏中的活动，相信虚构的真实性，也懂得什么是假装的。所以，幼儿就是在假想的情景中反映周围现实生活的。

3. 游戏没有社会的实用价值，没有强制性的社会义务，不直接创造财富

幼儿的游戏与成人的工作或劳动是有区别的，成人的工作或劳动都有明确的目的，要求生产有社会实用价值的财富，并且按照客观实际，严格地遵守操作方式。而游戏恰恰相反，游戏没有社会的实用价值的目的，游戏的意义不在于外部目的而在于本身的过程。游戏没有强烈的完成任务的需要，没有外部的控制。当然，成人在设计、指导游戏时，也可给游戏外加一定的目的，但并不需要儿童在游戏中明确这个目的，追求或完成这一目的。幼儿的兴趣仍在于游戏的过程，游戏之外的任何结果都不重要。

4. 游戏伴随着愉悦的情绪

游戏适应幼儿的需要和身心发展水平，因此使幼儿感到满足和愉快。在游戏中，幼儿能控制所处的环境，表现自己的能力，实现自己的愿望，从成功和创造中获得愉快。幼儿在游戏中由于能积极活动而带来了极大快乐。再者，游戏没有强制的目标，因而减

轻了为达到目标而产生的紧张感,耗费精力少,也使幼儿感到轻松、愉快。因此,游戏的过程总是伴随幼儿愉悦的情绪。

总而言之,游戏在总体上具有以上四个方面的特征,这些特征相互联系,并实际地表现在各种游戏活动中。

(二) 对游戏与教学关系的认识,游戏作为教学的手段

前苏联学前教育理论对游戏与教学的关系有明确的认识。他们认为,游戏是一种强有力的教育手段,教养员可以充分地利用游戏,把儿童的注意力引向为教育所重视的那些内容或现象上,而且可以通过指导儿童的游戏来影响儿童人格的发展,影响儿童的认知、情感、意志和行为,所以把游戏用做智育、德育、体育与美育的手段。游戏在前苏联的学前教育中占据很重要的位置,它是教学及实现学前教育目标的重要手段。

关于教学与游戏的相互关系,前苏联学前教育理论认为:"教学能够保证儿童掌握可以丰富游戏的有条理、有系统的知识。……儿童游戏的内容在教学的影响下大大丰富起来,而儿童所以能够更广泛地参加游戏,是因为在教学过程中全体儿童掌握了教学大纲所规定的教材。"[①]反过来,游戏也是促进儿童发展、促进教学高效进行的一个重要手段。所以,前苏联的学前教育特别重视游戏作为教学手段对儿童发展所起的作用,尤其是教学游戏在幼儿园教学中的重要作用。所谓教学游戏是一种规则游戏,它是在教师的领导下,为完成一定的教学目的,师幼遵守一定的游戏规则而共同进行的活动。在教学游戏中,教师对儿童控制较多,目的是要发展儿童的智力,丰富儿童的知识,培养儿童专心工作的习惯与独立思考的能力。正如戈林娜所说:"教学游戏对幼儿的教育具有特殊的专门的性质。它的特点就在于培养新的知识、技能和熟

---

① 阿·伊·苏罗金娜著,何清新译:《学前教育学》,人民教育出版社1960年版,第195页。

练技巧。在游戏的过程中,幼儿利用各种不同的物品进行各种活动,因而他就认识了物品的性质,然后再加以比较,做出一定的结论。所以教学游戏是发展幼儿思考力、创造力和巩固幼儿知识最有效的方式,在必修作业上占着重要的地位。"[1]由此可以看出教学游戏在作业教学中的地位与作用,它是作为教学的一种手段来进行的,是把游戏的形式与系统知识的学习有机结合起来,从而使教学适应儿童的年龄与心理特点。除了教学游戏外,幼儿园还广泛开展创造性游戏、表演游戏、活动性游戏。受前苏联关于游戏理论的影响,在50年代至80年代我国的学前教育理论中,游戏更多的是从它的工具价值来讲的,是从为完成作业教学的目的而言的;游戏,尤其是教学游戏是从作业过渡到学习的一种形式,是为达到一定的教学目的服务的。如在《幼儿园工作指南》中就明确提出了教学游戏的领导方法,要求教师在选择游戏时要根据本班教育的任务和书本上各科的内容,在游戏过程中要求儿童完成一定的任务,遵守一定的规则,同时还要求发展儿童的语言能力及进行个别教育工作。这显然反映了当时游戏的教学目的性。

(三) 幼儿园的两大类游戏

学前儿童的游戏是多种多样的,分类的方法也各不相同,有按儿童心理活动的发展来分的,也有按认知的发展与社会性的发展来划分的,还有按游戏的性质来分类的,以及按游戏的教育作用来分类的等等。前苏联的学前教育理论中一贯采用按游戏的教育作用或目的对游戏进行分类。长期以来,由于受前苏联游戏理论的影响,我国也常采用这种方法对游戏进行分类。1981年教育部制订并颁发的《幼儿园教育纲要》(试行草案)中,把幼儿园游戏分为创造性游戏(角色游戏、结构游戏、表演游戏)、体育游戏、智力游戏、音乐游戏和娱乐游戏等,即是按照这种方法而进行的游戏分

---

[1] 戈林娜:《苏联幼儿教育讲座》,人民教育出版社1953年版,第57页。

类。80年代末我国出版的第一本高等师范院校的学前教育学教材中,对游戏的分类也是如此,也是从便于教师在幼儿园运用与指导游戏的角度来进行的,基本上把幼儿园的游戏分为了两大类,即创造性游戏与有规则游戏。

1. 创造性游戏

由儿童自由创造的游戏,较多地体现儿童主动、创造的主体特征,突出游戏是儿童自主自愿的、创造性的活动。一般包括角色游戏、结构游戏与表演游戏。

(1) 角色游戏

学前儿童以模仿和想像,通过扮演角色创造性地反映周围现实生活的一种游戏,如"过家家"、"办医院"等。

(2) 结构游戏

学前儿童利用积木、积塑、砂、土、泥等结构材料进行建筑与构造的游戏,如用积木搭"长江大桥"、用积塑拼插"车辆"等。

(3) 表演游戏

学前儿童按照童话或故事中的情节扮演一定的角色,按作品规定的内容进行创造性表演的游戏,如"小兔乖乖"、"拔萝卜"等。

以上三种游戏以培养学前儿童的创造性为显著目标,构成了创造性游戏的主体。

2. 有规则游戏

有规则游戏是成人在儿童自发游戏的基础上,为一定的教育目的而编制的游戏,需要儿童遵守一定的规则,大都由教师组织儿童进行。幼儿园常见的有规则游戏主要有:

(1) 智力游戏

以生动有趣的游戏形式使儿童在自愿、愉快的情绪中增进知识、发展智力的游戏。它把智育因素和游戏的形式结合起来了。

(2) 体育游戏

以发展儿童的基本动作(走、跑、跳、投掷、攀登等)及培养儿童勇敢、坚毅、遵守纪律等优秀品质为主的游戏。

(3) 音乐游戏

在音乐伴奏或歌曲伴唱下所进行的游戏,主要在于发展儿童的音乐感受能力和动作。

以上三种游戏构成了有规则游戏的主体,其作用在于使儿童以愉快的情绪,主动地学习知识,发展智力或动作,并培养儿童勤动脑筋、诚实、勇敢、坚毅等优良的品质。

第二节　新时期学前教育思想的发展

进入20世纪80年代以后,随着我国的改革开放,国际间的交流日益频繁,国外先进的儿童心理理论、教育理论等逐渐引入我国,对我国传统的学前教育思想产生了很大的冲击。我国的学前教育工作者在重新学习、探讨及继承、发扬本国优秀的学前教育思想的基础上,引进、借鉴与吸收了很多西方的教育理论,如皮亚杰(Piaget)的认知发展理论、人本主义教育理论、人类发展生态学、泰勒(Tyler)的课程设计理论、维果斯基的社会建构论、瑞吉欧的学前教育理念等等,努力建构具有中国特色的学前教育思想体系。

一、我国学前教育思想的继承与发扬

1976年,"四人帮"被粉碎,十年"文革"结束。1978年12月党的十一届三中全会,作出了把全党工作重点转移到社会主义现代化建设上来的战略决策,教育战线也迈出了改革的步伐,我国的学前教育工作在遭受文化大革命的破坏后逐步走上了正规。1979年11月,教育部颁发了《城市幼儿园工作条例》,对幼儿教育的方针、目标、内容和制度作了详尽的规定,较为迅速地恢复了幼儿园的正常工作秩序。1981年,教育部又颁发了《幼儿园教育纲要》(试行草案),对我国遭受十年动乱破坏的学前教育工作进行了全

面的整顿,规定了学前教育的新任务,把学前教育内容划分为生活卫生习惯、体育活动、思想品德、语言、常识、计算、音乐、美术等几部分,并强调学前教育目标的实现是通过上课、游戏、体育活动、观察、劳动、娱乐及日常生活等来完成的,学前教育教学继续采用分科教学的形式。《幼儿园教育纲要》的颁布,在当时确实起了拨乱反正、整顿教育教学秩序、提高学前教育质量的作用,然而学前教育的模式与以往相比几乎没有什么大的改变,始终没有摆脱前苏联分科教学的框架。当然,分科教学有它固有的优越性,如注重知识的集中和系统性,便于大面积地传授经验,不必让儿童事事都经过实践,有利于克服儿童喜动、自制力差的毛病,而且集体教学也可以培养儿童的自我控制能力、坚持性、纪律性及集体观念等,还有利于教师按照教学大纲有计划地进行教学,同时这一教学模式又是与中国教育统一管理的体制相适应的。但是,《幼儿园教育纲要》把以前的六科内容进一步划分为八个方面,使科目更加细化,如把生活卫生习惯从体育中抽出,又单独设置思想品德,其结果是学前课程被进一步学科化和正规化,再加上《幼儿园教育纲要》中把以前的"作业"改为"上课",就使学前教育中的分科教学由于自身及外在的原因在20世纪80年代逐渐暴露出它的弱点与弊端,如重视了学科本身的系统性,而对各科之间的联系、配合注意不够,从而使各科之间越来越割裂,肢解了儿童的整体发展;突出了上课的作用,而又严重忽视了游戏、日常生活、劳动、体育活动、娱乐等的教育价值,致使很多教师把重点放在各科的教材教法上,使幼儿园的教学活动脱离了儿童的现实生活,因而难以发挥"上课"以外的其他教育手段的作用;学前教育中过分重视知识、技能的获得,却忽视了儿童情感、态度及儿童个性的发展;学前教育实践中小学化的倾向非常严重;等等。

到了80年代中期,学前教育工作者对我国以前的学前教育进行了系统的反思,对杜威的教育理论作了再认识,对我国过去已有的、在50年代被批判的学前教育理论,如陈鹤琴的活教育理论及单元中心制课程、陶行知的生活教育理论等,运用历史唯物主义的观点重新作了审视,重新进行了评价,肯定了他们的学术贡献,在继承其优秀思想的基础上,结合新的相关的理论开始了新的探索。如南京师范大学与南京市实验幼儿园从1983年起开展的"幼儿园综合主题教育"的探讨,北京市第五幼儿园和崇文区第二幼儿园进行的以常识教育为中心的"幼儿园综合教育"的实验研究,上海长宁区进行的"幼儿园综合性主题教育"研究,南京市鼓楼幼儿园的"单元教育课程"研究等,都是对原有的学前教育理论的继承与发扬。之所以称为继承,是因为综合教育或综合课程在我国20世纪二三十年代曾一度出现过,是与单元中心制课程、生活课程等一脉相承的,有共同的理论基础。当然,这种继承并不是原有理论的复制,而是在吸收新的相关理论基础上的具有新意的并超越了以往理论的继承,其间渗透了我国学前教育工作者对学前教育历史与现实的思考,包含了对学前教育理论优秀成果的吸收与借鉴,使我国学前教育理论的发展进入了一个新的阶段。下面以80年代在我国影响较大的南京师范大学进行的"幼儿园综合教育课程"研究为例作说明。

"幼儿园综合教育课程"研究是我国80年代影响颇广的一种学前教育的实践研究,持续时间较长。通过1983年至1986年的"幼儿园综合教育结构的探讨"与1987年至1989年的"农村学前一年课程的研究"两个课题,初步建立了幼儿园综合教育课程的理论与实践的框架。

该研究从批判我国原有的学前分科教育的弊端出发,针对我国分科教学中知识各自为政,相互脱节或相互重叠,对各科之间的关系与联系缺乏研究,对教育目标、内容和过程缺乏整体性思考等弊病,提出用整体的观点与发展的观点来探求学前教育的结构与内在联系,从而有效地促进儿童的发展。

从幼儿园综合教育课程研究的理论基础来看,其主要的方面就是吸收了我国学前教育前辈陶行知先生的生活教育理论(生活即教育,社会即学校,教学做合一;是儿童的生活就是儿童的教育,全部的生活都是教育,即全部的生活也就是课程,生活进程就是普通学校的所谓课程等),以及陈鹤琴先生的活教育理论与课程论思想(做人、做中国人、做现代中国人;大自然、大社会都是我们的活教材;做中教、做中学、做中求进步,整个教学法,课程的单元中心制等),另一方面也借鉴了国外的教育理论与发展理论。以儿童对社会、自然和自身的认识为主线,从情感教育入手,着力培养儿童良好的行为习惯,发展其语言和思维能力,从教师的主导作用与儿童的主体性的发挥出发,通过师幼合作,促进儿童的发展。

幼儿园综合教育课程的特点即是它的"综合性",而这种综合性主要体现在三个方面和三个层次的综合上。三个方面的综合是指:第一,教育内容的综合。以儿童认识周围自然和社会生活的内容为基础,确定每一阶段的教育内容,以"主题"的形式出现,尽可能将语言、数学、音乐、美术、体育等方面的有关内容结合进去,但不强求综合,各个方面内容仍然保持各自的系统性。第二,教育手段的综合。各种类别的游戏、上课、劳动、娱乐以及日常生活的活动各有其特殊的教育作用,在运用时尽可能互相配合,发挥各自的独特性。第三,教育过程的综合。就幼儿园教育过程的整体而言,要把认知、情感、行为、能力的培养结合在统一的过程中。至于各项具体活动的过程,各有一定的侧重,为构成统一的整体而发挥各自的作用。三个层次的综合主要指:一是主题活动的综合。每个阶段以某个主题综合各方面的教育,使有关的内容得到有机的结合,改变分科教学各成系统分别进行的形式,也改变课内教学单独自成系统的方式,使有关内容和各种手段互相联系,密切配合。二是一日活动的综合。把一日的各项活动组成连续的教育过程,不停留在互相分割的各个片段上,而这种综合又随着教育要求和儿童发展程度的提高而不断调整变化,使活动形式的综合服从于教育内容和过程的综合,以促进教育任务的落实。三是个别活动的综合。每项活动尽可能在各个部分自然的有机联系中进行,既要防止割裂,也要防止强求拼合。个别活动是多种多样的,由内容的性质、活动的要求、儿童的能力多种因素决定,有很大的灵活性。

从"幼儿园综合教育课程"的研究中,可以清楚地看到,课程的进行主要是继承了前辈们在生活中学习、在活动中学习的思想,打破了学科界限,以主题单元来综合各科内容,体现了生活化、活动化及综合化的特点。在课程中综合运用各种方法进行教学,充分发挥各种教育手段的作用,从而使教育收到了好的效果。它是对我国优秀的学前教育理论的继承与超越。

二、外国学前教育理论的引进和吸收

80年代中后期,国际间的学术交流日益频繁,大量先进的儿童心理理论、教育理论不断涌现,我国的学前教育工作者也在学习中不断加以介绍、引进和吸收,这对我国的学前教育理论产生了较大的影响。

1. 皮亚杰的儿童认知发展理论

随着皮亚杰儿童认知发展理论在世界上的兴起,80年代我国的学前教育也开始受其影响,并开始以皮亚杰的理论审视与研究学前教育:(1)各学科都依据儿童的心理发展水平进行了关于儿童学科心理年龄特征的研究,基本上形成了儿童学科心理发展的理论体系,进一步丰富了各学科的内容。(2)儿童的发展就是儿童个体主动地适应环境、主动地同化和顺应外部世界,从而不断地建立新的图式的过程。由于认知发展理论重视儿童处理外部刺激的内部过程,关注儿童内在的心理,而不局限于外部的行为,所以认为发展的基础是儿童内部心理结构的形成与改组,儿童心理的发展是儿童主动建构的结果。

儿童认知发展理论对我国80年代学前教育理论的影响与发展是巨大的，其最明显的地方在于学前教育中引进了"活动"教育观，主张教师的任务就是给儿童提供能够同化的环境，在活动室中设置了各种活动区、角，让儿童通过与环境的相互作用，即通过活动主动地获得发展。如80年代末南京师范大学与南京鼓楼幼儿园的"活动教育课程研究"就是皮亚杰理论在实践中运用的典型体现。活动教育课程通过活动区教育、小组活动教育、集体活动教育，以"幼儿在前，教师在后"的方法，使儿童在各种活动中，在儿童与丰富生动的环境互动中，不断同化外部世界的刺激并得到发展。所以，80年代末到90年代，学前教育重视儿童的经验，注重让儿童在熟悉的环境中利用自己的原有经验去进一步理解、建构，从而帮助儿童不断地组织与提升经验。

2. 人本主义教育理论

80年代末，人本主义教育理论逐渐兴盛，我国的学前教育理论也在其影响下进一步发展。人本主义教育主张以人为本的教育观、儿童观和教师观，其主要内容包括：

（1）儿童是发展的主体、教育的主体，儿童的发展是整体的，而不是个别的，儿童是一个整体，因此仅仅关注儿童的行为或认知是不够的，应当研究"完整的儿童"。学前教育也只有当儿童全身心地参与，将认知、情感、社会性以及各部分的经验、体验融合在一起时，才会对儿童具有意义。（2）了解儿童的兴趣、需要，关注教育对儿童的整体发展，具有的意义显得尤为重要。在这一理论影响下，我国八九十年代的学前教育理论中普遍倡导整体性的教育观，注重儿童完整人格的和谐发展。（3）倡导整合的课程观，反对学科知识肢解儿童的整体发展，强调加强不同学科及不同领域之间的知识联系，使提供给儿童的教学内容整合化。（4）强调教师是儿童学习活动的促进者、鼓励者，也是儿童真诚的、可信赖的、有情感的指导者。引入这一观点，使我国的学前教育更加人性化，更有利于儿童全面和谐的发展。

3. 维果斯基的社会建构论

90年代后期,维果斯基的社会建构论再次复兴,我国学前教育思想的发展也在吸收其合理理念的同时不断地发展。皮亚杰认知建构论中的同化与顺应说明了儿童主体在学习活动中的能动性,说明了学习不是知识由外到内的转移和传递,而是学习者——儿童主动地建构自己的知识经验的过程。维果斯基进一步发展了皮亚杰的思想,提出了一些富有新意的看法:(1)儿童的发展有其深刻的社会背景。他认为皮亚杰脱离了文化,脱离了儿童周围的环境,因而不能真正理解和认识儿童发展的本质。他指出:"人的心理发展的源泉与决定因素是历史过程中不断发展的文化,而'文化'则是人的社会生活与社会活动的产物。"[①]也就是说,儿童的发展离不开一定的具体的社会文化环境。(2)维果斯基深信人与人之间的社交互动是儿童智能发展的源泉,一切较高级的心智能力,如逻辑推理、概念建立、语言能力等,都是由人际间的互动所产生的,即儿童是在与他人的相处中,直接或间接地进行学习的。所以,儿童所处的社会文化背景及社交经验影响儿童能力的发展。如果儿童能与其他的成人或同伴形成有效的社会合作学习共同体,那么就可以帮助他们完成合作建构的过程。(3)社会性的相互作用,包括人们之间的社会交往、沟通、合作的作用更为重要。这种社会性的相互作用可以为知识的建构创设一个广泛的学习共同体,从而为知识的建构提供丰富的资源和积极的支持。儿童知识的获得及很多高级心理机能的发展就是社会性相互作用内化的结果。所以,我国的学前教育理论也强调教育要促进儿童的发展,必须通过儿童自己与环境的相互作用,教育应为儿童的活动创设必要的环境,提供丰富的物质材料;同时,教育也要为儿童提供人

---

① 余震球编译:《维果斯基教育论著选》,人民教育出版社1984年版,第2页。

际间的互动,使儿童积极地吸收环境中的信息,主动地作用于环境,最大限度地发挥自身的潜能,得到最大限度的发展。

4. 加德纳的多元智能理论

90年代,加德纳提出了多元智能理论。他认为:(1)以往我们对儿童的发展作了偏狭的理解,仅仅从认知的角度来看待儿童的发展,其实每个儿童的发展都是多方面的、多维的。(2)儿童除了言语智能和逻辑—数理智能两种基本智能外,还有其他六种智能,它们是视觉—空间智能、音乐—节奏智能、身体—运动智能、人际交往智能、自我反省智能、自然观察智能。(3)每个儿童都在不同程度上拥有上述八种基本智能,各种智能在儿童的发展中都具有同等重要的地位与价值,各种智能也只有相互支持、相互促进,才能形成完整的智能结构,才能使人达到更高的智慧,而且也正是这八种智能之间的不同组合才表现出了儿童个体间的差异。所以,对于儿童来讲,只充分发展其中一种智能,是不能看做整体发展的。

多元智能理论对我国已有的学前教育理论产生了很大的冲击,它要求学前教育必须为儿童提供发展多元智能并促进各种智能共生共荣的条件,使儿童能充分地发展各种感知,把握多种认识世界的方式,体验世界的多样性,获得完整的经验。近几年,我国在学前教育实践中借鉴瑞吉欧教育理论形成的生态式融合课程、幼儿园活动整合课程、生存课程、田野课程等课程模式就是例证之一。之所以如此,主要是因为这些课程是在充分吸收皮亚杰理论、维果斯基理论及多元智能理论基础上的结晶,是90年代有关儿童发展理论的新观点在学前课程中的体现,那即重视儿童认知的主动建构,重视社会文化环境、团体合作对儿童发展的影响,倡导儿童运用多种方式进行认知、表达与沟通,获得完整的感觉经验,重视儿童作为完整的、多元智力发展的人参与课程活动,教师是儿童的向导、伙伴与研究者,课程教学就是要为儿童带来更多的可能性去创新和发现,教学中要注意激发儿童丰富的感觉经验,提升儿童的想像力、创造力,发掘儿童的内在潜力,最终形成儿童的完美人格。这些课程模式进一步拉近了西方学前教育理论与我国学前教育理论的距离,使东、西方的学前教育理论在相互沟通中进一步融合。

5. 人类发展生态学理论

人类发展生态学认为,儿童的发展是不断成长的有机体与其所处的不断变化着的环境之间的逐步的、相互的适应。儿童的发展环境是一个由小到大层层扩展的生态系统。布朗芬布伦纳(Bronfenbrenner)把其分为四个系统:一是小系统,指发展中的儿童与即时环境(家庭、学校、工厂)之间的复杂关系;二是中间系统,它是由一系列小系统构成的系统,对儿童来讲,包括他的家庭、学校和邻里伙伴之间的关系;三是外系统,指并不包含儿童的主动参与,但对儿童产生直接影响的情境系统,如父母的工作单位、父母的朋友、兄弟姐妹的学校等等;四是大系统,指一系列信仰、生活方式、伦理观念、价值观等具有一致性的文化或亚文化。每一个系统都会通过一定的方式对儿童的发展施以影响。这些系统以学校、家庭、社区、整个社会文化以及儿童与其环境之间、环境与环境之间的相互作用过程与联系等不同形式具体地存在于儿童发展的生活中,在儿童发展的不同时期给予不同的影响。受人类发展生态学理论的影响,在80年代末直至90年代以后,我国的学前教育理论特别强调儿童所处的生态环境对儿童发展的影响,强调给儿童创设良好的自然生态环境与社会生态环境,使生态环境与儿童的成长之间保持平衡。所以,在学前教育中强调充分利用儿童身边的自然环境陶冶儿童,让儿童面对大自然去感受,以真实的情感与大自然对话,通过对自然、生命的感悟,使儿童亲近自然,热爱生命,从内心去爱这个世界。与此同时,也重视儿童社会生态环境的建设,强调幼儿园与家庭、社区的合作、共建,强调儿童温和、亲切与合作的人际环境的创设,使儿童在这样的环境中身心得到健康发展。

6. 泰勒的课程目标设计理论

泰勒是课程理论界的泰斗,他的课程目标设计理论自80年代以来一直影响着学前教育活动的设计。泰勒的课程目标设计理论是以目标确立和目标评价为核心的理论,这种理论认为任何一个课程都必须回答以下四个基本问题:(1)学校应该追求哪些目标?(2)人们要提供哪些教育经验才可实现这些目标?(3)这些经验如何才能有效地加以组织?(4)人们如何才能确定这些目标是否实现?与此相应,泰勒提出了课程或教育活动设计的四个步骤:确定教育目标,选择教育经验,组织教育经验,评价学习结果。从而把目标作为课程与教育活动设计的第一要素,同时也把课程评价作为一个必要的环节纳入到设计之中,进而为内容的选择、信息的反馈提供指导。受泰勒课程目标设计理论的影响,我国80年代以来的学前课程活动设计也大多是以确定培养目标、选择学习经验和内容、组织学习活动、评价教育效果来进行的,这种设计基本代表了我国20世纪八九十年代学前教育活动设计的思路与技术。尽管在90年代后期课程设计的过程理论对其有所冲击,但学前教育活动编制的思路仍然是泰勒目标模式的反映,足见其对学前教育影响之深了。

除了上述几种理论外,还有很多的西方理论,如系统论,美国早期儿童教育方案等等,都对我国学前教育产生过影响。总之,80年代以来,对西方多元化理论的引进、吸收也促成了我国学前教育理论的丰富与多样,使我国学前教育理论在广阔的理论视野下,在本土文化的土壤中,获得长足的发展,从而构建了具有中国特色的学前教育理论。

三、建构具有中国特色的学前教育思想体系

经过八九十年代对国外先进的教育理论的引进、吸收,以及对我国传统教育思想的扬弃,尤其是经过我国学前教育工作者的深入思考与实践研究活动,到20世纪90年代末、21世纪初,我国的学前教育理论有了很大的发展,形成了具有教育指南意义的《幼儿园工作规程》(1996年,以下简称《规程》)、《幼儿园教育指导纲要》(2001年试行、以下简称《纲要》),努力建构具有中国特色的学前教育思想体系。

(一) 以儿童发展为本的学前教育价值取向

以儿童为本,促进儿童身心全面和谐发展是我国学前教育的价值取向。《规程》中把学前教育的目的以任务的形式作了概括性的表达,即"对幼儿实施体、智、德、美诸方面全面发展的教育,促进其身心和谐发展",目的充分指向了儿童发展本身,而且在几个方面的目标中也体现了尊重儿童年龄特点的要求,如强调保教结合,把体育放在首位,强调利用感官,培养动手能力,反映了对儿童思维特点、认识特点的尊重,同时重视培养儿童的兴趣与求知欲。在德育方面,强调从儿童的情感入手,重视儿童良好性格与习惯的培养。在美育方面,以培养儿童的感受美和表现美的情趣在前,能力在后,这些都体现了教育以儿童为本,以适合儿童的发展为准则的思想。《纲要》则进一步扩展与深化了以儿童为本的思想。《纲要》总则的五条中除第一条之外,其他几条分别从不同角度,围绕"以儿童发展为本",明确指出:共同为幼儿的发展创造良好的条件;满足幼儿多方面发展的需要,使他们在快乐的童年生活中获得有益于身心发展的经验;尊重幼儿的人格与权利,尊重幼儿身心发展的规律和学习特点,促进每个幼儿个性的发展等等。不仅如此,这一精神还自始至终融入了《纲要》的其他部分,指导着学前教育的组织、实施、评价等环节。其实这些话语的背后都清晰

地体现着一个重要的理念,那就是学前教育只有在尊重儿童的发展水平、能力、经验、学习方式等方面特点的基础上,才能使每一个儿童获得满足与成功;学前教育只有以儿童的发展为本,才能真正促进儿童的发展。

(二) 注重儿童终生学习与发展品质的培养是学前教育的重要目标

"21世纪的基础教育把每个学生潜能的开发、健康的个性发展、为适应未来社会发展变化所必须的自我教育、终生学习的愿望和能力的初步形成作为最重要的任务,这与传统教育中把基础主要定位于基础知识、基本技能和技巧的训练有很大的区别。"[①] "基础教育再也不能仅限于教孩子们读书、写字和算术,它还应当教导人们学会做人,学会做事,学会学习,学会与他人共同生活。"[②] 也即它更重视儿童学习的乐趣与兴趣,学会学习的能力及对知识的好奇心,注重儿童获取、更新知识的能力及与他人合作、交往的品质的培养等等。换句话说,即是为儿童一生的持续发展奠定基础。作为基础教育之基础的学前教育自然也顺应了这样的教育改革潮流,从而使我国当代的学前教育目标定位于儿童终生学习与发展品质的培养上。如《规程》中强调要"培养儿童有益的兴趣和求知欲望","萌发儿童美好的情感,培养自信、好问、友爱、勇敢等的品性与活泼、开朗的性格"。而《纲要》则更清楚地表达了这一认识,要求"从不同的角度促进幼儿情感、态度、能力、知识、技能等方面的发展","要避免仅仅重视表现技能或艺术活动的结果,而忽视幼儿在活动过程中的情感体验和态度的倾向",

---

① 张维仪著:《教师教育——改革与发展热点问题透视》,南京师范大学出版社2001年版,第10页。

② 松浦晃一郎:《经济全球化能创造新文明的价值观吗?》,《教育展望》2001年第4期。

"尤其要避免只重知识和技能,忽略情感、社会性和实际能力的倾向","教育内容要选择幼儿感兴趣的事物与问题",等等。不难看出,它是把儿童的情感、态度作为儿童发展的最重要的方面列在首位的。同时,《纲要》所规定的五个教育领域的目标表述也更多地使用了"体验"、"感受"、"喜欢"、"乐意"等字眼,强调良好习惯的形成,强调合作、参与、探索,明显地着眼于儿童积极主动的态度、强烈的学习兴趣及有效与环境互动的能力。所以,在90年代的学前教育目标中,人们是把情感、态度放在首位,把能力放在知识之前的。《纲要》对发展"情感、态度、能力、知识、技能"的排序本身就体现了一个鲜明的教育目标取向,那就是教育注重培养儿童终生学习与发展的品质。

(三)儿童是教育的主体

在传统的学前教育中,往往教师是主体,一切以教师为中心,教师统率着教育活动的始终,儿童在教育中处于客体的地位、附属的地位,只是消极被动地接受教师的影响。作为主体,教师的主要任务是用讲解的内容来"填满"儿童。作为客体,儿童的主要任务就是听讲,把老师所讲的东西储存起来。当代的学前教育理论工作者在反思过去教育的基础上,借鉴相关的理论,确立了儿童是教育主体的观念,这一观念成了当代学前教育理论的主流思想之一。儿童是人,人具有主体能动性。与成年人一样,儿童总是以其独特的方式对外界刺激作出应答。的确,儿童从出生之日起就表现出一种自然的主体性,饿了会哭,高兴时会手舞足蹈,嗅到难闻的气味会把头偏开,能长时间注视鲜艳的色彩,等等。进入幼儿期之后,随着儿童年龄的增长、知识经验的积累、活动范围的扩大、自我意识的迅速发展,儿童的主体作用也越来越大。任何刺激信息如果不能引起儿童的注意,不能引起儿童的兴趣,就不会进入儿童的脑海,因而也不会发生应有的效果。外界刺激对儿童的作用要通过儿童的主体才能体现出来,离开了儿童主体的能动作用,任何刺激都不会引起儿童的反应。因此,现代学前教育理论突破了"儿童是客体"的观点,把儿童作为教育活动过程的主体加以分析,并主张通过儿童的积极主动的活动使他们成为具有完整人格的主体的人;强调教育要充分尊重儿童的兴趣、需要,充分调动儿童的主动性、积极性与创造性;强调通过儿童自身与环境的交互作用,让儿童主动选择、建构自己的经验,从而实现儿童的发展并达到教育的目标。

(四)崭新的课程观

进入新世纪以来,随着学前教育的不断变革,形成了崭新的学前课程观,主要表现在以下几方面:

1. 整合的课程观

传统的学前教育理论中,由于实施的是分科课程,从而把语言、计算、音乐、美术、体育、常识各学科看做是彼此独立、互不相干的知识板块,在使每一门学科深化、细化的同时,也造成了学科、知识之间的相互割裂,其后果不仅使不同观念与知识之间互相抵消甚至冲突,更把一个完整的儿童割裂开来。所以,当今的学前教育理论在课程观上强调整合,主张采用如主题、单元或领域等各种形式对学科进行整合,从而使知识之间,认知、情感、体验之间,学科与儿童生活之间形成有机的联系,以达到培养"完整儿童"的目的。

2. 预成与生成课程的统一观

过去在学前教育活动中,由于实施的是预设课程,因而预先制定好了完整的课程计划,安排好了课程的目标、内容、进度,分配好了每一个课时,所以教师所要做的就是严格执行计划,以达到预定的目标,教育活动的动态性、过程性及所具有的丰富性、意义性逐渐消失了。新世纪的学前教育理论在反思过去预成课程的弊端,借鉴意大利瑞吉欧教育理念的基础上,形成了预成课程与生成课程统一的观点。在课程活动之前都要进行认真的预设,制定课程的规划,确定一般性的目标及活动的可能路径,但在课程活动中又不局限于预设、服从于预设,而是根据活动中师幼的互动、儿童的兴趣和需要及时修正,调整预先设定的计划,生成新的教育活动,使学前课程成为了一种预成与生成的统一。

3. 三级课程管理体制,学前课程模式的多样化

由于长期实施统一的国家课程或地方课程,致使分科课程成为幼儿园单一的课程模式。自90年代后期以来,开始实行国家课程、地方课程、学校课程三级课程管理制度,课程的决策与开发权利部分地下放到了学校、幼儿园,从而改变了教师在课程开发中完全被动、接受的角色,使园本课程的开发、构建成为八九十年代学前教育园地上一道亮丽的风景。从80年代的"综合主题课程"开始,一直到90年代的"单元教育课程"、"情感课程"、"游戏课程"、"田野课程"、"生存课程"等,园本课程的开发与构建取得了很大的成绩,从而使学前课程模式出现了多样化的趋势。

(五)学前教育注重为儿童创设良好、丰富的活动环境

我国当前的学前教育理论,由于广泛吸收了皮亚杰的认知建构论、维果斯基的社会建构论及瑞吉欧学前教育的理念,所以十分注重为儿童创设良好、丰富的活动环境,通过儿童与环境的相互作用促进儿童的发展。这从学前教育的指导性文件中即可看出。早在《规程》中就指出要"创设与教育相适应的良好环境"。到了《纲要》则对环境有了专门的论述:"环境是重要的教育资源,应通过环境的创设和利用,有效地促进幼儿的发展。""幼儿园的空间、设施、活动材料和常规要求等应有利于引发、支持幼儿的游戏和各种探索活动,有利于引发、支持幼儿与周围环境之间积极的相互作用。""幼儿同伴群体及幼儿园教师集体是宝贵的教育资源,应充分发挥这一资源的作用。"因此,在学前教育的实施中,首先强调要为儿童创设丰富的物质环境,要求幼儿园的教师根据儿童的年龄特点、实际发展水平、兴趣及所围绕的教育目标,设置不同的活

动区或活动角,并根据每个阶段儿童的发展需要及教育内容的要求不断更换、调整,使创设环境的过程也成为教育的过程,从而引导儿童在积极参与创设环境的过程中得到发展。其次,在环境的创设方面也注重建立良好的师幼、同伴关系,注意营造平等、宽松、愉快的氛围,使儿童在集体活动中积极主动地相互交往,在与教师、同伴交往的过程中学会合作、谦让、分享等品行,并获得积极的情感体验。总之,环境的创设已成为教育的重要部分。

(六)游戏是幼儿园的基本活动,注重游戏的愉悦、享乐价值

游戏是儿童最喜爱的活动,也是幼儿园的基本活动。早在《规程》中就提出了"以游戏为基本活动"的教育理念,到了《纲要》则更进一步明确了以游戏为基本活动的思想。所以,当今的学前教育理论已充分认识到了游戏对儿童的价值。由于游戏活动最符合儿童的心理特点、认知水平、活动能力,能最有效地满足儿童的需要,促进儿童的发展,因而游戏对儿童具有其他活动所不可替代的发展价值,从而使游戏成为幼儿园的基本活动。

当今的学前教育理论在游戏的理念上早已超越了单纯注重游戏的工具价值、手段价值,而是更加注重游戏的本体价值,认为游戏是儿童自发自愿的、不受外力约束的自主活动,游戏没有外在的目的,它产生于儿童的兴趣、需要等内在动机,注重的是"过程"与"表现",追求的是其本体价值——愉悦、享乐的功能,用儿童自己的话说即是"好玩"。游戏在使儿童享受乐趣、享受自由欢畅的天性的同时,也能自发地促进儿童身体、认知、情感和社会性等方面的发展。游戏的这一工具价值恰恰与幼儿园教学所要达到的引发儿童发展的目标是一致的,这也使游戏的发展功能得到了保证。所以,在当今的学前教育理论中,人们反对单纯利用游戏形式来为教学服务,即"游戏教学化"。正如米舌莱所言:"游戏显然是一种无偿的活动,除了它本身带来的娱乐外,没有其他目的。从它成为教育游戏的时候起,它事实上就不成为游戏了。从游戏被用来培养某种技能或在某一特殊领域增进个人知识的时候,它就不再是游戏了。"①因此,游戏只有在尊重儿童意愿的基础上,在儿童觉得"好玩"的过程中才能更好地促进儿童身心的发展,更好地达成教育的目标。

(七)发展性取向的学前教育评价

学前教育的不断改革,也带来了学前教育评价观念的更新。在当今的学前教育理论中,关于学前教育的评价已走向了发展性的评价体系。《纲要》提出,评价是"促进每一个幼儿发展,提高教育质量的必要手段",评价的过程也是"教师自我成长的重要途径",明显地折射出新的学前课程评价理念,即将评价作为了解儿童、促进儿童发展,作为教师反思性成长及提高教育活动效果的重要手段。这样,评价再也不是仅仅在教育活动结束时进行的终结性评价,评价与教育的动态发展联系在一起了,评价成了教育工作的有机组成部分,贯穿在教育活动的始终,从而把实现教育目标的每一个环节的关键因素、表现形态及各种内在条件和外在条件放在了反复的、动态的评价监控之中,在真实的教育活动情境中,关注儿童的发展,发现每个儿童的特点,识别和培养他们区别于他人的兴趣与智能,从而帮助他们实现富有个性特色的发展,同时也为教师的自我成长开辟了新路径。所以,发展性评价的观念已成为学前教育评价中的主导观念,成为学前教育理论的重要组成部分。

(八)学前教学活动中倡导交往、沟通、合作、对话

受建构主义教学论及后现代教育理论的影响,当今的学前教育理论早已抛弃了教学是教师的语言传授活动、是知识灌输的过程等陈旧观念,教学已成为教师与儿童交互作用的过程,成为教师与儿童交往、沟通、合作与对话的过程。正如美国学者波伊尔所指

---

① 转引自瞿葆奎:《教育学文集·课外校外活动》,人民教育出版社1991年版,第182页。

出的:"学校应当是教师和学生这两类主体'交互作用'形成的'学习共同体'……因此'学习共同体'首先是合作文化的环境,每一个成员之间应有更多的合作与关怀。通过人人参与、平等对话、真诚沟通、彼此信赖来发展合作精神,激发道德勇气,共享经验知识,实现自我超越。"[1]80年代以前学前教学形态可以说是以书本中心、教师中心、教材中心为特征的,教师的作用就是传授现成的书本知识,儿童仅仅是接受知识的容器,而不是知识的自主习得者,更不是与教师平等交往、对话的个体。通过20多年的学前教育改革,现在人们更多地关注学前教学中的交往、沟通、合作、对话,关注儿童作为学习与交流的主体的地位与权利,倡导在交往、沟通、合作、对话中实施教学,使儿童在宽松的氛围中有选择、表达、决策的权利,使儿童在与教师、同伴的沟通互动中,在多重对话的相互激发中不断地主动建构,获得发展。

总之,在近半个世纪的时间里,我国的学前教育先是在全面学习前苏联学前教育理论与经验的基础上,形成了20世纪五六十年代具有浓厚苏联色彩的学前教育思想,确立了全面发展的学前教育目标,注重教学、知识系统化和作业形式的学前教学论及幼儿园游戏理论,这影响了中国50年代至80年代的学前教育思想的发展。自80年代开始,我国的学前教育工作者在重新审视传统的学前教育思想的价值及吸收、引进国外先进的教育理论的同时,也从自己的本土文化出发,不断地思考与建构自己的学前教育思想,到20世纪末基本形成了具有中国特色的学前教育思想,从而使我国的学前教育思想从主要依靠模仿和引进走向了扎根于中国学前教育实践的本土化的生成与创新之路。

---

[1] 钟启泉等主编:《基础教育课程改革纲要(试行)解读》,华东师范大学出版社2001年版,第209页。

思 考 题

1. 试论前苏联学前教育理论对我国 20 世纪后 50 年学前教育思想的影响。
2. 就如何构建我国学前教育思想体系谈谈自己的认识。

下 篇

外国学前教育思想

第一章 古代学前教育思想

古代学前教育思想的发端可以到古希腊、古罗马时期的思想家的教育论著中去寻觅。柏拉图的学前教育思想在外国教育史上具有开创性意义。他根据自己的哲学思想与教育实践,提出了教育在治国中的职能,强调了学前教育的重要性;最早提出并系统论述了公共的学前教育体系,指出了故事、唱歌、游戏在幼儿教育中的重要地位。亚里士多德的学前教育思想把古代学前教育理论推向了一个新的高度,对后世产生了很大影响。他总结了斯巴达和雅典的幼儿教育经验,对0~7岁的儿童教育进行了论述:依据教育适应自然的思想,首次把0~7岁这一教育阶段列入教育机制,使学前教育成为青少年整个教育中不可缺少的一环;强调幼儿时期应以养育为主,对游戏在幼儿身心发展中的作用作了高度评价,并意识到了环境对于幼儿的巨大感染作用,要求为儿童创设一个合乎教育理想的环境。昆体良的教育思想代表了欧洲古代教育理论发展的最高成就。他重视早期教育,对幼儿学习抱有充分的信心,认识到了家庭环境在早期教育中的重要意义,提出注意幼儿语言的纯洁性、慎选保育人员、反对体罚、采取适当的教学方法等观点。

第一节 柏拉图的学前教育思想

柏拉图(Platon,前427—前347)是古希腊著名的哲学家、教育家。柏拉图出生在雅典一个贵族家庭,优裕的家庭条件使他从小受到良好的教育。20岁时,他师从大哲学家苏格拉底,专门研究哲学。柏拉图的一生正处在雅典的奴隶主民主政治由盛极一时趋于衰落的剧烈变革时代。经过多年的游历,他意识到要改革雅典的政治体制,振兴希腊,就必须培养一批既精通哲学、自然科学,又善于治理国家的政治家。公元前387年,他在雅典创建了一所高等学府——阿卡德米学园,开始了他通过教育来改革社会政治的工作。

柏拉图的教育思想,包括学前教育思想,主要反映在其代表作《理想国》中。这是一本泛论政治、经济、哲学、伦理和教育的综合性著作,其中以较大篇幅阐述了教育问题,是西方第一部全面深入探讨教育理论的著作。

一、理念论:学前教育思想的理论基础

柏拉图是西方第一个提出并详尽论证了客观唯心主义的人。客观唯心主义是柏拉图全部学说的理论基础和出发点。在柏拉图的整个哲学体系中居于最重要、最核心地位的是"理念论",这也是其学前教育思想的理论依据和基础。

柏拉图认为,人们的感官所感知到的一切事物都是变动不居的,因此是不真实的;真实存在的东西应该是不动不变的,这就是苏格拉底所说的绝对的永恒不变的概念。柏拉图把这种概念称为"理念",他认定理念是万物的本原,它外在于并先于感性的个别事物而独立存在。可见,"理念"是柏拉图虚构的一种思想精神境界,是不依靠任何个别事物并先于个别事物而客观存在的精神实在。

柏拉图提出,所有的理念构成了一个客观存在的世界,即理念世界。现实的现象世界是虚幻的、变化无常的、不真实的,仅仅是感觉的对象,而理念世界则是永恒不变的、绝对真实的、不生不灭的。理念世界是现实世界的原型、模型,现实世界的个别具体事物是理念世界的摹本、副本。柏拉图进一步指出，理念世界不是混沌一片、不分主次的，而是有严格的等级系统：最低级的是具体事物的理念；高一级的是数学或科学方面的理念；再高一级的是艺术和道德方面的理念，如正义、勇敢、节制；最高的理念是善，它处于众理念之上，统御其下的理念，是一切真理的源泉。

以这种理念论为基础，柏拉图对理想的国家学说进行了探讨。在《理想国》中，他试图设计一种用以改造现实社会的理想国家模式。柏拉图认为，理想的国家应该是正义的国家，是贤人治理的国家。理想国的公民分为三个阶层：第一等级是造物主用黄金造的，是哲学家，具有智慧的天性，因此是国家的统治者；第二等级是用白银造成的，是军人，具有勇敢的天性，要做辅助者，保卫国家；第三等级是用铁和铜造的，是农民、工商业者，具有节制的天性，要供养哲学家和军人。只要这三个阶层各司其职，安守己位，国家就能达到和谐与正义。

为了实现这样一种理想的国家，柏拉图把教育作为一项重要的战略措施。他认为，理想的国家应该由最好的公民组成，而人们只有受了良好的教育，才能成为"事理通达的人"。而且实现理想国的关键是由哲学家来治理国家，因此教育更要承担起培养哲学家的重任。柏拉图构思了一种与理想国的政治结构相适应并为之服务的教育体制，其中就包括学前教育。

二、论学前教育的重要性

柏拉图认为教育是实现理想国的首要途径，教育是贯穿人一生的大事。为此，他很重视学前教育，认为教育应该从幼年开始。一切事情都应该慎之于始，学前教育尤应如此。因为人在幼年时，性格正在形成，任何事情都会给他留下深刻印象，影响他今后的成长。柏拉图说："凡事开头最重要，特别是生物。在幼小柔嫩的阶段,最容易接受陶冶,你要把它塑成什么型式,就能塑成什么型式。"①他还强调指出,"一个人从小所受的教育把他往哪里引导,却能决定他后来往哪里走"②。

在柏拉图看来,教育的最高境界是造就哲学家,要由哲学家担任国王,这才能实现理想国。柏拉图所主张的理想的哲学家的品格,也就是他所要培养的理想的人格。这种理想人格包括有良好的记性、敏于理解、豁达大度、温文尔雅、爱好真理、正义、勇敢、节制。这种理想人格必须从幼年开始培养,且要经过长期的锻炼、考验才能养成。因此,学前教育的任务,应该着重于道德行为的熏陶,以形成良好的品质。要在幼儿的心灵上播下认识善与恶的最初的种子,引导幼儿恨他所应恨的,爱他所应爱的。在道德熏陶的方法上,柏拉图强调,要利用幼儿善于模仿的天性,让幼儿模仿那些勇敢、节制、虔诚、自由的一类人物,通过这种对正确事物的模仿,逐步培养幼儿良好的道德习惯。

三、论儿童公育

柏拉图是第一个提出公共的学前教育思想的教育家。他主张婚配和育儿都要由国家负责。

柏拉图认为,实现理想国的一个重要保证是共产主义制度。这种共产主义制度只在执政者和军人中施行。柏拉图把执政者和军人又统称为卫国者。他主张,在卫国者中,要废除私有财产,使婚姻成为高尚的事,并取消家庭。执政者要为人民选择婚配,结婚的目的是生子,婚姻一定要保证所生的后代属于优秀的种子。最良的男子配最好的女子,这种配偶越多越好。最不良的男子配最不良的女子,这种配偶越少越好,且应使之日益减少。男女结婚的

---

① 柏拉图著,郭斌和、张竹明译:《理想国》,商务印书馆1986年版,第71页。
② 柏拉图著,郭斌和、张竹明译:《理想国》,商务印书馆1986年版,第98页。

年龄应有所限制,女子在 20~40 岁,男子是 25~55 岁。这是男女身体和精神最为健全的时期,过此时限,身体衰弱,不能产生出优良的后代。不在此年限所生的子女国家不予承认,应当抛弃,同时要受公共舆论的谴责。

实现理想国的另一重要保证是教育。柏拉图认为教育是立国之本,教育比之立法、理财与充实军备更加关系国本,国家应当把教育当做头等大事,教育应该由国家来办,国家要把办各级教育作为国策。因此,学前教育必须由国家统一办理。柏拉图指出,优秀的男女所生的子女属于整个国家,应当由国家在公共场所抚养、教育。不良者的子女则要把他们放到人们不知道的地方。那些被认定为优良的孩子要送到国家的育婴所,在国家最优秀的女公民监督下,挑选优秀的女仆照管,用摇篮曲、儿歌等对婴儿施加教育影响。有乳的母亲可以去为婴儿喂乳,但绝不应让母亲知道哪一个是自己的子女。儿童满 3 岁后,就要集中到附设于神庙的儿童游戏场,由国家指定专人负责照管、抚养。其结果是所有的父母都不知道谁是自己的子女,所有的子女都不知道谁是自己的父母,人们应把所有年龄相似者视为自己的父母或视为自己的子女。这样,人们彼此之间不是兄弟就是姐妹,不是父母就是子女。

四、论学前教育内容

柏拉图提出,学前教育的主要内容是唱歌、做游戏、讲故事等。

柏拉图认为,卫国者的教育应该从幼年的音乐教育开始,唱歌的目的是为了陶冶心灵。他指出,音乐的节奏与乐调有最强烈的力量,能浸入心灵的最深处,儿童如果受到和谐的音乐教育,就可以使心灵得到陶冶,性情得到调和。反之,如果音乐教育不适合,儿童的心灵就会被丑化。因此,要选择欢快、令人奋发的歌曲给儿童唱,避免让儿童听到忧郁的歌曲,以培养儿童积极向上的精神,养成良好的行为习惯。

柏拉图认为,讲故事的目的是要形成将来的卫国者的良好品质,使儿童长大成人时"知道敬神、敬父母,并且互相友爱"。他非常重视故事内容的选择,因为这对儿童道德品质的形成影响很大。他说:"早年接受的见解总是根深蒂固不容易更改的。因此……为了培养美德,儿童们最初听到的应该是最优美高尚的故事。"[①]柏拉图主张,要严格审查故事的创作者及其作品,接受那些编得好的故事,拒绝那些编得不好的故事。"我们鼓励母亲和保姆给孩子们讲那些已经审定的故事,用这些故事铸造他们的心灵,比用手去塑造他们的身体还要仔细。"[②]柏拉图认为,人们现在所讲的故事大多数必须抛弃,尤其必须痛加谴责的是丑恶的虚假的故事,最荒唐的莫过于把最伟大的神描写得丑恶不堪。他主张决不能让儿童听到诸神之间明争暗斗的故事,以及关于大逆不道、想尽办法严惩自己的犯了错误的父亲等神话故事。在儿童的故事书里,神的形象应该神圣无疵,英雄人物应该公正无私,这样才有利于培养儿童的美德。

柏拉图很重视游戏在儿童发展中的实际意义,认为游戏是学前教育的一项重要内容。柏拉图是教育史上第一次把游戏作为单项的行为类别提出来的教育思想家。在柏拉图看来,儿童的天性是需要游戏的,成人应当满足儿童的这种需求。他甚至认为儿童的游戏关系到政体的稳定,必须对儿童游戏的内容进行很好的安排,使游戏的内容与法律和社会秩序一致。游戏的方式和玩具不应轻易变更,如果经常变换游戏的方式和玩具,就会在儿童心理上造成喜新厌旧、追求奇异的生活方式,甚至追求其他的制度和法律的不好影响,这就会危及这个国家的政体。因此,柏拉图主张要为所有儿童安排同样的游戏,采用同样的游戏方式,使儿童喜欢相同

---

① 柏拉图著,郭斌和、张竹明译:《理想国》,商务印书馆1986年版,第73页。
② 柏拉图著,郭斌和、张竹明译:《理想国》,商务印书馆1986年版,第71页。

的玩具,养成相同的爱好,从而使儿童形成固定的行为习惯,养成节制、顺从、公道等美德,认为这对于保持固有行为规范,稳定社会秩序,是大有好处的。

柏拉图的学前教育思想在外国教育史上具有开创性意义。他提出了教育在治国中的职能,强调了学前教育的重要性;最早提出并系统论述了公共的学前教育体系,指出了故事、唱歌、游戏在幼儿教育中的重要地位及慎选内容等问题。柏拉图的学前教育思想中包含了许多珍贵见解,对后世的学前教育影响甚大。

第二节 亚里士多德的学前教育思想

亚里士多德(Aristoteles,前384—前322)是古希腊一位百科全书式的学者,被马克思称为"古代最伟大的思想家"。他对哲学、政治学、物理学、生物学、伦理学、逻辑学、心理学、美学等学科都有研究和建树。在教育上,亚里士多德是古希腊教育经验和教育思想之集大成者,后世的各种教育思想几乎都被亚里士多德以萌芽的形式提出过。他的许多卓越见解至今仍不失其意义。

亚里士多德出生于希腊色雷斯的一个医生家庭。公元前367年,亚里士多德到雅典,进入柏拉图的学园学习。他思想敏锐,受到师生的尊重,柏拉图称他为"学园的精英"。亚里士多德在那里居留了20年,直到柏拉图去世才离开学园。公元前343年,亚里士多德受聘担任马其顿王子亚历山大的教师,他的教育取得了成功。公元前335年,亚里士多德在雅典创办了吕克昂学园,在此讲学、研究、著述达13年。

《政治学》、《伦理学》、《逻辑学》是亚里士多德的重要著作,他的教育思想主要就体现在其中,从中可以发现亚里士多德有着非常丰富的学前教育思想。

一、灵魂论:教育思想的理论基础

亚里士多德对柏拉图的理念论持批评态度,认为这一理论并未能说明事物的原因、本质。他指出,柏拉图的理念与事物无联系,它不是存在于事物之中,而是存在于事物之外。既然理念与事物无必然的联系,那么,理念就不可能是事物的原因和本质,也不可能在自然界引起运动和变化。

亚里士多德认为,要认识事物,就必须认识物之所以为物的根本原因。他把个别具体存在的事物看做是"质料"和"形式"的统一体。"质料"是构成事物的原料,"形式"是事物的本质;在具体事物中没有无质料的形式,也没有无形式的质料,形式不能和质料割裂开来。例如,铜像是以铜为质料,按一定形式而雕成铜像的。这表明亚里士多德是从发展与变化的观点去看待事物的。

亚里士多德批判了柏拉图的理念论,但他又认为形式是主动的、本质的,质料是被动的;形式在事物之中,它使事物运动的同时,也就实现了事物的目的;形式与目的是一致的,形式的实现就是目的的实现。他认为,任何事物都有其本身所追求的目的,不仅会思考的人有其目的,所有的自然物和人造物都有它们本身的目的。整个宇宙无物不存在着它本身的目的,低级的事物以较高一级的事物为其发展的目的,最高的目的就是形式的形式、绝对的善,它被万物所渴望、所企求。

以上述观点为指导,亚里士多德把人作为有机世界的一个部分来考察。他认为,一切有机体都是由质料和形式构成的,有机体的躯体是质料,有机体的灵魂是形式。灵魂是有机体运动的原因和实质,是其现实的和真正的存在。躯体是有机体的工具,灵魂是有机体的目的。凡有生命的地方就有灵魂,灵魂是统一的实体,但它有多种不同的功能,各种不同等级的功能与生命的各种形式相适应。他提出,灵魂可以分为三部分:一是植物的灵魂,这是灵魂中最低级的部分,它主要表现在营养、发育、繁殖、生长等生理方面;二是动物的灵魂,这是灵魂中的中级部分,它主要表现在本能、感觉、情感、欲望等方面;三是理性的灵魂,这是灵魂的高级部分,它主要表现在认识与思维方面。"如果既是营养的,又是感觉的,并且也是理性的,那就是人的灵魂。"①人的灵魂包含两种成分:一种是非理性灵魂,其功能是本能、感觉、欲望等;另一种是理性灵魂,其功能是思维、推理等。

在亚里士多德看来,一般人都包括躯体和灵魂两部分,而灵魂又包含非理性与理性。人的发展进程,应先是躯体,然后是非理性灵魂,最后才是理性灵魂。他说:"首先要注意儿童的身体,挨次而留心他们的情欲境界,然后才及于他们的灵魂。"②人在婴儿时就开始显露出情感和欲望,婴儿的啼与笑,高兴与愤怒,就是他们的非理性灵魂开始发展的标志;而人的理性的灵魂,则要到以后的岁月,经过教育,才能逐渐得到发展和完善。合理的教育,应遵循人的自然行程:先是体格教育,使其有健康的体魄;然后以情欲的训练为主,养成其良好的习惯;最后才发达他们的理智,使其能过好闲暇的生活,从事于沉思,专心于学问。

二、论教育与政治的关系

亚里士多德看到了教育与政治的紧密关系,认为教育是国家的头等大事。他大力宣扬斯巴达的经验,指出,斯巴达人重视儿童的教育,使教育成为国家的事业,是值得称颂的。据此,他劝告国家的领导者重视教育,把教育看做国家政权建设的一个方面。他提出领导者必须"首先注意少年人的教育",强调国家掌管教育,

---

① 亚里士多德:《论灵魂》,引自黑格尔《哲学史讲演录》第二卷,三联书店1957年版,第339页。

② 亚里士多德著,吴寿彭译:《政治学》,商务印书馆1983年版,第395页。

可以"维护这个政体的实力"①。这是他深入研究斯巴达的历史经验作出的理论概括。

亚里士多德强调创办与管理教育是国家的重要职责。他认为,对城邦的公民应该采取一致的教育方案,指出"按照当今的情况,教育作为各家的私事,父亲各自照顾其子女,各授予自己认为有益的教诲,这样在实际上是不适宜的"②。在教育由国家统一办理这个问题上,亚里士多德与柏拉图的观点是一样的。

亚里士多德还说明,教育应成为宣传"法治"、对人们进行法制教育的工具。他认为,依法治理国家优于寡头政治。国家的法律是按照理性的要求制定的,而各种法律的内容必须使公民了解,这样,人们才能守法而不会犯上作乱。"法律所以能见成效,全靠公民的服从,而遵守法律的习惯须经长期的培养。"③培养这种自觉守法的习惯,就是教育的任务。

亚里士多德从他的"法治"思想出发,还提出了"教育应由法律规定",使教育纳入国家法治轨道的主张。在他看来,城邦的政治生活、商业、教育都是根据理性来制定法律的,城邦的公民们只要遵循法律的规定办事,社会生活、社会教育就能顺利开展,城邦就容易治理好。因此,他要求儿童和其他需要受教育的各种年龄的人都应当受到训练,全城邦公民都应该受同样的教育,认为教育应订有规则并由城邦办理。亚里士多德特别推崇有些城邦设置从事教化的专门机构,如妇女监护、法律(礼俗)监护、儿童监护、体育训导等项职司。

---

① 亚里士多德著,吴寿彭译:《政治学》,商务印书馆1983年版,第406页。
② 亚里士多德著,吴寿彭译:《政治学》,商务印书馆1983年版,第406页。
③ 亚里士多德著,吴寿彭译:《政治学》,商务印书馆1983年版,第81页。

三、论年龄分期与教育

在教育史上,亚里士多德首次提出并论证了教育要与人的自然发展相适应的原则。他遵循儿童的年龄特征,把新生一代的教育分为三个时期:

(1) 0~7岁,是学龄前教育时期。在这个时期,幼儿主要是在家接受教育,其任务是使身体正常地发育成长。亚里士多德的这一主张是基于他的灵魂论观点,即身体的发展应先于心灵而来的,所以他强调幼儿时期应以身体发育、成长为主,重视婴幼儿的养育。

(2) 7~14岁,是儿童"进入正规的集体教育"的阶段。教育的任务在于使儿童掌握读、写、算的基本知识与技能,并进行体操训练与音乐教育。

(3) 14~21岁,这个时期教育的主要任务在于发展学生的理智灵魂。亚里士多德所创办的吕克昂学园正属于这一时期的教育。

四、论学前教育

亚里士多德对0~7岁的儿童教育进行了论述,并提出了以下主张。

1. 注重孕妇的保健

为了培养健康的下一代,亚里士多德主张实行优生,注重孕妇保健。他要求以法律来规定婚配制度,保证在最宜于生育的年龄生育下一代。已婚夫妇要经常向医生和自然学家请教,学习生育知识。孕妇要注意自己的身体,经常进行运动,但不宜过于劳累。而且孕妇要吃富有营养的食物,保持宁静的情绪,因为"子息的天性多得之于其母,有如植物得之于土壤"[①]。

[①] 华东师范大学教育系、浙江大学教育系合编:《西方古代教育论著选》,人民教育出版社2001年版,第103页。

2. 注意幼儿的营养

亚里士多德特别注意幼儿的营养问题。他认为,婴儿出生以后,食物对他们的体力影响很大,而乳制品的营养最好,应该让婴儿多吃一些含乳食物。因此,他要求母亲亲自哺乳,以满足婴儿的营养需要。

3. 锻炼幼儿的身体

亚里士多德主张锻炼主义,要求及时地引导幼儿做些适宜于肢体发育的活动。他认为,让幼儿从小养成耐寒的习性很有必要,幼儿习惯于寒冷,不仅可以促进其体格健壮,而且可以为其长大成人后的入伍从军做准备。所以,亚里士多德主张,让幼儿穿宽大松软的衣服,但不应穿得过于温暖。至于幼儿的啼哭,则不必禁止,啼哭时扩张肺部,有助于身体发育。凡是在幼儿身上可能培养的习惯,都应该及早开始,然后渐渐加强这些训练。同时,亚里士多德也提出,对幼儿的身体锻炼应该循序渐进,一定要适量,防止幼儿过度疲劳,"因为人类天性应于早年就习惯于所能忍受的锻炼,但其过程应是渐进的"[①]。

4. 引导幼儿游戏

亚里士多德认为,5岁前的幼儿主要活动是游戏和听故事,不能教幼儿任何功课。他说:"从婴孩期末到5岁止的儿童期内,为避免对他们身心的发育有所妨碍,不可教他们任何功课,或从事任何强迫的劳作。"[②]儿童游戏要既不流于粗俗和卑鄙,又有节制,不过于疲劳和兴奋,也不应内含柔靡的情调。故事应由负责儿童教育的官员作出精心的选择。亚里士多德认为,游戏可以为将来作准备,因而游戏和所讲的故事最好能与将来的工作相联系,是将来

---

① 华东师范大学教育系、浙江大学教育系合编:《西方古代教育论著选》,人民教育出版社2001年版,第104页。

② 亚里士多德著,吴寿彭译:《政治学》,商务印书馆1983年版,第402页。

应从事工作的简单模仿。他要求家长对幼儿的游戏要加以组织和引导,使游戏成为幼儿对"自由民"事业的模仿。从5岁到7岁这个年龄时期,儿童可以旁观人们正在从事的他们将来要从事的工作。

5. 为幼儿创设良好的环境

亚里士多德非常强调环境对幼儿的感染作用,认为环境对儿童性格的形成至关重要,任何卑鄙的见闻都可能导致不良的习惯。他强调不要使儿童听污秽的语言,一旦轻率地口出恶言,离恶行也就不远了。同样,也不要允许他们看秽亵的图画或戏剧表演。人们对最初接触的事物往往留下深刻的印象,所以,务必将儿童隔离于任何下流的事物,凡能引致邪恶和恶毒性情的各种表演都应加以慎防,不能让儿童耳濡目染。立法者要负责在全城邦杜绝一切秽亵的语言,应该规定儿童可以看哪些戏剧。凡不顾一切禁令,仍然发出秽亵的语言和举动者,必须予以惩处。

亚里士多德的教育思想是古代希腊教育理论的最高成就。他总结了斯巴达和雅典的幼儿教育经验,对0~7岁的儿童教育进行了论述。亚里士多德依据教育适应自然的思想,首次把0~7岁这一教育阶段列入教育机制,使学龄前教育成为青少年整个教育中不可缺少的一环,这一主张具有重要意义。此外,他强调幼儿时期应以养育为主,对游戏在幼儿身心发展中的作用作了高度评价,并意识到了环境对于幼儿的巨大感染作用,要求为儿童创设一个合乎教育理想的环境。亚里士多德的学前教育思想把古代学前教育理论推向了一个新的高度,对后世产生了很大的影响。

第三节 昆体良的学前教育思想

昆体良(Marcus Fabius Quintilianus,约35—95)是古代罗马最有成就的教育家。他出生于西班牙,当时的西班牙已是罗马帝国的一个文化中心和高等教育中心,集中了一大批杰出的文学家、诗人和哲学家。昆体良的父亲在罗马教授雄辩术,颇有名声。昆体良少年时代跟随父亲在罗马受教育。后来,他在罗马主持拉丁语雄辩术学校达20年,成绩卓著,他同时还兼操律师业务。退休以后,昆体良应友人的请求,撰写《雄辩术原理》一书,历时两年多完成了这部12卷的巨著。这本书既是古代希腊以来雄辩术研究成果的集大成者,也是古代教育思想的集大成者,被后人誉为"整个文化教育领域中古代思想的百科全书"。

昆体良的学前教育思想主要就包含在他的《雄辩术原理》一书中。

一、论教育的作用

昆体良对教育在人的培养中的巨大作用充满了信心。相信教育在人的培养中的作用,这是一切教育活动的前提。如果教育不能给人的发展以帮助,教育活动就将失去意义。古代希腊的思想家都已提到了教育的重要性,昆体良继承和发展了他们的思想。他深信教育在人的培养中的重要作用,深信人可以通过教育得到培养、完善和发展。他在《雄辩术原理》第1卷第1章中,就开宗明义地劝告做父亲的人,在孩子刚一出生的时候,就要对他寄予最大的希望,相信孩子受教育的可能性。当时,许多人都认为只有少数人生来就具有受教育的能力,而大多数人由于悟性鲁钝,所以对他们的教育是徒然浪费劳力和时间。昆体良批评了这种悲观论,指出这是没有根据的,"大多数人既能敏捷地思考,又能灵敏地学习,因为此种灵敏是与生俱来的。正如鸟儿生而能飞,马儿生而能跑,野兽生而凶残,惟独人生而具有敏慧而聪颖的理解力。所以,心智的根源也是来自天赋"[①]。昆体良认为,天生畸形和生而有缺陷的人

[①] 任钟印选译:《昆体良教育论著选》,人民教育出版社1989年版,第10页。

只是稀有的例外,绝大多数人都是可以培养也必须加以培养的。如果有人没有得到应有的发展,缺少的不是天赋能力而是培养。

昆体良进一步论述了天性与教育的共性问题。他认为,天性是教育的原材料,教育是铸造这个原材料的艺术。没有原材料,艺术就无所作为。但是,如果仅仅有天赋才能,而缺少教育,那就不会达到最好。他说:"我不是要与自然作对,我认为天赋的善良品质不应受到忽视,但是,我坚决主张要对这种天赋善良品质加以培养,还要补充一些天性所缺少的东西。"①在昆体良看来,艺术的完善更胜于优质的材料。中等的雄辩家得之于天性者更多,而优秀的雄辩家则更多得之于教育。以农业为例,即使精耕细作,也不能使不毛之地土质改良,而肥沃的土地未经耕种也能长出有用的产品;但如果在肥沃的土壤上再加以耕耘,就能产出比土地的自然肥力所能产出的更多的产品。

教育是重要的,但教育必须适应自然。昆体良指出:"自然如果辅之以精心的培养,就能获得更大的力量。如果引导一个人与自己的自然倾向背道而驰,他就不可能在与他天性不适合的学业中取得成就,他的似乎与生俱来的才能由于受到忽视就会被削弱下去。"②昆体良相信,借助于天性和教育这两个方面的结合,才能培养出理想的雄辩家。

昆体良对教育作用的高度评价给文艺复兴时期的人文主义教育家以及夸美纽斯以深刻的影响。

二、论教育的目的

昆体良认为,教育的目的就是培养"善良的、精于雄辩的人",即道德高尚的在雄辩术的造诣上达到完美之境的雄辩家。

---

① 任钟印选译:《昆体良教育论著选》,人民教育出版社1989年版,第90页。
② 任钟印选译:《昆体良教育论著选》,人民教育出版社1989年版,第90页。

罗马帝国时代的雄辩家已经失去了古代希腊和罗马共和国时代就国家重大政治问题发表意见的演说家的职能，剩下的主要是在法庭上为诉讼当事人辩护的职能。帝国时代的雄辩家已不能被称为演说家，而只是辩护士或律师。当时的雄辩术学校也就是培养律师的高等专门学校。因此，昆体良所要培养的雄辩家就是律师。

昆体良认为，培养雄辩家不只是高等学校的任务，而是包括学前教育、初等教育、中等教育和高等教育在内的全部教育工作的共同任务。他强调，雄辩的艺术包括了培养一个雄辩家所需要的一切基本知识。除非我们首先从初步阶段做起，否则要想在任何一门学科上达到顶峰是不可能的。因此，昆体良坚持一个未来的雄辩家的培养应从最年幼的时候开始，即引导儿童"从咿呀学语开始，经过初露头角的雄辩家所必需的各个阶段的教育，一直达到雄辩术的顶峰"[①]。正是从这种认识出发，昆体良突破了他以前的一切雄辩术著作的局限，另辟蹊径。在昆体良以前，凡是论述雄辩艺术的人，包括古罗马雄辩家西塞罗（Cicero，前106—前43）在内，几乎全都以一个假定为前提，即假定他们的读者已经在各方面受过完备的教育，他们的任务只是在雄辩术训练方面最后点睛。昆体良则不同，他的《雄辩术原理》突破了高等教育的狭隘界限，进而讨论学前教育、初等教育、中等教育乃至高等教育的全部问题。这就使昆体良从一个优秀的雄辩术教师进入了教育理论家的行列。

昆体良认为，一个理想的雄辩家所应具备的首要条件是具有高尚的道德品质。他提出，一个雄辩家必须是一个善良的人，如果一个雄辩家不去为正义辩护而为罪恶辩护，雄辩术本身就成为有害的东西，教授雄辩术的人将要受到世人的谴责。在昆体良看来，

---

① 任钟印选译：《昆体良教育论著选》，人民教育出版社1989年版，第6页。

一个有能力而无道德的人较之没有能力的人对社会的危害更大。他说:"如果以雄辩的才能去支持罪恶,那么无论从私人的还是从公众的角度看,没有什么东西比雄辩术更有害的了。"① 真正的雄辩家应当是高尚的、值得尊敬的、在德行上无可指责的。

既然雄辩家必须是善良的人,那么雄辩家的学习首要的是培养德行,他必须了解一切有关正义的、值得尊敬的事项。不了解这些,任何人既不能成为善良的人,也不能成为精于雄辩的人。昆体良认为美德可以通过教育去形成,一个不知道什么叫节制的人,就不可能成为自制的人;一个没有研究过什么是公正和善良的人,就不能成为一个公正和善良的人。"不论何人,如果没有洞察人的本性,如果没有通过学习和反省形成自己的道德,他就不可能在演说上臻于尽善尽美之境。"②

三、论家庭环境与早期教育

昆体良主张人的教育要从摇篮开始,儿童早期教育应在家庭进行,因此他十分重视家庭环境在早期教育中的重要意义。对于保姆、父母和教仆,他都提出了严格的要求。

昆体良认为,首要的事情是慎选保姆。如果可能,孩子的保姆最好是受过教育的妇女。首先应注意的是她们的道德。同时语言也必须正确,因为儿童首先听到的是她们的声音,首先模仿的是她们的言语,保姆会在习惯和言语方面影响婴儿。而人天生地能长久不忘孩提时期的印象,这如同纯白的羊毛一经染上颜色,就再也难以变得纯白一样,自幼养成的坏习惯是难以改好的。所以,即使在婴儿时期,也不要让孩子学会以后不应当学习的用语。

至于孩子的父母,昆体良的理想是他们的教育水准越高越好。

---

① 任钟印选译:《昆体良教育论著选》,人民教育出版社 1989 年版,第 155 页。
② 任钟印选译:《昆体良教育论著选》,人民教育出版社 1989 年版,第 165 页。

在这里,昆体良强调他不是专指父亲而言。他举出许多典型的事例来说明母亲在家庭教育中的重要作用。即使父母本身没有受到良好教育,也不要因此就减少对孩子教育的注意。正因为他们自己的学识少,他们就应该在对孩子的成长有益的各种事情方面更加勤勉。

说到教仆,昆体良主张他们应受过良好的教育,或至少应认识到自己在教育上的不足,而不要自以为是,误人子弟。

此外,昆体良很重视家庭环境对儿童道德的影响。他严厉批评当时罗马上流社会的家庭环境和从小就对儿童娇生惯养、溺爱的做法。他指出,还在孩子婴儿时期,人们就以娇生惯养在败坏他的道德,人们称之为溺爱的那种娇弱的教育造成了儿童身体上和精神上一切力量的衰退。还不会走路的时候就身着紫袍(上流社会的服饰)的人,一旦长大成人,总是追求享受;在轿椅里长大的人,一旦两脚着地,就得两边有侍者搀扶着;儿童说了下流话,人们还为之高兴,报以微笑和亲吻……正是这样的环境使儿童养成了不良习惯,积习成性。可怜的孩子在还不知道这些事是邪恶时就学会了这些邪恶,于是他们变得放纵、娇气。因此,昆体良对家长发出呼唤:但愿我们自己不去败坏我们孩子的道德!

总之,在当时一般不重视家庭教育和家庭教育中存在严重缺陷的背景下,昆体良力陈家庭教育环境的重要性,这是十分可贵的。

四、论学前教育的意义和内容

按照昆体良的计划,未来雄辩家的培养开始于襁褓之中。他专门讨论了学前教育的重要意义以及学前教育的内容和方法等问题。

1. 学前教育的意义

昆体良和柏拉图一样是重视学前教育的,他明确肯定儿童在

7岁以前学习的意义。当时,儿童7岁之前应不应该进行教育,人们的看法不一。有人认为7岁前不应学习,不应进行智育;有人则认为儿童时期没有哪个时间不应学习。但是几乎所有的人都同意7岁前应该进行道德教育。昆体良则大力主张儿童在能说话的前后就应是智育开始的时间。他认为既然许多人公认可以对这个年龄的儿童进行德育,那也就应该能进行智育。而且,7岁以前的教育可以为7岁以后的教育打下良好的基础。尽管7岁前的儿童接受知识的能力有限,但总能逐步地一点一点地学到一些东西,加起来就可观了。"这样每年取得的点滴进步就增加了总的进步,儿童时代节约下来的时间对于青年时期是有益的。"①幼儿时期虽然学得不多,却能一生受用。这是因为学习的基础靠记忆,而儿童期的记忆最牢固。昆体良由此得出一个规则,即不要浪费早年的光阴,"凡是儿童都要学习的东西,就应该早点开始学,不应过迟地才开始学习"。但是,主张早期记忆,并不等于期望儿童成为早熟的超常儿童。在才能的早熟方面,昆体良基本上持否定态度,他认为"早熟的才能鲜有结好果者"。

2. 学前教育的内容

在学前教育的内容方面,昆体良主张教儿童认识字母、书写和阅读。昆体良在历史上第一次提出了双语教育问题,这里的双语是希腊语和拉丁语。由于罗马的学问发源于希腊,所以他希望孩子最好先学习希腊语,奠定一定基础后,接下来再学习罗马通用语言拉丁语,然后两种语言的学习同时并进。昆体良详细讨论了语言学习的具体方法:认识字母应同时教形状和名称,可以将有字母的象牙人像给孩子玩;当儿童开始摹写字母的形状时,可将字母尽可能正确地刻在木板上,指导孩子用铁笔沿着笔画的沟纹去写,这样就不会出错误了。昆体良强调书法的重要性,认为"它是获

---

① 任钟印选译:《昆体良教育论著选》,人民教育出版社1989年版,第15页。

得根基深厚的专业特长的源泉之一"①。写得太慢,会延碍思维;字迹粗糙而错乱则不能阅读。昆体良提出阅读应当首先要求正确,然后才要求连贯。在很长一段时间内要读得很慢,直到通过练习读得迅速而又准确。初学时,读得太快会给阅读造成很多难以置信的障碍,由此产生口吃、中断和重复,使儿童力不从心,一旦出现错误,他们就会对已经学会的东西也失去信心。但是,为了使儿童发音更完善,口齿更清晰,对于这个年龄的孩子,也可以要求他们以最快的速度朗读由许多音节组成的难字、难句和一些拗口的句子。应在幼年时期就注意纠正儿童发音上的错误,以免变成难改的积习。

3. 学前教育的方法

在谈到学前儿童的教学方法时,昆体良提醒教师或父母应注意两点:(1)最要紧的是特别当心不要让儿童在还不能热爱学习的时候就厌恶学习,以致在儿童时代过去以后,还对初次尝过的苦艾心有余悸。(2)要使最初的教育成为一种娱乐。要向学生提出问题,对他们的回答予以赞扬,决不要让他以不知道为快乐;有时,如果他不愿意学习,就当着他的面去教他所妒嫉的另一个孩子;有时要让他和其他孩子比赛,使他经常看到自己在比赛中获胜,用那个年龄所珍视的奖励去鼓励他在竞赛中的获胜。

因此,昆体良提出了防止儿童疲劳过度、劳逸结合的宝贵意见,主张学习与休息相间。"对于一切儿童都应当允许他们有些休息,这不仅仅是因为没有什么东西能经受持久的劳累,而且因为专心致志的学习有赖于学生的意愿,而意愿是不能通过强制得到的。"②如果儿童的精力因休息而得到恢复,他就能以更旺盛的力量和更清晰的头脑进行学习。昆体良十分重视儿童的游戏活动。

---

① 任钟印选译:《昆体良教育论著选》,人民教育出版社1989年版,第17页。
② 任钟印选译:《昆体良教育论著选》,人民教育出版社1989年版,第26~27页。

他认为,游戏是儿童天性活泼的标志,"那种总是迟钝麻木、没精打采的、甚至对那个年龄所应有的激动也漠然无动于衷的学生,我是不能指望他能热心学习的"①。同时,在游戏中,儿童的道德品质也能毫无保留地照本来面目表现出来,教师可以及时给予教育。有些娱乐还有助于发展敏锐的智力。要紧的问题是应当给休息规定一个限度,如果不让儿童休息,就会使他厌恶学习,而过度放纵的休息容易养成懒惰的习惯。

昆体良反复告诫要防止儿童学习负担过重,认为越出儿童智力之上的东西是不能进入他的头脑的。他举例说:"正如紧口瓶子不能容受一下子大量流进的液体,却能为慢慢地甚至一滴一滴地灌进的液体所填满,所以我们也必须仔细考察学生的接受能力。他们远远不能理解的东西是不能进入他们的头脑的,因为头脑还没有成熟到能容受它们。"②

昆体良竭力反对儿童教育中的体罚现象。他认为体罚是一种残忍的行为,是一种凌辱。如果孩子的卑劣倾向不能以申斥纠正,他对体罚也会习以为常;如果经常正面告诫,在课业上严加督促,体罚就没有必要;幼年时使用体罚,一旦到了青年期,恐怖失去了作用,而他又有更困难的功课要学习的时候,就更难于驾驭;体罚会造成儿童心情压抑、沮丧和消沉。所以昆体良抗议说:"对于如此纤弱、如此无力抗拒虐待的幼儿,任何人都不允许滥用权威。"③

昆体良还论述了因材施教的思想,要求教师必须仔细地观察儿童,了解儿童的能力和天赋素质,从而根据儿童不同的性格特点采取不同的教育方法,长善救失;且要善于使每个人在他最有才能的方面得到进步,扬长避短。"教学要能培植各人的天赋特长,要

---

① 任钟印选译:《昆体良教育论著选》,人民教育出版社1989年版,第27页。
② 任钟印选译:《昆体良教育论著选》,人民教育出版社1989年版,第24页。
③ 任钟印选译:《昆体良教育论著选》,人民教育出版社1989年版,第28页。

沿着学生的自然倾向最有效地发展他的能力。"①

昆体良是古代罗马的一位杰出的教育家,他的《雄辩术原理》是古代西方第一部系统的教育理论著作,代表了欧洲古代教育理论发展的最高成就。他重视早期教育,对幼儿学习抱有充分的信心的观点,以及他提出的注意幼儿语言的纯洁性、慎选保育人员、反对体罚等见解,均对后人产生了重要影响。

思 考 题

1. 评述柏拉图的学前教育思想。
2. 评述亚里士多德学前教育思想的基本内容。
3. 评述昆体良的学前教育思想。

---

① 任钟印选译:《昆体良教育论著选》,人民教育出版社1989年版,第89页。

第二章 近代学前教育思想

17世纪到19世纪末出现了许多著名的教育家,主要有夸美纽斯、洛克、卢梭、裴斯泰洛齐、赫尔巴特、福禄倍尔等,他们都对教育理论的发展作出了重要的贡献。这些教育家具有不同的教育理想,形成了不同的教育观点,其中比较重大的分歧是在对教育目的和作用的论述上。这一时期的教育理论都是在对封建教育、经院主义教育批判的基础上产生的,反映了新兴资产阶级的要求,是为了培养资产阶级所需要的"新人"。这一时期的教育理论中提出了不少具有创造性的有价值的教育教学方法。近代这些著名的资产阶级教育家及其教育理论,不仅对学龄儿童的教育问题进行了深入的研究和探讨,而且都不同程度地论述了学龄前儿童的教育问题。夸美纽斯1633年出版的《母育学校》是世界上第一部论述学前教育的专著,对学前教育提出了许多宝贵意见。洛克、卢梭、裴斯泰洛齐、赫尔巴特等人的儿童教育思想中,也提出很多对近现代学前教育理论和实践有积极影响的主张和观点。福禄倍尔创立了以"幼儿园"命名的学前教育机构,同时创立了一整套学前教育理论,推动了世界学前教育的发展。

第一节 夸美纽斯的学前教育思想

夸美纽斯(Johann Amos Comenius,1592—1670)是17世纪捷克教育家。他在世界教育史上是一位里程碑式的人物,写下了人类历史上第一部系统的、专门的教育理论著作。夸美纽斯堪称欧洲封建社会的最后一位教育家,同时也是资产阶级新时期最初的一位教育家。他继承了前人,特别是文艺复兴时期以来人文主义教育的成果,总结了当时进步教育的实际经验。作为一位具有远见卓识的教育革新家,他提出了一套系统、全面和新的教育理论,从而为近现代资产阶级教育理论体系奠定了基础,为人类教育事业的发展作出了不可磨灭的贡献。

夸美纽斯出生在波希米亚王国东部城镇的一个手工业者家庭。12岁时成了孤儿,由新教团体兄弟会抚养。16岁进入拉丁学校,后入德国的大学学习。1614年夸美纽斯回国,担任兄弟会办的拉丁学校教师和兄弟会牧师。从此,他以极大的热忱探索教育改革,传授实用的自然科学和社会科学知识,使教育为生活服务。后来由于战争,夸美纽斯离开祖国,定居于波兰的黎撒,担任那里兄弟会的文科中学校长达14年。他的主要著作《语言入门》、《大教学论》、《母育学校》就是在这一时期完成的。1641年,夸美纽斯被邀请去英国从事教育研究。次年,他又应瑞典政府邀请,前往编辑教科书和教学参考书,前后达6年。1650年,他接受匈牙利政府的邀请去担任常年教育顾问,并在那里创办了一所学校,这期间他完成了《泛智学校》、《世界图解》等著作。1654年,夸美纽斯回到了黎撒,但两年后战火又起,他只得移居汉堡,最后定居于荷兰首都阿姆斯特丹。荷兰政府对夸美纽斯这位杰出教育家给予了很高的礼遇,1657年,阿姆斯特丹出版了《夸美纽斯教学论著全集》,收入了夸美纽斯撰写的43部教育著作。1670年,夸美纽斯去世,结束了其坎坷动荡、奋斗不息的一生。夸美纽斯长期在欧洲各国从事教育活动,是位具有国际影响的教育家。他的教育思想是个人教育实践活动的升华,是捷克人民的宝贵遗产,也是欧洲各国人民及人类教育事业的共同财富。

夸美纽斯的学前教育思想主要体现在他的两本著作中。1633年出版的《母育学校》是世界上第一部论述学前教育的专著。美国教育学者孟禄(Will S. Monroe)评价此书"是母亲教育启蒙(智慧发蒙)期的儿童指南。但是在这本珍奇古老的书中,人们找到的不仅是母亲教育儿童的指南,而且也是所有教师和一切担负着培养幼儿这一崇高神圣使命的人们的指南"①。1658年出版的《世界图解》是世界上第一本依据直观原则编写的课本,也是一本授予儿童基本知识的带有插图的百科全书。该书出版后,由于图文并茂、生动有趣、富于启迪,盛行西欧各国达两个世纪之久。

一、学前教育思想的基础

夸美纽斯学前教育思想的基础主要包括三个方面的内容。

(一)人文主义儿童观

夸美纽斯生活在文艺复兴运动的鼎盛时期,深受人文主义思想的影响,形成了人文主义儿童观。

西欧中世纪,在天主教会和世俗封建主的专横统治下,人们对待人生的态度是悲观、消极的。儿童被看做是生来就有罪的,需要不断地受苦难以赎罪,因此儿童没有童年的快乐,有的只是个性受压抑,身体受摧残。文艺复兴运动兴起后,人们重新估价人的能力,有了新的认识,从而改变了对儿童的观念。人文主义者从人性论出发,反对束缚和压抑儿童身心,主张为儿童提供身心发展的条件;并把儿童当做世界上最珍贵的宝物来加以赞美,把儿童看做是未来新社会的开拓者而寄予殷切期望。

受这种思想影响,夸美纽斯提出了与传统的"原罪"说完全不同的儿童观。他把儿童比做是上帝的种子,认为儿童是清白无罪的,是无价之宝。他批评不尊重儿童也就是不尊重上帝。夸美纽斯强调,儿童比金银、珍宝弥足珍贵,因为金银都无生命,儿童却是

---

① 孟禄著,任宝祥译:《母育学校·导言》,西南师范大学教育系1981年印行,第2页。

上帝的生气勃勃的现象;金银是过眼烟云,儿童却是永远不灭的遗产;金银是公共之物,儿童却是上帝指定给父母的独特财产;儿童永远在上帝的保护之下;由于上帝爱儿童,常常宽恕父母,使之免遭灾难;儿童正像一面镜子,人们可以从中"注视谦虚、有礼、亲切、和谐以及其他基督徒的品德"①。

(二) 重视早期教育

正因为儿童是"无价之宝",夸美纽斯非常重视早期教育。他认为,一切都有赖于开端,早期教育是儿童以后教育的基础,抓好早期教育,可以防止儿童沾染不良习惯,预防人类的堕落。儿童就像是嫩芽,在其身心形成的最早时期,应该给予恰当的教育。"任何人在幼年时代播下什么样的种子,那他老年就要收获那样的果实,诚如谚语所说:'幼年的追求就是老年的爱好'。"②

为此,夸美纽斯要求父母承担起教育子女的义务,要认真地、亲切地、坚持不懈地尽其义务。他指出,人们从古代希腊起就建立了一定的教育制度,由专人教育儿童。在那里,教与学成为吸引儿童的令人愉快的事情。但是现在,这种景象已经消失,学校变成了折磨儿童的地方,教师素质极差,他们把棍棒和皮鞭当做制服儿童的惟一法宝。上帝既已将教育儿童的责任交托给父母,他们就应该承担起这一重任,不付出劳动而能将儿童教养成人是不可想像的。

夸美纽斯指出,为人父母者在教育子女时,"首先应该注意的,应是属于灵魂方面的。由于这是人的主要的部分,所以我们应尽一切可能华美地把它装饰起来。其次是注意身体,使其成为一

---

① 夸美纽斯著,任宝祥译:《母育学校》,西南师范大学教育系 1981 年印行,第 6 页。
② 夸美纽斯著,任宝祥译:《母育学校》,西南师范大学教育系 1981 年印行,第 12 页。

个适合于并且值得那永远不灭的灵魂的居所"①。人比其他动物更重要,人不能像其他动物一样只注意外部的装饰和养护,而更应该注意灵魂,必须通过教育培养美好的灵魂。因此,父母应为其幼小子女在三方面奠定基础,即虔敬、德行和智慧。

(三) 遵循自然

从哥白尼开始,欧洲自然科学逐渐从神学中解放出来。到17世纪,各种新科学迅速发展,在天文学、力学、地理学、气象学、生物学上等方面所取得的一系列科学成就,促进了近代自然科学体系的形成,也推动了许多国家和地区的教育发展。自然科学的辉煌成就在教育界产生了很大影响,促使人们去了解自然、研究自然,并促进了人们对儿童心理、生理特征的研究,从而使自然崇拜思潮蓬勃发展起来。

夸美纽斯虽然具有浓厚的宗教信仰,笃信上帝是万事万物的创造者和主宰,但他受时代影响,也重视自然科学,相信大自然的存在及其威力,相信人的积极创造能力。与他同时代的英国唯物主义哲学家培根提出了"知识就是力量"的著名论断,强调感觉是一切知识的源泉,自然和物质是研究的对象。夸美纽斯接受了这一观点,提倡感觉是认识的第一步,主张物质在先、意识在后。因此,他认为在学前教育阶段,教育的主要媒介是感官知觉,而其中最重要的又是视觉,应该把每门学科中最主要的事物的图像教给儿童。为此,他编写了《世界图解》。此外,夸美纽斯还吸收了笛卡尔、莱布尼兹等的自然科学思想,提出了要以儿童发展和学习规律为基础来开展教学。总之,重视自然科学,遵循儿童自然发展规律的观点贯穿在夸美纽斯的学前教育思想中。

---

① 夸美纽斯著,任宝祥译:《母育学校》,西南师范大学教育系1981年印行,第8页。

二、学前教育的目的、机构

夸美纽斯第一次从普及教育的角度,以及儿童心理发展的连续性和阶段性的角度,提出了学前教育的目的。

夸美纽斯主张社会上各个阶层的人都有权享受教育。他要求,所有儿童,不论贫富、贵贱、性别,都应当受到教育。教育必须从幼年开始,而且应该按照自然之道进行。为此,夸美纽斯设计了一个统一的学校系统,根据儿童的身心发展顺序,把儿童从出生到24岁的成长分为四个阶段,分别为婴幼儿期、儿童期、少年期、青年期,各为6年;与之相应的教育机构是母育学校、国语学校、拉丁语学校和大学四级学制。每一个发展阶段及相应教育机构都有自己专门的教育任务;同时,它们之间又存在联系,前一阶段为后一阶段打基础,后一阶段是前一阶段合乎逻辑的发展,最终实现教育所要达到的最高目的。

母育学校是这一学校系统的第一个必不可少的阶段。这一阶段教育的主要目的是为儿童奠定体力、智慧和道德发展的最初基础。夸美纽斯说:"简言之,幼年儿童必须受教育,其目的有三:(1)信仰与虔敬;(2)德行的端正;(3)语言和艺术的知识。"[①]

在夸美纽斯看来,母育学校不是普通的学校,而是以0~6岁的婴幼儿为对象的、由母亲进行的一种家庭教育。因此,家庭是孩子的第一所学校,母亲是孩子的第一任教师。这种以家庭为教育机构的学前教育范围狭小,忽视了幼儿的社会教育。到17世纪60年代,夸美纽斯提倡建立以4~6岁幼儿为对象的、半公立学校性质的"最初的共同学校"。他认为,这种学校可称为"诚实的妇女之家",是为邻近的孩子们开设的。在那里,孩子们在这些妇女

[①] 夸美纽斯著,任宝祥译:《母育学校》,西南师范大学教育系1981年印行,第9页。

的监督下,相互交往,共同游戏,培养良好的习惯和信仰。这种学校可以说是幼儿园的雏形。

三、学前教育的内容与方法

为了使儿童在身体、智慧和道德方面得到初步发展,成为身心和谐发展的新人,夸美纽斯提出,母育学校要对儿童实施全面的教育。

(一) 体育

夸美纽斯认为健康的精神寓于健康的身体。父母必须为儿童的身体健康而辛勤劳动。他要求父母要做到以下几点:

注重孕妇保健。妇女从怀孕时起就应该注意自身生理和心理的养护。要节制饮食,注意营养,从事轻松的活动;约束自己的感情,保持愉快、舒畅的情绪,避免突然的恐惧及过度的愤怒、怨恨和伤感。这样能使生育的幼儿有明快、开朗的性格,否则可能养育一个不健康的婴儿,甚至可能导致死胎。

注重孩子的护理。孩子出生后,应该由母亲亲自抚养,且要用母亲的乳汁哺育,不可将婴儿交给他人代养。哺乳是上帝和自然赋予母亲的应做的事,是对孩子爱的体现。母亲不应该因为害怕失去匀称、优美的形体,而不尽照顾子女的责任。拒绝哺乳其子女的人冒犯了母性的尊荣,违背了自然和上帝的意旨,对婴儿本身也极为有害。

注重孩子的营养。婴儿断奶后,要给婴儿多食用富含自然营养的食品,如面包、奶油、菜羹、肉酱、蔬菜,避免食用烈酒及各种辛辣的食物或调料。不能让儿童习惯于服用药品。

制定合理的生活制度。要让幼儿得到有节制的睡眠。经常的游戏娱乐和运动也是必要的,孩子活动愈多,身心的发展愈快,睡眠和消化也就愈好。要使幼儿养成遵守一定规律的习惯,这将有利于幼儿健康并成为今后行为规范化的基础。

细心保护孩子的健康。"儿童比黄金更为珍贵,但是比玻璃还脆弱。"①幼儿的骨骼还没有成型,身体异常脆弱,因此父母在抱、牵、背、放、包扎孩子时,要特别谨慎,不能使幼儿受到伤害。当幼儿开始学走路时,要注意周围的环境,力避各种可能的危险。此外,还要注意幼儿的衣着。

夸美纽斯强烈反对中世纪"肉体是灵魂的监狱"这种宗教神学思想,坚信身体是灵魂的基础,在学前教育史上系统论述了幼儿体育问题,有一定的科学性。但有些论述仍然没有脱离其自身的宗教局限性。

(二) 智育

在西方学前教育思想史上,夸美纽斯第一个为6岁以下儿童的智育提出了一个广泛而详细的教学大纲,包括光学、天文学、地理学、历史学、自然、家务、政治学、辩证法、算术、几何、音乐、语言等知识,要给儿童以百科全书式的启蒙教育,强调"应当把一个人在人生旅途中所应当具备的一切知识的种子播植在儿童身上"②。

母育学校的智育内容是夸美纽斯根据自己的泛智教育思想提出的。泛智教育是夸美纽斯终身为之奋斗、探索的重要问题之一,其要旨是要求人掌握一切有用的知识,把一切有用的知识教给一切人。夸美纽斯尊崇百科全书式的知识,即主张学习"在天空中、在地上、在水中、在地层深处,一切存在过的事物",要使学生掌握"一切必须熟悉的东西,理解一切事物的原因,懂得一切事物的真正有益的运用"③。他主张把泛智的教育内容按圆周式排列方式分配到各级学校中去。在母育学校里所进行的泛智教育是启蒙性

---

① 夸美纽斯著,任宝祥译:《母育学校》,西南师范大学教育系1981年印行,第23页。

② 夸美纽斯著:《大教学论》,人民教育出版社1984年版,第224页。

③ 夸美纽斯著:《泛智学校》,载张焕庭主编:《西方资产阶级教育论著选》,人民教育出版社1979年版,第43页。

质的,主要是为儿童奠定各门科学知识的最初步的基础。

夸美纽斯指出,儿童在人生的头6年应掌握的知识有:

(1) 各类自然事物。如雨雪风霜、花草树木、牛马禽鸟及自己身体各部分的名称。

(2) 各类自然科学常识。如在光学方面,知道何为光明、黑暗;在天文学方面,能辨别日月星辰及其运动;在地理学方面,知道周边的城市、乡村、山川、河流、森林、牧场等;在机械学方面,了解不同方式的运动,如放下、抬起、旋转等;在算术方面,能数到60,理解何为偶数、奇数,能做10以内的加减;在几何学方面,能对大小、厚薄、长短等多种几何形体进行比较,了解度量衡的名称等;在物理学方面,知道什么是火、空气和土,并且会说出雨、雪、冰、铅、铁等名称;在天文学方面,能辨别日、月、星等。

(3) 各类社会科学知识。如在年代学方面,知道早、中、晚,年、月、周、日、小时及春、夏、秋、冬的概况;在历史学方面,知道最近发生的事情;在政治学方面,知道君主、议员、行政官员的概念,知道应当对谁服从、对谁尊敬;在经济学方面,知道在何时何地应穿何种衣服,知道各类家庭物品及生产物品的用途。

(4) 音乐知识。包括学习唱歌,分辨各种打击乐器、和弦,背唱圣诗,得到音乐的陶冶。

(5) 语言。为了发展儿童的语言,必须先教儿童清楚准确地发出字母、音节和单词的声音,然后说出他们在家中所见的以及作业用的一切东西的名称。母育学校除了培养幼儿正确地使用本族语言说话的技能外,还应打下发展思维的基础。

(6) 绘画写字。适合在四五岁时开始,可用粉笔练习画点、线、勾、圆。幼儿习惯了拿粉笔写字母,以后可以减轻小学教师的气力。

夸美纽斯对幼儿的教学方法及合适的教育时机也进行了讨论,提出:

（1）教育幼儿应尽早开始。如父母怀抱婴儿时就可以向他们说"看啊，那儿有一匹马、一只鸟"，等等。

（2）可通过大人与孩子的对话进行。如教儿童正确说出自己身体各器官的名称和用途,父母问："这是什么？"儿童答："耳朵。"父母再问："你用耳朵干什么？"儿童答："我听。"等等。

（3）可随机进行。如儿童抬头看到光亮，就是获得光学知识的开端。

（4）可通过游戏进行。如可通过游戏来发展语言。

（5）尽量利用寓言、动物故事等来教育幼儿，这样不仅丰富了知识，而且有助于道德的发展。

（6）考虑个别差异，避免强求一律，不能套用正规学校的教学模式。

（7）循序渐进。如儿童两三岁时，可以让他们分辨日月星辰；四五岁时，教他们理解日月的升降、月圆月缺的含义；6岁时，理解冬夏昼夜短长的交替。

（8）注重直观。在幼儿阶段，教育的主要媒介是感官知觉，其中最主要的是视觉，所以要把各门学问中最重要的事物以图像形式呈现给儿童，包括物理学、光学、天文学、几何学等知识；每张图画上端写出图像所代表的物体的名称，帮助儿童阅读。这一方法具体体现在夸美纽斯编绘的《世界图解》中。

夸美纽斯重视知识的作用，提出了对儿童进行广泛的尝试教育的观点。同时，根据6岁以前儿童的特征，教给儿童的是一些有关他们周围的自然界和社会生活的基本观念和生动印象。这有一定的合理性和进步意义，但也是难以实现的，因为这对作为教师的父母提出了较高的要求，一般的父母是不具备这些广泛的知识和恰当的教学方法的。

（三）德育

夸美纽斯认为，幼儿时期的头几年，是幼儿形成良好德行的最佳时期。有什么样的播种,就会有什么样的收获;成长时若未受过管教,长大就会缺乏德行。夸美纽斯批评有些思想浅薄的父母,对儿童过于溺爱,听之任之,甚至容忍儿女干各种坏事,还以"他还是个孩子"作为口实加以原谅。这样的父母实在是愚不可及,因为儿童生下来不是要做一头小牛或一匹驴,而是要成为一个有理性的人。不明智的父母娇惯孩子,孩子以后不仅不会尊敬他们,反而会成为他们的困扰。

夸美纽斯仿效柏拉图、亚里士多德,认为睿智、节制、勇敢、公正是最基本、最重要的德行。除了这些主要的德行以外,夸美纽斯认为还要培养儿童的谦虚、顺从、同情心、整洁、准确、礼貌、敬老、爱劳动、诚实、耐心等美德。其中,夸美纽斯特别强调节制和俭朴的重要性,他认为节制、俭朴是"健康和生活的基础,和其他一切品德的根本"①,应该列为首位。夸美纽斯非常鄙视懒惰,称它为"撒旦的蒲团"。认为当一个人饱食终日、无所事事时,就会想入非非,进而做出不道德的行为。因此要给儿童以充分的活动,用各种方法训练儿童勤勉地从事各项劳动,不要让其有闲散的时候。

在德育的方法上,夸美纽斯提出了自己的意见:

(1) 树立良好的榜样。由于上帝已经在儿童天性中播下了模仿的种子,儿童最富有模仿别人的欲望,因此示范十分重要。整个家庭都必须注意节制、清洁、尊敬长辈、相互关心、诚实等,为儿童树立良好的榜样。这样,无需多费口舌或打骂,儿童通过模仿自然地就能养成良好的德行。

(2) 教导。教导是榜样的补充。如果示范对儿童没有效果,那么跟儿童谈话、增加教导是必要的和适当的,可以对儿童在行为规范上加以劝告或命令。

---

① 夸美纽斯著,任宝祥译:《母育学校》,西南师范大学教育系1981年印行,第43页。

（3）惩罚。惩罚有两种，即斥责和体罚。当儿童的行为实在不像样时，要加以斥责，但斥责应该是明智的，而不是用威吓来打击儿童；在斥责无效时，才用鞭打或掌击。惩罚的目的是使儿童有所畏惧、有所反省，并加以检点。

夸美纽斯的德育思想反映了当时新兴资产阶级积极向上、奋发进取的精神。他强调从幼年开始就培养儿童的良好品德，这一观念有着重要意义。

（四）游戏与活动

夸美纽斯是西方教育史上第一个从幼儿的年龄特征来论述游戏的教育家。柏拉图从政治与德育方面来论述游戏，认为儿童的游戏和政治的稳定与否有着密切关系，提出要防止儿童由于对游戏方式的喜新厌旧，进而发展成为对国家的制度有不同要求，危及国家的稳定。夸美纽斯则更多地注意游戏与儿童天性之间实际存在的内在联系。

夸美纽斯指出，儿童天性好动，血气旺盛，不能静止，所以对儿童不应该加以限制，而应该让他们常常有事可做，像蚂蚁一样不停地忙碌。凡是儿童喜欢玩的东西，只要没有害处，就应让他们玩到满意为止，而不应该阻止他们。通过活动，可使儿童自得其乐，并可增进身体健康、精神活泼、肢体敏捷。不让儿童活动，反而会损害他们的身心。

在夸美纽斯看来，游戏是最适合儿童的活动方式。幼儿游戏时，其精神专注于某种事物，自然本身在激发他们去做事。用此手段，儿童可受到一种积极生活的锻炼。但这并不是说儿童的父母可以让儿童自由玩耍，自己却袖手旁观，他们也应该积极行动起来，尽可能地为儿童提供各种玩具，帮助和指导儿童游戏，甚至直接参与游戏。

夸美纽斯还指出，儿童活动时喜欢模仿大人所做之事，成人对此不应该干预。但由于真正的工具或物品，如刀、斧、玻璃等，可能会给孩子带来危险,所以必须找一些可取代的玩具,如小的铁刀、木剑、小车等。儿童也可以用自己所喜欢的泥土、木片或石头搭盖小房子,以显示他们的初步的建筑水平。

夸美纽斯关于儿童游戏的重要性和方式的论述具有重要意义。这些思想反映出夸美纽斯对幼儿身心发展规律有了正确的认识,并影响了以后的教育家,如福禄倍尔、蒙台梭利等人的教育思想。

(五)进入公共学校的准备

夸美纽斯还谈到了母育学校与小学的衔接问题。他认为,儿童在6岁以前入小学是不适宜的,一方面是因为稚龄儿童需要更多的监护和照顾,另一方面是因为儿童大脑还没有发育稳固。但6岁以后,儿童就可以入学受教育了。"6岁以后的儿童,若非把他们立即送入学校受较高一级的教育,他们将会始终如一地变为有害无利的懒散,而最终将变得像一匹'野驴驹'。另外,还会有令人更担心的事发生,就是从那不注意的懒散中沾染恶习,这会像一种毒草一样,以后是很难连根拔掉的。"①夸美纽斯认为,儿童能够进入公共学校的能力标志是:该儿童真正获得了在母育学校所应学会的东西;该儿童对问题有注意辨别、判断的能力;该儿童有进一步学习的要求和愿望。

夸美纽斯指出,父母没有准备就把孩子送往学校是不智之举,学校教师会为这样的孩子所困扰。更为糟糕的是一些父母作了错误的准备,这些父母利用儿童对教师和学校的恐惧来惊吓、刺激儿童,其结果使儿童沮丧,对学校和教师持有更加憎恶和恐惧的情绪。他指出,正确的准备应当是:第一,在儿童接近入学的时候,父母应当以快乐的心情尽力鼓舞儿童,好像节日和收获季节快到时

---

① 夸美纽斯著,任宝祥译:《母育学校》,西南师范大学教育系1981年印行,第51页。

那样;要告诉儿童入学获得学问是何等美好的事情。第二,父母应当努力激发儿童对于未来的教师的信心和爱戴,要"告诉儿童,教师是一个出众的人,知道许多事情,对儿童和气而且喜欢孩子们;同时也应向儿童讲明教师惩罚某些儿童虽然是真实的,但这只是那些不听话和顽劣的儿童"①。

夸美纽斯以一位教育家的敏锐,注意到了学前教育阶段与小学教育阶段的衔接问题,他的一些见解至今仍有启发意义。

夸美纽斯生活在欧洲从封建社会向资本主义社会过渡的历史大变革时期。他从新兴资产阶级的立场出发,以大胆革新的精神论述了幼儿教育的意义、内容和方法,提出了比较系统的新的学前教育理论,在人类幼儿教育发展史上建立了不可磨灭的功绩。夸美纽斯的幼儿教育思想中,充满了人文主义、民主主义的精神,他摆脱了中世纪天主教散布的"原罪说",无限热爱和尊重儿童。西方教育史上,在夸美纽斯之前,还没有一个教育家像他那样对儿童倾注了全部的爱。他希望每一个母亲都在身体、智慧、道德等各方面给予自己的子女以充分的养育和教导,为他们的健康成长打下坚实的基础。夸美纽斯总结了人类长期以来关于儿童教育的经验,并力图从近代科学所能达到的水平进行论述。虽然由于宗教观的限制,他的教育思想不尽完善,但他关于学前教育的许多见解在一定程度上反映了幼儿教育的客观规律。总之,夸美纽斯确立了近代幼儿教育思想的基础,对18、19世纪欧洲幼儿教育思想和教育制度的发展产生了极大的影响。

---

① 夸美纽斯著,任宝祥译:《母育学校》,西南师范大学教育系1981年印行,第54页。

第二节　洛克的儿童教育思想

约翰·洛克(John Locke,1632—1704),是英国17世纪著名的哲学家、政治家和教育家。洛克的哲学代表作《人类理解论》(1691年),是欧洲哲学史上第一部专门论述认识论的巨著。他的教育代表作《教育漫话》(1693年),是继夸美纽斯《大教学论》之后的又一本教育经典著作。

洛克所生活的时代正是英国资产阶级革命时期。英国通过1640年至1688年的资产阶级革命,建立了君主立宪制政体,确立了资本主义制度。洛克出身于英国一个乡村律师家庭,20岁时进入牛津大学学习。在牛津大学学习期间,他热衷于研究物理学、化学、气象学等自然科学,同时还学习法律和语言学,广泛阅读了笛卡尔、培根、牛顿等人的哲学和自然科学著作。他在医学上也很有研究,大学毕业后,曾经做过两年医生。就是在行医期间,他结识了代表资产阶级和新贵族利益的"辉格党"领袖沙夫兹别利伯爵,并做了伯爵的家庭教师和私人秘书,因而在政治倾向上,洛克受沙夫兹别利伯爵的影响较大,倾向于资产阶级和新贵族。在斯图亚特王朝复辟期间,洛克随同沙夫兹别利伯爵流亡荷兰,1688年革命结束以后才回国,回国后在新建的政府中担任过上诉法院院长和贸易殖民大臣等要职。这个时期是他资产阶级世界观形成的重要阶段,他的几部主要著作也是在这个时期出版的。在这些书里,他的思想代表着资产阶级和新贵族的利益,拥护君主立宪的新政权,并为证明君主立宪政体的合理性而辩护。

洛克深入细致地观察、了解他所处的那个英国绅士的世界,从而形成了自己的绅士教育理论。洛克的绅士教育思想集中表现在《教育漫话》这本书里。洛克在担任沙夫兹别利伯爵家的家庭教师时,积累了一定的教育实践经验。后来他在流亡荷兰期间,又担任朋友爱德华·葛拉克的儿子的家庭教师,并与爱德华多次通信讨论关于贵族和大资产阶级子弟的教育问题。1693年,他在这些书信的基础上,结合自己的教学经验,写成了《教育漫话》一书。在这本书中,洛克详细阐明了自己的教育观点,提出了他的关于绅士教育的思想体系。此书一问世就产生了很大的影响,对当时英国上层社会子弟的教育起了重要的推动作用。后来这本书还被译成法文和德文,因而对卢梭、对法国唯物主义者以及德国泛爱主义教育运动的代表人物巴西多的教育观的形成都有直接的影响。

一、儿童教育思想的理论基础

洛克的教育思想与他的社会政治观和哲学观有着密切的联系。

洛克作为资产阶级与新贵族的代表,他的社会政治观点是为1688年革命和革命后建立的君主立宪制政府作论证的。他从资产阶级人性论出发,用"社会契约论"来解释国家问题。他认为在国家出现之前,人类处在一种原始的"自然状态"。在这种状态下,人人都享有生命、自由和私有财产这三项"自然权利"。但是,由于人们的"利己"本性,不能保证每一个人会永远不去损害他人;加之在自然状态里,一旦发生争端,又没有公认的是非标准和固定的裁决人,因此就有发生战争的可能性。人们为了避免出现战争,便共同订立契约,建立了国家,因而国家是契约的产物。洛克认为,人们订立契约,并不是把全部权利转让给国家,而只是转让了其中的裁决权;至于生命、自由、私有财产等自然权利,不但没有转让,而且还要受到国家的保护。如果国家和君主任意侵犯这些自然权利,人们就有权起来推翻它。很显然,洛克的政治思想是为推翻斯图亚特王朝提供理论根据的。这就是洛克的"社会契约论"。此外,洛克还认为,君主也是签订契约的一方,君主虽然有裁决权,但也必须受契约的约束,履行契约。国家应该按照"大多数人"的意志行事,不该受命于某一个人,而符合这种要求的最理想的国家制度就是君主立宪制。从这种观点出发,他提出国家分权的学说,主张国家权利应分成立法权、行政权、外交事务权。立法权是最高权力,属于资产阶级和新贵族共同掌握的议会所有;行政权和外交事务权则属于君主(国王)。洛克的分权思想,一方面体现了资产阶级反对封建专制、限制君权、扩大议会权力的进步要求;另一方面也反映了资产阶级把一部分权力交给君主,同封建贵族妥协的政治倾向。总的来说,洛克的政治观是资产阶级调和、妥协的政治观。

洛克哲学的中心论题是认识论问题:人的感觉和观念从何而来?如何而来?人的认识能力究竟有多大?界限何在?在哲学上,洛克虽是一个唯物主义者,却是一个不彻底的唯物主义者。他的认识论是带有二重性的,既有唯物的成分,又有唯心的成分。他承认事物是客观存在的,也反对天赋观念,即反对"人的认识起源于先天"的思想。洛克在他的重要哲学著作《人类理解论》中力图证明,人的意识中没有先天的思想观念,人的心灵原来就像一块白板,人生下来时是一片空白,一切思想观念都是后天获得的,都是从后天经验中获得的,这就是洛克著名的"白板说"。洛克的"白板说"对于批判当时盛行的天赋观念论起到了很大的作用。正是因为人的认识来源于后天的经验,所以教育对人的成长和发展是非常有必要的。在这里,洛克坚持认识的客观性,这是应当肯定的唯物主义观点。洛克又认为,人们是通过感官获得关于事物的观念的,观念和表象无非是这些事物作用于我们感官的结果,感觉是认识世界的主要手段,经验是知识的主要源泉。在此,他坚持人类知识的经验性和感性,这也是唯物的。但是,洛克又把经验分为"外部"与"内部"两种,陷入"二重经验论"。他把通过感官对外界事物认识而得到的印象、观念叫做外部经验,而把通过人的心理活动而获得的观念叫做内部经验,或叫"反省"。洛克认为"反省"

是人们获得知识的另一个源泉。他认为,人的知觉、思维、推理、意愿等各种心理活动都来源于每个人自身内部,是人的"灵魂"所为。洛克还不理解人的认识有一个由感性认识到理性认识的发展过程,因此也就难以认识到思维、推理等心理活动都是人们在对外界事物感觉的基础上,通过对感性材料加工整理以后上升到理性认识阶段的产物。他把理智、思维等看做是取决于"灵魂"的反省,并公开提出感觉与反省"这两者乃是知识的源泉",这就给唯心主义开了后门,把认识过程的前后两个有内在联系的阶段看成并列的认识来源,由此保留了精神实体的独立存在。也正因此,洛克对天赋观念的批判不可能完全彻底。洛克哲学中的唯心主义部分后来被英国的主观唯心主义巨子贝克莱等人所利用,而他的唯物主义的内容则被18世纪法国唯物主义者们继承并发展。

二、论教育作用、教育目的和教育形式

(一) 论教育作用

洛克从反对天赋观点的"白板说"出发,极为重视教育的作用。

洛克认为人的观念并不是与生俱来的,观念出现前,人心只是一块"白板",是没有任何特征的一张白纸。他反对先天观念的存在,认为全部观念都依赖于后天的"经验"。由此他又认为,既然观念不是先天的,那么儿童就在本质上有别于成人。儿童刚出生时没有观念,只有当儿童在自己生长的环境中不断地从外界吸收经验而成长起来时,他的精神世界中才充满了各种观念,而父母和教师就是使儿童的精神得以成长的决定者。儿童观念的形成和完善的过程就是受教育的过程。因此,洛克认为,教育在人的成长和发展过程中起着非常重要的作用。他的《教育漫话》一开始就指出:"我敢说我们日常所见的人中,他们之所以或好或坏,或有用或无用,十分之九都是他们的教育所决定的。人类之所以千差万

别,便是由于教育之故。"①可见,洛克把教育在人的发展中的作用提到很高的地位。

(二) 论教育目的

洛克提出,教育的目的就是培养绅士。对洛克来说,教育是"绅士的行业",只有上等阶级才可能"轻松而闲暇"地学习科学和其他知识。他认为只有上等阶级才可能产生出人民的领袖和政治、道德的管理者,让他们受到适当的教育之后,就可以迅速使社会其他阶级有条理起来。

洛克提出,培养的绅士应当是有德行、有智慧、懂礼仪、有学问的人。具体来说,所谓"德行"就是要求他们具有上层社会所承认的道德思想与行为,如品性优良、拥护君主立宪政体、虔敬上帝、热爱真理、友好待人等,洛克认为,教育的第一个也是最重要的目的就是培养笃信宗教而且道德品质优秀的人。德行之后是"智慧",就是说在处理个人事务、履行社会职责时要聪明、睿智、判断准确,并有预见性。绅士的第三个品质是"良好的礼仪",即遵守英国传统的生活作风。一个绅士应当既尊重他人,又注意自尊,在各种社交场合都具有高贵的、文明的礼貌和仪态。绅士的第四个品质是"有学问",这是指绅士应该具有多方面的知识。除了以上几方面之外,洛克还提出绅士也应当具有强健的身体。

总的来说,洛克的主张是:教育就是要培养有德行、有能力又具有良好礼仪的绅士。洛克认为,这种绅士教育要从儿童幼年时就开始进行,使儿童及早形成以上几方面的品质。洛克以培养绅士为目的的教育观相对于中世纪的教育来说,是有进步意义的。中世纪的教育注重的是培养僧侣,是脱离现实的教育;洛克所提倡的教育则是注重培养适应资产阶级政治需要,既能管理国家、又善于处理各种事务的有用人才,这比中世纪的教育进了一步。

---

① 洛克著,傅任敢译:《教育漫话》,人民教育出版社 1985 年版,第 24 页。

(三) 论教育形式

洛克在谈论教育的作用和目的的同时,还谈到教育的形式问题。他主张采取家庭教育的形式,而不赞成学校教育。

洛克认为,绅士教育最适于在家庭中进行,因而他主张聘请家庭教师。他认为学校环境是不利于绅士教育的,并站在上层统治阶级的立场上,提出几点理由:第一,社会上"到处流行着粗野和邪恶",儿童到学校去就容易染上恶习,失去"纯洁"。第二,学校里学生人数多,教师不能全面地照顾到儿童,这对儿童的发展不利。第三,学校对儿童滥施体罚,有碍儿童身心健康发展。洛克认为,当时学校里学生成分复杂,水平参差不齐,缺乏教养,而且学校里也缺少道德教育和礼仪培养,这对于绅士的培养是不利的。由此,洛克推断学校教育弊多利少,提出由家庭教育来取代学校教育,建议把绅士教育的全部事业交给有很好修养的家庭教师去进行。

洛克这种否定学校的论述,完全是为上层统治阶级的子弟考虑的。在他的观念中,劳动人民的子弟只配进那些设备简陋、质量低劣的学校去学习简单的读、写、算的知识,而上层社会的子弟如果混在中间,必然要受到不良影响。这暴露了他思想中资产阶级保守性的一面,同夸美纽斯的"把一切知识教给一切人"的普及教育的思想是无法相比的。洛克的这一思想也奠定了欧洲双轨学制的基础。

三、论儿童教育的内容和方法

在教育内容上,洛克把教育分为德、智、体三个部分,这三部分的划分在西方教育史上还是第一次。洛克对教育内容的论述,带有明显的资产阶级功利主义的色彩。在《教育漫话》中,洛克对儿童的体育、德育和智育都有论述,其中不乏独到而精辟的见解。

(一) 论儿童的体育

《教育漫话》开篇第一句话就是:"健康之精神寓于健康之身

体,这是对于人世幸福的一种简短而充分的描述。"①它的意思是说,一个绅士要使自己的事业获得成功,达到个人幸福的目的,就必须要有强健的体魄。洛克从小身体不好,一生中花了许多时间旅行以增强体质,正是因为这一原因,他对体育非常重视。在西方教育史上,洛克是第一个提出并详细论述儿童体育问题的教育家。洛克特别强调通过体育锻炼来培养绅士的意志,尤其是"忍耐劳苦"的精神。为此,他以医学知识为依据,拟定了一个使未来绅士保持健康体魄的具体计划,主要内容有以下三个方面:

1. 培养忍耐劳苦的精神

洛克认为,儿童的身体有很大的适应性,只要从小注意锻炼,身体就能适应任何环境。洛克反对父母溺爱孩子,他指出:"大多数儿童的身体,都因娇生惯养之故弄坏了,至少也受了损害。"②有的父母把孩子从小就养得很娇气,总是怕孩子冻着,衣服穿得很多,被子盖得厚厚的、暖暖的,鞋子也垫上厚厚的底,这样表面看来是爱护孩子,实际上却损害了孩子的身体,使他们变得很脆弱,没有一点抵抗寒冷的能力,稍微一吹风就生病。他指出:"第一件应该当心的事是:无论冬天夏天,儿童的衣着都不可过暖。"③洛克还分析说,"我们初生的时候,面孔的娇嫩并不在身体其他部分之下。但是因为习惯了,它便较之其他部分受得起风寒了。"④他进而得出结论:"我们的身体只要从小养成习惯,它们是什么都受得了的。"⑤洛克认为,儿童应该多过露天生活,冬天尽量少烤火,要能忍受冬天的严寒,父母也不要给孩子穿很厚重的衣服和鞋子,甚至要让孩子练习赤脚走路,洗冷水浴,这样做的目的就是为了从小

---

① 洛克著,傅任敢译:《教育漫话》,人民教育出版社1985年版,第24页。
② 洛克著,傅任敢译:《教育漫话》,人民教育出版社1985年版,第25页。
③ 洛克著,傅任敢译:《教育漫话》,人民教育出版社1985年版,第25页。
④ 洛克著,傅任敢译:《教育漫话》,人民教育出版社1985年版,第25页。
⑤ 洛克著,傅任敢译:《教育漫话》,人民教育出版社1985年版,第25页。

培养儿童具有"忍耐劳苦"的精神,而"忍耐劳苦"正是身体强健的主要标准。

2. 养成良好的生活习惯

洛克主张,儿童的生活应该有规律,用餐、睡眠、休息、学习、游戏、体育锻炼都要定时。他还提出儿童的大便也需定时,他建议儿童每天早餐以后应按时大便,以避免形成便秘的毛病,他认为大便闭结对儿童身体很有害处,医治起来也很困难。同时,他反对给儿童穿紧身的衣服,认为紧身衣服往往使胸部不适、呼吸短促,影响儿童心肺的正常发育。他主张儿童的饮食要清淡,少食油腻的肉类食品,并禁止儿童喝酒或烈性的饮料。他认为,儿童最好的食物是牛奶、粥、面包、蔬菜和水果。洛克还主张要给儿童充足的睡眠时间,他说:"只有睡眠是儿童可以充分享受的;只有睡眠最能增进儿童的生长与健康。"①但同时他又反对儿童睡懒觉,要求儿童养成早起的习惯,认为早起是最有益于健康的。

3. 加强身体锻炼

在洛克看来,要使儿童身体健康强壮,最重要的是要通过各种体育活动来锻炼儿童的身体,让儿童多呼吸新鲜空气,多运动(如游泳、旅行等),由此来增强儿童的体质,增强免疫力。他认为,预防儿童疾病的最有效的手段就是加强儿童的身体锻炼,而不是凭借任何药物。他提出,"除非是到了万不得已,绝对需要的时候"②才请医生、吃药,父母用药物为儿童预防疾病的做法,是有害于儿童身体健康的。

洛克把体育看做是全部绅士教育的基础,他的关于儿童健康教育的理论,在当时是系统而崭新的理论,是对经院主义教育反对身体锻炼思想的有力批判,其中有不少积极合理的见解。洛克的

---

① 洛克著,傅任敢译:《教育漫话》,人民教育出版社1985年版,第37页。
② 洛克著,傅任敢译:《教育漫话》,人民教育出版社1985年版,第41页。

体育思想对以后卢梭自然教育理论的形成也有一定的影响。

（二）论儿童的道德教育

在洛克的绅士教育理论体系中,道德可以说是最重要的内容,他用了大量的篇幅来论述儿童的道德教育。

洛克认为,在绅士的各种品质中,德行是最不可以缺少的。一个人如果没有德行,那么他在今生和来世都得不到幸福;而有德行的人,在社会上更容易功成名就。在这里,他用资产阶级功利主义的观点论述了培养德行的重要性。洛克提出,道德教育的主要内容就是培养儿童坚强的意志和性格,以及养成遵守道德纪律的习惯。所谓坚强的意志和性格,就是要培养儿童能够随时用理智驾驭和支配自己,克制自己不正当的欲望和坏脾气,使自己的行为顺从"理性"的指导,锻炼"自我克制"的能力;所谓养成遵守道德纪律的习惯,主要是指礼仪方面,即要通晓上流社会的人情世故,行为得体,待人接物礼貌周全等。洛克还阐述了品德和礼仪之间的相互关系。他认为,品德是一个人内在的东西,而礼仪相对于品德来说则是一种装饰。好的礼仪(如得体适度的举止、自如的谈吐等)可以把一个人的美好的品德衬托得更突出。他做了这样一个比喻:品德加上礼仪,就像钻石经过琢磨生出光彩来,更能让人喜爱一样。由此可见,洛克对于绅士的仪表是非常看重的。

在道德教育的方法上,洛克提出了一些在当时来说有进步意义的主张：

1. 及早教育

洛克提出,在儿童很小的时候就要进行道德教育,因为儿童时期是一个人精神最纤弱、最容易支配的时候,此时儿童缺乏克制和管束自己欲望的能力,如果这个时期放纵孩子的过失不加以管教,就容易使儿童形成坏的习惯,以后再要改正过来就很困难了。因此,洛克极力主张"在儿童极小的时候早早加以管教"①,从小培养孩子克制欲望的能力。洛克还主张在日常生活中定下规则,凡是儿童不该得到的东西、不该做的事情,无论他们怎样纠缠、怎样哭闹,都不可给予、不予允许。在这方面,父母不能娇惯孩子,一旦规则定下来之后,就得严格遵守。当然,对于儿童的合理要求还是要给以满足的。洛克也反对把儿童管教得太严,认为这样很可能使儿童精神沮丧,失去活力。

2. 说理教育

为了培养儿童服从理智、克制欲望、遵守约束的能力,洛克主张进行说理教育。他认为对儿童来说,温和地说理要比强制命令容易接受得多,效果要好得多,因此他认定说理是对待儿童的真正办法。同时他又提出,在进行说理教育时,要考虑到所说的理应与儿童的年龄相适应,不能超出他们的理解能力以外,不要讲一些他们不理解的空泛的理论,道理要讲得"明白晓畅",适合儿童的思想水平,使他们乐于接受,以达到让他们明辨是非的目的。他还特别提出,在对儿童讲道理时,要用"极少的极明白的措词",以便让儿童真正地理解。另外,在说理时还要态度镇定,举止温和,使他们感到你的要求是合理的,对他们是有益的。

3. 榜样教育

洛克认为,榜样在儿童道德教育中的作用尤其重要,因为儿童的举止大部分都是模仿得来的,榜样能够在儿童心中留下深刻的印象,对儿童具有潜移默化的影响。他指出,对于儿童来说,最容易也是最有效的教育方法就是把他们应该做或不应该做的事情的榜样摆在他们面前,并加以语言上的指导,告诉他们什么是善良、什么是邪恶,什么是美、什么是丑,再由儿童自己去选择模仿的对象。洛克特别提醒父母要注意孩子游戏伴侣的选择,尽量远离那

---

① 洛克著,傅任敢译:《教育漫话》,人民教育出版社1985年版,第49页。

些没有教养、德行不好的伙伴，避免从他们那里学到不良的言行。同时，为父母、导师者，也应以身作则，规定孩子不准做的事，自己也绝对不要做，以免给孩子违反规定的借口。

4. 实际练习

洛克还重视道德练习的方法，主张对儿童进行实际的道德行为的训练。他认为要使儿童养成某种行为习惯，不能光靠死记规则和说教，而应当利用一切机会让他们进行道德行为的练习。只有经过反复的练习，才可能在儿童身上形成牢固的习惯。洛克还指出，父母、导师在指导儿童进行实际练习时，要和颜悦色地去劝导，而不是声色俱厉地责备。

5. 奖励和惩罚

在对儿童进行教育时，洛克还注意到奖励和惩罚的作用。在奖励的方式上，他提倡实行精神奖励。在洛克看来，尊重儿童，当众赞扬儿童的良好行为，使儿童"觉得自己是有名誉的人"，这才是对儿童正确的奖励方式。他反对"用儿童心爱的事物去奖励儿童"，如用钱币、漂亮的衣服和甘美的食物等，这样做会养成儿童贪婪、奢侈的恶习。另外，给予儿童自由，让他自由地活动，这也是奖励的可行方法之一。洛克主张尽量避免对孩子的惩罚，特别是鞭挞用得越少越好。他说："鞭挞或呵斥是应该谨慎地避免的。"[①]因为惩罚如果用得太多，成了家常便饭，就会丧失它的效力，孩子在这样频繁的惩罚之下，不会再有什么羞耻心，惩罚除了伤及孩子的皮肉之外，没有其他任何作用。而且在这个过程中，孩子会越来越不尊敬父母，父母的威信会逐渐丧失。所以，洛克强调，对孩子要少用惩罚；如果必须要用的话，那就要充分起到它的作用。鞭挞并不是目的，而是为了让孩子认识到自己的错误，以后不再重犯。他又说："假如儿童的过失里面没有倔强的气性，或者故意的成

---

① 洛克著，傅任敢译：《教育漫话》，人民教育出版社1985年版，第57页。

分,根本就用不着严酷的鞭笞。一种和蔼的或者严肃的劝戒就够改正他们的意志薄弱,疏忽善忘,或是怠慢粗率所生的过失了。"①另外,洛克还提到,父母在惩罚、责备孩子的时候,应避免外人在场,以维护孩子的自尊心,不使孩子难堪。

总之,在道德教育的方法上,洛克的见解反映了他多年担任家庭教师的实际经验,具有一定的合理因素。

(三)论儿童的智育

洛克认为,智育没有德育重要,智育是为培养好的德行服务的。智育的任务是教授给儿童各种文化知识和技艺,并促使其智力得到发展,成为有文化修养的绅士。

1. 智育内容

洛克在考虑最适于培养绅士的课程时,提出要遵循两个原则:一是有用性原则,二是多样性原则。洛克从资产阶级功利主义的立场出发,主张只有被肯定了是有用的知识才能教给儿童,教与学的重点都应放在最被现实生活所需要,也是最常用的知识上。洛克思想中的另一个课程设置原则是多样性。他认为,必须避免未来绅士知识体系的狭窄和僵化,应让儿童广泛地学习各方面的知识。

洛克在《教育漫话》一书中对儿童的游戏和玩具也提出了自己的一些看法。他指出儿童非常喜欢自由自在的游戏活动,成人对此要最大限度地予以满足。他还强调父母和教师要从儿童身心发展的角度对儿童的游戏加以指导,通过游戏来培养儿童好的品质。比如在给儿童选择玩具的时候,不要总是给他们买那些价格昂贵、精巧易损坏的成品玩具,因为那只会纵容孩子,使他们变得越来越虚荣和贪婪;而应该多给他们一些自然界中、生活中常见的小物品,如一粒圆润的石子、一张纸、一串钥匙等,这样做可以培养

---

① 洛克著,傅任敢译:《教育漫话》,人民教育出版社1985年版,第80页。

儿童节俭的品质。洛克还特别强调要经常让儿童自己动手制作玩具,他说:"他们的玩具要自己做,至少也得努力自己试着去做;……这就可以使他们习惯于用自己的努力,去获取自己所需要的事物;他们因此就可以学得一点减低欲望、专心、努力、用思想、设计和节俭等品质;这种种品质对于他们日后长大成人的时候是有用处的。"①

2. 教与学的方法

洛克在论述学习内容的同时,还详细而具体地论述了教与学的方法,对教学问题提出了一些积极的、很有价值的意见,主要有以下几个方面:

(1)要注意培养儿童形成爱好知识和尊重知识的精神。洛克认为教师的工作并不在于"要把世上可以知道的东西全都教给学生,而在使得学生爱好知识,尊重知识"②。要让儿童感觉到学好知识是一件光荣的事情,这样儿童就会自觉自愿地、高兴地去学习,而不需要教师强迫他学习了。

(2)要注意鼓励和引导儿童的好奇心。洛克认为,求知欲的产生就是从好奇心开始的,因此对儿童的好奇心"应该小心地加以鼓励",而不是抑制。他分析说,儿童有求知的好奇心,他们对陌生的事物总喜欢问个为什么,这时候父母和教师就要满足他们的好奇心,一方面要耐心地听取他们的问题,和善地答复他们的问题,另一方面要抓住时机进行启发诱导,培养他们的学习兴趣。他说,"儿童学习任何事情的最合适的时机是当他们兴致高、心里想做的时候"③,这时候就"应该当心地捉住他们的兴致上的有利时

---

① 洛克著,傅任敢译:《教育漫话》,人民教育出版社1985年版,第135~136页。
② 洛克著,傅任敢译:《教育漫话》,人民教育出版社1985年版,第193页。
③ 洛克著,傅任敢译:《教育漫话》,人民教育出版社1985年版,第76页。

机"来传授知识,发展心智,培养他们"具有进取的气概"①,鼓励他们多提问题。

(3)采用实物教学的方法。洛克主张在教学活动中应采用实物教学的方法,使儿童确切地掌握知识,获得关于事物的鲜明印象。比如,学习地理知识,就要通过地球仪和地图等实物教具来帮助学生学习。

(4)把学习和娱乐结合起来。洛克还提到对年龄小的孩子施教时要注意寓学习于游戏之中,把学习变成一种娱乐,这样既符合幼儿的心理特点,又能取得良好的教学效果。洛克根据儿童喜欢游戏的特点,提出对幼儿施教时,可以采用游戏的方法。例如,教幼儿认识英文字母时,就可以做一个有多个面的象牙球,在上面粘上 A、B、C、D 等全部字母,然后像掷骰子一样掷出 A 字或者 B 字让幼儿认,这样在玩的同时也就认识了字母。

洛克所提出的这些教学方法,在当时是有进步意义的,是与当时经院主义教育那种脱离实际,不考虑儿童身心发展特点和年龄特征,扼杀儿童主动思维,不重视培养儿童求知方法的教学活动相对立的。

3. 儿童教育思想的特点

洛克儿童教育思想的特点是:

(1)有关儿童教育的内容非常丰富,包括体育、德育和智育,其中有很多精辟的见解。

(2)十分重视儿童的身心发展特点,并要求在此基础上选择使用适当的教育方法。

(3)主张儿童的教育应通过家庭教育的形式来进行,父母和教师在家庭教育中起主导作用。

洛克是西方教育史上的一个重要人物,他的绅士教育思想对

---

① 洛克著,傅任敢译:《教育漫话》,人民教育出版社 1985 年版,第 75 页。

近代资产阶级各国教育实践和教育理论的发展都有极大的影响。他首次提出了一个包括德、智、体三育在内的初步的教育理论体系。从洛克对道德教育、体育和智育的论述方面也可以看出他的反封建、反经院主义教育之处,其中还有不少是对教育规律性的总结。比如,他提出,在德育中要注意训练儿童的意志,培养儿童良好的行为习惯;强调在教学中要考虑到儿童的年龄特征,发展儿童的思维能力,主张传授给学生范围广泛并且实用的知识;在三育过程中,注重对儿童的实际训练,做到理论与实践相结合。总而言之,洛克的绅士教育思想体系中有大量合理的因素,特别是他提出的那些好的教育方法是我们应该肯定与继承的。但是,洛克作为资产阶级的教育家,不可避免地带有阶级的局限。比如,他低估学校教育的价值,又过于注重"礼仪"的培养,这些都带有较强的保守性。他的整个教育思想体系代表着资产阶级的利益,从教育目的到教育内容的规定,无一不是为资产阶级服务的,有明显的资产阶级功利主义色彩。所以,我们在继承和发展他的合理思想时,也要对他的思想给予历史的分析和批判。

第三节　卢梭的儿童教育思想

卢梭(Jean Jacques Rousseau,1712—1778),是18世纪法国杰出的启蒙思想家和教育家。他的教育代表作《爱弥儿——论教育》,在近代教育史上有十分重要的地位。

卢梭出身于瑞士日内瓦的一个钟表匠家庭,很小就失去了双亲的照顾,长期过着颠沛流离的生活。他曾经做过学徒、店员、仆役、家庭教师等,这期间他强烈地感受到社会的不平等和下层人民的疾苦,由此奠定了他憎恶剥削者、同情劳动者的思想基调。1742年,卢梭定居巴黎,结识了法国早期启蒙思想家伏尔泰、狄德罗、孟德斯鸠等人,受到他们进步思想的影响。卢梭没有受过正规的学校教育,完全是通过自己长期不懈的努力和刻苦自修才成为知识渊博的学者的。卢梭的主要著作有《论人类不平等的起源和基础》(1754年)、《社会契约论》(1762年)、《爱弥儿——论教育》(1762年)。

1762年,卢梭发表了教育哲理小说《爱弥儿——论教育》,这部书是卢梭经过20年的思考,用了3年的时间写成的,它是卢梭自己认为最满意、最系统的一部著作。在这本书里,卢梭通过对他所设想的教育对象"爱弥儿"进行教育的过程来反对封建教育制度,阐述他的自然教育思想。该书激烈地批判了当时社会的黑暗和封建传统文化的腐败,反对戕害儿童自然本性的教育制度和教育方法,提出了一套适应儿童天性自然发展的教育程序。由于这本书直接把矛头指向天主教会和封建专制统治,因此它问世以后,便被天主教会和统治者视为眼中钉,不仅被列为禁书,还遭到焚毁,卢梭也被迫逃往国外,直到1770年才得到赦令重返巴黎。1778年,卢梭于贫病交迫之中逝世,终年66岁。

一、儿童教育思想的理论基础

卢梭的教育思想是建立在他的哲学观和社会政治观基础上的。

卢梭受洛克哲学思想的影响,把唯物主义经验论作为自己哲学思想的出发点,认为物质世界是客观存在的,物质的宇宙是运动变化的;但他又认为上帝是运动的第一原因,是宇宙的第一推动者,由此肯定了上帝的存在。在宗教方面,卢梭是一个自然神论者,虽然肯定上帝的存在,但又认为上帝不能随意干涉宇宙间的事物,不能创造和消灭物质,上帝只是宇宙运动的始因,上帝在创造世界之后,便任由自然规律支配一切。在认识论方面,卢梭坚持唯物主义感觉论,反对天赋观念论,把客观物质世界看做是人的认识对象,认为认识起源于感觉经验,因此,他非常重视感觉经验的作用。同时,卢梭也看到理性认识的作用,认为感觉是知识的最初原料,各种感觉组合成为简单观念,几个简单观念又组合成为复杂观念,然后进行思考,即先有感性的理解,后有理性的理解。在这里,卢梭看到了感性认识和理性认识之间的联系,但是他并不真正理解这两者内在的辩证关系以及它们质的区别,他所理解的理性思维活动不过是感觉的组合、分离和比较,这也导致他在教育方面过分强调感觉教育。

卢梭在《论人类不平等的起源和基础》一书中,把人类社会的发展划分为三个阶段:自然状态的平等阶段、社会状态的不平等阶段、社会契约的平等阶段。他认为,在社会和国家出现之前,人类生活在原始的自然状态中,这时每个人都是自由平等和独立的,没有私有财产,也没有私有观念。但是,"自然状态"逐渐被"社会状态"所代替。在社会状态下,出现了私有制,出现了经济和政治上的不平等的现象。他认为,解决社会不平等的惟一办法就是建立社会契约、制定法律,以保护人们的自由平等和财产。他认为,按照社会契约建立的国家,才是真正自由平等的国家。卢梭的社会契约论反映了他要求资产阶级民主政治的理想和愿望,体现了他的民主主义思想。他的理论成为资产阶级革命的前奏曲,成为建立资产阶级共和国的理论依据。卢梭把进行自然教育作为他资产阶级民主政治的重要组成部分,因此对教育改革倾注了极大的热情,希望通过教育来培养民主政治所需要的人才。

二、论教育作用和教育目的

卢梭首先强调了教育对人的发展的作用,他说:"我们生来是软弱的,所以我们需要力量;我们生来是一无所有的,所以需要帮助;我们生来是愚昧的,所以需要判断的能力。我们在出生的时候所没有的东西,我们在长大的时候所需要的东西,全都要由教育赐与我们。"①卢梭认为,人的教育来自于三个方面:自然的教育、人的教育和事物的教育。"自然的教育"是指遵循受教育者的身心发展潜能进行的教育;"人的教育"是指教育者对受教育者所施加的有意识、有目的的指导作用;"事物的教育"是指周围环境对于受教育者的影响。卢梭分析说:"在这三种不同的教育中,自然的教育完全是不能由我们决定的,事物的教育只是在有些方面才能够由我们决定。只有人的教育才是我们能够真正地加以控制的。"②卢梭指出,这三种教育力量必须协调统一才能达到教育的目的,而只有"人的教育"和"事物的教育"服从于"自然的教育",才能做到真正的协调统一。由此他提出,真正的教育应当是顺应儿童天性发展的教育,即自然教育。卢梭自然教育的思想反对在教育中压抑儿童的天性,干涉和限制儿童身心的自由发展,因而具有强烈的反封建性。在西方教育思想史上,卢梭第一次明确提出教育应从人的自然本性出发,使人得到充分的自由发展的思想。

关于自然教育的目的,卢梭认为,自然教育的目的就是要培养自然人(或自由人),即天性得到自由发展的人,这种人的主要特征是具有独立自主性。这种人无论在什么时候,都能把自己的自然感情放在第一位,绝不压抑自己的自然本性;并且能依靠自己的劳动过独立的生活。卢梭认为,只有自食其力的人才是真正自由、独立的人。在《爱弥儿》一书中,他对自然人进行过这样的描述:"从我的门下出去,我承认,他既不是文官,也不是武人,也不是僧侣;他首先是人:一个人应该怎样做人,他就知道怎样做人,他在紧急关头,而且不论对谁,都能尽到做人的本分。"③卢梭认为,封建教育只会把儿童培养成为小霸王或小奴隶,要么是残忍的、专横

---

① 卢梭著,李平沤译:《爱弥儿——论教育》,商务印书馆1978年版,第7页。
② 卢梭著,李平沤译:《爱弥儿——论教育》,商务印书馆1978年版,第7页。
③ 卢梭著,李平沤译:《爱弥儿——论教育》,商务印书馆1978年版,第13页。

的,要么就是怯懦的、顺从的;而只有顺应儿童本性的教育才能培养出自然人,这种教育才是最理想的教育。卢梭进而认为,在现实社会中,确切地说在上层社会中,是无法实现这一理想的。因此,他提出,当儿童一出生就应把他放到远离城市的乡村中去实施自然教育,即在自然的怀抱中接受教育,因为大自然本身就是儿童最好的教师。

卢梭自然教育的核心思想是:强调对儿童进行教育必须遵循自然的要求,顺应儿童的自然本性,即顺应儿童身心自然发展的特点进行教育。他反对成人按照自己的意志强迫儿童接受教育,干涉、限制儿童的自由发展。他要求把儿童在教育中的被动地位变为主动地位,教师要多给儿童以自由,尊重儿童的天性,使儿童真正成为教育上的主人。

卢梭的自然教育理论是建立在他的天性哲学基础之上的。他的天性哲学的一个根本原则就是:人的本质是自由的,即每个人生来就是自由的,自由是人所具有的可贵的天性。另外,"理性"和"良心"(或称"善良")也是人生来俱有的天性。他认为,人的天性是善良的,人的心灵中根本没有什么生来就有的邪恶,他说:"出自造物主之手的东西,都是好的,而一到了人的手里,就全变坏了。"[1]人的天性也是这样,人们所有的坏的行为都是由于后天的环境而产生的,要想去除腐败的社会对人类天性的摧残,就要建立一种顺应人的天性发展的新的社会制度,这就是资本主义制度。可见卢梭是站在资产阶级的立场上,来反对封建专制制度和作为封建制度精神支柱的天主教会的。他的哲学观体现在他的教育思想上,就是教育应以培养自然人、自由人为目的,教育必须遵循自然的要求,顺应人的自然本性,使教育与人的身心发展的各个阶段相一致。卢梭特别强调,教育应以天性为师,而不以人为师,应使

---

[1] 卢梭著,李平沤译:《爱弥儿——论教育》,商务印书馆1978年版,第5页。

教育对象成为天性所造就的人,而不是人所造就的人。因而,他呼吁教师要研究儿童、了解儿童,要尊敬儿童、关怀儿童,教师应该是儿童天性发展的辅助者,应该是儿童信任与热爱的对象,而绝不该成为儿童天性的敌人,绝不该高高在上地成为儿童的压迫者。

三、论儿童的年龄分期及各个年龄阶段的教育

卢梭按照儿童年龄发展的自然进程,把儿童受教育的过程划分为四个阶段,并提出对不同年龄阶段的儿童实施教育的原则、内容和方法。这四个阶段分别是:0～2岁为婴儿期的教育,以身体的养护为主;2～12岁为儿童期的教育,以体育锻炼和感官训练为主;12～15岁为青年期的教育,以知识教育和劳动教育为主;15～20岁为青春期的教育,以道德教育和宗教教育为主。这里我们主要讨论前两个时期的教育。

(一) 论儿童身体的养护和锻炼

卢梭认为,婴儿时期的教育主要是让儿童的四肢和各个器官得到自然发展,保证儿童的身体健康,锻炼和增强儿童的体质。他特别强调,这一时期的教育要适应儿童身体的自然发育,对此他提出了许多建设性的主张。

卢梭主张儿童的食品最好是简单而清淡的,婴幼儿要多吃些水果、蔬菜,少吃油腻食物,而且婴幼儿食品忌单一,以免造成儿童偏食,要让他们养成吃简单、清淡食物的习惯。他还特别提到要注意使儿童保持自然的饮食习惯,他说:"你不拘把什么东西给儿童吃,假如你要使他们惯于吃简单的饮食,你当让他们尽量地吃、跑和玩耍;你将确实知道由于如此办法,他们永不会吃得过多,不会消化不良。但是假如你总使他们挨饿,那么,一旦他们设法逃避了你的注意,他们就要尽量地利用机会了。他们将会一直吃得患了

病,将会狼吞虎咽直到不能再吃为止。"①他进一步分析说:"我们因为要对食欲加上各种规律,如同抑制、限制、控制、增减等,而不听其自然,食欲就过分强烈。"②

在婴幼儿着装方面,卢梭指出,为了适应儿童身体的自然发育,一定要给儿童穿宽松的衣服。他特别提到,切忌用襁褓捆缚婴儿的四肢,这样做剥夺了儿童的自由,有碍于婴儿身躯的自由舒展,阻滞了血液循环,对儿童的发育是有害的。他说:"凡是襁褓包裹孩子的地方,到处都可看到驼背的、瘸腿的、膝盖内弯的、患佝偻病的、患脊骨炎的,以及各种各样畸形的人。"③卢梭认为这种不合自然的习惯甚至还会影响到孩子的脾气和性格,使他们一生下来就产生痛苦的感觉,"他们比带着手铐脚镣的犯人还要难过"④,于是他们挣扎,他们愤怒地号哭,形成了坏脾气。卢梭认为这都是因为残酷的束缚所造成的,他要求改变这种错误的做法,建议用松软的法兰绒被子包裹婴儿,以便他的四肢能自由活动。卢梭还指出,婴幼儿不宜穿戴过多,不要给他们裹头、戴帽,应让他们尽早地适应寒冷的天气,习惯于暴露在寒冷的空气中,以培养适应天气变化的能力。卢梭还主张儿童的衣装要朴素,反对儿童穿华丽的服装,他认为华丽的服装是最不舒适的服装,会使儿童受到束缚、受到压抑,会使儿童失去自由和愉快。他指出,最平凡舒适的,并使儿童感觉最自如的服装,永远是儿童最喜爱的。

卢梭还对婴幼儿的睡眠问题进行了合理的论述。他认为儿童的睡眠时间一定要充足,因为儿童好动,活动量很大,而睡眠可以补偿活动的消耗。他赞成洛克的看法,认为儿童的睡眠应当服从

---

① 滕大春著:《卢梭教育思想述评》,人民教育出版社1984年版,第79~80页。
② 滕大春著:《卢梭教育思想述评》,人民教育出版社1984年版,第80页。
③ 卢梭著,李平沤译:《爱弥儿——论教育》,商务印书馆1978年版,第16页。
④ 卢梭著,李平沤译:《爱弥儿——论教育》,商务印书馆1978年版,第16页。

规律,即"日出而起"、"日没而眠",这是最卫生的方法。但是他又提出,还需要对儿童的睡眠施以另一种适当的训练,也就是"超升于"那种自然律之上,"他必须能够睡眠迟而起身早,忽而被人唤醒或彻夜挺坐而不生病"①,他主要是强调应训练儿童的身体适应各种情况。卢梭还提出,给儿童准备的床褥不可过于温暖和舒适,不要让儿童睡在鸭绒被之中,因为被子盖得太暖,对儿童身体有害而无益。他说:"儿童应该惯于在不舒适的床上睡眠,这是一种最好的办法。"②

可以看出,卢梭有关儿童身体发育和养护的论述,很多地方借鉴了洛克的体育观点。

卢梭还提到,自由人的培养要从婴幼儿时期就开始。孩子刚生下来的时候,由于身体虚弱、缺乏能力,经常以哭声来表示自己的要求,这时候孩子主要是依赖于成人的照顾。随着年龄的增长,如果成人不注意提防的话,孩子的这种依赖性很容易形成为习惯,不仅依赖人,而且还会命令人、使唤人。因此,卢梭指出,为了把孩子培养成为能够用自己的劳动养活自己的独立自由的人,就要从婴儿时期起培养他凡事尽可能地依靠自己、自己照顾自己的习惯。在日常生活中,要让孩子自己多动手做事,比如自己吃饭、自己穿衣、自己大小便等等,而不是让别人替他做这些事。还要让孩子及早明白一个道理,即不命令人,因为他不是谁的主人;也不命令东西,因为东西是不听他的命令的。只有这样,才能使他习惯于把自己的欲望限制在他力所能及的范围内,而不是指望别人替他去实现那些超过他的实际能力的欲望。

(二)论儿童的感觉教育

卢梭认为,2~12岁这个阶段儿童的语言有所发展,但是理智

---

① 滕大春著:《卢梭教育思想述评》,人民教育出版社1984年版,第83页。
② 滕大春著:《卢梭教育思想述评》,人民教育出版社1984年版,第84页。

还没有开发,因此教育的重点应放在儿童的感觉发展方面,主要是对儿童进行感觉教育。卢梭从其哲学的认识论出发,非常强调人的感觉经验的作用。他认为,感觉经验是理性发达的凭借,要培养人的理性,必须充实人的感觉经验。他又认为,儿童的感觉必须通过教育才能够发达。在这里,他强调了感觉教育的重要性。卢梭指出,在人们身上首先成熟的官能是各种感觉器官,因此应该首先训练的也是感官。卢梭强调,训练感官并非仅仅是单纯地使用感官,重要的是通过训练让儿童学会怎样去感受、怎样去看、怎样去听等等。感觉教育的重要作用在于它有助于儿童智力的开发,能激发儿童的智慧。可以说,感觉教育是儿童智力发展的先决条件。但是,感觉教育必须要以体育(即儿童的体格锻炼)作为基础。

卢梭从多方面肯定了儿童身体锻炼的重要价值。他认为不论是从儿童将来生活的需要出发,还是从儿童当前的爱好出发,儿童都是应该从小就进行身体锻炼的。他分析说,儿童自幼就应学会抵抗自然灾患的本领,要能够抵抗疾病和各种各样的疾苦,而这种本领的养成,必须通过坚持不懈的身体锻炼才能够达到。他还分析说,儿童的天性是爱好活动的,因此对于身体锻炼,儿童是乐于接受的。卢梭强调,对儿童来说,身体锻炼是具有现实的和未来的多种价值的。所以,他主张从幼年起便对儿童进行严格的身体训练,使儿童养成健壮的体格,能经受各种苦痛。他极力提倡儿童参加跳跃、舞蹈、爬树、登山、游泳、竞走、打球等活动,认为这些活动不仅能够使儿童体格强壮,而且可以培养儿童的勇气和胆量。卢梭也同洛克一样,反对对儿童娇生惯养,反对溺爱儿童,主张要多训练儿童忍受痛苦。他以爱弥儿为例分析说:"我并不煞费苦心去防止爱弥儿弄伤自己;反之,假如他永远不伤着自己,假如他长大了还未习于苦痛,我反倒觉得懊恼。忍受痛苦是他最主要的功课,也是对他最有用的功课。"①他反对家长对孩子身体的过分保护和过分担忧,他说:"有的儿童被各种装备维护着,以致年龄较大时受痛苦所威胁,既无勇气,又无经验,一被针刺便以为是被杀了,见一滴血便晕眩了,这种装备有什么益处呢?"②他主张当孩子跌倒了,或流了鼻血,或弄伤了手指时,家长不要表现出过于惊慌的样子,以免使儿童"更觉骇怕和更加神经紧张"③,而应该表现得若无其事,使儿童很快地安静下来。卢梭认为这是一种训练儿童忍受苦痛、培养儿童勇气的很好的办法,他说:"这样时机恰是儿童锻炼勇敢的第一课,因为担当轻微痛苦而无畏惧之情,就能使人逐渐地担当较为巨大的痛苦了。"④他的分析是有一定道理的。

在此基础上,卢梭又进一步提出了对儿童如何进行感觉教育的问题。

在西方教育史上,卢梭是第一位详细地论述如何训练儿童感官的教育家。他认为,这个年龄阶段的儿童在认识上只能接受形象,而不能形成概念,即还没有达到理智的阶段,因此必须首先训练儿童的各种感觉器官,丰富儿童的感性经验。在触觉、视觉、听觉、味觉和嗅觉这几种感觉中,卢梭特别重视发展儿童的触觉和视觉。他说:"这两种感觉的用途是最经常和最重要的,它们的训练方法可作他种感觉训练的实例。"⑤他认为,在人的各种感觉发展中,触觉发展得较早,而且可靠性也比其他感觉高,通过触觉,儿童可以获得关于事物的形状、硬度、温度、大小、轻重等更准确的观念,因此应尽可能地多给儿童发展触觉的机会。他主张,在日常生活和游戏中,应采用以触觉代替视觉和听觉的方法来锻炼儿童的

---

① 滕大春著:《卢梭教育思想述评》,人民教育出版社1984年版,第86页。
② 滕大春著:《卢梭教育思想述评》,人民教育出版社1984年版,第86页。
③ 滕大春著:《卢梭教育思想述评》,人民教育出版社1984年版,第86页。
④ 滕大春著:《卢梭教育思想述评》,人民教育出版社1984年版,第87页。
⑤ 滕大春著:《卢梭教育思想述评》,人民教育出版社1984年版,第98页。

触觉。比如,在黑暗的夜间,即视觉完全不起作用的情况下开展游戏活动,如在黑屋子里击掌,通过空气的回旋流动来感觉自己所在的位置;还可以夜晚在水中乘船,由吹到脸上的风来感觉行驶的方向和风势的缓急。他主张通过这样的活动来全面和充分运用儿童的触觉,并且训练儿童在黑暗中行路和分辨事物。他还主张让儿童养成经常夜间活动的习惯,这样可以培养他们的勇气和胆量。另外,还可以用触觉代替听觉的方法来训练儿童的触觉,比如让儿童把手放在琴上,由琴木的震动来分辨声音的高低。除了触觉训练以外,卢梭还主张通过图画、几何形体和制图来训练儿童的视觉,培养其观察力;通过唱歌和听有节奏、有旋律的声音来发展儿童的听觉;而对于儿童的味觉和嗅觉,卢梭认为不必特别训练,而应顺其自然地发展。为了丰富和发展儿童的各种感觉,卢梭曾反复强调,在日常生活和游戏中,要尽可能地让儿童利用各种感官,并且还要尽量多地让儿童参加户外自由活动,以便使他们在活动中获得感性知识和塑造高尚的品德。

卢梭的感觉教育论很多方面是合理的,如将感觉教育作为儿童智力开发的先决条件,认为儿童的感觉只有受到正当的训练之后才会得以充分发展,由此主张加强对儿童的各种感觉的训练,等等。但是,他的理论也存在着缺点和错误,如过分强调对儿童的感觉教育,而忽略了儿童期的知识教育。我们知道,正确的做法应该是把感觉教育和知识教育结合起来进行,绝不能离开学习具体的知识而孤立地培养感觉能力;而卢梭恰恰将这两者割裂开来,这是错误的。

另外,卢梭还提到,2~12岁这个阶段的教育,重点不在于知识教育和道德教育,而是要防止儿童沾染上不良习气。他认为这个阶段是人生最危险的时期,即罪恶滋生期,所以要特别防范儿童的不良行为,净化其灵魂。他说:心灵应当敏锐,但心思却闲置不用,通过让儿童多听、多看来为其将来的知识学习作准备。所以他认为,这个阶段主要是获取感性知识的过程。在教育方法上,卢梭提倡"自然后果法",不赞成洛克那种"和儿童讲理论"的做法,反对进行道德说教,同时也反对实施体罚,而主张以儿童的行为所产生的自然后果去惩罚他,使儿童从自己的行为后果中得到自然教育。他分析说,当孩子弄坏了某种东西以后,成人千万不要忙着给他换新的,而要让他感到缺少这件东西的不方便,只有这样他才会爱惜东西,不再随便破坏。卢梭还举例说,如果儿童打破了房间的窗子,那么就不要急着找人来修好,而让他昼夜都受风吹,甚至着凉受寒,这样他就会很深刻地记住这个教训。卢梭分析说,这样做的目的是为了让儿童明白"这些惩罚正是他们不良行为的自然后果"[1],他们须领受自然的惩罚,此后便会去修正自己的行为。卢梭在书中还分析了如何用这种自然后果法来改正儿童撒谎的毛病,他认为,当成人发现孩子撒谎时,不要去斥责、处罚他们,而是要让他们明白,"如果撒谎,则谎言的种种不良后果都要落在他们的头上,例如,即使说的是真话,也没有人相信;即使没有做什么事情,也要被别人不由分辩地指责说干了坏事"[2]。卢梭反对封建教育的方法,尤其是反对体罚儿童,他的"自然后果法"有其积极合理的方面,但是这种方法并不是在任何情况下都适用的。

卢梭关于知识教育和劳动教育方面的论述,虽然是针对12岁以后的青少年的,但是对学龄前儿童的教育也有一些启发。卢梭指出,知识教育的目的是促使儿童理性的发展,让儿童学会如何独立地学习,并且培养他们对各种学问的兴趣。他在《爱弥儿——论教育》中,以爱弥儿为例分析说:"我的目的不是教给他各种各样的知识,而是教他怎样在需要的时候取得知识,是教他准确地估

---

[1] 卢梭著,李平沤译:《爱弥儿——论教育》,商务印书馆1978年版,第109页。
[2] 卢梭著,李平沤译:《爱弥儿——论教育》,商务印书馆1978年版,第109页。

计知识的价值,是教他爱真理胜于一切。"①这样的知识教育的结果是:爱弥儿具有了较强的获得知识的能力,"他心思开朗,头脑聪敏,能够临机应变;……他虽然不是一个学识渊博的人,但至少是一个善于学习的人。……他能够明白他所做的一切有什么用处,能够明白他为什么相信他所知道的种种事物"②。关于知识教育的内容,卢梭要求让儿童学习实用的知识和与儿童个人经验相关的知识,从而使他们了解自然的变化和社会人生的意义。卢梭最推崇的一本书就是《鲁滨逊漂流记》,他认为这是最适宜儿童的读物,能使儿童从中学会在大自然中生存的本领。卢梭反对死板的书本教学,反对封建教育中的古典文科知识和宗教知识的传授。在教学方法上,他反对死记硬背和强迫灌输知识,而主张实物教学,要求从大自然现象中学习知识,要求儿童独立地观察事物,独立地思考问题,他认为只有用这样的方法才能培养出自然人来。卢梭的知识教育理论是对封建教育的全面声讨,具有强烈的反封建性。卢梭还主张在知识教育的同时进行劳动教育。他认为,劳动教育是非常必要的,手工劳动尤为重要。他主张通过手工劳动使儿童学习一技之长,从而可以不依靠他人独立生活,真正成为一个独立自主的人。卢梭为爱弥儿挑选了一种手工劳动技能,即细木工活,他认为这种劳动不但需要体力,而且还需要智慧,可以使儿童的体力和智力都得到发展。他认为爱弥儿掌握了这门手艺以后,便能自食其力,从而达到真正的自由和独立。

卢梭关于儿童年龄分期及各个年龄阶段教育的思想有较大的主观臆断性,缺乏严格的科学依据,因而没有能够阐明儿童发展的客观规律,而且还过分强调儿童各生长阶段的身心发展特性,把体育、感觉教育、知识教育和道德教育割裂开来,分别集中在某一个

---

① 卢梭著,李平沤译:《爱弥儿——论教育》,商务印书馆1978年版,第283页。
② 卢梭著,李平沤译:《爱弥儿——论教育》,商务印书馆1978年版,第283页。

阶段进行,这是不科学的,具有机械主义倾向。但是,他要求根据儿童身心发展特点进行教育的思想,无疑具有巨大的积极意义。而且他在各个阶段教育中所提到的一些具体的教育内容和方法有很多合理性的方面。

卢梭作为资产阶级启蒙思想家,勇敢地对当时欧洲的封建没落思想进行揭露和批判,并且旗帜鲜明地表明了自己的民主教育思想。他的自然教育思想在当时给人耳目一新的感觉,是当时最具进步性的教育理论。他的教育理论可以说是开辟了资产阶级教育理论的新阶段。他在自然教育理论中提出的通过教育培养自然人、教育要顺应儿童的天性发展、把儿童作为教育的主体等思想具有很强的反封建性,反映了新兴资产阶级的要求。另外,他从教育内容和教育方法上对封建教育进行了全面的声讨,主张改革封建的教育,建立以发展儿童天性为目的的资产阶级的新教育。卢梭的教育思想对欧美近、现代教育理论的发展产生过重要影响,很多教育家都是从他的自然教育理论中得到启发而形成自己的教育观点的,如裴斯泰洛齐、福禄倍尔、杜威等。但是,卢梭的教育理论也有其局限性,在理论和实践方面存在一定的矛盾,如片面强调教育要顺应自然,把儿童的天性过分理想化,在教育的年龄分期方面缺乏科学依据,而且过分强调儿童的个人生活经验,过分强调感觉教育,忽视理论知识的学习,等等。最根本的缺陷是,卢梭还没有认识到教育首先要受到社会政治、经济等方面因素的制约和影响,而是一味强调通过教育来改变社会;卢梭只用人性来解释人的发展,来解释教育的必要性和可能性,将人性与社会性对立起来,忽视了教育的社会制约性,对教育的社会本质缺乏深刻的揭示。这也是资产阶级教育家的通病。

第四节 裴斯泰洛齐的儿童教育思想

裴斯泰洛齐(Johann Heinrich Pestalozzi,1746—1827),是18世纪末、19世纪初瑞士著名的资产阶级民主教育家。他一生致力于发展贫民教育,希望通过教育来改变人民的贫困状况,虽然最终他的教育理想没有能够实现,但是他那丰富的教育理论和实践为我们留下了宝贵的遗产,至今仍然对我们很有启发。

一、教育实践活动

裴斯泰洛齐所生活的年代,正是瑞士从封建社会向资本主义过渡的时期。当时劳动人民受到封建主义和资本主义双重的剥削、压迫,生活非常贫困。裴斯泰洛齐在儿童时代就非常同情劳动人民的处境,很想帮助人民摆脱困境。长大以后,他寄希望于通过教育来改革社会,来改变劳动人民的生活现状,因而他把全部的精力都投入到教育事业中。1769年,他在涅伊霍夫建立了一个"模范农场",在那里进行新的耕作方法的实验。他招收附近的农民,教给他们新的农业技术方法,希望由此来帮助农民增加生产、改善生活,改变农民生活贫困的现状。但是五年后试验以失败告终,他又转向从事儿童教育,认为拯救广大贫苦儿童的惟一道路就是教育。1774年,裴斯泰洛齐开办了一所孤儿院(也称"贫儿之家"),先后收容了50名6~18岁的乞丐、孤儿和流浪儿童。在这些孩子当中,有许多人已经习惯于乞讨、偷窃和游荡生活。裴斯泰洛齐就像是一位慈祥的父亲,在慈爱的气氛中教养儿童,为孩子们提供衣食,教给他们读、写、算的知识,还教他们种植、纺纱、织布、缝纫等劳动技能,使他们能够自食其力,逐步以自己的力量来克服贫困。裴斯泰洛齐开办的这个孤儿院就像是一个大家庭,其目的就是为了拯救贫困儿童,使他们的穷苦状况得到改善。"贫儿之家"并不是单纯的慈善救济机构,而是培养儿童的能力和精神面貌的场所,裴斯泰洛齐力图把它办成教育与生产劳动相结合的机构。他希望通过文化知识教育和农业、手工业技术教育,把儿童培养成为有知识、有能力以及有高尚的道德品质的人。经过短短几个月的时间,这些贫苦儿童就有了明显的转变,他们开始乐于劳动和学习,这证明了裴斯泰洛齐的教育实验是成功的。但是由于经济困难,这所孤儿院于1780年被迫停办。两次试验失败之后,裴斯泰洛齐开始进行深入的思考,从1780年至1797年,他把自己的教育理想和教育改革方面的探索以论文和小说的形式写了出来。他的教育小说《林哈德和葛笃德》(又名《贤伉俪》)就是在这一时期写出来的。此书是裴斯泰洛齐的主要教育著作,书中阐述了社会和教育的关系,表达了他通过教育改良社会的思想,体现了资产阶级的民主教育观。

1798年,瑞士爆发了资产阶级革命,裴斯泰洛齐被资产阶级新政府派去担任斯坦兹孤儿院的管理和领导工作。斯坦兹孤儿院共收容了80名5~10岁的儿童,这些孩子刚进来的时候,健康和道德状况都很差,一个个面黄肌瘦、破衣破裤,而且他们身上还带有不少恶习,如打架、偷窃、赌博等。但是,裴斯泰洛齐却对这些孩子抱着无限的希望,他以赤诚的爱温暖、滋润孩子们的心,教孩子们懂得做人的尊严。他把孤儿院办成了一个大家庭,并努力探索合理的教育方法。裴斯泰洛齐把多年孕育的教育理想在斯坦兹孤儿院进行试验,他的学校教育家庭化、教育与生产劳动相结合、教育心理化等重要的教育思想和教育原则,都在斯坦兹孤儿院的教育实验中得到进一步深化和发展。斯坦兹孤儿院的教育有两方面的内容最为突出:(1)实施爱的教育,激发儿童的良心,培养儿童善良的情感和团结友爱、互助合作的精神,使孤儿院的教育和生活家庭化;(2)实施劳动教育,根据儿童的年龄特点,组织儿童从事手工和农业劳动,使他们受到多方面的劳动训练,促进他们的体力、智力和道德的发展,从而获得生活所必需的劳动技能。斯坦兹孤儿院的教育方法也比较先进,教学和教育工作注意从观察入手,将生动、直观的事例和教师的榜样作为最好的教育手段,即坚持教育教学直观化的原则。另外,在教育过程中还注意尊重儿童的个性和人格,发展儿童的自主精神,鼓励他们在生活中进行自我服务,自己管理自己。经过几个月的时间,裴斯泰洛齐在斯坦兹孤儿院的教育工作取得了良好的效果,孩子们在健康和道德方面都得到了改善,他们变得活泼聪明,诚实善良,生活得十分幸福和快乐。由于战争的原因,1799年,斯坦兹孤儿院被迫关闭。

1800年,裴斯泰洛齐应朋友的请求到布格多夫城创办一所小学,在此他把全部精力放到初等教育改革的探索上,确立了"教育心理化"的思想,强调把教学建立在心理学的基础上,要求一切教学必须按照儿童心理的发展而进行,从对事物的直接观察开始,在教授语言、算术、地理、历史、图画、唱歌、体操等课程时,均采用直观教学法。在教育史上,裴斯泰洛齐第一个提出"教育心理化"的口号。他的这一思想开了时代的先河,并被后人所吸收,对儿童教育和儿童心理学的研究起了积极的推动作用。裴斯泰洛齐在布格多夫城初等学校通过实施自然教育、心理化教育取得了良好的实际效果,使儿童身心得到了和谐发展。这所小学被视做欧洲近代初等学校的开端,在国内外引起广泛的注意,很多有识之士纷纷前来参观学习。这些人中包括德国著名教育家赫尔巴特,他对裴斯泰洛齐的教学成就给予很高的评价和理论分析,且吸收了裴斯泰洛齐的"教育心理化"思想,并在此基础上有所发展。1801年,裴斯泰洛齐建立起著名的布格多夫学院,在这里,他的"教育心理化"思想得到进一步的实施并逐步完善。裴斯泰洛齐在布格多夫学院进行教学实践活动的同时,还发表了不少文章和著作,如《葛笃德怎样教育她的子女》(1801年)、《母亲读物》(1803年)等。这些著作是他自己的教育实践经验的总结,比较全面地阐述了教学原则和教学方法等方面的问题。1805年,裴斯泰洛齐带着布格多夫学院的一些教师和学生迁到伊佛东城,建立了包括小学部、中学部、师范部在内的伊佛东学院,在这里继续实践他的教育理想。伊佛东学院持续了20年,是裴斯泰洛齐一生事业的辉煌时期,这所学校于1825年停办。此后,裴斯泰洛齐回到家乡涅伊霍夫,完成了他的最后一本著作《天鹅之歌》。1827年,裴斯泰洛齐逝世。

二、论教育作用和教育目的

裴斯泰洛齐坚信:通过教育可以消除贫困,改造社会,这是他的教育理想和信念,因而他对劳动人民的受教育问题极为关心。他严厉地批评了当时不平等的教育制度,把这种制度比做是一座高楼大厦:大厦的上层宽敞明亮,但居住的人很少;住在中层的人多一些了,却因缺少楼梯无法升入上层;绝大多数人都居住在下层漆黑的洞穴里,不能享受到阳光和新鲜空气。裴斯泰洛齐对这种大多数人无权受教育的现象非常不满,要求改变这种不公平不合理的等级教育,建立一种民主的教育制度,使社会各个阶级的儿童都受到一种合理的符合他们实际需要的教育。他提出,受教育应该是每一个人的权利。他认为,每一个人生下来就具有"天赋的能力",也就是说,每一个人都具有一些自然赋予的潜在的力量和才能,这些力量和才能都具有渴望发展的倾向,比如眼睛要看、耳朵要听、脚要走路、头脑要思想、心灵要信仰和爱等等。这些体力和智力都是与生俱来的,是潜在于人体内的先天能力。裴斯泰洛齐认为,只有通过教育才能使这些先天能力发挥出来,也只有通过教育才能实现人的充分和谐的发展。他提出,教育的目的就是促进人的一切天赋能力的和谐发展,培养身心和谐发展的人。他主张通过教育去发展人的天性,去形成完善的人。他说,教育的目的就是"在于发展各人天赋的内在力量,使其经过锻炼,使人能尽其才,能在社会上达到他应有的地位"①。在这里,他把儿童的发展唯心地理解为"生来就潜藏在儿童身上的天赋能力"的发展,并认为这种能力本身就具有要求发展的倾向,教育的作用也就在于努力去激发和促进儿童天赋能力的发展。

裴斯泰洛齐吸收了卢梭自然教育理论的主要精神,特别强调教育要适应自然,按照儿童的天性及其发展顺序来进行教育。他指出:儿童的天赋力量和才能有其自然发展的规律,教育必须适应儿童的天性,即教育要与儿童的自然发展的规律相一致。他认为,只有牢固地建立在儿童自然发展基础上的教育,才能达到它预期的目的。裴斯泰洛齐的教育活动正是本着这一自然适应性原则进行的。裴斯泰洛齐重视教育对儿童天性的发展,这与以前抑制儿童天性的封建教育相比较具有进步意义。但是,他把教育目的全部归结为发展儿童的"天赋能力",不了解教育目的的社会制约性,这是他思想的缺陷所在。而且他仅仅本着个人善良的愿望来为劳动人民争取受教育的权力,并没有找出劳动者被剥夺教育权的主要原因,即还不能够理解:只有变革不平等的社会制度,才能真正实现教育上的平等。在这个问题上,裴斯泰洛齐同卢梭一样没有考虑到社会环境因素对教育的影响。

三、论爱的教育

为了培养身心和谐发展的完人,裴斯泰洛齐提出实施和谐发展的教育内容,包括德育、智育、体育和劳动教育。裴斯泰洛齐把道德教育放在重要的地位,认为在人的各种能力的和谐发展中,道德力量是领先的,一个人能否幸福,是否平安,主要就是看他本人的道德力量发展得如何,因此道德教育应是整个教育体系的关键,

---

① 张焕庭编:《西方资产阶级教育论著选》,人民教育出版社 1979 年版,第 173 页。

应把道德教育作为家庭教育和学校教育的主要内容。道德教育的目标就是使儿童具有博爱的精神,即爱全人类和爱上帝,因此就要对儿童进行爱的教育。道德教育的任务,就在于发展儿童积极的爱。在裴斯泰洛齐看来,道德教育就是"爱"的教育。裴斯泰洛齐从资产阶级人道主义的思想出发,认为"爱"是一种原始的能力、一种基本的感情,它只需在一定的条件下加以适当的指导,进行适当的训练,就可以发挥其效力。因此,它是人类发展的动力、起源、中心和终结。他进而认为,无论哪种形式的教育,只要是以爱的思想感情为前提,并把这种爱的情感贯穿始终,这种教育就一定能够顺利地进行。如果没有爱的情感,一切教育也就难以取得成效。这种爱的情感是通过母亲与孩子、教师与孩子之间的信任和爱表现出来的。

爱的教育贯穿在裴斯泰洛齐的全部教育观点和教育活动之中,他热爱儿童,尊重儿童。他在涅伊霍夫和斯坦兹孤儿院的工作中能够战胜重重困难,靠的就是对儿童、对教育事业赤诚的爱。他对儿童充满了信任和友爱,忧儿童之忧、乐儿童之乐,以父亲般的深厚感情教育儿童,使儿童的道德、智慧和身体都得到较大的发展。裴斯泰洛齐在与友人谈斯坦兹经验的信中写道:"从早到晚,我一个人和他们在一起,是我的双手,供给他们身体的和心灵的一切需要。他们都是直接从我这里得到必要的帮助、安慰和教学。他们的双手被我握着,我的眼睛凝视着他们的眼睛。"①"我们一同哭泣,一同欢笑……他们生病,我在他们身边;他们健康的时候,我也在他们身边;他们睡觉的时候,我也在他们身边。我最后一个睡

---

① 张焕庭编:《西方资产阶级教育论著选》,人民教育出版社1979年版,第198页。

觉,第一个起身。"①"我决心使我的孩子们在一天中没有一分钟不从我面部和我的嘴唇知道我的心是他们的,他们的幸福就是我的幸福,他们的欢乐就是我的欢乐。"②这些就是裴斯泰洛齐所提倡的"爱的精神"的真实写照。他还在信中分析说:"人易于接受善的东西,孩子乐于听从善的东西"③,因此"第一件要做的事,就是要赢得孩子们的信任的热情"④。他确实成功地做到了这一点。裴斯泰洛齐还用这样无尽的爱的情感感染和影响着儿童,使自己成为一个很好的教育榜样,孩子们从他那里学会了自尊自爱,同时也学会了尊重和爱他人,更重要的是还学会了善良、公正地对待他人,同情他人的痛苦和不幸,随时随地帮助有困难的人。这些良好品质的形成对于孩子的一生都是有益的。

裴斯泰洛齐还提出了在家庭教育和学校教育中如何实施爱的教育问题。他提议,在家庭中父母要给予孩子充分的母爱和父爱,而且从孩子刚出生时就要体现出来。裴斯泰洛齐曾为人们描绘了一幅家庭生活的动人画面,在这个画面中,母亲喂奶,父亲递给面包,其家庭气氛和谐而安祥。他指出,孩子正是从母亲喂奶、父亲递给面包这些具体动作中体会到深厚的母爱和父爱的,并在心中萌发出"爱的种子"。裴斯泰洛齐特别强调母亲在培养儿童爱的情感中的作用,他分析说,母亲往往是出于一种动物本能的力量而精心照顾自己的孩子,喂养他、爱抚他、保护他、帮助他,逗他高兴,

---

① 张焕庭编:《西方资产阶级教育论著选》,人民教育出版社1979年版,第198~199页。

② 张焕庭编:《西方资产阶级教育论著选》,人民教育出版社1979年版,第197~198页。

③ 张焕庭编:《西方资产阶级教育论著选》,人民教育出版社1979年版,第198页。

④ 张焕庭编:《西方资产阶级教育论著选》,人民教育出版社1979年版,第198页。

使他感到满足,在这个过程中,孩子就会不知不觉地爱母亲、信任母亲、感激和服从母亲,爱的情感便由此而萌发出来。裴斯泰洛齐说:"服从和爱,感激和信任交织在一起,发展着良心的萌芽。"[①]他又进一步分析说:"因为爱、感激、信任和服从的情感的产生,是母亲和孩子之间本能的情感的吻合的结果,所以这些萌发了的情感的进一步发展便是人类崇高的艺术!"[②]故而,他主张把母爱精神引进学校,使爱的教育进一步深化。他提出,在学校里,教师应该像慈祥的母亲一样热爱儿童,教导儿童,教师应当与儿童共同生活,产生深厚的思想感情,并通过良好的示范作用,全心全意地以母爱精神去感化儿童。教师要像母亲那样经常从儿童的眼睛、嘴唇、面部去判断他心灵中最微小的变化,全面关心儿童的生活、学习,精心塑造"儿童的心智"。裴斯泰洛齐的这种观点是值得我们重视和借鉴的。裴斯泰洛齐特别指出,无论是在家庭还是在学校,用母爱精神教育儿童决不是无原则的一味的慈爱,而是需要把慈爱和威严结合起来,这样才能塑造一个"完善的人"。所谓的威严,就是当发现孩子身上存在恶习时,绝不能迁就,而要坚决制止,并彻底根除。裴斯泰洛齐是教育史上实施爱的教育的典范,他的关于爱的教育的主张给后人以很多启示。

与这种爱的教育相联系的是宗教教育。裴斯泰洛齐认为,儿童应当完全顺从上帝的旨意,这才是爱的最高表现;只有把人性和神性结合起来,才可能产生纯真的道德情感,这种道德情感区别于动物式的利己主义情感,是最高级的情感,如果人人拥有这种道德情感,社会就可以得到改善了。裴斯泰洛齐对于宗教和道德问题

---

① 张焕庭编:《西方资产阶级教育论著选》,人民教育出版社1979年版,第193页。

② 张焕庭编:《西方资产阶级教育论著选》,人民教育出版社1979年版,第194页。

的看法,反映了他的唯心主义世界观和阶级的局限性,他实际上是想用人性来感化统治阶级,但这是做不到的。

四、论家庭教育

裴斯泰洛齐非常重视儿童的家庭教育,并从三个方面来说明家庭教育的重要性。第一,母亲在儿童教育中占据着重要地位。裴斯泰洛齐把母亲看做是孩子的天然教养员,母亲拥有对孩子的最初教育权,教育孩子是母亲的天职。他指出,儿童最初的教育,如爱的教育和宗教教育,都是从母亲那里得到的。裴斯泰洛齐曾论述过儿童是怎样从母亲那里得到关于上帝的认识的,他在书中写道:母亲把孩子更紧地贴近自己的胸怀,深情地对他说,"孩子,当你不再需要我的时候,当我不能再庇护你的时候,有一个上帝是你需要的,他会把你抱过去。当我不能再给你欢乐与幸福的时候,上帝为你准备了欢乐和幸福"[1]。这样在孩子的心里就出现了"一种神圣的情感,一种信仰的欲望,使他超越了他自己。当他听到他母亲提到上帝的时候,他就感到欢乐"[2]。裴斯泰洛齐认为,母亲和孩子之间的爱和信赖的关系是教育的必要条件。第二,父母最了解自己的孩子,他们知道自己的孩子的个性和能力,所以在孩子的教育方面最有发言权,也最适宜进行遵循自然的教育。第三,教育应从摇篮开始,应从儿童生下来的时候开始,因为人的潜在的力量和才能从他诞生的时刻起就需要培育、发展,这样也就使得家庭教育显得格外重要了。

总的来说,裴斯泰洛齐把家庭教育看做是实现他的教育目标

---

[1] 张焕庭编:《西方资产阶级教育论著选》,人民教育出版社1979年版,第194页。

[2] 张焕庭编:《西方资产阶级教育论著选》,人民教育出版社1979年版,第194页。

的一个重要途径,认为家庭教育是最能体现教育适应自然原则的,即家庭教育能够追随儿童的天性,能够很好地促进儿童潜在的力量和才能的发展。裴斯泰洛齐还要求把家庭教育作为整个教育体系的基础,他甚至提倡学校教育和社会教育都要以家庭教育为榜样。他在教育实践中也是这样做的,他领导的斯坦兹孤儿院,就始终像一个大家庭,呈现出一幅家庭生活的图景。

裴斯泰洛齐对家庭教育的内容和方法也作了规定。他提出家庭教育的内容同学校教育内容一样,包括四个方面:体育、德育、智育和劳动教育。裴斯泰洛齐的重要贡献还在于:他力图探索出一套符合儿童心理特点的,并使每个家庭的母亲都可以运用的简化教学法,从而使每个家庭都有可能对儿童实施初等教育。

裴斯泰洛齐要求把家庭教育列入教育体系,并强调家庭教育的重要性以及在儿童教育中的作用,这些都是正确的。但是他过分强调家庭教育,主张其他形式的教育都要以家庭教育为榜样,甚至设想用家庭教育取代学校教育,这显然是片面的。

五、论要素教育

前面提到的在家庭教育中运用的简化教学法,实际上就是一种要素教育。有关要素教育的理论是裴斯泰洛齐教育理论的精华所在,是他的教学理论的核心。

裴斯泰洛齐认为教育过程必须从一些最简单的因素开始,逐渐转向复杂的因素。德育、智育、体育和劳动教育,不同的方面有不同的要素,各种教育都能找到一定的最简单的要素作为实施教育的起点。比如,体育和劳动教育的要素都是儿童身体关节的活动,在进行体育训练和劳动时,就要先对儿童进行关节活动训练。裴斯泰洛齐建议做母亲的要及早注意儿童的关节活动,并有意识地加以训练,在此基础上发展儿童的体力和劳动能力。所谓关节活动训练,主要就是训练儿童使用其手和脚的实际活动能力,包括儿童日常生活中的各种最简单的动作,如走、跑、跳、抓握、投掷、推拉等,这些基本动作结合起来,就构成了复杂的动作。这些动作要素,按照一定的程序加以训练,不仅能锻炼儿童的身体,全面发展儿童的体力,而且还可以训练儿童的劳动技能,培养儿童爱劳动的精神。

道德教育的最简单的要素是儿童对母亲的爱,以这个要素为起点,使儿童逐渐扩展到对其他人的爱,最初爱自己的父母,进而爱兄弟姐妹,然后扩展到爱上帝、爱全人类,从而上升到"博爱"境界。裴斯泰洛齐认为,儿童最初对母亲的爱,是在母爱的基础上逐渐发展起来的。孩子受到母亲的爱抚、照顾,感到愉快、满足,于是"爱的种子就在孩子心里发展起来了"①,儿童由对母亲的热爱进而产生了对母亲的尊敬、信任和服从。裴斯泰洛齐将母子关系进行这样明确的剖析,实际目的是为了说明儿童的道德要素是怎样产生的,并且提醒母亲要小心翼翼地爱护儿童那脆弱的道德萌芽。也就是说,做母亲的要多给孩子一些母爱,要亲切、温柔地对待他,要多对他微笑,多给他一些爱抚,照顾好他。如果一个做母亲的疏忽自己的职责,甚至根本不爱自己的孩子,那么她的孩子也不会爱她、尊重她、依赖她,而且更严重的是:将来这个孩子有可能不会爱任何人,也不会关心任何人,更不会信任任何人,这个世界对他来说非常灰暗,"博爱"的境界离他更是遥远。这就是由于缺乏母爱造成的结果。可见,母爱在儿童道德品质形成过程中的作用是巨大的,是不容忽视的。裴斯泰洛齐认为,道德教育的最高目标是培养儿童爱全人类,爱上帝,而这需要从最基本的要素开始,即从爱自己的母亲开始。

智育的要素就是"对事物产生一种最初的印象"。而儿童在

---

① 张焕庭编:《西方资产阶级教育论著选》,人民教育出版社1979年版,第193页。

对事物产生最初的印象时,往往是对事物的形状、数目和名称三个基本点产生较强的印象,即只要抓住了这三个要素来培养儿童的能力,就可以发展儿童的想像力、观察力和思维能力。裴斯泰洛齐认为,儿童对数、形、词的认识是智力活动的萌芽。因此,他认为教给儿童记数、学习语言、辨别形状,是知识教育的关键。

要素教育论的提出,说明裴斯泰洛齐已经看到了教学与儿童心理发展的关系。他根据"教育心理化"原则,认为教育必须适应儿童的天性,与儿童体力和智力的自然发展的顺序相协调,一切教学都要从最简单的要素开始,逐步提高儿童的认识水平。从这一理论的社会意义上来讲,由于要素教育的方法简单易行,每一个孩子的母亲都可以运用要素在家庭里实施教育,因此,广大贫苦家庭的儿童不进学校同样也可以有学习、受教育的机会,这样就有助于初等教育的普及,从而实现裴斯泰洛齐的"人人受教育"的理想。所以,要素教育理论集中体现了裴斯泰洛齐教育民主化的要求。

裴斯泰洛齐的儿童教育思想深受卢梭自然教育思想的影响,但在某些方面比卢梭的思想更为深刻。裴斯泰洛齐的贡献是明显的,他始终以贫民儿童为教育对象,提倡实施爱的教育、家庭教育和要素教育,他为贫苦儿童的教育献出了自己毕生的精力。他努力探求教学的原则和方法,初步形成了完整、系统的教学原则体系和各科教学法体系,为教学理论的发展奠定了坚实的基础。当然,由于阶级和历史的局限性,在裴斯泰洛齐的教育思想中,也存在一些唯心主义的、错误的东西,应该予以扬弃。

第五节 赫尔巴特的儿童教育思想

约翰·菲力德力赫·赫尔巴特(Johann Friedrich Herbart,1776—1841),是德国近代著名的哲学家、心理学家和教育家。他一生致力于建立科学的教育学体系。他明确提出教育学是一门科学,建立教育学学科不能仅仅依赖于以往的经验和习惯,还应当具有哲学的、伦理学的和心理学的基础,应建立在科学的基础之上。他要求把哲学作为整个教育学的指导方向,用伦理学来决定教育的目的,在心理学基础上建立教育方法论。在西方教育史上,赫尔巴特被誉为"科学教育学的奠基人"。但是,由于唯心主义、形而上学的哲学和心理学观点,他并没有真正达到建立科学的教育学的目的。

赫尔巴特出生于德国奥登堡的一个既是书香门第又是官宦门第的家庭,从小受到良好的教育。虽然他是独生子,但母亲对他的要求却非常严格,从不娇生惯养,比如让他睡硬板床,每天按时起床等。赫尔巴特的初等教育是在家里由家庭教师进行的,他母亲非常重视教育,经常陪伴他一起听课,这使他的学习进步非常快,幼年时就显出超常的理解力和记忆力,具有多方面的兴趣,特别是在音乐方面有浓厚兴趣。他12岁进入奥登堡文科中学学习,接受传统的学校教育,中学期间特别喜爱物理学和哲学,并对康德的哲学产生了极大的兴趣。1794年中学毕业后,赫尔巴特进入耶拿大学学习,这所学校是当时德国哲学思想研究的中心,这就为他进一步钻研康德、费希特等人的哲学理论创造了极好的条件,也为他世界观的形成奠定了基础。

1797年,赫尔巴特去瑞士担任贵族斯泰格的家庭教师,教育他的三个孩子。在这个过程中,赫尔巴特积累了丰富的教育经验,形成了他著名的"教育性教学"和在教学中激励学生多方面兴趣的初步思想。1799年,赫尔巴特专程去布格多夫拜访裴斯泰洛齐,两人很快就成为忘年之交。赫尔巴特在此参观了裴斯泰洛齐的教育教学活动,学习裴斯泰洛齐的教育理论,但是,赫尔巴特并没有吸收裴斯泰洛齐教育思想中进步、民主的部分。1800年回国后,赫尔巴特潜心研究哲学和教育学,从事写作,他的教育思想渐趋成熟。1802年,赫尔巴特在哥廷根大学获得博士学位,后在该校受聘讲授教育学、逻辑学、心理学和哲学。他对教学工作认真负责,讲课深入浅出,深受学生的喜爱。1809年他又到哥尼斯堡大学任教,同样受到学生的广泛欢迎,全校有一半以上的学生选修他的课。在哥尼斯堡大学讲学期间,赫尔巴特并不满足于仅仅讲授教育学,仅仅从理论上来探讨教育问题,还将教育理论运用于教育实际中,进行教育实验。在他的提议下,学校先后建立起师范研究班、教育研究所等组织,推动了教育科学的进步,也培养了不少人才。

赫尔巴特一生著作很多,教育方面的主要著作有:《普通教育学》(1806年)、《教育学讲授纲要》(1835年)、《裴斯泰洛齐的直观教学ABC》(1802年)、《裴斯泰洛齐教学方法批判》(1804年)等。《普通教育学》是赫尔巴特的教育代表作,它是西方最早以"教育学"来命名的教育专著,这本书奠定了赫尔巴特在教育史上的重要地位。

一、儿童教育思想的理论基础

赫尔巴特主要的教育理论是建立在他的哲学、心理学和伦理学思想的基础上的。他的哲学观又是其心理学和伦理学思想的基础。

在哲学上,赫尔巴特主要是吸收、融合了康德和莱布尼兹等人的唯心主义哲学思想,并在此基础上提出了"实在"(即精神实体)的概念。他认为宇宙是由无数个"实在"构成的,"实在"永恒不变,实在的世界是绝对的,其中没有任何变化,由"实在"组成的万事万物也是永恒不变的。因此,国家政权也应该是永恒不变的。很显然,赫尔巴特是在为现存的资产阶级政权的巩固作理论上的论证。他还认为,所谓事物的变化只是现象上的变化,而无本质上的改变,人们只能认识事物的现象,而不能认识事物的本质,即人们无法认识"实在",由此他在认识论上陷入了不可知论。赫尔巴特在吸收德国古典唯心主义哲学思想的同时,也受到以洛克为代表的英国唯物主义经验论的影响。他把人的心灵看做是"一张白纸",认为人所有的观念,"毫无例外,都是时间和经验的产物"①。他强调人的任何观念都不是天生就有的,而是从对事物的感知出发,从经验中产生出来的。他又认为感知本身不能在实质上把握事物,只能显示现象,因此人的认识不能只停留在感知阶段,而应努力去认识事物的实质,把实质从感知中抽象出来,这才是认识的目的。可以看出,赫尔巴特既重视感觉经验,又重视理性认识,力图在认识论方面调和经验论和唯理论之间的矛盾。

赫尔巴特的心理学思想是其教育学的最重要的理论基础。"观念"是赫尔巴特心理学的核心概念,他把观念看做是人的先天认识能力对事物现象感知所产生的结果,是人的心理活动的基本内容。他认为,人在感知事物时会形成一个又一个的观念,观念之间具有相互吸引和相互排斥的作用,这样也就形成了人的各种心理活动。当人们意识领域之内的观念相互吸引、融洽结合时,就表现为心情愉快;而观念和观念相互抵触、排斥的时候,则表现为痛苦、不愉快。他认为所有的心理活动,如情感、意志、记忆、思维、注意、兴趣等,都是在观念的相互作用的基础上形成的。因此,他把人的所有心理活动都看做是观念活动的结果。那么观念的活动是怎样形成心理活动的呢?他进一步分析:在观念活动中,通过力量大小的较量来保存清晰的观念,舍弃模糊的观念,但是被舍弃的模糊观念只是暂时被排斥在意识领域之外(或"意识阈限"之下)暂时不出现,而等待着一个新的观念的到来,等待着重新被组合,而成为意识领域之内(即"意识阈限"之上)的观念。保存在人的意识领域之内的观念,往往表现为人的各种心理活动。赫尔巴特进

---

① 引自赵祥麟主编:《外国教育家评传》第2卷,上海教育出版社1992年版,第92页。

而提出,教学的作用就是要加强观念的清晰度,并促进观念的结合,从而发展思维能力。赫尔巴特在他的心理学思想中,还提出一个"统觉作用"的概念,即人的意识之中已有的观念对新形成的观念具有统合、吸收的作用,也就是在原有的经验基础上形成新观念的过程。"统觉作用"运用到教学上就是用旧知识体系理解新知识,再重新排列组合成为一个新的知识体系。他认为"统觉作用"是形成正确的教学方法的基础,好的教学方法都是以此为基础产生的。"兴趣"也是赫尔巴特心理学思想中的一个重要概念。他认为对某事物有了兴趣,就是在心理上对此事物形成了高度注意,有了兴趣才会对事物主动,有了兴趣也才会产生欲望和意志,所以在教学中要注意培养学生的兴趣。由此我们可以看到,赫尔巴特力图把心理学和教育学结合起来研究,使裴斯泰洛齐的"教育心理化"思想得到了进一步的发展。但是,赫尔巴特的心理学还属于思辨心理学,较接近于哲学,还没有达到实验心理学的水平,他的许多结论并未得到实验检验,有许多脱离实际凭空想像的成分,所以不能正确地、唯物地来解释人的心理活动。尽管如此,赫尔巴特的心理学思想在心理学发展史上仍占有重要地位。

赫尔巴特的伦理道德观是保守、落后的。他认为,凡是不违反现存国家统治制度的行为、思想就是道德的;反之,则是不道德的。他提出五种道德观念(即"五道念"),认为这五种道德观念是人类生活的目标,也是教育的目标。这五种道德观念是:

(1)"内心自由"观念。要求人们在进行任何一种活动时,思想和行为不矛盾,其行为完全是出于内心的需要,即思想和行为完全一致。(2)"完善"观念。当思想和行为产生矛盾时,要求用完善的道德观念来约束自己,依靠理智使自己的行为完善起来。(3)"仁慈"观念。当"完善"的观念仍然不能解决思想与行为之间的矛盾时,就要依靠"仁慈"观念去解决,即要求个人意志同他人意志和谐一致,对他人抱有善意,尽量避免与他人冲突,以求得社会安定。(4)"正义"观念。一旦人与人之间的冲突发生,就要用"正义"观念来约束自己,做到遵纪守法,不侵犯他人利益。(5)"公正或报偿"观念。要求用"公正"的观念对待破坏社会秩序的行为,即对恶的行为加以惩罚,对善的行为加以奖励。赫尔巴特认为,只要人们达到了这五种道德观念,人生就会尽善尽美。他要求人们自觉自愿地服从这五种道德观念,任何时候都能用"五道念"来激励和约束自己,控制内心的欲望,保持内心的平静,而这就需要通过教育来达到这一目的。

二、论教育目的

赫尔巴特认为,教育的最高目的就是"道德",他把教育所要达到的目标集中于道德培养方面。他说:"教育的惟一工作与全部工作可以总结在这一概念之中——道德。道德普遍地被认为是人类的最高目的,因此也是教育的最高目的。"[①]按照他的观点,教育目的是和道德教育的目标等同的,就是通过教育使儿童清晰地理解和掌握五种道德观念,培养儿童明辨是非的能力,训练他们的意志力,使之成为具有完善的道德品格的人。赫尔巴特把教育的这一目的称为"必要的目的",它贯穿于整个教育过程之中。除此之外,教育还有一种"可能的目的",即与每个人未来的职业有关的目的,这一目的是因人而异的。在这里,赫尔巴特把教育目的分为两个部分,他更看重的是前者。他认为,教育的真正目的是必要的目的,即道德的目的,这是每一个人都必须达到的目的。可见,在赫尔巴特的教育思想中,道德教育是最根本、最首要的任务,整个教育都是围绕着培养完善的人这一目的进行的。

---

① 张焕庭编:《西方资产阶级教育论著选》,人民教育出版社1979年版,第259~260页。

三、论儿童管理

赫尔巴特把教育过程分为三个阶段：管理、教学和训育。赫尔巴特认为，教育过程中应当管理先行。他把对儿童的管理看做是整个教育过程的前提，是教学必不可少的条件。管理的目的是要克服儿童"天生的野性"，为教育教学工作的顺利进行创造良好的外部秩序。他认为，如果不先抓好管理这一环节，后面的教学工作就无法进行，因为儿童生来就有不服管束的本性，行为盲目、冲动，经常会扰乱成人的计划，这种"自然本性"如不及早加以管束，势必会影响到后面的教育教学工作。赫尔巴特反对教育一味地顺应儿童的自然本性，他说："把人交给'自然'，甚至于把人引向'自然'，并在'自然'中锻炼只是一件蠢事。"[①]他主张要对儿童的自然本性加以约束，主要就是通过管理的手段来约束儿童身上的"野性"，限制其发展，所以，在给予儿童知识和道德教育之前，应当先给予他一定的管理，使儿童养成服从秩序的习惯。在赫尔巴特看来，管理也是实现教育总目的的强有力手段。

赫尔巴特除了在理论上论述了管理在教育中的地位和作用外，还提出了一整套具体的管理方法。归纳起来主要有以下四种：

1. 课业

赫尔巴特认为，最有效的管理方法莫过于课业本身，如果课业本身没有组织好，儿童就会空闲、懒散，就会到处惹是生非。他强调，无论什么时候都要使儿童有事情做，空闲和懒散最容易导致儿童做坏事和不受约束。他提议课外要多让儿童参加手工劳动和野外活动，如果能利用做事的手段使儿童学习有利于将来教养的东西，那就更为理想了。

---

① 张焕庭编：《西方资产阶级教育论著选》，人民教育出版社1979年版，第278页。

2. 威胁

赫尔巴特认为,威胁是一种带有强制性的手段,由家长或教师向儿童宣布一些确实而具体的命令和禁则,并设置惩罚记录本,专门记载儿童的过失。赫尔巴特在书中还分析了威胁方法的弊端,他说:"运用威胁,使一切管理有触及两种暗礁之一的危险:一方面,数目有限、本性顽强的儿童,蔑视一切威胁,敢于做任何事情以实现他们的意志;另一方面,数目更多的儿童本性软弱,不能承受威胁,恐惧反而有益于欲望的发展。两种结果或此或彼是不可避免的。"①赫尔巴特认为,使用威胁的办法并不总能收到预期的效果,如有些天性倔强的儿童对威胁毫不在乎,他们仍然不断违反禁令。对此,赫尔巴特又提出,不要单纯地采用威胁的办法,必须把它同其他方法结合起来。

3. 监督

赫尔巴特指出,对于那些威胁方法不起作用的儿童,就需要用监督的方法,即将他们严格控制在父母和教师的监督之下,一发现过失就马上纠正。他指出,监督的方法在儿童幼年时期是极为有效的。因为儿童控制自己行为的能力较差,经常不能遵守成人的规定,所以需要在监督之下时时给予其督促。赫尔巴特同时又指出了使用监督的方法所存在的问题。他分析说:"在经常监督的压力之下成长的人们,不能希望他们多才多艺,不能希望他们有创造的能力,不能希望他们有果敢的精神,不能希望他们有自信的行为。"②赫尔巴特提醒人们一定要监督适当,不可监督过严,否则会造成许多不良后果,如逃避、产生欺骗行为等。

---

① 张焕庭编:《西方资产阶级教育论著选》,人民教育出版社 1979 年版,第 268 页。
② 张焕庭编:《西方资产阶级教育论著选》,人民教育出版社 1979 年版,第 269 页。

4. 惩罚

赫尔巴特认为,如果儿童出现恶劣行为,就必须加以惩罚,包括体罚、剥夺自由、禁止用餐、关禁闭室和站墙角等。他指出,在前几种方法不奏效的情况下,要果断地使用惩罚。

另外,赫尔巴特还把父母和教师的威信以及对儿童的爱,作为管理儿童的辅助方法,这是为了克服前几种方法带来的消极后果。"爱"就是通过与儿童情感的交融,自然而然地将爱施于孩子身上,一旦取得孩子的信任后,便可以不露痕迹地对他加以控制、管理,以情感的力量感化他,使他的思想感情与自己接近。他还认为,儿童的爱是无常的,需要经常地巩固、强化爱的作用,从而更好地达到管理的目的。可见,赫尔巴特主张的对儿童施加爱的目的还是为了对儿童进行管理。

赫尔巴特重视管理在教育中的重要地位和作用,这是有积极意义的。他主张建立严明的规章制度,安排丰富而紧凑的儿童生活,注意教育者对儿童的爱等,也有一定的合理因素。但是,他对儿童的整个管理是立足于维持社会的现存秩序,这在当时是保守的;他把管理和道德教育机械地分开,这是错误的;而且他把儿童看成仅仅是被动地受管理的对象,而没有看到儿童的主动性,这是片面的;他提出的体罚办法更是落后的和反科学的。他的管理方法曾经被德国和其他国家的学校广泛采用,运用于学校管理方面。

四、论教学

赫尔巴特把教学看做是整个教育过程的核心。他认为一个人虽然能够从周围环境、从与人交往中获得自然知识、社会知识,但是这些知识是不系统的,必须通过教学来给予补充,通过教材、课堂、教师来使知识系统化,这便形成了传统教学的特点,即以教材、课堂、教师这三者为中心来开展教学活动。赫尔巴特也被称为"传统教学的鼻祖"。

1. 论教学原则

赫尔巴特在论述教学问题时,提出了一个"教育性教学"的原则。他说:"教学如果没有进行道德教育,只是一种没有目的的手段,道德教育(或者品格教育)如果没有教学,就是一种失去了手段的目的。"①以此来说明教学与道德教育的关系。他把教学作为进行道德教育的最主要和最基本的手段。他认为,没有教学就没有道德教育,道德教育只有通过教学活动才能系统地进行;反过来说,凡是教学活动都是要发生教育作用的,或是说,没有一种教学是不带教育性的。他说:"我想不到有任何'无教学的教育',正如在相反方面,我不承认有任何'无教育的教学'。"②在这里,赫尔巴特论述了教学与训育的关系,这也是他之所以这样重视教学活动的原因。

赫尔巴特认为,教学的目的有两种:一种是终极目的,另一种是一般目的。教学的终极目的是与总的教育目的相一致的,即通过教育、教学把儿童培养成为具有完善的道德品质的人。教学的一般目的是培养儿童多方面的兴趣,使儿童掌握多方面的知识,促使儿童多方面能力的和谐发展。

2. 论教学内容

赫尔巴特说:"教学须在个人身上培养多方面性。"③他本着在教学中发展儿童多方面兴趣的原则,提出了一个具体的课程体系,这个课程体系是以儿童的兴趣为基础的。他把儿童的兴趣分为两大类六个方面,并且根据六个方面的兴趣设置了相应的学科:(1)

---

① 引自王天一等编著:《外国教育史》(上册),北京师范大学出版社1993年版,第324页。

② 张焕庭编:《西方资产阶级教育论著选》,人民教育出版社1979年版,第267页。

③ 张焕庭编:《西方资产阶级教育论著选》,人民教育出版社1979年版,第304页。

经验的兴趣,即通过观察外界事物了解事物性质的兴趣;相应地开设物理、化学、地理等科目。(2)思辨的兴趣,即探索事物规律的兴趣;开设数学、逻辑学、文法等科目。(3)审美的兴趣,即对事物进行评价判断的兴趣;开设音乐、美术等科目。(4)同情的兴趣,即了解人与人之间关系的兴趣;主要设置语言学科。(5)社会的兴趣,即了解人与社会的关系;开设历史、政治、法律等学科。(6)宗教的兴趣,即了解人与神的关系;开设神学课程。在这六种兴趣中,前三种是了解自然现象的兴趣,为第一类;后三种是了解社会与人的兴趣,为第二类。赫尔巴特这种结合儿童心理发展的需要来设立学科,使课程设置有所依据的思想,在当时具有进步意义,这一思想后来被斯宾塞所继承和发展。但是,赫尔巴特的课程论思想也存在严重缺陷,主要有以下几个方面的问题:(1)他把课程设置仅仅建立在对儿童心理发展需要研究的基础上,而忽视了其他方面的因素,如社会生活的需要、科学知识发展水平、学生的接受能力等,这是不科学的。(2)他所依据的心理基础仅仅是少数贵族儿童的心理发展状态,因此他所提出的学科课程体系必然是德国古典人文学科的翻版,是脱离生活实际的。(3)他在其课程体系中,给予宗教神学一定的地位,这是其思想保守性的反映。

3. 论教学方法

赫尔巴特以其观念心理学为基础,依据"统觉作用"原理把教学过程分为四个阶段,每一个阶段由于观念活动的状态不同,儿童所表现出来的心理活动也就不同,因此需要教师根据儿童不同的心理活动来确定不同的教学任务,采取不同的教学方法。具体内容如下:(1)明了阶段。在这个阶段,教师通过一些感知材料来让学生清楚明了地感知新知识,获得新观念。所采用的方法是叙述法。(2)联想阶段。这个阶段主要是把所获得的观念与旧的观念联系起来,形成新的知识体系。所采用的方法是分析法。(3)系统阶段。这个阶段主要是在教师的指导下对知识进行归纳总结,使之系统化。采用综合的方法。(4)方法阶段。这一阶段主要是通过学生自己的练习,使知识得以巩固。采取应用的方法。

赫尔巴特的这一教学法,后来被他的学生发展成为"五段教学法",即把教学分为预备、提示、联系、总结、应用五个阶段。五段教学法被广泛地运用于教学实践活动中,在欧美各国学校里长时间流行,并且也影响到我国20世纪初的学校教学活动。

赫尔巴特这一教学法的合理性是:(1)注意在儿童心理活动的基础上来规定教学活动;(2)所设计的几个阶段容易掌握,其方法运用起来比较轻松;(3)有助于系统知识的传授和掌握。赫尔巴特这一教学法的缺陷有:(1)过分强调教师的教而忽视了学生的学,使学生处于消极的被灌输的地位,抑制了学生主动性和创造性的发挥;(2)教师也容易被这几个阶段所束缚,限制了教师教学的灵活性;(3)按照观念活动来划分四个阶段,没有考虑到教学方法的制定还要受到其他因素的影响,如教材、学科特点、儿童的年龄特征等。

五、论训育

训育,即道德训练。在赫尔巴特的教育体系中,德育问题占据重要地位,并贯穿始终。赫尔巴特认为,德育的出发点是向学生灌输五种道德观念,让学生学习、理解其内容,再由观念形成意志,由意志陶冶性格,最终形成完善的道德性格,完成教育的全过程。

赫尔巴特认为,道德教育的最佳效果是使学生将"五道念"上升为一种自己的愿望和要求,成为一种个人意愿,从而自觉自愿地服从"五道念",无论何时何地都能用它来激励约束自己,控制内心欲望,使内心保持宁静和明朗。在这里,赫尔巴特一方面特别强调学生的自我教育,另一方面也强调完善的道德性格的形成主要是依赖于实际训练,应将在教学中形成的道德观念转化为行为。

赫尔巴特认为,道德训练的主要方法有:(1)陶冶。对儿童心理施加影响,这种影响是持续的,是缓慢渗透的,从而形成一种激励儿童心灵的力量,促进其道德性格的形成。(2)有秩序的健康生活。他认为,健康生活是进行完善性格训练的基础,要求给学生安排合理化的、有规律的生活秩序,以使学生形成良好的健康状况。另外,他还提到教师的人格力量在道德训练中的作用,他要求教师要耐心宽容地对待学生,要冷静地劝导学生,保持愉快的教育气氛。他认为训育可以对严厉的管理和紧张的教学起缓解作用。

六、论学前儿童教育

赫尔巴特在他晚年的著作《教育学讲授纲要》中曾专门论述了0~8岁的婴幼儿教育问题。他分成两个阶段来论述:0~3岁为一个阶段;4~8岁为一个阶段。

他认为0~3岁这个阶段教育的最主要的任务是照料儿童的身体,因为这个时期的儿童的生命是很脆弱的,必须精心照顾他们。他提到,成人应为儿童提供安全的活动场所,以供儿童进行四肢活动的练习,并有助于儿童对事物的观察。赫尔巴特提倡对3岁前儿童及时地实施智育,他认为这个年龄阶段的儿童具有巨大的潜力,完全可以进行智育活动。但他也提到,在进行智育时,应根据儿童的健康状况而定,也就是说不能给儿童过多的负担,不能对其身体造成损害。赫尔巴特认为这个阶段的智育,主要是以感官教育和语言教学为主,在这两方面他提出了一些具体的建议:成人应为儿童感官的发展提供一些感性材料,特别是要多提供一些促进视觉和听觉发展的材料;不要给儿童过分强烈的感官刺激,以免造成儿童器官的损伤;及早地对儿童进行语言教学,而且要认真细致地教学,成人在讲话时要注意避免不正确的语言表达方式和儿童不能理解的内容,以防止对儿童的语言发展造成不良的影响。关于这个阶段的德育,赫尔巴特指出其主要任务是要防止儿童养成任性的毛病,要训练他服从成人的管理。赫尔巴特认为,对儿童的管理工作必须及早进行,以免养成儿童任性妄为的坏习惯。他提出成人不应听从儿童的摆布,应当经常让儿童感到自己无能为力,感到成人有力量,这样他才会自觉地服从成人的管理。

关于4~8岁这个阶段儿童的教育,赫尔巴特主要强调德育和智育两个方面。在德育方面,他要求对这个阶段的儿童继续加强管理,彻底消灭其任性的毛病,还要防止其他坏习惯的产生。他主张让幼儿过集体生活,不给儿童独处的机会,让他在集体生活中受到严格的纪律的约束,这样可以有效地避免坏习惯的滋生。赫尔巴特还要求在这个阶段培养儿童合理的生活习惯,使他学会克制自己的欲望,约束自己的行为,以促使其道德观念的形成。另外,赫尔巴特也提到要给予儿童一些自由,使他们能有机会发表自己的意见。在智育方面,赫尔巴特主张这个阶段应进行初步的教学活动。虽然这个时期的儿童稳定注意的时间还比较短,但不能对此忽略,应充分利用稳定注意的时间,对幼儿进行初步的综合教学,教学内容包括数数、组合、观察学习、计算、阅读、绘画、书写等,以增长儿童各方面的知识。赫尔巴特还要求通过教学来促进儿童智力的发展,注意儿童综合思维形式的培养。他还对教学方法提出了一些合理化的建议:(1)鼓励儿童提问题。他认为,儿童在获得新经验的过程中,常会提出各种各样的问题,这些问题往往很天真幼稚,而且没有目的性,但是教师应该认真对待,及时而彻底地回答儿童提出的问题,因为这样可以鼓励儿童,提高儿童的学习兴趣,并使他不断地积累知识,为以后的教学工作打下基础。(2)寓教学于游戏之中。他主张在对幼儿进行的教学活动中,有一部分应以游戏的方式来进行,目的是为了使儿童对学习感兴趣。他正确地指出,教师应尽量避免使教学成为让儿童反感的事情。

赫尔巴特的教育理论在欧洲近代教育思想史上占有重要地位,他的儿童教育思想是非常丰富的,他对教育科学的发展作出了杰出贡献,他的教育思想的很多方面至今仍然有一定的价值,特别是他的教学理论部分,如教育性教学原则、主张知识教育和道德教育的结合、系统知识的传授等,都具有一定的合理性。但是,他的唯心主义世界观决定了他的教育理论在认识论和方法论上都存在着机械主义和形式主义的倾向。比如,在教学活动中忽视儿童的主动性,对儿童采取严酷的管理方法,教学内容和教学方法中存在不少片面性的观点等。

第六节 福禄倍尔的学前教育思想

弗里德里奇·福禄倍尔(Friedrich Froebel,1782—1852)是德国19世纪著名的幼儿教育家,他的主要贡献是创立了以"幼儿园"命名的学前教育机构,同时创立了一整套学前教育理论,推动了德国以及世界学前教育的发展,故后人称他为"幼儿教育之父"。

一、教育实践活动

福禄倍尔出身于德国一个牧师家庭,从小受到浓厚的宗教影响。由于很早就失去了母亲的温暖和爱,他的童年生活非常孤独。这样的生活环境使他深刻地体会到母爱和家庭对儿童的重要意义。1797年,福禄倍尔15岁,做了学徒,学习土地测量,在两年的学徒期里,他通过自学努力钻研数学和植物学书籍。1799年,福禄倍尔进入耶拿大学哲学院学习自然科学和数学,受到德国古典唯心主义哲学家费希特和谢林哲学思想的影响。福禄倍尔于1805年和1808年先后两次前往瑞士的伊佛东学院,拜访在那里从事教育活动的裴斯泰洛齐,受到裴斯泰洛齐教育思想的深刻影响。福禄倍尔接受了裴斯泰洛齐关于母亲和家庭在儿童教育中具有重大作用的主张,也接受了裴斯泰洛齐关于教育原则的论述,这为福禄倍尔教育理论体系的形成奠定了思想基础。为了实现自己的教育理想,扩充自己的知识,福禄倍尔于1811年又进入哥廷根大学深造,后又转入柏林大学,在这期间,他主要学习了哲学、人类学、伦理学、语言学、历史、地理等学科,特别是深入研究了自然哲学中的"球体法则",由此逐渐形成其基本的哲学思想。

1816年,福禄倍尔在自己的家乡图林根建立了一所学校,即"德国普通教养院",开始在此实验自己的教育理想,按照裴斯泰洛齐的教育原则办学。1826年,他的教育著作《人的教育》面世,集中反映了他这一时期的教育思想。1836年,福禄倍尔开始专门从事入学前幼儿的教育工作。他计划建立一个"以自我教育为主的直观教学的设施",以区别于以往的那些幼儿学校。他认为,不应当把学前教育设施办成学校,孩子们在里面不应该接受学校式的教育,即学前教育不应采用学校教育的方式,而应采用保证幼儿自由发展的教育方法,以儿童的自由活动、自我教育为主,以直观教学为主。福禄倍尔的这一主张,后来成为他的幼儿园教育理论的基本思想。1837年,他在德国勃兰根堡开办了一所学龄前儿童教育机构,即"儿童活动学校",并于1840年将它正式命名为"幼儿园",招收3~7岁的幼儿实施教育。福禄倍尔创办的幼儿园是世界上第一所以"幼儿园"来命名的学前教育机构。从此,福禄倍尔便积极地从事领导幼儿园的工作。在幼儿园教育过程中,他研究幼儿园的教学方法,并开办讲习班对幼儿园教师进行培训,还从理论上论证开办幼儿园的必要性。也就是在幼儿园的工作实践中,他形成了一整套的学前教育理论体系。在福禄倍尔的倡导下,德国的幼儿园迅速发展起来,而且还影响到其他国家,在世界范围内形成了福禄倍尔幼儿园运动。

福禄倍尔重要的教育著作有《人的教育》(1826年)、《慈母游戏和儿歌》(1843年)、《幼儿园教育学》(1861年)等。

二、论教育目的和教育原则

福禄倍尔教育思想的哲学基础是德国的唯心主义哲学。福禄倍尔深受德国谢林、费希特等人哲学思想的影响,认为宇宙万物是由上帝创造的,上帝主宰着一切,上帝是宇宙万物的本源。他试图用"球体法则"的原理来说明"上帝是万物的统一体"这一思想。他认为圆球是自然的原始形状,是上帝力量最简单的本质表现,上帝处于圆球的中心,以相等的力量从中心向周围方向发生作用。在这个以上帝为中心的统一体中,世界、自然和人都是上帝精神的体现,都受上帝的制约。他特别强调说,人作为一种理智生物,与石头、植物、动物一样,都是上帝的创造物,因此应服从于同一条发展规律,具有一切事物共同的本质,即上帝精神。

福禄倍尔从这种唯心主义观点出发,进一步认为,"上帝的本源"是全部生活和全部教育的出发点,教育的目的就是唤起和发展埋藏在人体内部的"上帝的本源",把人身上潜在着的上帝精神表现出来。而教育的作用就在于激发和推动这一过程的实现。这样,福禄倍尔就在他的教育学体系中注入了神秘主义的色彩。

福禄倍尔还进一步论述了教育原则,主要有以下两点:

一是发展的原则。福禄倍尔受到谢林思想的影响,认为宇宙万物都是在无限发展着的,因此人也是在连续不断地发展的。他主张,不能把人及其人性看做是"一种已经充分发展的和完全形成的、一种已经固定和静止的东西",而应当看做是"一种经久不断地成长着的、发展着的、永远地活着的东西,永远朝着以无限性和永恒性为基础的目标,从发展和训练的一个阶段向另一个阶段前进的东西"。[①] 福禄倍尔还从整体联系的观点出发,特别强调人

---

① 引自赵祥麟主编:《外国教育家评传》第 2 卷,上海教育出版社 1992 年版,第 137 页。

的各个发展阶段之间的连续性,反对把各个发展阶段孤立起来看待,而主张应看到各个阶段之间的联系,认为人的发展过程就是"从一个阶段向另一个阶段上升"的过程。他进而指出,人类的教育活动就应当按照儿童的本性,连续、协调地促使他们在各方面得到发展。

二是教育适应自然的原则。福禄倍尔接受了裴斯泰洛齐对教育适应自然原则的解释,并且还赋予其神秘主义色彩。根据裴斯泰洛齐的观点,福禄倍尔把教育适应自然的原则理解为适应潜藏的人体中的力量和才能的自我发展,而这种力量和才能的发展是"上帝的本源"的表现。他还把教育适应自然原则理解为"追随本源",即追随儿童的天性。他认为儿童的活动受本能的制约。他把儿童的本能分为四种,即活动的本能、认识的本能、艺术的本能和宗教的本能。其中活动的本能是最重要的,是最能表现"上帝的本源"的。他认为,人只有在活动中才能充分表现出人的内在本质。他进而提出,教育要追随活动的本能,就是要唤起和发展儿童的积极性、创造性和自动性(所谓"自动",就是自我活动或自发活动)。福禄倍尔提出的这一点是非常有价值的,他的一些具体的教育观点都是在此基础上产生的。

三、论学前教育的作用和幼儿园教育的任务

福禄倍尔非常重视学前教育在人的发展中的作用。他认为,幼儿时期是人生的一个最重要的阶段,这个时期儿童的生活方式和所受的教育将影响他整个一生。比如,我们看到有的人勤奋,有的人懒惰;有的人敏锐,有的人迟钝;有的人优柔寡断,有的人办事果断;等等。人与人之所以有这些不同,关键是由他在幼儿时期的不同经历所造成的。他指出,如果幼儿期教育不当,阻碍了儿童的本性和各种天赋潜能的发展,那必将给儿童以后的教育、发展带来极大的困难,它所造成的不良后果,在以后的教育和生活中往往需

要作出极大的努力才能弥补,有的努力甚至还收效甚微。正因为福禄倍尔把幼儿期看做人的发展的一个极其重要的阶段,所以他要求把学前教育作为人的教育过程中的一个重要部分,把学前教育看做是人的真正教育的开始,是儿童以后各个阶段的教育和发展的基础。因此,福禄倍尔极力呼吁父母和其他教育工作者重视这个时期的教育,以便使儿童的本性、各种天赋潜能得以顺利发展和表现出来。

福禄倍尔还接受了裴斯泰洛齐的见解,十分强调家庭和父母对儿童教育的作用。他指出,人的幼儿时期的教育主要是依靠父母亲和家庭来进行的,这就需要做父母的具备一定的教育知识。福禄倍尔看到当时德国社会中有很多家庭的生活环境并不利于幼儿的发展与教育,多数儿童的父母既没有足够的时间去照管、教育自己的孩子,也缺乏对儿童进行照管、教育的训练。他们一般不太了解幼儿本性发展的倾向和规律,也不清楚幼儿教育的任务、内容和方法。因此,在实践中或是延误了教育时机,或是违背了幼儿本性发展倾向,以致阻碍、破坏了儿童本性的正常发展,使天赋潜能得不到顺利的表现而造成终生的遗憾。鉴于此,福禄倍尔提出要建立学前教育的专门机构——幼儿园,对幼儿实施社会的公共教育,由训练有素的幼儿教师承担教育职责,让儿童在其中自由地生长,就像植物生长一样。他把幼儿园比做一座大花园,把幼儿比做花草树木,把教师比做园丁,"园丁"须关怀、爱护幼儿,具有母爱精神,幼儿在"园丁"的精心培育下,一定会健康成长的。另外,福禄倍尔创办幼儿园还有一个目的,就是为了给家庭教育提供一些帮助。具体做法是:由训练有素的"园丁"为缺乏教育知识的父母提供幼儿教育内容和方法上的指导,以帮助家庭和父母对其子女进行合理的养护和教育。实际上,幼儿园是作为家庭教育的一个榜样而存在的。福禄倍尔从基督教的民主平等思想出发,认为幼儿园应该是为所有的学前儿童设置的保育机构,不应由家长的社会地位和家庭经济状况来决定儿童是否可以入园。福禄倍尔非常赞赏幼儿园里那种不同社会地位、不同家庭经济背景的儿童融合在一起游戏、生活和活动的情境,他认为这才是幼儿园的本来面目。福禄倍尔的这一思想是进步的,他力图促进学前儿童教育的普及。从这里也可以看到,福禄倍尔对裴斯泰洛齐民主教育观的吸收。

福禄倍尔规定了幼儿园教育的任务,主要有三个方面:(1)保护儿童身体和精神的健康成长。具体地说,就是通过游戏、唱歌、作业、娱乐等生动活泼的活动,增强幼儿的体质,促进幼儿各种感觉器官和语言的发展;扩大幼儿对周围生活的认识,激发其创造性、积极性和自觉性;对幼儿进行初步的道德教育和宗教教育,培养他们初步的道德观念和行为习惯,如笃信上帝、服从、忍耐等。这些主要是为儿童进入初等学校和迎接未来的生活做好准备。(2)培养训练有素的幼儿教师。一是为家庭训练照管孩子的保育人员;二是为其他学前教育机构训练幼儿教育工作者。培养出来的这些人,都要了解幼儿的本性发展规律,并掌握有关养护、教育的知识。(3)推广幼儿教育经验。负责向家庭和社会介绍合适的儿童玩具、儿童游戏,以及合适的游戏手段、游戏内容和游戏方法。

福禄倍尔重视人的早期教育,倡导发展幼儿园,实施集体的公共教育,这些都是他对学前教育发展所作出的贡献,在教育史上具有不可磨灭的功绩。

四、论游戏及"恩物"

福禄倍尔阐述了游戏对于儿童发展的重要意义。他认为,游戏在学前教育体系中占有独特的地位,它既是组成儿童生活的一个重要方面,也是学前教育中一个主要的教育手段。儿童的生活离不开游戏,游戏不仅可以使儿童内心的冲动得以表现,使儿童感到兴奋、愉快、幸福,而且还能促进儿童身体和感官的发展,提高他们认识自然和社会的能力。另外，游戏还能预示儿童未来能力的发展倾向。福禄倍尔还认为，在游戏过程中最能表现出儿童的积极性、主动性和创造性。这些观点都是正确的。但是，福禄倍尔又从神秘的宗教观出发，把游戏解释为是儿童内部本能的表现，即儿童通过游戏来表现其内在的"上帝的本源"，这显然是错误的。

福禄倍尔在高度评价游戏在学前儿童教育中的重要作用的同时，还制定了一个完整的游戏体系，力图使儿童通过游戏活动来发展认识能力、创造力、想像力和体力，并培养良好的道德品质。他制定的儿童游戏体系将游戏分为两大类：第一类是活动性游戏，即儿童对自然及周围生活中事物的模仿，如模仿"小河流水"，模仿"磨坊"和"旅行"等等。第二类是精神性游戏，就是运用他设计的玩具（即"恩物"）进行游戏。

"恩物"是福禄倍尔为幼儿设计的一系列玩具，供幼儿游戏时使用。之所以叫"恩物"，按照福禄倍尔的理解，这些玩具都是上帝恩赐给儿童用来发展儿童各方面的能力的，是上帝的恩赐物。福禄倍尔力图以"恩物"来发展儿童的认识能力和创造性，训练他们手的活动技能。"恩物"通常有六种。第一种是6只用柔软的羊毛绒结成的小球，一共有红、黄、蓝、绿、白、紫等6种颜色，借此来发展儿童辨别基本颜色的能力，帮助幼儿认识各种颜色和数目。成人还可以前后、上下、左右地摆动小球，以发展幼儿的空间观念。成人也可以用小球与孩子做游戏，比如将球藏起来表示"没有"，将球拿出来表示"有"，借以发展儿童的肯定和否定观念。第二种是木制的球体、立方体和圆柱体，使用这种材料进行活动，可以帮助幼儿认识物体的形状，认识几种几何形体。第三种是由8个同样大小的小立方体组成的1个大立方体。第四、五、六种恩物都是1个大立方体，可以分割成大小和数目不等的小立方体、长方体、长方板以及小的三角形板。后四种恩物不仅向幼儿显示了更多样的几何形体，还有助于幼儿认识部分和整体的关系。福禄倍尔认为,这一套可以分割与组合的恩物,是幼儿镶拼各种图形和搭造各种建筑模型的良好材料,这种活动对发展幼儿的认识能力、想像力和创造力是有益的。"恩物"是福禄倍尔对幼儿教育的一个重要贡献,他的"恩物"作为幼儿玩具在世界范围内被广泛流传,但由于"恩物"被赋予了神秘主义色彩,因而在一定程度上影响到它的进一步推广。

福禄倍尔把游戏视为促进幼儿全面发展的最好活动,因而他强调幼儿家长要允许儿童自由地、尽情地游戏,不要加以干涉。他恳切地呼吁:"母亲啊,培养儿童游戏的能力吧!父亲啊,保卫和指导儿童的游戏吧!"①他的这一见解是非常正确的。

五、论幼儿园教育的其他内容

福禄倍尔还为幼儿园确定了一种教育活动形式——作业,通过作业对幼儿进行初步的教学。作业和"恩物"的关系十分密切,作业是运用恩物所提供的观念来开展活动,将恩物的知识运用于实践。作业的种类很多,有绘画、纸工(编纸、折纸、剪纸)、用小木棒或小环拼图、串联小球、刺绣等。因为作业活动需要较多的技能和技巧,所以必须在学会恩物游戏后才能做。福禄倍尔认为,通过作业活动,不仅可以扩大幼儿对于多种图形的认识,而且可以帮助幼儿认识点、线和平面,并练习使用它们去组成整体。作业活动可以使恩物知识得以巩固。

在福禄倍尔为幼儿园规定的作业中,还包括一些劳动作业,如初步的自我服务、照料植物等。他主张为幼儿开辟一小块劳动园地,组织幼儿进行栽种,他认为,让幼儿在自然环境中进行观察和活动,对幼儿的发展是有益的,能促使儿童热爱自然、亲近自然,并

---

① 张焕庭编:《西方资产阶级教育论著选》,人民教育出版社1979年版,第323页。

发展其创造能力。

福禄倍尔还提到,无论在游戏还是作业的过程中,成人要注意结合所使用的各种材料发展幼儿的语言。成人不仅要经常与幼儿谈话,而且还要不断增加新的谈话内容。他认为,歌曲、朗诵、故事以及游戏对儿童语言的发展具有重要意义。福禄倍尔主张把讲寓言故事和歌唱作为幼儿园的教育手段。他认为,凡是儿童"脑子里模糊地理解的东西,凡是使他满怀欢乐的东西",他们都渴望能够用语言表达出来,特别是用歌曲唱出来,幼儿"在歌唱中感到一种真正新的生命"[①]。健康、活泼、优美的儿童歌曲不仅可能激发幼儿的欢乐情绪,鼓舞积极向前的勇气,陶冶善良的情感,而且还有助于幼儿语言的发展。因此,福禄倍尔对幼儿唱歌教学极为关注,并进行深入的研究,编辑了《慈母曲》、《歌曲和游戏一百种》等幼儿教材,供家长和幼儿园教学使用。

福禄倍尔创立了幼儿园教育体系,使学前教育成为教育领域中的一个重要分支和独立部门,标志着学前机构的作用开始由"看管"转向"教育",通过幼儿园的教育促使儿童的身体和精神的健康成长。福禄倍尔创建的学前教育理论体系,对许多资本主义国家学前教育的发展都有很大的影响。直到20世纪初,他所创立的学前教育理论仍然具有权威性。但是,由于他的教育理论是建立在唯心主义哲学基础之上的,因此不可避免地带有神秘主义和形式主义倾向。

思 考 题

1. 简述夸美纽斯学前教育思想的基本内容,并对其历史地位进行评价。

[①] 张焕庭编:《西方资产阶级教育论著选》,人民教育出版社1979年版,第332页。

2. 简述洛克的儿童体育思想。
3. 简述洛克的道德教育思想。
4. 评述卢梭的感觉教育论。
5. 分析卢梭自然教育思想的现实意义。
6. 评述裴斯泰洛齐的家庭教育思想。
7. 评述赫尔巴特的儿童管理思想。
8. 评述赫尔巴特的教学理论。
9. 评述福禄倍尔的游戏理论。

第三章 现代学前教育思想

现代学前教育思想非常丰富,许多现代学前教育家对学前儿童的教育问题都有过较深入的研究,其中比较有代表性的人物是杜威、蒙台梭利、克鲁普斯卡娅。他们的学前教育理论对其本国乃至世界学前教育实践的发展都起过积极的指导和推动作用。现代学前教育思想与前一时期比较起来,不仅有着深厚的理论基础,而且更加注重对儿童身心发展方面的研究。

第一节 杜威的儿童教育思想

约翰·杜威(John Dewey, 1859—1952),美国著名的哲学家和教育家,美国实用主义教育理论的创始人。

杜威出生于美国佛蒙特州柏林顿市的一个小商人家庭。他8岁时进入一所地区小学学习,接受传统教育,这段经历为他后来批判传统教育提供了很好的素材。16岁时,他进入佛蒙特大学学习。在大学学习期间,他对赫胥黎的生物进化论思想产生了兴趣,并进而开始了对哲学问题的思考。1879年,从佛蒙特大学毕业后,杜威在宾夕法尼亚州石油城的一所中学里教了两年书,主要教授拉丁文、代数和自然科学。1881年,杜威回到佛蒙特州,在一所乡村学校担任教师,所教科目杂多。1882年,杜威进入约翰·霍普金斯大学学习研究生课程,在这里所学到的各方面知识为他理论体系的形成奠定了坚实的基础,而且这所学校独特的学术气氛也影响着杜威,使他对创造性研究产生浓厚的兴趣。在此期间他受到哲学家皮尔斯(Charles Sanders Pierce)和心理学家霍尔(G·Stanley Hall)的影响,但对杜威影响最大的还是黑格尔哲学的忠实信徒莫里斯(George Sylvester Morris),他把杜威的兴趣最终引向哲学研究。从1884年起,杜威在密执安大学担任哲学教授,一直到1894年,这期间他的哲学思想开始成熟起来。1894年,杜威应聘到芝加哥大学任哲学教授,并担任了哲学、心理学和教育学系主任,讲授哲学、伦理学、心理学和教育学等方面的一系列课程。1896年,他创办了"芝加哥大学实验学校"(也称"杜威学校"),对教学问题进行了实验研究。芝加哥实验学校的教育教学活动不仅使杜威已形成的教育理论在此得以检验,而且还为杜威新的教育理论的产生起了奠基作用。芝加哥实验学校存在了8年,于1903年停办。芝加哥实验学校的教育经验和理论集中地反映在他于1899年发表的《学校与社会》一书中。1904年,杜威辞去了芝加哥大学的工作,到哥伦比亚大学任哲学教授,直到1930年退休。在此期间,他曾到日本、中国、土耳其、墨西哥和前苏联等国进行教育考察和演讲,这扩大了杜威教育理论在世界范围内的影响。1919年,杜威来到中国宣传他的教育主张,使其实用主义教育理论得以在中国广泛传播,在一定程度上影响了中国教育的发展,我国一些著名的教育家,如陶行知、陈鹤琴等,都不同程度地从他的思想中吸取了合理的方面,并加以改造和发展,在此基础上形成自己具有特色的教育理论。

杜威一生写了许多教育著作和论文。他的主要教育著作有《我的教育信条》(1897年)、《学校与社会》(1899年)、《儿童与课程》(1902年)、《民主主义与教育》(1916年)、《经验与教育》(1938年)、《今日之教育》(1940年)、《人的问题》(1946年)等,其中《民主主义与教育》是杜威实用主义教育思想的最系统和最集中的阐述,它作为美国进步主义教育运动的指导纲领,影响深远,同时也是世界教育史上的一本经典著作。

一、儿童教育思想的理论基础

杜威的实用主义教育思想有着深厚的理论基础。

（一）实用主义哲学

实用主义哲学是杜威教育理论的首要理论基础。实用主义是在美国的具体历史条件下形成和发展起来的一种主观唯心主义的哲学，它的主要代表人物是皮尔斯、詹姆士和杜威。皮尔斯是实用主义哲学的创始人，他于1878年在《我们怎样使观念明确》一文中，最早阐述了实用主义哲学的基本思想。概括他的思想，可以集中为一个观点，即"存在就是有用"，这是一种明显的主观唯心主义观点。其后，美国哥伦比亚大学哲学、心理学和生理学教授詹姆士（William James）于1907年出版了《实用主义——一些旧思想方法的新名称》一书，在皮尔斯"存在就是有用"的基础上，又进一步提出"有用就是真理"。詹姆士使实用主义哲学进一步通俗化了。杜威将皮尔斯和詹姆士的实用主义哲学观点全盘吸收，并有新的发展：强调哲学作为思维的工具的作用。他把哲学看做是人们用来适应环境、整理经验的一种工具，认为哲学必须要与人们的实际生活发生联系，必须要以促进社会和政治的发展为目的。但是怎样才能实现这一理想呢？杜威想到了使哲学与教育紧密结合起来，以此来发挥哲学的最大推动作用。他分析说，只有通过教育活动，使实用主义哲学所宣扬的世界观和方法论深入人心，普遍地被人们接受，才能发挥哲学的最大效用。这样，杜威便创造性地把实用主义哲学应用到了教育上。

在杜威的教育哲学中，有一个最重要的概念就是"经验"。杜威认为经验是人的有机体与环境相互作用的结果。所谓相互作用，就是说有机体不仅被动地适应环境，而且对环境起着作用。在这里，他把人（经验的主体）和环境（经验的客体）都包括在"经验"这个概念之中，并把它们看成是同一过程的两个方面，相互联系,以致合而为一。在杜威看来,通过人和环境的相互作用,人所认识的只能是主观的经验世界,而不是离开人的经验而独立存在的物质世界。由此,他就提出,存在即被经验,在他看来,人的主观经验是客观世界存在的基本前提,或者说,没有主体的存在,也就无所谓客体的存在。他认为,自然界所存在的一切都是"被经验到的东西",自然离不开人的经验,他反对把自然设想成完全是物质的。这是明显的主观唯心主义经验论。根据这种经验论,杜威曾给教育下了一个定义:教育就是"经验的改造或重新组织"。他认为,一切学习都来自于经验;教育必须从经验,即始终从个人的实际生活的经验出发。

（二）"社会个人主义"社会观

杜威的教育理论同时又是以他的社会学观点作为理论基础的。杜威从资产阶级人性论的观点出发,并接受了19世纪实证主义者的庸俗进化论的社会学思想,把人类社会看做是个人的结合的产物,他把个人与社会的关系比喻成字母与字句的关系,他说:"字母拼合成字句,个人连合成社会。"[1]他认为社会就是由具有原始本性(如本能、习惯等)的个人组合而成的,也可以说,社会就是人性的组合。他进而分析说,社会的进步依赖于人性的改造,而人性的改造又依赖于教育,由此,他就提出教育在促进社会进步方面具有重要的意义,主张通过教育去激发人的智慧,发展人性,从而达到改良社会的目的。他把教育看做是社会发展的基本途径,反对阶级斗争、社会革命。另外,杜威还强调,个人的发展在于适应社会环境的需要,也就是说个人必须要服务于社会,而从教育这个角度来看,这一观点即表示为通过对个人的教育来达到改良社会的要求。

---

[1] 引自王天一等编著:《外国教育史》(下册),北京师范大学出版社1993年版,第201页。

(三) 生物化的本能论心理学

生物化的本能论心理学是杜威教育思想的又一重要理论依据。杜威继承了詹姆士的生物本能论的心理学观点,把心理理解为本能的活动,把人的情绪、习惯、冲动等生物性的本能作为心理的基本内容。他把心理看成是生物化本能活动的产物,而否定了心理是客观世界在人的头脑中的反映。杜威认为,心理活动的实质就在于有机体出于一种本能的需要而采取一定的行动来适应环境,从而满足自己的需要。这种心理学的特点就是把心理活动完全生物学化,认为心理活动主要是由生理需要(即本能)来决定的。另外,这种心理学还有一个特点,就是注重心理学的实用效能,比如,詹姆士和杜威都认为心理学的研究对象在于研究意识的机能或功能,而反对仅仅研究意识的内容。所以,这种心理学也叫"机能主义心理学"。杜威把这种生物化本能论的心理学作为他的教育、教学理论的心理学依据。他提出,教育的任务就是要按照儿童本能生长的不同阶段,提供适当的材料,组织各种活动,以有利于儿童本能的表现和发展。于是,杜威就把教育生物学化了。

杜威的哲学、社会学以及心理学观点之间有一定的联系,相互渗透。杜威把它们作为教育体系的理论基础,从而加强了其教育理论的深度。

二、论教育本质

杜威从不同的角度多方面地论述了教育本质问题。他提出了三个重要论点来对教育本质进行概括,这就是:"教育即生长"、"教育即生活"、"教育即经验的连续不断的改造"。他还从心理学、社会学、哲学角度分别对这些观点进行了论证。

(一) "教育即生长"

杜威从其生物化本能论的心理学出发,认为教育就是促进儿童本能生长的过程,即教育的本质和作用就是促使儿童的本能生长。在《明日之学校》中,杜威提出:"教育不是把外面的东西强迫儿童或青年去吸收,而是需要使人类'与生俱来'的能力得以生长。"①在《民主主义与教育》中,他更为明确地提出:"教育即是生长,除它自身之外,并没有别的目的,我们如要度量学校教育的价值,要看它能否创造继续不断的生长欲望,能否供给方法,使这种欲望得以生长。"②

在强调教育在儿童本能生长方面的本质作用这一认识的基础上,杜威提出了著名的"儿童中心主义"的思想。这一思想是他实用主义教育理论的基本原则,并成为其教育理论甚至整个现代派教育理论中的一个核心要求。杜威认为,传统教育的最大缺点就是从"上面"或"外面"对儿童施以强迫教育,让儿童学习成人的经验,忽视儿童内在的本能需要,使教育成为一种外来的压力。杜威在批判传统教育弊病的基础上,明确提出以儿童为教育中心的响亮口号。他分析说,在传统教育中,"学校的重心是在儿童之外,在教师、在教科书以及在其他你所高兴的任何地方,惟独不在儿童自己即时的本能和活动之中"。③他提出,书本、教师本应是为儿童服务的,而在传统教育中这种关系却颠倒了,学生被书本、教师牵着鼻子走。杜威极力反对传统教育的这些弊端,主张把教育的重心转移到儿童方面来,使儿童成为教育的主宰。他声称:"现在我们教育中将引起的改变是重心的转移。这是一种变革,这是一种革命,这是和哥白尼把天文学的中心从地球转到太阳一样的那种革命。这里,儿童变成了太阳,而教育的一切措施则围绕着他们

---

① 引自王天一等编著:《外国教育史》(下册),北京师范大学出版社1993年版,第205页。

② 引自王天一等编著:《外国教育史》(下册),北京师范大学出版社1993年版,第205页。

③ 赵祥麟、王承绪编译:《杜威教育论著选》,华东师范大学出版社1981年版,第31页。

转动,儿童是中心,教育的措施便围绕他们而组织起来。"①

杜威强调,在教育过程中,要重视儿童的本能活动,并把它们作为教育的出发点。他分析说,儿童生来就潜存着四种本能,分别表现为四种活动,即语言和社会的本能及其活动;制作的本能及其活动;研究和探索的本能及其活动;艺术的本能及其活动。他认为,教育应该尊重儿童的本能及其活动,教育的任务就在于为儿童本能的生长和儿童活动的开展创造条件。这种论述在反对传统教育长期把儿童置于被动地位、限制儿童的个性发展、忽视儿童自身的需要等方面,有其积极的意义;这种论述不仅击中了传统教育的要害,而且还阐明了儿童在教育教学过程中应有的主动地位这一规律性的问题。杜威的"儿童中心主义"思想是对卢梭自然教育理论精髓的继承和发展。他在卢梭的"尊重儿童的天性,并促进儿童天性自由发展"思想基础上,提出"教育要以儿童为中心"这一响亮的口号,对传统教育的弊端进行了深入的批判,在教育领域开展了一场深刻的革命,其影响非常广泛和持久,对我们今天教育理论和实践的改革仍具有一定的现实意义。当然,"儿童中心主义"思想也存在一定的问题,它的主要缺陷在于杜威是在其生物化的本能论心理学基础上提出来的,是在把人的心理活动看成是生物化本能活动的产物,完全否定社会实践对人的心理发展的作用这一前提下提出来的,因而是不科学的。杜威一味强调教育要顺应并促进儿童心理本能的发展,要以儿童为中心,却忽略了社会因素对教育的制约性。

(二)"教育即生活"

在"教育即生长"这一观点的基础上,杜威又从他的社会学观点出发,提出教育的本质即是生活。他指出,儿童的本能生长总是

---

① 赵祥麟、王承绪编译:《杜威教育论著选》,华东师范大学出版社1981年版,第32页。

在生活过程中展开的,或者说生活就是生长的社会性表现。他说:"生活即是发展;发展、生长,即是生活。"①按照他的分析,既然"教育即生长"成立,那么"教育即生活"也就容易理解了。在杜威看来,最好的教育就是"从生活中学习",学校应该将儿童现有的生活作为其学习的主要内容。他反对斯宾塞把教育看做是为儿童未来生活做准备的主张,认为教育就是儿童现在生活的过程,而不是未来生活的准备,因此要把教育与儿童眼前的生活结合起来,教儿童学会适应眼前的生活环境。由此可见,"教育即生活"的观点与杜威的通过教育改良社会的社会学观点是相互联系的,也可以说他是从其社会观角度来进一步论述教育本质问题的。

根据"教育即生活"的观点,杜威又提出"学校即社会"的思想。他要求把学校办成"一个小型的社会、一个雏形的社会"②,以便从中培养出能完全适应眼前社会生活的人,这是杜威社会个人主义观点的具体表现。杜威提出"教育即生活"、"学校即社会"的观点,主要是出于政治目的,希望把年轻人培养成能服务于现代资本主义社会的人。但其中也有一定的积极因素存在,如要求学校教育应与社会实际相联系,反对学校完全脱离实际生活等。

(三)"教育即经验的连续不断的改造"

这一观点是以杜威的主观唯心主义经验论的哲学理论为基础提出来的。在杜威看来,既然经验是世界的基础,那么教育也就是通过儿童自身的活动去获得各种直接经验的过程。教育的主要任务并不是教给儿童既有的科学知识,而是要让儿童在活动中自己去获取经验。在这里,杜威把儿童的"求知"和"知识"本身混淆

---

① 引自王天一等编著:《外国教育史》(下册),北京师范大学出版社1993年版,第207页。

② 赵祥麟、王承绪编译:《杜威教育论著选》,华东师范大学出版社1981年版,第21页。

了,实质上就是夸大个人的主观经验,抹煞知识的客观性和真理性。杜威认为,人的最初经验来源于"先天的能力"与环境的相互作用,但人在一生中要不断地经历、改变各种事物,在活动中不断获得新的经验,这些新的经验增加到原有的经验上,就会对原有经验进行不断的改组和改造。杜威认为,教育要帮助儿童进行经验的改组、改造。这里有两方面的意义:一是通过教育增加儿童的经验;二是通过教育提高儿童指导后来经验过程的能力。

按照杜威的观点,在教育过程中,儿童经验的获得要依靠儿童自身的活动去达到,由此他又提出另一个教育基本原则——"从做中学",并把它作为教学理论的中心原则。

杜威关于教育本质的论述虽然有一些合理的见解,但从根本上来说是唯心主义的。他在论述教育的本质这一问题时,忽视了教育的社会基础和教育的阶级性,没有能正确地阐明教育在促进社会发展和人的发展方面的重要作用。

三、论教育目的

杜威在他的哲学和教育理论中,明显地承认教育目的的存在。虽然他说过"教育本身并无目的。只是人,即家长和教师等,才有目的"[①]。从表面上看,这是一种"教育无目的论",杜威似乎否定教育有其目的,而实际上在杜威的心目中,教育是有目的的。杜威提出,教育只是一种过程,除这一过程自身发展以外,教育是没有目的的,或者说是只有"教育过程以内"的目的,而无"教育过程以外"的目的。他所说的"教育过程以内"的目的,是指由儿童的本能、冲动、兴趣所决定的具体教育过程,实际上杜威是将"生长"作为其教育的目的,他说,教育就是生长,在它自身以外,没有别的目

---

① 赵祥麟、王承绪编译:《杜威教育论著选》,华东师范大学出版社1981年版,第170页。

的。杜威主张以生长为教育的目的,其主要意图在于反对外在因素对儿童发展的压制,在于要求教育尊重儿童的需要和兴趣,使儿童从教育本身中、从生长过程中得到乐趣。杜威把由社会、政治需要所决定的教育目的看做是"教育过程以外"的目的,看做是一种外在的、虚构的目的。他反对这种外在的、固定的、终极的教育目的,认为外在的教育目的不能顾及儿童的兴趣和需要;固定的目的不具有灵活性,不能适应变化了的具体情况;终极的目的是一种理论上的虚构。他明确提出:"教育过程在它自身以外无目的;它就是它自己的目的。"[①]又说:"教育的过程和目的是完全相同的东西。""如要在教育之外另立一个任何目的,例如,给它一个目标和标准,便会剥夺教育过程中的许多意义,并导致我们在处理儿童问题时依赖虚构的和外在的刺激。"[②]可见,杜威的"教育无目的论"只是对于脱离儿童实际而由成人决定教育目的的旧教育的纠正,并非从根本上放弃教育目的。而且在杜威的后期著作中,也谈到了"为什么样的社会培养什么样的人"的问题,《民主主义与教育》中所集中论证的就是教育应符合和满足民主社会的要求,促进儿童的生长、生活和经验改造,从而为民主社会培养所需要的人才。

四、论教学

在教学理论上,杜威提出了"从做中学"(learning by doing)这一基本原则。他在论述教学中的一些主要问题时(如教学过程、课程、教学组织形式等),都是从"从做中学"的要求出发的。

杜威所说的"从做中学",实际上也就是"从活动中学"、"从经

---

① 赵祥麟、王承绪编译:《杜威教育论著选》,华东师范大学出版社1981年版,第154页。
② 赵祥麟、王承绪编译:《杜威教育论著选》,华东师范大学出版社1981年版,第8页。

验中学"。他认为,儿童应该从自身的活动中进行学习;教学应该从学生的经验和活动出发。杜威提出"从做中学"的理论是以其主观唯心主义经验论作为理论基础的。他认为,儿童是在自己的活动中去求取经验、获得知识的,获取直接经验就是获得知识。学的过程也就是做的过程,要在做的过程中发展儿童本身的需要,儿童所获得的知识应当总是同他本身的活动相联系。杜威的"从做中学"理论也是在他批判传统的学校教育弊端的基础上提出来的。杜威曾对传统教学进行了全面的否定,他指出,传统教学的最大弊端就是强迫儿童学习那些成人为之安排好的书本知识。他分析说,传统教学中所使用的教材和教法都是依据以往社会文化的成果以及成人的经验而编排和设置的,与儿童自身的需要没有联系,严重脱离了儿童个人的生活与经验,儿童学习的过程只是被动地接受知识的过程。他批评这种教学是"三中心"的教学,即以前人知识、课堂讲授和教师作用为中心,而惟独忽略了真正的中心,即儿童本身的活动。杜威要求现代学校要用活动教学来完全取代传统教学,用活动课程取代学科课程。

杜威指出,活动教学的主要特点是:(1)以表现和培养儿童的个性为主,即教学中注意培养儿童的创造性思维能力;(2)以儿童自由活动的形式进行;(3)儿童从自己的活动、自身经验中学习;(4)教学从儿童当前的实际需要出发,也就是说儿童需要学习什么,教学就要适时地提供给他这方面的知识,一切都要从儿童的需要出发。总而言之,活动教学要以儿童的活动为中心,注重儿童的主动性和创造性的发挥。

杜威又进一步论述了在活动教学中课程与教材的问题、教学组织形式的问题、教学过程几个步骤的问题等等。

(一)论课程与教材

杜威反对以既有知识编写系统教材,而且也反对用这种教材所组成的学科课程教学。他认为,让学生学习各种各样的学科课程,虽然可以学到系统知识，但是这样做的最大缺陷是把儿童同实际生活割裂开来了，必然会阻碍儿童的本能生长。他认为，让儿童学习系统教材，无异于是学习前人的符号积累，从而远离了儿童个人的生活经验，使儿童学不到处理实际问题的方法。杜威的基本倾向是反对传统教育中的分科教学，反对现成的、孤立于学生经验之外提供的知识。他要求把课程与教材恢复到它被抽象出来的原来的经验，即把课程和教材建立在儿童现在的生活经验的基础上。儿童本身的活动就是课程，也是教材。他甚至提出要使儿童的学习"循着历史上人类的进步足迹前进"，"把人类历史发展过程重演一番"①。

关于学校课程的主要内容，杜威认为，那就是各种不同形式的主动作业，如园艺、纺织、烹饪、木工、铁工、缝纫等手工训练活动。在这种活动课程中，学校教育者要不断地为儿童提供各种活动材料，即给儿童提供一种活动情境，儿童使用这些材料进行操作，确切地说是运用这些材料进行能够体现每个儿童个性的具有创造性的活动，使课程活动成为创造性的思维活动过程。在这个过程中，儿童自己发现问题，自己寻找解决问题的方法，知识也就在"做"中获得了。杜威认为，这样获得的知识完全是通过儿童的自身体验得来的，是绝对的直接经验。对儿童来说，只有这样的知识才是最准确无误、最有价值的，而且也是记忆最深的。

在杜威所创办的芝加哥实验学校里，可以看到他精心设计的课程和教材在各个方面进行的具体实验。实验学校的全部课程是由各种不同形式的主动作业表现出来的。在《学校与社会》一书中，杜威对实验学校儿童的各种作业活动作了极其生动具体的描述，如让儿童过原始人的游牧生活，像原始人一样借助简单的工具建造草屋、打猎、捕鱼等等。杜威说："我要指出的一点，就是这样

---

① 赵祥麟、王承绪编译：《杜威教育论著选》，华东师范大学出版社1981年版，第22页。

可给儿童很多机会从事真正的学习,很多机会去探究,最终获得知识。"[①]他希望儿童"从对原始人及其活动的兴趣,扩展到更广阔的现实世界"[②]。他分析说:"我认为,这样做的结果完全证明一个信念:儿童在一年内从事这种工作(每周共 5 小时)中获得关于科学、地理和人类学方面的知识,远远超过他们从那些自称以知识为目的的教学中,仅仅从被指定学习的固定课本中获得的知识。"[③]

杜威关于课程和教材的认识和实验,是对传统教育脱离社会实际与儿童身心发展条件而设置课程和编写教材的反其道而行之,他关于教材与课程改革的见解有其合理的、符合客观要求的一面,但是他过分夸大了儿童直接经验的作用,并且试图以活动课程完全取代学科课程,否定传统教育所使用的教材,这是片面的、不科学的。

(二) 论教学组织形式

杜威还本着"从做中学"的原则,对传统的教学组织形式进行了全新的改造。他反对传统的班级授课形式,认为课堂里的桌椅按几何图形一行行地整齐排列着,只是供儿童"静听的",不利于儿童的活动,这样的排置不仅在形体上束缚了儿童,而且更严重的是束缚了儿童的思想,使儿童只能被动地接受知识的灌输。他指出,儿童之所以厌恶学校,厌恶学习,完全是由于学校的气氛太令儿童感到压抑,比如狭窄的课桌、繁重的课业、默默静听等,都是儿童所不喜欢的。杜威主张开展室外活动,设置活动教室。他提议,教学活动应尽量在室外进行,让儿童多接触自然,多接触社会。如果教学活动必须在室内进行,也不要设置固定课桌椅,应允许儿童

---

① 赵祥麟、王承绪编译:《杜威教育论著选》,华东师范大学出版社 1981 年版,第 39 页。

② 赵祥麟、王承绪编译:《杜威教育论著选》,华东师范大学出版社 1981 年版,第 39 页。

③ 赵祥麟、王承绪编译:《杜威教育论著选》,华东师范大学出版社 1981 年版,第 40 页。

自由地选择座位。在教室里应该有能让儿童充分活动的地方,并备有适合儿童活动所需要的各种材料和工具,让儿童在制作活动中学习。

(三)论教学方法和步骤

杜威根据他对人的思维步骤的分析,提出了教学过程的五个步骤:(1)教师给学生准备一种真实的经验的情境,并给予一些暗示,使学生在暗示中产生要了解某个方面问题的兴趣。教师在给予各种暗示时,应依据儿童的本能需要和既有经验。(2)学生在情境中产生一个真实的问题,作为引起思维的刺激物。教师要给学生提供足够的资料,使学生得以对付在情境中产生的问题。(3)学生从资料的应用中产生对解决疑难问题的思考和假设。(4)学生自己负责把设想出来的解决问题的方法加以整理和排列。(5)为了验证这些假设的价值,学生要根据这些假设亲自动手去做,在做的过程中,自己去发现这些假设的真实性和有效性。

杜威的这一"教学五步"的产生是建立在对传统教学方法批判的基础上的,他针对传统教学中只考虑教师的教而忽视学生的学的情况,提出了研究"怎样学"的问题。他的"教学五步"的可取之处在于:在教学中重视学生的能动性活动,重视学生的独立思考,特别是整个教学围绕着学生的兴趣进行,这种方法有利于锻炼学生解决问题的能力。但是,由于杜威的"教学五步"理论的基础是其主观唯心主义的经验论,因此在这样的教学步骤下,学生获得的只是主观经验的重新组合,以及养成怎样去获得主观经验的习惯,这是它的弊端所在。

总的来说,杜威提出的以"从做中学"为核心的活动教学体系有其合理的一面,它改变了传统教学的僵死状态,为学校教学注入了新的活力,有利于培养开拓型人才。但是,由于杜威过分强调活动课程和儿童的直接经验,甚至提出一切知识都要由儿童亲自实践去获得,这是不符合教学规律的,也浪费了儿童的学习精力和时间,必然导致学习质量和效率的下降。美国几十年学校教育中奉行杜威的教学理论所产生的教育质量下降的结果也证实了这一点。

五、论学龄前儿童的教育

杜威的很多著作中都涉及到学前教育的问题,他对学龄前儿童的教育也有很精辟的论述,主要有以下两个方面的内容。

(一)论幼儿期的重要性

杜威反对把婴幼儿看做是无知、无能的,认为婴幼儿身上蕴藏着学习和成长的潜能,有巨大的可塑性。他明确指出,幼儿期是一个很重要的时期,是人生打基础的阶段,为人一生的事业、爱好、习惯等打下基础,会影响到人一生的发展,因此应当重视对这个阶段儿童的研究和教育。他主张对儿童的教育要从一出生就开始,强调了人生最初几年接受教育的重要性,认为最初的学习可为以后的发展奠定良好的基础。

(二)论幼儿教育的内容和方法

杜威提出,学龄前儿童的教育内容主要就是游戏活动。杜威十分重视游戏在学龄前儿童教育中的作用,认为"儿童对于游戏有一种天生的欲望[①]",儿童是非常喜爱游戏的,因为游戏最能体现其活动本能。他指出游戏也有助于儿童的身心健康发展,能够促进儿童道德和智力的成长,比如可以通过游戏发展儿童的社会合作意识,因为游戏往往是在集体中进行的,需要大家共同合作来完成,由此就形成了一种相互配合、共同工作的意识和习惯。杜威分析说:"任何时代任何人,对于儿童的教育,尤其是对年幼儿童的教育,无不在很大程度上依赖于游戏和娱乐。"[②]他要求教育者要为儿童的

[①] 引自杨汉麟、周采著:《外国幼儿教育史》,广西教育出版社1993年版,第233页。
[②] 引自周采、杨汉麟主编:《外国学前教育史》,北京师范大学出版社1999年版,第288页。

游戏创造良好的条件,通过游戏活动促进儿童的本能生长。

关于游戏的内容,杜威指出,为儿童安排的游戏应当符合儿童的本能和兴趣需要,同时要根据儿童的年龄特征来安排。杜威还指出,幼儿的兴趣和经验,主要是来自于同他们有切身关系的事物,教育者应该抓住这个特点进行引导。比如幼儿对"洋娃娃"有着浓厚的兴趣,教育者就可以由此入手,引导幼儿去做很多事情,如学习给洋娃娃缝制衣服、配置生活用品等,这个过程训练了儿童的动手操作能力、自助能力,并培养了儿童解决实际问题的能力。

除了游戏以外,杜威还主张从儿童的兴趣和需要出发来组织其他活动课程,如折纸、照料植物、讲故事、唱歌、戏剧表演、制作玩具等。杜威还对幼儿的文化学习问题提出了自己的看法,他并不完全反对幼儿学习书写和阅读,认为书写和阅读是儿童必须学会使用的工具,但是他强调一定要遵循儿童的身心发展特点来施教,反对过早地让幼儿学习文化,过多地占用儿童宝贵的时间,他提出,除非儿童有了学习书写和阅读的需求,否则就不要特别去安排这些内容,以免给幼儿造成紧张和疲劳。杜威的这一观点是针对当时学前教育中过于偏重智育的倾向而提出来的。他要求尊重儿童的天性,依据儿童身心发展特点安排教学内容,有其积极的意义,对我们今天的教育实践仍有一定的启发作用。

第二节 蒙台梭利的学前教育思想

蒙台梭利(Maria Montessori,1870—1952)是欧洲"新教育"运动中一位重要的代表人物,也是继福禄倍尔之后的又一位杰出的幼儿教育家。

一、教育实践活动

蒙台梭利出身于意大利的一个军人家庭。她中学毕业后决定学医，当时意大利很少有女子学医的，因此她的决定遭到了家庭的反对，但是她坚持进了罗马大学医学院。在罗马大学医学院学习期间，由于家庭断绝了经济资助，生活很困难，她不得不靠奖学金和兼做家庭教师来完成学业。1896年，她以优异的成绩毕业，成为意大利历史上第一位女医学博士。毕业之后，蒙台梭利被罗马大学聘为该校附属精神病诊所的助理医生，主要治疗对象是一些智力有缺陷的儿童。经过一段时间的实践，蒙台梭利得出这样的结论："儿童智力缺陷主要是教育问题，而不是医学问题。"她进而把这种观点广为宣传，号召人们关心这些孩子，给他们提供合适的教育机会。她的主张在社会上引起强烈的反响，不久教育部长任命她为国立特殊儿童学校的校长。在任职期间，蒙台梭利以极大的热情投入到对特殊儿童的教育工作中，她的辛勤劳动取得了明显的效果：许多智力有缺陷的儿童在国家考试时达到甚至超过同年龄正常儿童的水平。此时，蒙台梭利又开始进一步思考这样一个问题：非正常儿童经过合适的教育可以达到正常儿童的水平，那么正常儿童经过合适的教育以后，一定能达到更高的水平。于是从1901年开始，蒙台梭利决定投身于正常儿童教育这个广阔的研究领域，她把研究方向选定在幼儿教育方面，着重研究3～6岁儿童的教育问题。

1907年初，蒙台梭利在罗马贫民区开办了一所招收3～6岁贫民儿童的幼儿学校，并命名为"儿童之家"。"儿童之家"不收费，但"约法三章"，比如要求家长每天按时接送孩子、遵守时间；家长要同"儿童之家"密切配合，教育好孩子；家长要经常把孩子在家里的表现报告给校方。在"儿童之家"，蒙台梭利将最初用于智力有缺陷儿童的教育方法进行适当修改后运用于正常儿童，同样取得了很大的成功，并引起国内外人士的广泛注意。1909年，她出版了《适用于儿童之家的幼儿教育的科学方法》（也译为《蒙台梭利教学法》）一书。她在书中总结了自己在"儿童之家"的实践经验,全面阐述了自己的教育观点和方法。该书出版后影响很大,被译成20多种文字,慕名前来参观"儿童之家"的人络绎不绝。为了进一步扩大影响,也为了满足各方面的需要,1919年后,蒙台梭利在不少国家开设了每期半年的国际训练课程班,亲自传授她的教育方法,受训人员有时达到四五千人。学员学成后,大力宣传蒙台梭利的方法,由此形成的蒙台梭利运动进一步扩大到世界范围。蒙台梭利于1912年和1915年两次访问美国,备受欢迎。1913年,"美国蒙台梭利教育协会"宣布成立。在美国,以蒙台梭利名字命名,并采用蒙台梭利教学法的学校一度达2000多所;杜威还在《明日之学校》中介绍了蒙台梭利的方法。1916年以后,由于美国一些教育家同蒙台梭利持不同的观点,其理论逐渐被冷落。蒙台梭利晚年仍到各国巡回演讲,指导教育工作,呼吁通过教育来改造世界,促进世界和平。

蒙台梭利的主要著作除了《蒙台梭利教学法》(1909年)以外,还有《教育人类学》(1908年)、《高级蒙台梭利方法》(1912年)、《童年的秘密》(1933年)等。

二、论教育目的和教育原则

蒙台梭利对卢梭的教育理论有比较深入的研究,她接受了卢梭的自然教育思想,对旧式学校和家庭教育压抑儿童个性的做法给予猛烈的抨击。她指出,旧式教育忽视了儿童发展的内在力量,硬是把成人的思想、要求强加给儿童,对儿童横加干涉,压抑了儿童的本性,窒息了儿童创造力的发展。在旧式学校中,最普遍的做法就是把儿童束缚在课桌椅上,儿童就像是被钉子固定的蝴蝶标本一样,这给儿童的身体、心灵都带来极大的痛苦,且不利于儿童智力的发展,她在书中这样写道:"儿童是在学校里工作的。他们被关在学校里,和奴隶一般,受到社会强加的痛苦。……由于长时间关在狭小、闭塞的屋子里,整个身体被毁坏,好像被窒息了。"①她又进一步分析说:"儿童所受的痛苦不只是身体上的,在智力活动方面也遭受痛苦。学习是强制性的,充满了厌倦和恐惧,儿童的心智疲劳了,他们的神经系统倦竭了。他们变得懒散、沮丧、沉默、耽于恶习,对自己失去信心,毫无童年时期的快乐可爱的景象。"②她发自内心地喊出:"不幸的儿童!受压迫的儿童!"③她大声疾呼:"今天整个社会必须关心儿童,注意到儿童的重要性,……必须为儿童建设世界,并承认儿童的社会权利。"④她要求彻底改变旧式教育那种压抑儿童本性、限制儿童自由活动的做法。

蒙台梭利指出:"我们的教育目的,一般地说是双重的,即生物的和社会的。从生物学角度来讲,我们希望帮助个人自然地发展,从社会学角度来讲,我们的目的是使个体对环境作好准备。"⑤尽管蒙台梭利同时强调两个方面的目的,但从她的基本思想来看,重心是在"生物学"方面的目的。她认为,儿童身上存在着一种强烈的、天赋的内在潜力,它规定和制约着儿童的成长与发展。这种内在潜力的不断展现,构成了儿童的发展。而儿童的生命力则是通过自发冲动表现出来的,这种自发冲动的外在形式就是自由活动。由于这个原因,在儿童的发展和对儿童的教育中,自由活动就具有至关重要的作用。蒙台梭利主张,教育者应当为儿童创造一

---

① 华东师范大学教育系、杭州大学教育系编译:《现代西方资产阶级教育思想流派论著选》,人民教育出版社 1980 年版,第 84 页。
② 华东师范大学教育系、杭州大学教育系编译:《现代西方资产阶级教育思想流派论著选》,人民教育出版社 1981 年版,第 84 页。
③ 华东师范大学教育系、杭州大学教育系编译:《现代西方资产阶级教育思想流派论著选》,人民教育出版社 1981 年版,第 84 页。
④ 华东师范大学教育系、杭州大学教育系编译:《现代西方资产阶级教育思想流派论著选》,人民教育出版社 1981 年版,第 87 页。
⑤ 引自张斌贤、褚洪启等著:《西方教育思想史》,四川教育出版社 1994 年版,第 578 页。

个自由活动的环境,使儿童根据自己的内在需要从事各种活动,选择各项作业。只有在自由的活动中,儿童才能真正体验到自己的力量,从而获得不断发展的强大动力。她提倡新教育应让儿童过一种自然、自由的生活,成人尽量少去干扰儿童,而让儿童充分地自由活动。她要求新教育应本着自由的原则进行,要重视儿童发展的内在力量,在儿童的自由活动中,促使其潜在能力得以提高。

三、论教育环境

蒙台梭利建议兴办新型的学校教育,为儿童的身心发展提供一个良好的环境。她说:"必须注意为儿童期设置一个适当的世界和一个适当的环境,这是一个绝对迫切的需要。"①

蒙台梭利在她的"儿童之家"里精心设计了这样一种环境:"儿童之家"有专门为儿童设计的活动室和休息室。为了有利于儿童的自由活动,活动室和花园相连,儿童可以自由地在花园中玩耍,随时都可以自由地进出活动室。室内的桌椅也很轻巧,可以按儿童的意愿随便移动,还可以搬到花园里去。活动室是"儿童之家"的最重要场所,各个活动室里都放置一个矮柜,里面放有许多种教具,供儿童自由选择,随意取用。墙上挂着黑板,儿童可以在上面绘画、写字,墙上还贴着儿童喜爱的各种图片,并经常更换内容。活动室的一个角落还铺有地毯,儿童可在地毯上活动。在这样的环境中,儿童愉快地活动着,活动的内容包括运动、手工、唱歌、照料动植物、各种感官训练和知识学习等等。"儿童之家"甚至连课程安排也打破了多少分钟为一节课的规定,以强调个人学习和个别活动,希望在儿童的自由活动中排除成人强加给儿童的影响,让儿童在自由活动中体验到自己的力量,从而促使他们自觉

---

① 华东师范大学教育系、杭州大学教育系编译:《现代西方资产阶级教育思想流派论著选》,人民教育出版社1981年版,第92页。

地发展,并使这种自我力量的认识成为他们进一步发展的动力。蒙台梭利认为,教育的作用就在于帮助儿童内在力量的发展,作为教育者必须信任儿童内在的、潜在的力量。她说:教育的任务就是"使每个儿童的潜能在一个有准备的环境中都能得到自我发展的自由"①。

蒙台梭利认为,儿童的内在潜能是在环境的刺激、帮助下发展起来的,是个体和环境之间相互作用的结果。她指出,旧式教育只包括教育者和儿童两个因素,而忽视了环境的作用。新式教育应当包括教师、环境和儿童三个因素,三者之间彼此都应发生作用,而这个环境是个"有准备的环境",即通过成人的帮助,给儿童提供一个适合其发展的环境。

具体到如何为儿童准备教育环境的问题,蒙台梭利认为,对于新生婴儿来说,最好的环境就是父母本身,因为儿童这一时期最需要"营养"与"爱",要求与父母相处。蒙台梭利的这一观点,也是针对当时不少贫民家庭对孩子照顾不周而提出来的。对于3岁以上的儿童,蒙台梭利则主张为他们提供一个能激发其活动动机的预备环境。她根据"儿童之家"的经验,对"有准备的环境"提出了以下的标准和要求:(1)必须是有规律、有秩序的生活环境;(2)能提供美观、实用,对幼儿有吸引力的生活设备和用具;(3)能丰富儿童的生活印象;(4)能为幼儿提供感官训练的教材或教具,促进儿童的智力发展;(5)能让儿童独立地活动,自然地表现,并意识到自己的力量;(6)能引导儿童形成一定的行为规范。蒙台梭利的"儿童之家"就是按照这种标准和要求来设置的。

---

① 引自杨汉麟、周采著:《外国幼儿教育史》,广西教育出版社1993年版,第249页。

四、论自由和纪律的关系

蒙台梭利还谈到自由和纪律的关系问题。她说:"自由与纪律是同一事物不可分离的部分——就像一枚铜币的两面一样。"①她认为,给儿童以极大的活动权利,并不意味着允许儿童可以随心所欲、恣意妄为。在蒙台梭利看来,自由和纪律并不是完全对立的,"自由"不是放纵,纪律应该是一种主动的纪律,不是强迫形成的。她指出,当儿童在自由活动中专心于某一件事、某一种活动,专注于表现自己的个性时,他就是在形成自己的良好纪律。她说,正如儿童的天性酷爱自由一样,他们的心智本来是趋向纪律与秩序的。因此,自由活动不仅是儿童发展的重要条件,也是形成良好纪律的重要方式。她认为儿童一旦从活动中获得乐趣,便会专注自己的活动,儿童之间就没有了争吵,良好的纪律就体现出来了。由此可见,活动之所以能促进纪律的形成,根本上是由活动的性质、特点决定的。因为儿童天生有一种活动的欲望,喜欢摆弄物品,喜欢操作教具,而这种自由活动能使儿童从中得到满足和乐趣。有一次,蒙台梭利看到一个3岁左右的小女孩正在做感觉练习,她把大小不同的木制圆柱放进相应的孔洞中去,这一动作反复了40多次,但小女孩毫不厌倦,仍专心致志,甚至蒙台梭利在活动室弹奏钢琴,也未对她产生影响。蒙台梭利同卢梭一样,反对用"说理"的方法去规范儿童的行为,认为成人的说教是不会对幼儿奏效的。此外,用强制命令和规范去束缚儿童,会压抑儿童的个性,也是违反自由原则的。她主张通过自由活动的方式让儿童自觉地形成纪律,她明确指出,"纪律必须通过自由而来"。

---

① 引自张斌贤、褚洪启等著:《西方教育思想史》,四川教育出版社1994年版,第587页。

五、论感官教育

蒙台梭利非常重视幼儿的感官训练和智力培养,这是"儿童之家"的重要特色,也是蒙台梭利教学法的一大特点。她在《蒙台梭利教学法》一书中,用很大篇幅论述了感官教育。

蒙台梭利首先强调了感官教育的重要性:(1)幼儿正处在各种感觉的敏感期,这时加强相应的教育,可以不失时机地使感官得到最充分的发展。她认为,儿童2~4岁是视觉、听觉和触觉的敏感期,2~6岁是良好行为规范的敏感期,应该在这些敏感期内加强训练,以取得良好的教育效果,达到事半功倍的目的。她认为,在敏感期内,儿童心灵所吸收的东西在他的整个一生都能保存着,如果某一方面疏忽了,错过了敏感期,将来弥补起来会很困难。(2)感官训练是形成认识能力的第一道大门,通过感官训练,可以使抽象的东西具体化、精确化,有利于发展幼儿对事物的观察力和辨别力。所以,只有通过感官的训练,才可能使智力得到发展。蒙台梭利认为,感觉是人与环境接触的惟一途径,是观察力的组成部分。不仅如此,感觉还是各种高级心理能力(分析、判断、比较)的基础,因此感觉训练是"智力发展的第一步"。

从这种认识出发,蒙台梭利非常重视感官教育。为了使儿童的感官得到最充分的发展,她在"儿童之家"里对儿童进行了各种感官训练。她设计了一套"感官练习材料"(亦称"蒙台梭利练习材料"),让儿童通过操作教具,达到训练感官的目的。这套"感官练习材料"包括训练听觉、视觉、嗅觉、触觉等感觉能力的材料,其中以触觉练习材料为主。她认为,幼儿常以触觉代替视觉和听觉,即常以触觉来认识事物,因此要重视触觉的训练。在"儿童之家"里,训练触觉的材料很丰富,有滑度触觉、温度触觉、重量触觉、实体触觉等方面的训练材料,即把触觉训练具体分为对冷热的感知、对轻重的感知和对厚薄大小的感知,等等。

蒙台梭利这套感觉练习材料有以下几个特点：(1)按照用途分为不同的种类,每一类分别训练某一种感觉。(2)各种材料使用时,要求尽可能地排除其他感官的干扰,以使所训练的感官得到的印象尽可能地纯正、清晰。比如,在训练儿童的触觉时,让儿童将眼睛蒙上或把儿童带入暗室,然后再操作训练触觉的教具,这样做是为了排除视觉的干扰。(3)教具有控制、纠正错误的功能。蒙台梭利一再强调这些感官训练的教具是提供给儿童自己做的,可以通过幼儿自己操作,尝试错误,而达到"自我教育"的目的。有一套训练视觉感知能力的教具,在一块木板上有10个大小不等的孔,每个孔对应着一个圆柱体,每个圆柱体直径只差1毫米,要求幼儿正确地把混放在一起的圆柱体放进相应的孔中。儿童通过反复练习,不断比较,并纠正视觉感知错误,使其视觉感知能力的精确性和敏锐性得到训练和提高。蒙台梭利说:"人之所以成人,不是因为教师的教,而是因为他自己的做。"[1]这话是很有道理的。

蒙台梭利的感官教育思想和实践,有很多值得我们参考和借鉴之处。例如,她强调对幼儿进行感官训练,这是符合人的认识发展规律的。而且她所设计的训练材料,也是符合幼儿的年龄特点的,让儿童通过对注意、比较和判断的练习,使感官趋于敏锐。这套感官训练材料活动性强,容易引起儿童的兴趣和好奇心,有助于促进幼儿智力的发展。但是,蒙台梭利的感官教育也有其不足之处,主要有两点:(1)她的感觉训练是孤立地进行的。她孤立地训练幼儿的各种感官,某个活动只用来专门练习某种特定的感觉,割裂了各种感觉之间的内在联系。(2)她的感官教育采取的方法有机械、呆板、枯燥乏味倾向,儿童长期利用感官教具进行训练,容易受到操作顺序的束缚,不利于儿童想像力和创造力的培养。

---

[1] 引自杨汉麟、周采著:《外国幼儿教育史》,广西教育出版社1993年版,第258页。

六、论幼儿的日常生活技能训练和游戏

蒙台梭利在强调感觉教育的基础上,还要求重视儿童的日常生活技能的训练。蒙台梭利十分强调儿童个人经验的作用,出于这种考虑,在她的"儿童之家"中,实际生活技能的练习占有非常重要的地位。在"儿童之家"里,有不少练习是和儿童的日常生活技能有关的,如练习走路、正确的呼吸、讲话、读书等;还要求儿童学会料理自己的生活,如穿脱衣服、洗手、刷牙等;对大一点的孩子进行有关家庭或学校生活事务劳动的训练,如洗餐具、擦地板、分食物、整理房间等。在蒙台梭利看来,日常生活技能的训练,不仅有利于促进儿童的体力和各种能力的协调发展,而且也是培养儿童独立人格的重要手段。

蒙台梭利明确地反对儿童的游戏。她认为,在儿童生活中,游戏没有什么重要性,游戏是琐碎的,只是闲暇时的娱乐。她对福禄倍尔鼓励儿童从事游戏的理论进行了批评,认为游戏只能在儿童心灵上创设一种幻景,而不能提供对社会的真实接触。她把"玩具"列为儿童不喜欢的东西,而以"材料"(或教具)代替之。在这里,蒙台梭利错误地把重视现实世界的需要同想像活动对立起来,忽视对儿童想像力的培养。

继福禄倍尔之后,蒙台梭利的教育思想和教育活动,进一步发展了幼儿教育的理论和经验,具有世界性的影响。她的教育思想还反映了新教育的要求,对20世纪初兴起的新教育运动起了推进作用。但是由于她的唯心主义观点的局限,以及其教育方法上带有机械的和形式主义的性质,致使未能形成科学的幼儿理论体系。其教育思想方面也有较大的缺陷,如过分强调感官训练而轻视儿童思维能力的发展;过分强调儿童所谓的自由活动,而在理论上贬低了教师的作用,特别是在幼儿教育中过分强调自由活动,这是不切实际的,忽略了幼儿自我控制能力差,需要成人适当的管束、引

导这一实际情况。

第三节　克鲁普斯卡娅的学前教育思想

娜·康·克鲁普斯卡娅(1869—1939)是前苏联著名的教育家。她出生于俄国彼得堡的一个没落贵族家庭,20岁时进入彼得堡别斯图日夫高等女子学校读书,开始接触革命活动,接触马克思主义思想。1891年,她到彼得堡的斯摩棱斯克工人夜校当教师,在工人中宣传革命,组织工人运动,并在列宁同志的指导下深入学习马克思主义的经典著作。1896年,她因组织彼得堡纺织工人罢工而被沙皇政府逮捕,并遭流放。流放期间她写出了第一部著作《女工》(1899年),这也是俄国第一部用马克思主义观点阐述妇女问题的专著。在这部书的第三章,克鲁普斯卡娅首次谈到妇女与儿童的教育问题。在流放期满后,她侨居国外进行教育考察活动,研究了欧洲一些国家的教育,并对夸美纽斯、卢梭、裴斯泰洛齐等著名教育家的教育思想进行了研究。在考察研究的基础上,1917年,她出版了自己的教育代表作《国民教育与民主主义》。此书是第一次用马克思主义的观点来研究教育学和教育史,全书的重点是论述劳动教育和综合技术教育的理论与实践问题。十月革命后,克鲁普斯卡娅主要负责教育改革工作。可以说,前苏联二三十年代的教育发展与克鲁普斯卡娅的努力是分不开的,她对前苏联的学校建设、学前教育、教育学的发展都作出了巨大贡献。克鲁普斯卡娅一生著述颇丰,先后曾发表的教育论文、评论等就有1600余篇,1957年至1963年,前苏联教育科学院编辑出版了《克鲁普斯卡娅教育文集》,共计11卷。

克鲁普斯卡娅非常重视学前教育,她早在《女工》这本书里就发表了很多关于学前教育问题的意见。十月革命胜利后,她号召要广泛发展学前教育,并积极地投身到学前教育事业中去,她曾领导教育人民委员部学前教育处的工作,主持制定了发展学前教育的各种政策性文件,其中包括《幼儿园规程》、《幼儿园教养员工作指南》等。她还撰写了很多论述学前教育问题的文章,其中有:《论儿童的学前教育》(1931年)、《论学前儿童的玩具》(1936年)、《要更加重视学前教育工作》(1937年)、《在学前教育工作者大会上的演说》(1938年)等,大力宣传学前教育的重要性。她为建立前苏联学前教育的理论与实践体系作出了卓越的贡献。

一、论社会主义教育的目的和任务

克鲁普斯卡娅从马克思主义的辩证唯物主义和历史唯物主义的观点出发,论述了社会主义教育的目的和任务。她认为,学校教育的性质受社会制度的制约,在阶级社会中,学校教育是有阶级性的,无产阶级的学校教育同资产阶级的学校教育有着根本的区别,这种区别主要就是体现在教育目的方面。她分析说:"资产阶级国家给学校提出的目的,就是使学校成为资产阶级进行阶级统治的工具。"①从这一目的出发,资产阶级的学校教育必然会压抑儿童的个性。她进而指出,社会主义国家的各级学校的教育目的是一致的、共同的,就是要培养全面发展的人。她还对"全面发展的人"作了具体的阐述:"要具有自觉的和有组织的社会本能,具有有目的的、成熟的世界观,清楚地了解周围自然界和社会生活中所发生的一切事情;这种人能从理论上认识并在实践中从事各种劳动(既有脑力劳动,又有体力劳动),能建设合理的、内容丰富多彩而又愉快的社会生活。"②她强调,"全面发展的人"应具有社会性和集体性,应有成熟的马克思主义的世界观。

克鲁普斯卡娅从本质上把无产阶级学校教育的目的同资产阶

---

① 《克鲁普斯卡娅教育文选》,人民教育出版社1959年版,第289页。
② 《克鲁普斯卡娅教育文选》,人民教育出版社1959年版,第257~258页。

级学校教育的目的作了鲜明的对比,她明确地指出,培养全面发展的、既能从事脑力劳动又能从事体力劳动的人,是社会主义学校教育的根本任务,也是社会主义学校的重要标志。克鲁普斯卡娅还主张,通过让儿童"从事力所能及的、多方面的、有发展的劳动"①,促使儿童全面发展,帮助儿童形成个性。由此可见,她特别强调劳动教育是实现"培养全面发展的人"这一教育目的的最重要的手段。

二、论学前社会教育的重要性

十月革命以后,克鲁普斯卡娅曾多次通过演讲和发表文章来宣传学前社会教育的重要性,她呼吁整个社会都来关心儿童的健康成长,号召人民群众积极支持学前教育事业。她提议国家要依靠社会力量多开办一些学前教育机构,要尽可能地使劳动者的儿童都能接受学前教育。

克鲁普斯卡娅主要从三个方面阐述学前社会教育的重要意义。第一,她把发展学前社会教育同国家的建设事业联系在一起。她提出,社会主义建设需要妇女也参加生产劳动,而这势必会影响到对儿童的照顾,而设立公共的学前教育机构,就可以解决这一问题。因此,她要求努力发展学前教育事业,大力开办多种形式的学前教育机构,以适应社会主义建设事业的需要。第二,她从重视儿童早期教育的角度来阐述学前社会教育的重要性。她认为,儿童的教育应及早开始,儿童期所获得的知识和能力会使儿童终身受益。她号召人们要关心儿童,要重视学前期的教育,要为儿童提供良好的受教育场所。第三,她从培养共产主义新人的角度,强调学前社会教育的重要意义。她认为对儿童进行共产主义教育,需要借助于公共的学前教育机构来进行,由这些机构对儿童进行德、

---

① 《克鲁普斯卡娅教育文选》,人民教育出版社1959年版,第261页。

智、体几方面全面发展的教育,使儿童健康成长。

克鲁普斯卡娅在充分肯定学前社会教育的重要性的同时,也提醒人们不要忽视家庭教育的作用。她认为家庭中的亲子之情也很重要,父母对儿童的成长有很大的影响。她主张学前社会教育和家庭教育两方面互相配合,学前教育机构要注意加强与家庭的联系,做好与幼儿家长的沟通工作。她还要求学前教育工作者帮助和指导家庭教育,向幼儿家长宣传教育孩子的知识和经验。

三、论学前教育的内容和方法

克鲁普斯卡娅根据马克思列宁主义的基本观点,深刻地研究了社会主义国家学前教育的问题。她在欧洲参观过瑞士的幼儿园和法国的"保育学校",认为那些资产阶级的学前教育机关,从儿童很小的时候起就尽量把他们培养成为俯首听命的人,压抑、摧残儿童的创造力,"在这里儿童不能玩,不能唱,一动不动地坐在凳子上,他们在这里被分隔开,手边没有任何材料"①,她认为这种学前教育机关是不会给儿童任何乐趣的,是与苏联的学前教育机关有天壤之别的。她分析说:"资产阶级的学前教育机关是不去唤起儿童的思想和独立精神的。它们竭力扼杀这种思想和精神。可是我们要想尽一切办法发扬儿童的独立精神,教他们成为能独立自主的人。"②苏联的社会主义学前教育机关对儿童进行德、智、体几方面全面发展的教育,培养活泼快乐的、独立自主的、全面发展的共产主义新人。克鲁普斯卡娅进而对学前教育中的体育、德育、智育以及游戏和玩具等方面都提出了自己的意见。

(一) 论幼儿体育

克鲁普斯卡娅认为,幼儿园最重要的任务之一,就是关心儿童

---

① 《克鲁普斯卡娅教育文选》,人民教育出版社1959年版,第389页。
② 《克鲁普斯卡娅教育文选》,人民教育出版社1959年版,第394页。

的身体健康,培养"健康的一代人"。因此幼儿园必须合理地安排和组织幼儿的生活,要有各种保健措施,要给幼儿提供富于营养、合乎卫生要求的食品,还要注意幼儿食品应简单、清淡,忌油腻。克鲁普斯卡娅说:"儿童的饮食问题是一个极其重要的任务。"① 她要求学前教育工作者要真正从儿童的健康出发,注意这一问题。

克鲁普斯卡娅还提到,为了保护及增进儿童的身体健康,还需要充分利用自然条件,如设置儿童室外活动场地,让幼儿多进行户外活动,多呼吸新鲜空气,使他们的身体得到锻炼。另外,还要注意养成儿童良好的卫生习惯,饮食起居要有规律,要经常洗手,保持清洁等等。

(二) 论幼儿德育

克鲁普斯卡娅认为,幼儿园的另一项重要任务就是为幼儿奠定共产主义道德的基础,她强调:"要从小把他们培养成社会活动家,培养他们的同志情谊、男女小孩的友爱、各民族儿童之间的友爱,培养他们的坚强意志、对周围生活和对劳动与学习的兴趣。"② 克鲁普斯卡娅尤其重视集体主义思想的教育,她把集体主义教育看做是幼儿园德育的核心,主张从小培养儿童的集体主义情感和对劳动、对学习、对周围生活的正确态度和兴趣,让儿童从小就学会同大家在一起友好地生活。她说,"我们要把儿童从幼年时起就培养成集体主义者,亦即能够集体工作和集体生活的人。"③ 克鲁普斯卡娅特别重视儿童在共同游戏和作业中的团结,认为这种团结对于儿童过好集体生活十分重要,这种团结能使儿童感到幼儿园亲切,促使他们愿意到幼儿园来。她还说,"幼儿园也应该让儿童享受到与别的儿童交往的乐趣以及同志情谊的乐趣","幼儿

---

① 《克鲁普斯卡娅教育文选》,人民教育出版社1959年版,第391页。
② 《克鲁普斯卡娅教育文选》,人民教育出版社1959年版,第417页。
③ 《克鲁普斯卡娅教育文选》,人民教育出版社1959年版,第392页。

园要多给儿童一些乐趣,以便儿童回忆起在幼儿园时就感到很光明温暖"①。

关于道德教育的方法,克鲁普斯卡娅反对道德说教和形式主义的做法,如在幼儿园里张贴宣传画和标语,或让幼儿死记硬背标语口号等,她主张在对幼儿进行道德教育时要考虑到幼儿的年龄特征,可以采取游戏的方式来进行,比如通过集体游戏培养儿童彼此友爱、相互关心的集体主义精神。

(三) 论幼儿智育

克鲁普斯卡娅认为,学前教育是儿童智力发展的重要阶段,这个阶段主要是对儿童进行感官训练,培养儿童的观察力,激发儿童的求知欲,鼓励儿童去认识周围世界,扩大眼界,充实他们的生活经验,培养他们对各方面事物的兴趣。克鲁普斯卡娅要求幼儿园教师要多鼓励幼儿用自己的视觉、听觉、触觉去认识客观世界,并且学会用动作、语言、面部表情来正确地表达自己获得的印象,使他们的思维能力有所发展。还可以让儿童用粘土、铅笔、纸张和各种建筑材料从事创造性的活动,从而发展儿童的创造能力。克鲁普斯卡娅还要求幼儿园教师学会研究、了解儿童,要能"钻到儿童肺腑里去",知道如何去正确引导他们观察和了解自然与社会环境,唤起他们的求知欲,并培养他们独立自主的精神。克鲁普斯卡娅认为,把儿童培养成为独立自主的人这一点非常重要,关系到儿童是否"能比较成熟地对待生活"。她要求在学习活动中要多给儿童一些发展主动性的机会,让儿童从自己的活动中去学习。由此可以看到,克鲁普斯卡娅的教育观点中也有吸收西方进步的教育思想的方面。

(四) 论游戏和玩具

克鲁普斯卡娅对游戏也有精辟的见解。她认为,游戏在幼儿

---

① 《克鲁普斯卡娅教育文选》,人民教育出版社1959年版,第389页。

园是一种重要的教育形式,游戏在儿童教育中具有重要意义,主要体现在以下几个方面:(1)对儿童来说,游戏往往是最实际的学习。游戏是儿童生活的基础,儿童通过游戏去辨别颜色、形状和重量,去熟悉事物,游戏成为他们认识周围世界的手段,他们通过游戏形成对生活的正确观念,形成集体生活的习惯。(2)游戏能够增强儿童的体质,发展肌肉和感官,培养儿童动作的协调性。(3)游戏可以培养儿童的集体主义精神,巩固儿童间的友谊,并使儿童形成遵守纪律的习惯。克鲁普斯卡娅还要求,在游戏过程中,游戏内容的组织要考虑到社会主义的教育任务,逐渐把游戏纳入学习和生活的轨道;另外,游戏还要考虑到儿童的兴趣。她特别提倡创造性的游戏活动,即由儿童自己规定游戏的内容和目标,她认为这种游戏形式可以使儿童的主动性得到发展。

克鲁普斯卡娅还对儿童的玩具提出自己的看法。她说:"最需要玩具的是学前期的儿童。他们需要大量价廉物美的玩具。"① 她提出,制作、选择儿童玩具要从儿童的喜好、需要出发,在深入了解儿童的基础上,结合儿童的年龄特点来设计和选择,"我们谈论儿童玩具这一问题时,不能从成人喜欢什么玩具的观点出发。我们应该从儿童喜欢什么玩具和需要什么玩具的观点出发来对待儿童玩具的问题"②。她还反对在玩具的装潢上过于下功夫,认为玩具"重要的是朴素大方、价廉物美"③,她要求加强玩具的实用性,多设计一些能够启发儿童智力的玩具,比如一些能帮助儿童发展触觉、听觉和认识能力的软球、积木、石板、石笔、各种音响器具等。克鲁普斯卡娅说:"评价一个玩具的价值,应该看这个玩具是否有助于研究周围的生活,是否有助于发挥儿童的积极性

---

① 《克鲁普斯卡娅教育文选》,人民教育出版社1959年版,第395页。
② 《克鲁普斯卡娅教育文选》,人民教育出版社1959年版,第395页。
③ 《克鲁普斯卡娅教育文选》,人民教育出版社1959年版,第398页。

和主动性。"① 克鲁普斯卡娅还提到,对年龄稍大些的孩子来说,简单的玩具已不能满足他们的要求,应及时给他们提供一些有助于他们了解周围现实生活的材料和事物,如反映各国各地风土人情的图片,带他们去儿童剧院看木偶戏表演,给他们提供纸和彩色铅笔让他们学习画画,多安排集体游戏活动等等。克鲁普斯卡娅特别强调,成年人在为儿童提供玩具时,一定要仔细地研究儿童的年龄特征,使得所提供的玩具要真正能被儿童所喜爱,并有助于儿童的成长和发展。克鲁普斯卡娅关于游戏和玩具的见解,有许多合理的方面。

克鲁普斯卡娅的学前教育理论为十月革命后前苏联社会主义学前教育体系的形成奠定了基础,并对前苏联社会主义学前教育的发展起了很大的推动作用。

思 考 题

1. 评述杜威的"儿童中心主义"思想。
2. 评述杜威的教学理论。
3. 简述杜威的学前教育思想。
4. 评述蒙台梭利的感官教育论。
5. 简述克鲁普斯卡娅的学前教育思想。

---

① 引自赵祥麟主编:《外国教育家评传》(第三卷),上海教育出版社1992年版,第491页。

第四章 当代学前教育思想

当代学前教育理论有了新的发展。瑞士著名教育家皮亚杰根据自己的儿童心理学理论,对学前教育问题进行了论述。他认为学前教育的主要目标在于形成儿童的智力和道德的推理能力;要求儿童教育应该遵循准备性原则、主动性原则、活动性原则、协作性原则等;并对儿童道德发展及教育进行了研究。以马斯洛、罗杰斯、弗洛姆、奥尔波特等为代表的人本主义教育家,以人本主义心理学为理论基础来研究幼儿教育。他们的学前教育理论是围绕着培养自我实现的人这一教育目的展开的;试图用整体的方法来研究人的发展;认为教育不是简单地建立在刺激—反应模式上的行为塑造,而是发展人的价值、理想、真善美等高级心理品质的内在学习过程;主张教育要以儿童为出发点和归宿点,要求尊重儿童,帮助儿童发现"自我同一性",满足儿童的各种基本需要,促进儿童潜能的发展,为儿童创造自由的心理气氛,培养儿童的创造性。20世纪60年代以来,早期教育日益成为受到普遍关注的一个重要问题。随着科学的发展和国际竞争的激烈,世界各国都非常重视开发儿童早期智力。心理学上关于儿童发展的关键期问题的研究为早期教育提供了依据;美国著名教育家布鲁纳根据自己的结构主义教育理论对早期教育进行了研究,提出了"任何学科的基本原理都可以用某种形式教给任何年龄的人"的大胆设想。

第一节　皮亚杰的认知发展理论与学前教育思想

皮亚杰（Jean Piaget，1896—1980）是瑞士著名的儿童心理学家、教育家。他的教育理论对世界教育发展的影响是巨大、深远的。

一、生平和著作

皮亚杰于1896年出生在瑞士南部的小城纳沙特尔。他的父亲是洛桑大学历史教授，母亲是一位虔诚的教徒。从青少年时代起，皮亚杰就开始收集软体动物，并进行细致观察，获得了有关这方面的丰富而系统的知识。他在21岁前就已经发表有关软体动物方面的学术论文20篇，成为国际上享有声誉的软体动物学家，并于1918年获得了自然科学博士。

皮亚杰在青少年时代对哲学、逻辑学和心理学也很感兴趣，阅读了许多有关著作，深受亚里士多德思想的影响，接受了亚里士多德关于"理性与逻辑是生物和非生物自然界的统一力量"的观点。他一直保持着对生物学和哲学问题的浓厚兴趣，因此他取得博士学位以后，试图探索出一种把生物学和认识论结合起来的新的研究领域。1918年，他在瑞士苏黎世伯格霍尔兹利精神病诊所工作了一段时间，后到巴黎学习心理学，1920年进入比纳实验室任西蒙（Th. Simon）的助手。当协助西蒙在巴黎儿童中心进行伯特推理测验标准化实验时，他终于发现了这一新的领域。皮亚杰对儿童的所谓错误反应深感兴趣，从中受到很大的启示。他认为，儿童的错误不是偶然的，似乎产生于潜在的心理结构。于是，他将儿童的思维与认知发展的认识论问题紧密联系起来，以此作为他灌注毕生心血的研究目标。

1921年，皮亚杰获得法国国家科学博士学位，并应邀到日内瓦大学任心理学教授兼卢梭学院研究主任。自1933年起,他先后任卢梭学院院长、儿童心理学教授、心理实验室主任等职,直到退休为止。除此之外,他还在纳沙特尔大学、洛桑大学、日内瓦大学、巴黎大学任过教授,讲授儿童心理学、心理学、实验心理学、科学思想史等课程。1954年,皮亚杰当选为国际心理学学会主席,后又出任联合国教科文组织领导下的国际教育局局长。1956年,皮亚杰创建了"发生认识论国际研究中心",组织和团结各国有关学者共同研究发生认知论。由于皮亚杰在学术上的卓越贡献,他先后被哈佛、巴黎、布鲁塞尔等大学授予30多种荣誉学位,并获得国际基塔依奖和美国心理学会授予的心理学贡献奖等。

皮亚杰一生所从事的研究活动大致可以分为三个阶段。

第一阶段:20世纪40年代前,是皮亚杰思维理论的初步探索阶段。他融合了符兹堡学派、格式塔学派、精神分析学派的理论并有所创新。他用临床法系统地研究了儿童的思维活动,提出有关儿童智力起源、思维发展阶段、儿童象征行为等一系列重要理论,并把研究成果写成《儿童的语言与思维》、《儿童的判断和推理》、《儿童的世界概念》、《儿童的物理因果观》、《儿童的道德判断》等5本书。从1925年到1932年,他仔细地观察和研究了他自己的三个子女在出生后头几年里的心理发展情况,并基于此项研究而写成"婴孩三部曲":《儿童智慧的起源》、《儿童对现实的建构》、《儿童的游戏、梦和模仿》。在这些著作中,皮亚杰揭示了一个令人难以置信的儿童思维世界,并提出许多社会学理论问题。这一时期,他的兴趣已开始倾向于注重社会的相互作用,以进一步探索智慧的来源,揭示行动和思维间的关系。皮亚杰在20世纪30年代最主要的研究成果,是提出了思维发展阶段论。在"婴孩三部曲"中,他开始用一系列的阶段形式来描述观察材料。

第二阶段:20世纪40至60年代,是皮亚杰的理论趋于成熟的阶段。他以数理逻辑为工具,研究思维的形成和发展,以及数学、物理、生物学上的概念的形成与发展历史。他还注意到以这些心理学的研究为理论根据来改革教育方法。他把心理学的研究和现代科学的控制论、信息论联系起来,创建了当代独特的思维心理学派。在这个时期,皮亚杰提出了一套完整的关于儿童心理发展的理论,并论述了关于各个发展阶段的年龄特点。

第三阶段:20世纪60年代以后,皮亚杰在哲学、心理学方面确立了结构主义的发生认识论体系。其代表作是《发生认识论》和《结构主义》。这两本书确立了发生认识论体系,公开宣布了他的结构主义哲学立场。其实,这二者是有机地联系着的;发生认识论是皮亚杰的主要心理学思想和理论;而结构主义正是发生认识论的哲学观点,是发生认识论的中心问题。

皮亚杰毕生致力于心理学、哲学、生物学等各方面的研究,取得了较深的造诣,著作丰富。特别是他在认识发展和儿童思维心理的研究上创造了自己独特的科学体系,该思想体系被称为日内瓦学派或皮亚杰学派,在国际心理学界享有盛誉,有相当广泛的影响。

二、论儿童心理发展与认知结构

皮亚杰的学前教育思想是以他的儿童心理学理论为基础的。皮亚杰儿童心理学的理论核心是"发生认识论"。发生认识论是一门主要研究认识的发生、发展结构及其心理起源的科学。儿童心理学理论所力图探索和解决的主要问题是:儿童出生后,认识是如何形成、发展的,受哪些因素所制约,其内在结构是什么,各种不同水平的智力、思维结构是如何先后出现的等。

(一) 儿童心理发展观

历史上各种心理学派对儿童心理发展,有的强调内因,有的强调外因,也有的强调内外因的相互作用,但都不讲发展;还有的既讲外因又讲发展,或既讲内因又讲发展。皮亚杰赞同"内外因相互作用发展观",既强调内因、外因的相互作用,又强调在这种相互作用中儿童心理不断产生量的和质的变化。皮亚杰的相互作用论有两个基本观点:第一,他注意到内外因两种因素的相互依存关系,即任何一种因素作用的大小、性质,都依赖于另一种因素,它们之间不是简单的相加或会合。第二,他注意到两种因素间的相互转化和渗透关系,即当前对环境刺激作出某种行为反应的有机体是他的基因和过去环境相互作用的产物。

皮亚杰认为,智慧结构的形成或认知关系的建立,既依赖于主体内部结构的不断协调,又依赖通过经验所获得的信息;既不是外物的一种简单复本,也不是由于内部预成结构的自我显现,而是包括主体和外部世界在连续不断地相互作用中逐渐建立起来的一套结构。

皮亚杰指出,儿童心理起源于主体通过动作对客体的适应。这种适应是通过两种形式来实现的。一个是同化,即把环境因素纳入机体已有的图式或结构之中,以加强和丰富主体动作。另一个是顺应,即改变主体动作以适应客观变化。个体就是通过同化与顺应两种形式达到机体与环境平衡的。这种不断地平衡—不平衡—平衡……的过程,就是适应的过程,也就是儿童心理发展的本质和原因。

皮亚杰的儿童心理发展观有着丰富的辩证法思想。但是这种理论是从生物学观点演绎而来的,认为智力或心理只是一种适应,抹杀了儿童的社会本质属性。

(二) 影响儿童心理发展的因素

皮亚杰认为,制约儿童心理发展的因素主要有四种。

1. 成熟

成熟主要指神经系统的成熟。儿童某些行为模式的出现有赖于一定的躯体结构或神经通路发生机能,与生理的发展有着直接的关系。神经系统控制着人在一定时间内具有的潜力。成熟是心理发展的必要条件,但不是充分条件。"成熟仅仅是(影响儿童发展的)所有因素之一,儿童年龄渐长,自然及社会环境影响的重要性将随之增加。"①

2. 实际经验

实际经验包括物体经验和数理逻辑经验。物体经验是个体从物体中抽象出来的特性,如形状、重量、大小等;数理逻辑经验是个体通过摆弄物体,通过主体动作的内部结构获得的逻辑知识。这种经验不存在于物体的本身,对儿童来说是新的知识、新的构成的结果。例如,一个幼儿把卵石逐颗排列,时而改变计数方向或次序,最终发现总数始终不变。在数理逻辑经验中,"知识来源于动作,而非来源于物体"②。皮亚杰认为,实际经验是一个主要的必要的因素,但仍然不是决定性因素。

3. 社会相互作用

社会相互作用指个体在社会生活、文化教育、语言等社会环境中发生的社会传递。儿童与伙伴、家长、教师相互作用的机会越多,他们听到的观点就越多。这些经验促使儿童从他人观点出发进行思维,从而接近客观性。社会相互作用是儿童心理发展的必要条件,但不是充分条件。环境、教育对儿童心理发展并不起决定作用,它只能促进或延缓儿童心理发展而已。

4. 平衡

平衡指不断成熟的内部组织和外部环境的相互作用。平衡在影响儿童心理发展的四因素中起着首要的协调性作用,它具有调和成熟、实际经验和社会相互作用三方面的作用。儿童与环境之

---

① 皮亚杰、英海尔德著,吴福元译:《儿童心理学》,商务印书馆1980年版,第116页。

② 皮亚杰、英海尔德著,吴福元译:《儿童心理学》,商务印书馆1980年版,第116页。

间这种反复的相互作用,要靠儿童自己作为他自身发展的动力。活动不仅使儿童发现新问题,从而引起不平衡,而且使他找到解决问题的办法,以至于达到更高水平上的平衡。由于儿童在这个过程中担当着积极角色,因此平衡过程又称为自我调节。平衡是儿童心理发展中最重要的因素、决定性的因素。

皮亚杰认为,成熟、实际经验、社会相互作用和平衡过程这四种因素相互作用,影响智力发展,而任何单项因素本身都不能成为智力发展的原因,其中平衡过程是心理发展最重要的原因。

(三)儿童心理发展结构

皮亚杰是一位结构主义心理学家,他提出了儿童心理发展的结构问题。

结构主义是一种由结构主义方法论联系起来,20世纪60年代盛行于西方国家,尤其是法语国家的哲学思潮。这里所说的结构不是生理解剖学上的感官物质结构,而是机能上的结构。皮亚杰自称为结构主义者,但他的结构论与一般的结构论有所区别。一般的结构主义者几乎都认为结构是先验的,是由人心灵的无意识投射于某种文化现象中所产生的。认识这种结构,不能通过经验的概括,只能通过理论的模式。对于结构的起源问题,皮亚杰并不推诿于神秘的无意识,而是创立整个发生认识论体系去解决。

皮亚杰从一般方法论的角度来分析结构。在他看来,所谓结构,也叫做一个整体、一个系统、一个集合。结构有三个要素:整体性、转换性、自我调节性。皮亚杰反对把结构论视做某种抽象的哲学教义,强调结构的非先天性,突出主体在结构形成中的作用。他认为,结构无论怎样都不排斥认识的主体,主体活动在结构的形成中起着举足轻重的作用。所以,皮亚杰的结构论是一种构造论的结构论。

皮亚杰依据结构主义的基本原理,从研究儿童智力与思维的整体发展着眼,提出了儿童思维发展结构理论。这一理论又称为认知结构发展心理学,其核心是发生认识论,主要研究儿童认识发展的过程和结构。皮亚杰认为儿童心理发展涉及图式、同化、顺应、平衡四个基本概念。

1. 图式

图式即人类认识事物的主观上的结构。图式不是指神经系统的物质生理结构,而是指一种主体活动(包括外部动作和内部思维)的功能和心理结构,它在相同或类似环境中由于不断重复而得到迁移或概括。一个图式就是一个有组织的行动系统。如果行动是外显的运动行为,就叫做感知运动图式;如果行动是内化的,就叫做认知图式。每个人所具有的图式就构成他们理解现实世界和获得新经验的基础。儿童最早的图式表现为遗传性的本能动作,如吸吮动作图式、抓握图式、行走图式等,这是低级动作图式。后来,随着儿童对环境的适应,图式不断地得到改造,不断地丰富起来,即低级动作图式,经过同化、顺应、平衡而逐步结构出新的更高一级的图式。如感知运动图式,随着年龄的增长和知识的丰富,发展为表象思维图式、直觉思维图式、运动思维图式、逻辑思维图式等。总之,儿童心理发展的过程,就是儿童动作的图式不断完善,由较低水平达到较高水平,从而也使认知结构由较低水平到较高水平不断发展的过程。

2. 同化与顺应

同化和顺应是个体适应环境的两种作用,也是主体图式在适应活动中的功能所包括的两种形式。

同化是"刺激输入的过滤或改变"①,即个体把新的知觉事件或刺激事件,纳入个体现存的图式或行为的模式之中的过程。美国教育心理学家沃德沃思(B. J. Wadworth)是著名的皮亚杰研究

---

① 皮亚杰、英海尔德著,吴福元译:《儿童心理学》,商务印书馆1980年版,第7页。

学者,他曾举过一个说明"同化"的实例:一个幼儿和其父亲在乡间小径散步时,见到田野中的一头母牛。幼儿对父亲说:"那里有一只狗。"怎么会这样呢? 这是因为幼儿见到田野中的物体(母牛)时,就对自己积聚的图式(如马、猫、狗、人的图式)进行仔细地检核,于是发现一个可以包括该物体在内的适当名词"狗",所以就称母牛为狗。对这个幼儿来说,他看的物体(母牛)具备狗的特征,即它适合狗的图式,所以他下结论称之为狗,于是该刺激(母牛)被同化于狗的图式中。

同化会影响图式的生长,引起图式量的变化,但不会导致图式质的改变。顺应是当主体不能同化客体时,主体的图式不得不发生质的变化,从而创立新的图式或调整原有的图式。所以顺应是"内部图式的改变以适应现实"①,它能使主体图式发生质变。皮亚杰认为,儿童对于外来的刺激,一旦发生调节,就会再度用调节后的图式去同化刺激。这是因为结构已经发生变化,可以用同化刺激了。

3. 平衡

平衡是指同化和顺应两种作用的平衡。儿童每遇到新事物,在认识过程中,总是先用原有图式去同化,如果成功了,便得到暂时认识上的平衡;如果不成功,儿童便作出顺应,调整原有图式或创立新图式去同化新事物,直至达到认识上新的平衡。上述提到的例子,儿童指牛为狗,这是由于儿童过去经验中没有接触过"牛"这一形象,当第一次看到牛时,通过同化作用,把新知觉的"牛"引进到原有的狗的图式中,所以把牛当做狗了。当他知道这不是狗而是牛时,促使他建立新图式——"牛"。这是通过顺应这一机能实现的,以后他就不会再"指牛为狗",而是"指牛为牛"了。

---

① 皮亚杰、英海尔德著,吴福元译:《儿童心理学》,商务印书馆1980年版,第7页。

这说明在同化与顺应相互作用中已经达到认识活动的相对平衡。这种新的暂时的平衡,并不是绝对静止或终结。随着与环境的更多接触,引发了打破原有结构的新需要,随之会出现更高水平的平衡。不断发展的平衡状态,就是整个心理的发展过程。这也是个体的智力从最初的感知活动逐步发展为高级理性思维活动的过程。

由上述可见,皮亚杰的认知结构的核心是图式。他认为,知识不是摹本,知识总是要被纳入主体和客体关系之中,也就是把客体组合到图式中去。

(四)儿童思维发展阶段理论

皮亚杰从结构主义心理学观点出发,对儿童思维发展的年龄阶段作了划分。他认为,儿童的动作图式,在环境教育影响下,经过不断同化、顺应和平衡的过程,得到了发展,最终形成了本质上不同的心理结构,出现了认知发展的连续性和阶段性。这一过程从总体上观察具有以下特征:

(1)认知发展表现为几个不同水平的连续阶段。每一个阶段都是一个统一的整体,都有其特殊的主要行为模式标志该阶段的智力特征。

(2)前一阶段的行为模式总是要整合到后一阶段的行为模式之中。前者是后者的准备,并为后者所取代。前后具有一定程度的交叉重叠,其次序不能互换。

(3)各个阶段出现的年龄可因个体和环境的差异而有所不同,可提前或推迟,但无论差异多大,也不能改变智力发展的定向性。

由此可见,智力发展的阶段划分,表明认知结构发展过程的间断性;前后阶段的交叉重叠和图式的整合,表明认知结构发展过程的连续性。

皮亚杰从逻辑中引进"运算"概念,并以此作为划分儿童思维发展的各个阶段的标志。他把儿童思维发展划分为既相互连接，又具有质的差异的四个年龄阶段。

1. 感知运动阶段：儿童思维萌芽（0~2岁）

这个阶段相当于婴儿期。儿童还没有掌握语言，他们主要通过感觉运动图式来和外界相互作用，经过同化和顺应取得平衡。本阶段儿童行为发展经过不能反应、习惯形成和智力活动出现三个层次。智力活动最初大约出现在1岁左右。其特点是儿童的行为图式开始内化，对主体和客体关系产生最初协调。这种智力和思维萌芽逐步发展、分化而使许多内化的行动图式联系起来，协调活动。

2. 前运算阶段：表象或形象思维（2~6、7岁）

在这个时期，儿童的各种感知运动图式开始内化，成为表象。尤其是语言的出现和发展，更促使儿童日益频繁地用表象符号来代替外界事物，描述外界事物。随着生理的成熟，儿童也开始重视外部活动。这个时期儿童思维的第一特点是具体形象性。儿童凭借表象思维，进行各种象征性活动、游戏、延缓性模仿（模仿自己过去看到和听到的事情）及绘画活动等。第二个特点是不可逆性。虽然儿童已经有了事物的不变性表象，但还没有概念的守恒性和可逆性，儿童不能进行逻辑运算。如儿童只能辨别自己的左右手，知道 A = B，B = C，但不能得出 A = C 的判断。再比如，在儿童面前画两条等长的、垂直的平行线，然后把其中的一条线向左移动或向右移动；在这种情况下，有些儿童会认为右边一条线较长，因为它超过了左边一条线，或者说，右边一条线较短，因为左边一条线超过了右边这条线。故皮亚杰把这一阶段称之为前运算阶段。只有到了后期，儿童的最初运算图式才开始出现。

3. 具体运算阶段：初步逻辑思维（6、7~11、12岁）

这个阶段相当于小学阶段。儿童发展到这个阶段，出现了具体运算的图式，能够进行初步的逻辑思维。皮亚杰认为，具体运算思维的特点有二。一是守恒性,即内化的、可逆的动作。这时,儿童能在头脑中从一个概念的各种具体变化中抓住实质或本质东西。二是群集运算。由于出现了守恒性和可逆性,儿童能够进行群集运算,并对其结构进行分析综合,从而能正确掌握逻辑概念的内涵和外延。但是,这种运算还离不开具体事物的支持和帮助,并且是零散的,还不能组成一个结构整体。

4. 形式运算阶段:抽象逻辑思维(11、12~14、15岁)

这个阶段相当于初中阶段。这时的儿童思维发展迅速,与成人思维接近。所谓形式运算思维是指可以在头脑中将形式和内容分开,即可以离开具体事物,根据假设进行逻辑推演的思维。简而言之,12到15岁期间的儿童能用抽象符号进行逻辑思维及命题运算,形成认知结构的整个体系,它属于儿童思维的高级形式。

从感知运动阶段、前运算阶段、具体运算阶段到形式运算阶段,儿童逐渐出现了思维萌芽、表象思维、初步逻辑思维和抽象逻辑思维。儿童的思维、心理,就是这样发展、完善的。

三、论教育科学发展观

"教育应当成为一门科学",这是皮亚杰教育思想的核心。

(一)论教育科学发展与儿童心理学的关系

皮亚杰指出,要使教育成为一门科学,就必须把教育奠定在儿童心理学的基础之上。他认为要成功地构造一门教育科学,一个必不可少的条件就是"建立一个为创造真正适应于心理发展法则的教育技术所必需的心理学体系。如果不精心建立一个真正的儿童心理学或心理社会学,就不可能真正产生肆虐的方法;新方法的存在无疑必须从建立这样一门科学之日算起"[①]。皮亚杰认为,教

[①] 皮亚杰著,傅统先译:《教育科学与儿童心理学》,文化教育出版社1981年版,第145页。

育科学产生于心理科学,从某种意义上说,教育科学史就是将心理学应用于教育理论和实践的历史。

皮亚杰要求教师要接受儿童心理学的基本训练,不能对教学本身比对儿童更感兴趣。他认为,传统师范教育的弊端之一,就是把自己局限于教育本身,也就是它创造了一个封闭的社会实体,脱离实际。教育必须与儿童心理学的研究结合起来,儿童心理学应该是教师培训的主课。而要真正学好儿童心理学,必须有机会亲自从事儿童心理学的研究。日内瓦大学卢梭学院(后更名为教育学院)是一所培训师资的学院,皮亚杰在主持该学院时,就特别注重儿童心理发展理论的研究。

(二) 教育科学研究必须重视教育科学发展史的研究

皮亚杰在1965年写的《1935年以来的教育与教学》一文中曾尖锐指出,30年来教育科学研究中一件令人惊奇的事情就是我们至今还不知道我们的教育所取得的成果。他认为研究教育科学发展史可以明确今天教育科学研究的任务。

皮亚杰认为,新教育方法体系从某种意义上看,实际上并没有什么新的东西。几乎所有教育史上的伟大理论家都曾经看到过我们现在这种见解的某些方面。如苏格拉底的启发式问答法;拉伯雷等反对口头说教和纪律处罚,强调兴趣和自然观察;卢梭确切地说明了儿童时期主动特点所包括的内容;裴斯泰洛齐的"互助教学体系";福禄倍尔幼儿园的活动教学等。但这些教育理论家所缺少的就是很少考虑一种关于心理发展的心理学,他们虽然已经产生了某些微妙的心理学上的直觉,但还没有提出科学的心理学理论。

对历史进行了回顾以后,皮亚杰指出,虽然新教育方法的原则及活动的理想在过去的著名教育理论家的著作中不难找到,但是为儿童心理发展与心理活动提供一种积极解释的任务则有待20世纪的儿童心理学去完成,而科学的教育学也只有在此基础上才能诞生。

(三)必须重视教育科学研究工作

皮亚杰指出,教育中存在一个严重问题,即教育方法始终受传统经验主义常识支配,受保守思想的左右。教育不是培养学生的发明与批判精神,教育者所想到的只是如何把学生装配到传统的学习模式中去;许多教育方法的运用和改革出于想当然,并没有坚实的科学实验做基础;对教育方法、教学内容、教育组织形式等问题都未能进行有组织的、能证实的和系统的实验。皮亚杰呼吁,再也不能只根据常识解决问题,必须重视教育学上的科学研究,像医生诊治病人需要有坚实的医药和生理学知识为根据一样,教师教学也必须以实验教育学理论为依据。

四、论儿童教育

皮亚杰的儿童认知发展理论中蕴含着丰富的儿童教育思想。

(一)教育目的

皮亚杰认为,"教育的主要目标就在于形成儿童的智力的和道德的推理能力"[①]。也就是说,要使儿童在智力水准方面达到连贯性和客观性,在道德水准方面达到相互性。

关于教育目的的确定,历史上存在着社会本位和儿童本位、外在与内在、工具与非工具之分。皮亚杰认为,处理上述关系,首先要明确确立教育目的的合理依据,然后根据合理的依据确定教育目的的具体内容。皮亚杰认为以往教育目的之所以存在诸多不合理因素,就是因为确定目的的依据本身缺少严密的科学性。具体地讲,通常只是以成人当前的社会需要为依据来规定教育目的,总是把儿童看做小大人,是像成人一样能推理和感觉,只是缺乏成人那样的知识和经验的人。"既然这样理解的儿童只是一个无知的

---

① 王承绪、赵祥麟编译:《西方现代教育论著选》,人民教育出版社2001年版,第415页。

成人,教育工作者的任务就不是形成他的心智,而是灌输给他一些知识罢了。"①皮亚杰对这种传统的外在的教育目的论进行了批评,认为这种目的论关心的仅仅是目的,而不关心教育的技术,不关心儿童及其发展规律。他指出,必须经过系统的研究,用科学的观点来确定教育的目的。确定教育目的的合理依据不仅是社会科学规律,而且更是心理学理论。要考虑成人社会和受教育的儿童之间的相互关系,即不仅让儿童接受成人社会的现成知识,使他们将来达到成人社会生活的现有状态,而且还要求他们通过自身的创造性努力和实践活动,并运用他们的生活经验学到必要的新知识,使他们未来的社会生活比成人现有的社会生活更为充实和进步。据此,皮亚杰认为,教育的目的,一方面是发展儿童的智力,另一方面是培养儿童的道德推理能力。

皮亚杰进一步指出,"智力是最高形式的适应,是事物不断地同化于活动本身和那些同化的图式适应客观事物本身的调节这两者间的平衡"②。智力训练的目的是形成智慧,而不是储备记忆;是造就智力探索者,而不是博学者。所以,皮亚杰强调过程学习,强调形成认知结构,强调发展逻辑思维能力。

(二)儿童教育的原则和方法

皮亚杰根据自己的儿童心理学理论提出,儿童教育应该遵循准备性原则、主动性原则、活动性原则、协作性原则等,并要采取相应的方法。

1. 教育应贯彻准备性原则

皮亚杰认为,儿童认知的发展具有一定的阶段性,后一阶段总

---

① 皮亚杰著,傅统先译:《教育科学与儿童心理学》,文化教育出版社1981年版,第162页。

② 王承绪、赵祥麟编译:《西方现代教育论著选》,人民教育出版社2001年版,第414页。

是在前一阶段发展的基础上产生新的进步,因此学习得有准备。反映在教育上,就是要求教育应遵循儿童的认知发展顺序,贯彻准备性原则,循序渐进。

第一,不应教给儿童明显超出其认知发展阶段的材料。皮亚杰指出,儿童为了接受有关的知识信息,必须具备一种能同化它们的结构。如果过早传授这些知识,必然事倍功半,会使儿童不能有所创造,也不能真正理解,只会机械记忆。所以教师的"问题只是去发现符合于每一阶段的有些什么知识,然后用有关年龄阶段的心理结构所能吸收的方式把它传授给学生"①。皮亚杰曾期望与数学家、心理学家携手合作,设计一套新的数学教学法,其基本做法是:在传授过度抽象的术语概念之前,首先采用儿童平常使用的语言讲授。

第二,应努力避免从外部人为地加速儿童对某种问题的认识过程。在现实的教育实践中,进度常被用作判断儿童学习成效的指标,于是教师总是设法促使学生加速学习。皮亚杰认为,加快学习是可能的,但不能指望有极大加速,儿童对内容的彻底掌握比速度快慢更为重要。要使儿童学得的知识具有持久性,就必须让儿童经历一个"错误的"和"缓慢的"阶段。他曾举例说,小猫对于恒常的概念的发展比婴儿快得多,但小猫发展到一定阶段就停滞不前了,而婴儿却能继续学习,不断进步,获得较高深的概念。所以,教育的理想并不是以传授最多的知识为惟一目的,而是以儿童学会学习并得到发展为正途。父母或教师的职责,不应放在加速儿童学习上,而应努力丰富儿童相应发展阶段的生活经验,使之达到纯熟的境界。从长远来看,这样做的效果反而更好。

第三,应尽可能按儿童的认知发展顺序编制课程。皮亚杰曾

---

① 皮亚杰著,傅统先译:《教育科学与儿童心理学》,文化教育出版社1981年版,第176页。

指出:"儿童的智慧和道德结构与我们成人的不一样;因此,新的教育方法要尽一切努力,编写出一套在形式上各年龄儿童能接受,并与他们的智慧结构以及各发展阶段相协调的教材来进行教学。"① 由于儿童概念的获得具有不变性,教师应运用这种不变性的模式来确定何时该教什么;课程内容、进度应按儿童心理认知状态的变化来设计。受皮亚杰理论的影响,当代课程编排的趋势是:将学习者在某一阶段可能发展的新概念纳入相应阶段的课程。

强调准备性,在教学方法上就必然要因人施教。因为儿童的准备性各不相同,具有个别差异,所以个别化教学就很有必要。从理论上讲,教师应该针对每个儿童的准备性特点来制定适合每个人的个别化教学程序,而且在教学过程中应该随时判断学生学习的效果,及时修改程序。

2. 教育应贯彻主动性原则

皮亚杰主张,教育应该强调儿童的兴趣和需要,大力发展儿童的主动性,让儿童主动、自发地学习。

皮亚杰十分重视主体在认识中的作用。他认为,知识不是外界客体的简单摹本,也不是主体预先形成的结构的展开,而是由主体与外部世界不断相互作用而逐步建构的结果;认识是一种主动积极的、不间断的建构活动,发展不是由内部成熟或外部教学支配的,而是一个积极的建构过程;儿童要通过他自己的活动,一再建构形成他的智力基本概念和思维形式。在皮亚杰看来,儿童不仅受教于成人,而且自己能独立地进行学习。儿童是主动的学习者,真正的学习并不是由教师传授给儿童的,而是出自儿童本身。因此,必须让儿童主动地、自发地学习。儿童"除了主动地掌握一件

---

① D.埃尔金德著,刘光年译:《儿童发展与教育:皮亚杰的观点》,华东师范大学出版社1988年版,第195页。

东西以外,就不可能学会任何东西"①。

所谓主动过程有两个含义:一是儿童直接作用于他的环境;二是儿童在心理上是主动的。皮亚杰认为,智力活动必须由一种情感性质力量所激发,一个人从来不想学习自己不感兴趣的东西。要增加儿童学习的自主性,就得引起儿童的学习动机,调动儿童的学习兴趣。"一切有成效的活动必须以某种兴趣为先决条件。"②

皮亚杰认为,内在动机是主要的,奖励和惩罚之类的外在动机并不起主要作用。只要引起儿童认知上的冲突,引起最大限度不平衡,就能激发儿童的求知欲和好奇心。皮亚杰提出适度新颖原则,认为让儿童学习的材料必须和儿童的已有经验有一定的联系,同时又要新颖,能引起儿童的认知兴趣。好奇心的激发,不完全决定于事物的物理特性,而决定于它和主体已有经验间的联系,决定于主体的经验。

3. 教育应贯彻活动性原则

皮亚杰主张,应该重视活动的作用,教育要把儿童的实际活动置于优先地位,让儿童通过动作进行学习。

皮亚杰理论的核心思想是思维产生于动作。智慧自动作始,如果切断与动作之间的联系,那么智慧的发端是不可能的。因为:(1)动作是主客体相互作用的桥梁,婴儿是通过动作、实际摆弄东西而认识世界的。(2)动作是知识的来源。皮亚杰把知识分为物理知识和逻辑数学知识,二者都起源于动作。物理知识指作用于物体,通过简单抽象抽取物体本身的特性,得到所观察物体的知识。逻辑数学知识指通过思考或反省自己的动作所获得的经验。

---

① 皮亚杰著,傅统先译:《教育科学与儿童心理学》,文化教育出版社1981年版,第141页。

② 皮亚杰著,傅统先译:《教育科学与儿童心理学》,文化教育出版社1981年版,第154页。

知识不是来自物体本身,而是来自主体对客体所施加动作的协调中收集的信息,是主体作用于客体,从而了解自己的动作之间相互协调的结果的知识。

因此,皮亚杰提倡活动教学法。他认为,要使儿童主动学习,就必须使儿童通过主动活动和接触具体事物进行学习;只有看和听而没有活动的教学,只不过是口头的学习,不能真正掌握知识。比如,有关树木的真实概念,儿童只有在作用于树木时才可能获得并使之精细化;否则即使看了树的图片,听了有关树的故事,读了有关树的书,幼儿也不可能形成树的知识。皮亚杰要求,教师应该布置情景,提供材料、工具和设备,让儿童自由操作、摆弄、实验、观察和思考,从而使之能自己认识事物,发现问题,得出答案,而不能只是被动地听教师的讲演或旁观演示。皮亚杰的理论为新教育运动所提倡的活动教学提供了心理学依据。

4. 教育应贯彻协作性原则

皮亚杰主张教育应重视儿童的相互协作作用和社会交往。皮亚杰在早期研究儿童语言、思维的发展及儿童的道德发展时,就很重视社会相互交往在儿童心理发展中的作用。他认为,儿童间的相互学习是儿童认知发展的主要源泉;儿童的智力发展需要与他人相互刺激。这种相互交往不仅指儿童之间的交往,也包括师生之间的交往。在学习中,交往的重点应放在儿童间的合作上,而不是放在竞争上。他把社会相互作用与合作看做是推动儿童个性发展的一部分,即智力与道德发展的一种手段。如果儿童不能了解彼此相对的立场和观点,那么他们将长久地停留在本质上是自我中心的立场上。处于同一认知水平上的其他儿童比成人更能促进儿童从自我中心解脱,所以皮亚杰提倡同伴影响法,重视儿童之间的互教,主张儿童上课时可与同伴交谈、讨论。

五、论儿童道德发展和教育

皮亚杰是第一个试图有系统地追踪儿童道德推理的转变过程的人。他的早期著作《儿童的道德判断》(1930年)是发展心理学领域中的一块里程碑。这本书集中反映了皮亚杰对儿童道德观念的发生、发展的精湛研究及其独到的理论,对儿童道德发展这一研究领域产生了深远的影响。

(一)儿童道德判断的客观规律

皮亚杰对儿童道德判断作了具体研究,研究主要集中在四个方面:儿童对规则的态度,儿童对行为责任的看法,儿童的公正观念,儿童心目中的惩罚。通过研究,皮亚杰揭示了儿童道德判断的主要规律。

1. 关于行为的动机和后果

年幼儿童往往只按行为在客观上造成的后果去作出评价,至于行为者的动机是好是坏、是无意还是有意,对他们来说似乎是无关紧要的,因为他们是按行为的客观责任作出判断的。年长儿童往往根据行为者的主观动机、意向性的有无作出评价,行为的后果则退到了次要的地位,即他们是按行为的主观责任作出判断的。随着年龄的增长,儿童的主观责任的道德判断就逐渐取代客观责任的道德判断而居于支配地位了。

2. 关于道德判断的依据

在评价一个行为或一件事情的好坏、是非或公正与否时,年幼儿童和年长儿童的依据常常截然不同。年幼儿童总是根据成人是鼓励还是惩罚,或者按照对成人服从与否来判断行为或事情的好坏、是非、公正与否。受到父母、教师等权威人物肯定的行为、事情就被认为是正确的、公正的,否则就是错误的、不公正的。年长儿童则不然,他们已经开始摆脱成人道德制裁的影响,认识到成人的惩罚并不一定是公正的,受成人惩罚的行为也并不一定都是不好的。他们能够认识到损害他人或违犯道德准则的行为才是不好的行为,认识到应该按照平等、公正原则去判断行为或事情的公正与否。

3. 关于道德行为的因果关系

年幼儿童常常把过失行为同日常生活中普通的偶然发生的灾祸,如撞了个疙瘩、被火灼伤等相联系。他们总相信这种灾祸是过失行为造成的,是对过失行为的一种报应性惩罚。他们把过失行为看做是偶发灾祸的根本原因,把偶发灾祸看做是过失行为的必然结果。而年长儿童却能把两者区别开。

4. 关于道德判断中的绝对和相对

年幼儿童评价道德行为时,总是以自我为中心,很少想到别人,更不会把自己放到别人所处的位置上去考虑。在他们看来,一件事情或某个行为,对就是百分之百的对,错就是百分之百的错,不能模棱两可。年长儿童评价行为时就有较大的灵活性和相对性,他们懂得不能光从自己的角度去考虑问题,还应设身处地把自己放到别人的位置上去看问题。

(二) 儿童道德发展的阶段性特点及教育

皮亚杰根据儿童道德发展的规律,对儿童道德发展的年龄阶段作了划分。

1. 感知动作阶段(2岁以前)

这一阶段的儿童出于感知觉和随意运动才去摆弄周围物品,他们的道德发展属于道德情感萌生阶段。皮亚杰认为,初生婴儿只有一些构成情绪的情感反射,随着生长,其情感相应地和自己的动作发生了直接联系。这时的婴儿在认识上还没有把自我和外界客体分化开来。当婴儿获得了对客体的稳定性认识,即客体成为独立于自我之外的对象后,婴儿的情感也随之发生了很大的变化。

2. 自我中心阶段(2~5岁)

这一阶段,儿童能够接受外界的准则,但由于和成人、同伴之间还没有相互合作的关系,他们常常按照自己的想像去理解事物,外界的准则对他们来说还缺乏约束力。皮亚杰称儿童的这种既能模仿别人接受准则,又要按个人意愿去应用准则的情况为自我中心主义。儿童的这种道德的自我中心主义反映为对道德要求有时采取毫无异议的顺从,有时则采取拒绝甚至反对的态度。皮亚杰指出,这一阶段儿童的顺从和非顺从,本质上都属于自我中心主义,而促进、发展儿童和同伴间的合作关系则是打破儿童这种自我中心主义的惟一途径。

3. 权威阶段(6~8岁)

这一阶段,儿童道德生活的特征是几乎绝对地服从权威。这里,权威既指父母、教师等成人,也指年龄较大、更为成熟、更有力量和威望的人。由于这些人和儿童的地位不平等,他们通过语言对儿童施加强制,造成他们在儿童心目中具有非凡的力量,只要是他们的规定,儿童都会听从。这时的儿童认为,权威规定的准则是固定的、不可改变的,必须绝对服从。因此,儿童的道德水平是"他律",每个儿童都按照违反或遵从权威的规定去判断是非。他们的第一道德是服从,所谓"好"就是服从权威的意志。儿童在进行道德判断时,只注意行为的客观效果,而忽视行为者的主观动机。皮亚杰曾做过一个实验,给儿童讲述两个小故事。第一个是:当妈妈上街的时候,玛莉想为妈妈做点事,决定泡一杯茶;但在泡茶时,不小心把一只精制的茶杯打碎了。另一个故事是:妈妈上街前对琼说不要私自攀高拿糖吃;但妈妈走后,琼仍然这样做了,结果打碎了一只旧茶杯。讲完这两个故事后,问:"哪一个孩子更淘气,应该受到惩罚?"儿童往往认为玛莉更淘气,因为她打碎了一只精制的茶杯,而琼只打碎了一只旧茶杯。可见,在判断行为时,儿童注重的是被损坏物体的价值,而不是行动者的动机。

4. 可逆阶段(8~10岁)

这一阶段,儿童道德生活的特征是相互尊重准则逐渐取代了对权威的单方面服从。这时,儿童已不满足于单纯地履行外界的准则,也不再以是否服从权威为标准来判断行为的是非,而认为公正或平等的行为才是好的,否则就是不好的。他们的道德判断已明显开始摆脱外界的约束并具有初期自律道德水平的萌芽了。皮亚杰认为,随着和同伴交往的社会关系的产生,这一阶段的儿童意识到准则并不是独立于自己之外的、不可改变的,而是彼此约定的、为了共同利益可以更改的。皮亚杰指出,这阶段的儿童要求平等、公正、相互尊重,他们从内心要求自己像别人待他那样去待别人,同时希望别人像自己待别人那样待自己,正是这种儿童与同伴间的可逆关系决定着他们自律的道德水平的萌发。

5. 公正阶段(11、12岁以后)

这一阶段,儿童已经不再刻板地按某种准则去作出道德判断,而能按具体情况,"设身处地"地从关心人和同情人的真正的道德关系出发去作出道德判断了。皮亚杰认为,正像可逆阶段脱胎于权威阶段那样,公正阶段是从可逆阶段脱胎过来的,不过这一阶段的儿童出现了一个独特的因素——利他主义。同时,皮亚杰指出,这一阶段儿童所作出的基于相互关心、同情的道德判断具有一种受观念上的法则所支配的特征。换言之,对于准则,这时的儿童已形成了自己的观念,而这种道德观念已经能够从内部对儿童的道德判断起着决定性的作用了。

皮亚杰要求儿童道德教育应根据儿童道德发展的阶段性特点展开。按照儿童道德判断的年龄特点,家庭、学校的道德教育就应该不同阶段有不同的具体要求、不同的方式、不同的衡量尺度。儿童道德是由他律向自律发展的,家长、教师等成人不能通过约束和强制的途径去促进儿童的道德发展,否则结果将适得其反。只有鼓励儿童相互之间、儿童和成人之间的社会交往和社会合作,坚持说理教育和以通情达理的方法处理涉及道德的问题,才会有利于儿童道德健康、正常的发展。对儿童的道德教育应该放到儿童认知发展这一更为广阔的领域去综合考虑,要与儿童的认知发展相匹配,低于或超越儿童认知发展的道德教育都不是良好、合理的道德教育,是不会收到预期效果的。总之,皮亚杰认为,道德教育可以促进儿童道德的发展,但必须遵循儿童道德发展的规律,不能超越儿童的思维发展和心理结构。

皮亚杰根据其认知发展理论认为,儿童的逻辑思维能力和道德判断能力是一种蕴涵关系,儿童的道德发展是认知发展的一部分,也是认知发展的一种自然结果。所以,他从儿童道德判断与儿童认知或智慧发展水平的关系这一基点出发,研究儿童的道德发展,认为随着儿童认知的发展,由"他律"道德逐渐向"自律"道德过渡是贯穿儿童道德发展全过程的一条主线。而且,皮亚杰对儿童道德发展的研究为道德教育提供了非常有价值的理论依据和指导思想。总之,皮亚杰在儿童道德发展领域中的贡献是十分巨大的,他的见解正越来越为人们所重视。但我们也应该看到,皮亚杰关于儿童道德发展的理论并非完美无瑕。例如,他把道德发展看做是认知发展的单一过程,这在一定程度上忽视了道德情感和道德行为的作用,因此不能不说是个缺陷。

六、地位及影响

皮亚杰的理论和实践对当代世界的儿童教育已经产生并将继续产生重大影响。他的大量著作被翻译成各国文字。他的实验研究和学术成就成了20世纪世界教育发展的重要内容。"在近代教育史上,还没有哪一种与教育有关的心理学理论,像皮亚杰的理论那样,如此引人注意,并对教育家们有如此的吸引力,受到那么多科学研究的支持。"[①]

皮亚杰的理论产生于20世纪20年代,到50年代已完全成

---

① B.J.沃兹沃思著,周镐等译:《皮亚杰的认知发展理论》,中译本第二版序言。

熟，60年代更风行于世界。他在儿童心理学领域，尤其在儿童思维发展方面进行了大量开拓性工作。他首创了许多教育观点，如认识起源于动作、理解即发明、形成认知结构等；还有一些观点虽然前人讲过，但他把所创建的相互作用论、逻辑决定论、建构论等作为理论依据，并辅以大量实验性材料，就显得更为深刻和令人信服了。他的儿童心理学成了欧美和日本进行学校教育和教学改革的重要理论依据。尤其是60年代迪克沃兹（E. Duckworth）等编辑出版的《被再发现的皮亚杰》一书，掀起全球性的皮亚杰热。此后皮亚杰理论进一步影响着世界各国的幼儿园、中小学的教育改革。西方国家流行的活动教育、开放教育、视听教育，重视个别课程制度，采用新的教育技术等，都与皮亚杰的思想影响有关。各国在开展新的教育活动和采用新的教育手段的过程中，都特别注重儿童的兴趣与需要，提供丰富多样的教育环境，让儿童自己发现问题、提出假设、收集资料以及进行各种实验，从而使儿童成为知识海洋的主动探索者。

欧美和日本等国家，根据皮亚杰理论框架和有关的研究成果，由心理学工作者与教育工作者共同设计出了一些教育程序，用于婴儿、学前早期教育和中小学教育中。如在婴儿教育方面，运用皮亚杰感知运动理论，采用各种方法指导婴儿摆弄物体、操作智力玩具等，帮助儿童形成对物体特性，如颜色、形状、体积、质地等的认知；在幼儿教育方面，设计了各种智力玩具和教具，如图片、积木、迷板等，为儿童提早形成数概念、空间概念及时间概念打下基础。也有人研究如何根据皮亚杰理论，培养小学生的思维能力。

当然，"人无完人，金无足赤"。毋庸讳言，皮亚杰的理论也有其不足。主要体现在他的理论过于强调儿童内在的发展，而对社会对个体发展的影响不够重视。比如，他注重儿童主体认知的能动性，但对社会作用、社会因素在儿童认知发展中的重要性却重视不够。

近年来,对皮亚杰理论的研究获得了新的发展。首先,很多儿童心理学家在重复皮亚杰研究时,发现其理论的某些不足之处而加以补偿和修正。这种重复性检验工作无疑促进了皮亚杰理论的发展。其次,信息加工理论与皮亚杰理论相结合,其研究者自称为"新皮亚杰派"。最后,瑞士日内瓦大学中,皮亚杰的同事和学生在皮亚杰逝世以后,对皮亚杰的理论有了变革性发展,主要是在保持皮亚杰理论基本框架的前提下,调整研究方向,扩大研究范围和课题。总之,随着科学的进步和心理科学本身的发展,皮亚杰的儿童思维发展理论将不断经过修正和充实而具有更科学的价值。

第二节 人本主义教育家的学前教育思想

人本主义教育是20世纪六七十年代美国盛行的一种教育思潮。它以人本主义心理学为理论基础,主张教育是为了培养心理健康、自我实现和富于创造性的人,学校必须提供最好的条件,并创造促进人们学习和成长的良好的心理气氛,使每个学生达到自己力所能及的最佳状态。主张人本主义教育的代表人物有马斯洛、罗杰斯、弗洛姆、奥尔波特等。这种理论在六七十年代强烈影响了美国的公共教育。到80年代,这一理论所提出的现代教育面临的问题仍然受到应有的关注和重视。

一、人本主义教育家

人本主义教育理论的代表人物有杰出的人本主义心理学家马斯洛、罗杰斯、弗洛姆、奥尔波特等。他们的思想体系各有特色,但对共同关心的教育问题,都有精辟的论述。

马斯洛(Abraham Harold Maslow,1908—1970)是当代美国心理学家,人本主义心理学的宗师。他出生在纽约一个贫困的俄国犹太移民家庭。童年时,他是当地惟一的犹太儿童,因此常常感到孤独，只好与书籍相伴，养成了读书的习惯。中学毕业后，马斯洛进入威斯康辛大学就读，26岁获得哲学博士学位。

马斯洛早年信奉华生的行为主义，后来又受到格式塔心理学和精神分析理论的强烈影响。他常常思索历代著名思想家的思想精华，并与同时代的思想家广泛交流观点。马斯洛对研究人的潜能有非常高的热情。他对自己所认为优秀的人物的思想行为和精神状态进行了大量记录和研究，并据此描述健康心理的种种特征和人性能达到的顶峰——自我实现，这为研究人格提供了新尺度，在心理学史上创立了人类了解自身过程的又一块里程碑——人本主义心理学。1962年，他和罗杰斯等人建立了美国人本主义心理学会，成为人本主义运动的领导人之一。1951年至1969年，他一直在布朗蒂斯大学从政治、经济、伦理、哲学及教育等几方面探讨人本主义心理学的含义。他的主要著作有《科学心理学》、《人性能达到的境界》、《动机与人格》等。

罗杰斯(Carl Ransom Rogers, 1902—1987)是美国当代著名的人本主义心理学家。他出生于芝加哥城郊，童年在十分严格的基督教教育中度过，后来在威斯康辛大学农学院就读，两年后转攻神学，后又转攻儿童辅导。1931年，罗杰斯获得哥伦比亚大学教育学院博士学位，1940年至1950年在俄亥俄州立大学当临床心理学教授，后任芝加哥大学辅导主任兼心理学教授，1957年以后任教于威斯康辛大学心理系与精神医学系，最后任职于西方行为科学研究中心。

20世纪60年代末，罗杰斯在加利福尼亚的拉乔罗成立了研究中心，把主要兴趣放在发现使人能充分发展潜力的各种条件的研究上。他的理论和方法在世界许多国家产生了很大影响，主要著作有《问题儿童的临床治疗》、《咨询和心理治疗：新近的概念和实践》、《论人的成长》、《学习的自由》等。

弗洛姆(Erich Fromm, 1900—1980)是美国当代著名人本主义心理学家。他出生于德国的法兰克福,1922年在海德尔堡大学取得哲学博士学位,后到慕尼黑大学和柏林精神分析研究所接受精神分析训练。1933年,弗洛姆因逃避纳粹迫害而迁居美国,这时罗杰斯已是一位颇有建树的青年心理学家,先后在美国哥伦比亚大学、墨西哥国立自治大学、密歇根州立大学、纽约大学等处任教授,同时著书立说。

弗洛姆早期是弗洛伊德的追随者,后来在无意识驱力问题上与弗洛伊德产生了重大分歧。他认识到不能偏重无意识驱力而忽视社会因素在人类心理中的作用,所以,他的主要兴趣是从政治、文化、社会等方面去考察人格的形成和发展,并把自己的世界观称为规范人本主义。他的主要著作有《爱的艺术》、《逃避自由》、《心理分析和伦理学》、《为自己的人》、《遗忘的语言》等。

奥尔波特(Gordon W. Allport,1897—1967)是美国当代著名人本主义心理学家。他出生于印地安那的摩诸地那,1921年和1922年在哈佛大学分别获得文学硕士和哲学博士学位,后又到柏林大学、汉堡大学、剑桥大学等地学习。1924年,奥尔波特回到哈佛大学,开设了美国最早的有关人格的课程,名为"人格:它的心理和社会的领域"。此后,他大多数的学术生涯都在哈佛度过。

在与弗洛伊德的一次会晤中,奥尔波特发现精神分析理论在挖掘人的潜意识内容方面忽视了人的非常重要的东西,这给了他启发。此后他主要研究健康人的人格,认为这才是"奋力寻求生活价值"的途径。他的主要著作有《人格的模式和成长》、《个人与其他领域》、《偏见的个性》、《传闻的心理学》等。

二、人本主义心理学

人本主义教育家们在创立他们的教育理论体系时,是以人本主义心理学为基础的。人本主义心理学是在特定的社会背景下,吸收了存在主义哲学的基本思想、现象学的方法以及格式塔心理学的整体论方法,在与心理学领域中的行为主义和精神分析理论这两大派别的论争中应运而生的。它的产生被称为心理学界的"第三力量",打破了当时西方心理学界以精神分析学派和行为主义学派占主要地位的格局。

马斯洛认为,人本主义心理学"不是一个有严密体系的单一学派",而"是一种强调人的尊严和价值的多学派松散联盟"①。相信人的最高需要的真实性,是把这许多松散团体结合成包括广泛的"第三力量"的最主要的力量。

(一) 研究对象

弗洛伊德心理学体系的基本特征之一,就是其研究材料大多采自心理变态者的临床案例。行为主义心理学是建立在对动物行为的研究上的。人本主义心理学则认为,如果一个人只潜心研究动物、一般的人或不健康的人,那么永远也不会认识人类真正的特点和潜力。因此,人本论者主张心理学家应当着重研究人类中的优秀分子,即"不断发展中的那一部分",然后从特殊到一般,以推动人类潜力的发展。

(二) 整体论方法

人本主义心理学对行为主义是一种反动。人本主义心理学家们吸取了格式塔心理学的整体论方法。格式塔心理学认为心理现象最基本的特征是在意识经验中所显现的结构性和整体性。人本论者则强调,不仅要从知觉角度去把握整体性,而且要"从意识经验自身这一整体去开辟新的研究领域"②,要致力于在教育中恢复整体的人的观念。这一方法是人本论者借以反对行为主义所坚持的机械主义的有力武器。行为主义主张只能对可观察到的行为进行科学研究,只关心可观察、可测量和可验证的行为,而把道德、价

---

① 马斯洛等著,林方主编:《人的潜能和价值》,华夏出版社1987年版,第274页。
② 马斯洛等著,林方主编:《人的潜能和价值》,华夏出版社1987年版,第11页。

值、潜能、情感体验等置之度外。而人本主义的这种整体论方法更有助于人们理解人的高级复杂的心理现象。

(三) 需要层次理论

行为主义认为,一个人的心理、情绪、行为等全部活动都是由外部环境因素决定的。人本论者则认为,人在本质上是活动和具有能力的,至少在某种程度上会去评估和选择。人的活动主要根源于内部动机,而不是根源于对外部的反应。虽然人的行为受到环境和文化的影响,但这些外部影响最终很大一部分是由个人对这些外部因素独特的态度决定的。

马斯洛指出,使人产生动机的直接原因是人类的基本需要。这些基本需要有:

(1) 生理需要,即对生存的需要,包括衣、食、住、行、睡眠等需求。这一需要是人的需要中最基本的、最强烈的、最明显的一种。

(2) 安全需要,指生活有保障而无危险。

(3) 归属和爱的需要,即与他人亲近,受到接纳,有所归依。

(4) 尊重需要,包括自尊和来自他人的尊重。自尊是指对获得信心、能力、本领、成就、独立和自由等的愿望。来自他人的尊重包括承认、接受、关心、地位、赏识等。

(5) 认知需要,即求知、理解、探索的愿望,表现为好奇心。

(6) 审美需要,即厌恶丑恶,对和谐的秩序与美感有追求的欲望。

(7) 自我实现的需要,即充分发挥人的潜能,"一个人能成为什么,他就必须成为什么"[1]。自我实现有赖于前面各种需要的满足,是人性发展的最高境界。

人本主义心理学和行为主义心理学的根本对立,导致了两种

---

[1] 弗兰克·戈布尔著,吕明等译:《第三思潮:马斯洛心理学》,上海译文出版社1987年版,第45页。

截然相反的教育观。人本论者强调一种内在的学习,认为学习的动机起源于人性的内部,教育者要注意帮助学习者满足各种对外界事物的渴求、好奇心和冲动,重视提供一种适合于学习的条件,更深入地了解学生怎样思考与感受,而不是只注意学习的行为。行为主义者强调外在的学习,认为学习是非人格的、学生被动接受的,只是灌输概念和积累事实的过程,因此很少注意学生个人独特性的实现和成长。

(四) 人的本能

人本主义心理学对弗洛伊德的精神分析理论也提出了挑战。人本论和精神分析理论一样,都从人的内部世界去寻找心理发展的动力。但是,人本论者虽然承认弗洛伊德关于人具有潜意识这一重大发现,却反对在研究人的时候使用动物本能的范例,反对把本能看做是不可控制的、危险的、必须与之搏斗的错误观念,并针锋相对地提出人的本性是好的,各种本能需要的满足只会有利于生长。

人本论者进一步指出,心理学界当时各种主张人性本恶的本能论者的错误在于:

(1) 他们所使用的范例是动物的本能,这就导致他们不去寻找人类独有的本能。他们从低等动物的研究中得出的最有害的经验推导出了这样一个原理:本能是强大的、牢固的、不可更改的、不可压抑的。但人类却并非如此。

(2) 本能论者只看到了动物界的竞争,完全忽视了同样普遍存在的合作,从而把人类的动物性看成与狼、虎、野猪的本性一样。这种方式就"将我们人类的内在本性解释为恶的动物性"。但是,如果一定要说人类从动物那里有什么基因遗传方面的特性的话,它应该是与人类最接近的猿和猩猩,而不是狼、老虎等。

(3) 他们过分强调人与动物世界的连续性,而没有同时强调人种与所有其他物种的本质区别。

(4)本能论者忘记了这样一个事实,即如果循着从低级动物到高级动物的整个线索进行研究,而不是仅仅选取他们喜爱的动物种类,就可能发现这样明显的发展趋势:动物越是向着高等发展,可变性也越来越强烈,并且日益被智力、学习和社会的决定作用所取代。

马斯洛明确提出,"人类没有本能只有本能残余"。人身上根本没有什么可能被称之为动物意义上的纯粹本能,只残余着一些非常微弱的本能。因此,"如果我们的本能冲动不是被理解为狮子、老虎,而是理解为鹿或羔羊,如果我们的冲动与其说是掠夺性的,不如说是友爱性的,与其说是使人憎恶的,不如说是令人赞美的,我们当然应给它们自由,让它们充分表现自己,而不会像对待犯人似地使它们受到禁锢和约束"[1]。这种观点给教育带来了一种新的观念,即教育应该给儿童以爱和尊重,让儿童体验到兴奋与喜悦,教育者只能引导而不能压抑儿童的成长。

三、幼儿教育观点

以人本主义心理学理论为依据,人本主义教育家们对幼儿教育问题提出了自己的观点。

(一)教育目的

人本主义教育的目的是培养自我实现的人。用马斯洛的话来概括,就是人本主义教育的目的即人的目的,从根本上说,是人的自我实现、完美人性的形成和达到人所能及的境界,即要促使"个人达到所能达到的最高度的发展,即达到他所能达到的最佳状态"[2]。在这里,自我实现的人、完美人性和罗杰斯所说的"充分发

---

[1] 单中惠、杨汉麟主编:《西方教育学名著提要》,江西人民出版社2000年版,第530页。

[2] 马斯洛著,林方译:《人性能达到的境界》,云南人民出版社1987年版,第169页。

挥作用的人",实质上是同样的意思。

关于"自我实现"这个术语的含义,马斯洛曾作过精辟解释:"自我实现也许可以大致描述为充分利用和开发天资、能力、潜能等等";"意味着基本满足再加上起码的天才、能力或者(人性的)丰富";"自我实现者是一些已经走到,或者正在走向自己力所能及高度的人"①。他还认为,如果把自我实现看做是利己的而不是利他的,则忽视了对人生的义务和贡献,忽视了与别人和社会的联系,颠倒了自我实现的意义。因为自我实现的人是利他的、献身的、超越自我的、社会性的人。

在人本主义教育家看来,自我实现的人的最重要的特征之一是整体的人。人本主义教育家是从整体论的方法出发来论述整体的人的。整体的人,是指不仅在身体、精神、理智、情感、情绪和感觉各方面达到了有机整体化,而且在有机协调的内部世界与外部世界的联系方面也达到了和谐一致的人。马斯洛强调要用一种系统的、有机的整体观去分析人,摈弃传统的"刺激反应"式的原子论思维方式。任何单一的刺激都会引起整个机体的改变,而不是只在身上增添某些习惯和知识。弗洛姆也认为人格是有组织而完整的整体,如果把人的情感生活与智力分割开来,其结果是双方都受到损害。所以,"必须靠着实现人的整个人格,靠积极地表现人的情感与心智潜能,才能实现自我"②。

人本主义教育家们进一步指出,整体的人只是从静态方面表明自我实现者的特征,形成过程中的人才把现实与可能、理想联系起来。但生活的一种确定性就是变化,只有创造型的人,才能适应这种变化,并既生动又集中地体现自我实现者的整体性和动态性特征。因此,"那种有创造力的人,才是问题的本质"。正如罗杰

---

① 马斯洛著,许金声等译:《动机与人格》,华夏出版社1987年版,第176页。
② 弗洛姆著:《逃避自由》,北方文艺出版社1987年版,第134页。

斯所说:"这种人是发展的高水平,达到了马斯洛所说的'自我实现'的水平。他敏锐、开拓,充分相信自己有能力建立与环境的新关系,能产生创造性的成果。他不是被动地适应文化,也不是一个遵从者。但他能随时随地地与文化环境保持和谐。在某些文化情景中,他可能是不幸福的,但仍能保持自我,并能最大可能地实现自己最深层的需要。"①

人本主义教育家还把自我实现倾向看做是动态的形成过程,而不是遥远的目标和终极的静态。奥尔波特曾指出,人格不是定型的而是正在形成的东西。马斯洛也认为,自我实现不只是一种结局状态,还是在任何时刻、任何程度上实现个人潜能的过程。

总之,人本主义教育理论认为教育目的是培养自我实现的人,整体性、动态性和创造性是这种自我实现的人最显著的人格特征。这一教育目的对于所有儿童都是适用的。

(二)教育者应帮助儿童发现"自我同一性"

所谓"自我同一性"指的是"找出你的真实愿望和特征是什么,并生活在一种方式中使它们能表现出来"②。

马斯洛指出,在资本主义现实社会中,大多数人已学会避免真诚,心口不一、表里不一、虚伪应酬是司空见惯的行为;而许多家长也"非常善于使他们的孩子弄不清自己内在的呼声",强迫孩子做违背其心愿的事情。在这种教养下,孩子们"失去了和他们自身内在信号的接触。他们吃、喝、拉、撒、睡都要按钟点安排,而不是接受他们身躯的暗示。他们做一切事都以外部标准(如我爸爸说的)为根据,从选择食物和服装到价值和伦理判断都是如此"③。

---

① 罗杰斯著:《学习的自由》(英文版),贝尔霍韦尔出版公司1983年版,第290~292页。
② 马斯洛著,林方译:《人性能达到的境界》,云南人民出版社1987年版,第184页。
③ 马斯洛著,林方译:《人性能达到的境界》,云南人民出版社1987年版,第184页。

马斯洛认为,这种教养方法对孩子不会有什么好处。他根据自己在儿童中做的大量调查研究,指出,"有创造性的儿童似乎是那些有较强冲动声音告诉他们什么是对的、什么是错的儿童。而非创造性的高智商儿童似乎已经丧失了他们的冲动的声音,变得遵循常规,总是期待父母或老师给予指导或启发"①。

马斯洛主张,儿童经过学习应当能抵制现实的不良风气或陈规旧俗对他们的影响,成为真诚、忠实的人,其言行应当成为他们的内在感受的真实而自发的表现。马斯洛还认为,与此关联的自知之明与自我理解是通向自我实现的最重要的途径。当一个人理解了自己,他就会懂得自己最根本的需要和动机是什么,并学会以一种能使他们得到满足的方式去行动。自我理解也可以帮助一个人去理解别人,和别人友好相处。这是因为人类最本质的需要都是相同的,通过自我理解就可以达到对他人乃至对全人类的理解。

(三)尽量满足儿童的基本需要,促进其潜能发展

人本主义教育家认为,驱使人类行动的是若干始终不变的、遗传的、本能的生理及心理的需要。为了达到自我实现、促进人的潜能充分发挥的目的,教育者应该充分满足儿童的基本需要。马斯洛对这个问题进行了详尽的论述。

1. 生理需要

生理需要即对生存的需求。满足这一人生最基本的需求的意义是不言而明的。

2. 安全需要

儿童一旦生理需要得到了满足,就会出现安全需要。儿童"喜欢一个安全、可以预料、有组织、有秩序、有法律的世界。这个世界是他可以依赖的。在这个世界,出人意料、无法应付、混乱不

---

① 马斯洛著,林方译:《人性能达到的境界》,云南人民出版社1987年版,第185页。

堪的事情或者其他有危险的事情是不会发生的;而且在这个世界,无论遇到了什么情况,也会有强大的父母或者保护人使他免遭受难"①。儿童对于威胁或危险的反应比成人明显,其中一个重要的原因就是他们根本不能抑制这个反应。马斯洛要求,为了满足儿童的安全需要,社会、家庭应当通力合作,给孩子提供一个和平、宁静的环境,尤其是父母必须营造一种和谐的家庭气氛。因为"家庭内部的争吵、动手殴打、分居、离婚或死亡往往是特别可怕的。……同样,父母对孩子大发脾气,吓唬说要惩罚他,对他进行谩骂,粗声粗气地对他讲话,粗暴地对待他,或者对他进行体罚,这一切有时竟会使孩子惊惶失措,惶恐万分"②。

3. 归属与爱的需要

马斯洛认为,归属需要是一种动物的本能,也是儿童心理正常发展的必要条件之一。漫无目标的流动生活,或被迫与家人分离,孤独寂寞的生活,都会损害儿童的身心。而爱的需求是人与生俱来的,不是像行为主义者所认为的那样是后天获得的。爱对儿童的成长非常重要,在孩提时代得到爱的人,往往更容易健康成长;如果缺乏爱,就会抑制儿童的成长及其潜能的发展。临床发现,缺乏爱是儿童产生心理变态的重要原因。"爱的饥饿是一种缺乏症,就像缺乏盐或缺少维生素一样……我们需要碘和维生素C,这一点对每个人来说都是毋容置疑的。我们需要爱的证据与此完全是属于同一类型的。"③而且,只有得到爱的人,才会给予爱。儿童如果得不到爱,那他也就没有能力给予爱,即使他长大成人,他也不具备这种能力。正因为爱在儿童的成长中具有如此重要的意

---

① 马斯洛著,许金声等译:《动机与人格》,华夏出版社1987年版,第147页。
② 马斯洛著,许金声等译:《动机与人格》,华夏出版社1987年版,第45～46页。
③ 弗兰克·戈布尔著,吕明等译:《第三思潮:马斯洛心理学》,上海译文出版社1987年版,第44页。

义,所以马斯洛强调,"我们必须懂得爱,我们必须能教会爱、创造爱、预测爱"①。

4. 尊重需要

受儿童中心主义教育思想的影响,马斯洛要求成人要倾听儿童内在的呼声,满足儿童受尊重的需要。他指出,"社会上所有的人都有一种对于他们的稳定的、牢固不变的、通常较高的评价的需要或欲望,有一种对于自尊、自重和来自他人的尊重的需要或欲望"②。对儿童自尊需要的满足会使儿童产生自信的感情,觉得自己在这个世界上是有价值、有力量、有能力、有位置、有用处、必不可少的,从而促进儿童的健康成长,使他们更有独立性和创造性,更向往成功。如果儿童的这种需要受到挫折,则会使他们产生"自卑、弱小及无能的感觉","会使人丧失基本的信心,使人要求补偿或者产生精神病倾向"③。

5. 认知需要

认知需要的主要反映是好奇心。儿童不必经过成人教诲,就有着天然的好奇心,而且比成人的好奇心更为强烈。对于幼儿来说,"好奇心的产生是成熟的自然产物而不是学习的结果"④。如果缺乏好奇心,反倒是一种病态的表现。所以,马斯洛主张,教育者应当抓住时机,积极引导,满足儿童的好奇心,促使儿童健康发展。

6. 审美需要

在马斯洛看来,健康的孩子普遍都有着对美的需求。他经过实验证明,环境的美丑会对儿童的心理产生影响:丑的环境会使

---

① 弗兰克·戈布尔著,吕明等译:《第三思潮:马斯洛心理学》,上海译文出版社1987年版,第44页。
② 马斯洛著,许金声等译:《动机与人格》,华夏出版社1987年版,第52页。
③ 马斯洛著,许金声等译:《动机与人格》,华夏出版社1987年版,第52页。
④ 马斯洛著,许金声等译:《动机与人格》,华夏出版社1987年版,第57页。

人变得迟钝、愚笨,美的环境则有助于人变得更加健康。人类需要美就像人类的饮食需要钙一样。家长、教师必须为儿童的健康成长创造一个美的环境,把美感教育渗透到各种教育活动中去,以艺术、音乐、舞蹈教育为核心,让儿童意识到其中的美,满足儿童的审美需要。

(四)创造自由的心理气氛

人本主义教育家们信奉的一贯原则,就是儿童必须通过自由选择成长起来,别人的选择和过分控制只会削弱他的能力和自信心。

人本主义教育家接受了皮亚杰关于儿童智慧发展的结构论观点,认为儿童智慧的发展是通过儿童主体的认识结构与客观的社会环境相互作用而实现的。由于儿童具有独特的经验背景和内部图式,新知识的吸收必须与他们当时的图式相适应,因此儿童不能简单地、被动地接受事实,而应该主动操纵环境。在这基础上,人本主义教育家提出,儿童"对于他们学什么、怎样学、什么时候学,应该有更多的自由和责任"。

人本主义教育家对自由的提倡也是针对当时的不自由而提出的。他们批评教师、家长只注意指导儿童应当做什么、怎样做,却没有认识到学习是个人的事,儿童是有个性和独特性的。罗杰斯指出,这是有深层原因的。实际上人类是不自由的,这表现在两个方面:一是在文化意义上,人是政治组织和文化传统的部件;二是在行为科学意义上,人是因果关系链条中的一环,因为行为主义心理学认为人是由他无法控制的外部文化的力量和内部没有意识到的力量所塑造和推动的。在这种文化和政治的巨大压力及行为主义思想的影响下,教育的趋向背离了自由,只会要求儿童遵从、驯服、僵化。罗杰斯对这种不自由的现象深感痛心,呼吁必须改变这一现状,应当给儿童成长的自由。

自由的具体含义是什么?罗杰斯对"自由"作了解释。他说:

"我要讨论的这种自由,实质上是一种内在的东西,它存在于活生生的人之中,它完全不同于我们通常认为的那种自由,即从外部对各种可供选择的事物作出抉择。自由是指能使人敢于涉猎未知的、不确定的领域,自己作出抉择的勇气这样一种品质。自由是一种对自己抉择的道路所负的责任。自由是个人对自己是一个显示过程的认识,而不是一个静态的终极物。"[1]可见,人本主义教育家所说的自由主义,不是无政府主义,也不是无组织无纪律,而是指选择的自由,是在社会、学校所提供的各种学习内容、方法等方面作出选择的自由。这种自由是和责任紧密相联的。获得自由,也意味着担负责任,即为自己的选择负责。给予儿童自由,让其学会自己为自己负责,这不仅有助于培养他们健康的自由意识,而且有利于培养他们的责任心。

基于这样的认识,人本主义教育家提倡要培养儿童的自由意识和责任心,而且这种培养从婴儿时期就应开始。正如马斯洛所指出的,一个健康的孩子会有一种内在的智慧,这使他能选择合适的饮食,知道什么时候该断奶,知道需要多少睡眠,知道什么时候可以开始培养卫生习惯等。"我们懂得的是让婴儿来作选择,让他来决定。我们既给他流体食物,也给他固体食物。假如固体食物令他感兴趣,他同时也就会自然而然地给自己断奶了。同样,我们也学会了让孩子告诉我们什么时候他需要爱、保护、尊敬或控制,而同时又给他们创造一种自在的、令人心满意足的气氛。"[2]人本主义教育家还要求,成人应当为儿童提供日益增多的自我指导机会,甚至要放手期望儿童去犯错误,而不能过分关心规则,只坚

---

[1] 罗杰斯:《学会自由》,瞿葆奎主编:《教育学文集·教学》(上册),人民教育出版社1988年版,第710页。
[2] 弗兰克·戈布尔著,吕明等译:《第三思潮:马斯洛心理学》,上海译文出版社1987年版,第72页。

持一致性。应当认识到,儿童在成长过程中要想有新的体验,要想努力探求未知领域,就不免会犯错误,因此,不给儿童犯错误的权力,就等于限制了他们自由选择的意愿。教师、家长只要把儿童犯错误看做是儿童学习过程的自然部分,就能有效地促进儿童的成长。

当然,人本主义教育家虽然反对父母过分控制儿童,但他们并不赞成对儿童过分溺爱。他们指出,在给儿童充分自由的同时,又要教他们遵守纪律、尊敬他人,并认为这涉及到价值观念的问题。如果父母思想混乱,不能给孩子提供一套明确的价值观念或者是非观念,而让孩子自己去确定,实际上是让儿童去做一件超出他力量限度的大事,往往容易使儿童受到挫折。所以父母必须懂得教育孩子的正确途径,掌握合理的人生价值观念,培养儿童的责任心。马斯洛认为,父母对待孩子应该赏罚分明,该慈则慈,该严则严。"大量材料表明,只要母亲真心地、诚挚地爱她的孩子,她实际可以用任何一种方式对待孩子,包括打他、刮他耳光等等,而那孩子将来仍会有出息的。"[①]

(五)培养儿童的创造性

"自我实现的人"的一个重要人格特征是具有创造性。为了达到教育目的,人本主义教育家非常重视对儿童创造性的培养。

人本主义心理学创造观的核心是马斯洛的潜能说。潜能是人的内在价值的体现,马斯洛认为人有高于一般动物的多种类似本能的潜能。在生物进化的阶梯上,生物潜能,即本能性的低级需要,是人类和一般动物所共有的;心理潜能,即高级需要,是人类及部分近似人类的动物所共有的;而创造性则为人类所独有。越是高级的潜能,越带有人性的特征。人的各种潜能是由低向高逐步实现和形成

[①] 弗兰克·戈布尔著,吕明等译:《第三思潮:马斯洛心理学》,上海译文出版社1987年版,第75页。

的过程,包括生理—安全—交往—尊重—自我实现。人生的最高追求,就是自由创造,而自由创造的实现是人的自我实现,也是人的高级潜能的充分发挥。而且,人的生理需要或低级需要是有限的、容易满足的,而高级需要,特别是创造潜能的发挥,则是无穷无尽的。对这方面的追求才是人类精神生活的决定性动力。

人本主义教育家认为,人人都有创造的潜能,创造潜能的发挥不仅需要文化教育和环境因素的影响,而且需要心理上的安全和自由。因为人的创造潜能既有可塑性,又有脆弱性,容易被消极情绪引起的防御机制所埋没。所以,在培养儿童创造性时,必须注意以下几个方面:

1. 重视儿童的情感因素

人本主义教育家认为认知和情感是浑然一体、缺一不可的。人是作为一个整体进行创造活动的,这种整体性首先表现为知情活动的合二为一。因此他们反对只重视儿童理智发展的教育,认为这种教育片面地训练人的认识能力,把儿童的身心给分割开了。而儿童的情感一旦受到压抑,先天的自我创造潜能就得不到发展,容易成为僵化、刻板、墨守陈规的人。罗杰斯认为,当人们尽情地表达自己的情感时,不管是积极的情感还是消极的情感,一旦他们认识到自己的情感被理解和被接受时,就会产生一种人道的气氛。而这种人道的气氛,对儿童来说,不仅仅是一种比较令人愉快的气氛,还可以促进更有意义的学习,增强儿童的自信心和创造性。

2. 重视开发儿童的右脑

罗杰斯指出,在教育史上,人们往往比较注重大脑左半球的活动。左半球一般是以逻辑的、线性的方式发挥功用的。它按直线一步一步地思考问题,注重构成整体的部分和细节;它只接受确切的和清楚的内容;它处理的是观念和概念。使儿童的左半球得到发展,几乎成了现在教育惟一公认的功能。罗杰斯认为,如果要使整个人都参与学习,就要充分利用右半球。右半球是以另一种方式发挥功用的。它是以直觉的方式思维的;它要在理解细节之前先掌握实质;它考虑到整个形式;它注重的是审美而不是逻辑;它能作出创造性的跳跃。罗杰斯相信直觉思维是存在的,而且认为对创造性活动是非常重要的。他指出:"对我来说,最重要的一个新的想法是必须处理内部空间——人的心理能力和精神能力利用。在我看来,这个领域构成了新的知识疆场和发明的悬崖边缘。……人类可能潜在地运用范围极广的直觉能力。……我们正在了解到,我们是何等可悲地忽视了非理性的,创造性的'隐喻心智'——我们的大脑右半球。"①

3. 建立良好的教育环境

人本主义教育家认为,良好的教育环境是让创造性自由地表现出来的重要的环境因素。凡是能实现和保障儿童心理安全和心理自由的环境就是适宜创新能力发展的环境。因此,教育者必须营造愉快、和谐、宽松的情绪气氛,充分调动儿童的学习主动性,激发儿童的好奇心,启发儿童的思维,允许儿童"标新立异"、独树一帜地去探求问题。如果教育者独断专行,对儿童过分压抑,就会使儿童逐渐放弃幻想、想像等健康单纯的稚气,泯灭掉许多富有创造性的闪光灵感,丧失原有的创造潜能。

四、影响及评价

以马斯洛、罗杰斯等人为代表的人本主义心理学派自20世纪60年代初异军突起后,其影响超越了美国,波及全世界。

人本主义教育理论是为了解决当今人类社会所面临的一系列重要问题而产生的。第二次世界大战以后,西方各国进入科学和技术高度发达的时代,经济发展迅速,但社会弊病也日益增多。一

---

① 转引自张其志:《罗杰斯的创造性教育思想简述》,《外国教育研究》2000年第4期。

方面是物质生活越来越丰富,另一方面是知识成为工具、人异化为物的现象越来越严重。高度发展的科学技术不仅操纵和控制了社会物质生产的一切过程,而且加强了对人的心理、意识的灌输,通过政治、文化等力量奴役人,压抑人的本性。凡此种种,使人文教育所颂扬的人的自由、尊严、人与人之间的爱遭到了破灭,导致人们普遍价值观念的丧失和外部价值标准的瓦解,促使人们转而从内心世界寻求价值目标。人本主义教育理论正是在这一背景下应运而生的。人本主义教育家试图通过对人性善的弘扬、对人性需要的满足、对人的潜能的发掘来解决上述问题。

建立在人本主义心理学基础上的人本主义幼儿教育理论是围绕着培养自我实现的人这一教育目的展开的。"自我实现"理论是其核心基础。人本主义教育家反对行为主义学派和精神分析学派把人的高级心理本质与低等动物的本能混为一谈,试图用整体的方法来研究人的发展;认为教育不是简单地建立在刺激—反应模式上的行为塑造,而是发展人的价值、理想、真善美等高级心理品质的内在学习过程。人本主义教育家主张教育要以儿童为出发点和归宿点,要尊重儿童,帮助儿童发现"自我同一性",满足儿童的各种基本需要,促进儿童潜能的发展,为儿童创造自由的心理气氛,培养儿童的创造性。这一思想丰富了儿童心理学理论,从新的角度论证了教育必须适应并促进儿童心理发展这一永恒的儿童教育的基本原理。

人本主义教育家的幼儿教育思想有其合理性和进步意义,但也带有严重的缺陷。人本主义教育理论把立足点放在人性的内部力量上,过分夸大了人的自然素质的作用,而没有看到社会对个体发展的现实性和可能性的制约关系。毕竟,人是社会存在物,个人的发展不能完全依赖于各种潜能素质的发展,同时还要受到个人所处的社会现实条件的制约。因此,也有人批评这一理论是反理智的、浪漫主义的。但毋庸置疑,人本主义教育理论仍然是当今极富影响力的一种教育思想。

第三节 当代早期教育理论概述

当前,随着科技的进步和人类文明的高速发展,早期教育的研究和实践被提到了空前重要的地位,成为各国教育改革的重要内容。

一、重视早期教育

自20世纪60年代以来,早期教育问题引起了人们极大的关注,不仅有许多心理学家、教育家在积极研究这个问题,而且各国政府也介入了早期教育的研究与实践领域。造成这一现状的原因有二:

一是国际竞争的加剧。当今国际社会,竞争日益激烈。各国的竞争实际上是科技的竞争、人才的竞争。这使得各国都高度重视教育,重视"早出人才,快出人才"。早期教育观念逐渐深入人心。开发人的潜能,提高人才素质,缩短人才培养周期既是早期教育的重要任务,也是当今国际社会竞争的重要战略决策。例如,1993年,美国政府投入了大量资金来支持其早期教育方案,因为克林顿政府认为,"研究表明,优质的学前教育能带来更高的智商、更高的阅读成绩和水平、更高的毕业率和在工作场所更大的成功"[1]。

二是自然科学的发展。20世纪50年代后,心理学、脑科学、生理学等学科对人的多维度研究有了新的进展。这些研究发现,儿童的发展有极大的潜力,进行早期教育是可行的。儿童在1个

---

[1] 转引自赵中建:《美国需要21世纪的教育革命:克林顿总统2000年国情咨文教育内容述要》,《教育发展研究》2000年第3期。

月至 6 岁期间,其大脑不是按天而是按小时生长的,儿童吸收知识几乎毫不费力。在儿童生命的头 2 年,大脑迅速成长,联系不断增加,到了 2 岁时,儿童脑部的联系已达到 300 万亿个,儿童大脑区位之间的这种联系即是智力的"机会之窗",儿童智力机会之窗不是长期打开的,随着年龄的增长,会逐渐关闭,如果不及时打开,以后就无法补救,所以要及早打开。

二、儿童智力发展与早期教育的关系

早期教育对儿童的智力发展起着十分重要的作用。心理学研究认为,在人的脑力发展最快并最容易发展的时候去试图刺激将能促进脑力的最好发展。1964 年,美国芝加哥大学心理学家布鲁姆(B. S. Bloom)综合了一些心理学家对智力测验的研究成果,用不同年龄的智商与成熟年龄的智商的相关系数绘制了一张个体智力发展的曲线图。他认为,以 17 岁时测得的智力为准,1 岁儿童的智力发展至少达到 20%,4 岁达到 50%,8 岁达到 80%,12 岁达到 90%。他还指出,在智力发展极为迅速的时期,环境对智力发展的影响最大;而在智力变化极为缓慢的时期,环境对智力发展的影响甚少;幼儿期被剥夺了智力刺激的人永远达不到他们原来应该达到的水平。因此他进一步指出,儿童学业的成败在很大程度上取决于早期经验。

布鲁姆的研究结论发表后,引起了广泛的注意,重视早期智力开发的思想得到人们的认同。其他学者也从不同角度对儿童智力发展和早期教育之间的关系进行了研究。日本学者木村久一提出了儿童的可能能力的递减原则。他认为,生来具备 100 度可能的能力的儿童,如果从一生下来就给他进行理想的教育,那就可能成为具备 100 度能力的成人;如果从 5 岁开始教育,即使教育得非常出色,那也只能成为具备 80 度能力的成人;而如果从 10 岁开始教育,教育再好,也只能达到具备 60 度能力的成人;到 15 岁时进行教育,就会只剩下40度了①。所以,教育开始得越晚,儿童能力的实现就越少。

美国心理学家克莱格·拉梅与弗朗希思·坎贝尔做了一个实验研究,他们以来自贫困家庭的4个月大的儿童为研究对象,把儿童分为两组,第一组儿童白天在托儿所生活,除了必需的营养以外,教师还通过游戏、音乐来教育儿童;第二组儿童则不然,他们只有营养而无游戏活动和音乐活动。结果,在学前期,第一组儿童的智商高于第二组儿童许多;到15岁时,第一组儿童的读、写、算的成绩明显高于第二组。可见,早期教育有助于开发儿童的潜力。

此外,对动物的研究也表明脑的发育和外界环境、教育密切相关。和人近似的黑猩猩如果生后16个月内都生活在黑暗中,它们的视网膜的神经细胞就会枯萎,再到亮的环境里也不能恢复,黑暗使它们永久失明。如果猫和鼠出生后生活在极单调的环境中,它们的大脑皮层会萎缩,脑的重量会减轻,神经细胞之间的联系也会减少。

总之,科学研究已经证明了早期教育与个体智力发展有着密切关系,早期教育是使个体智力获得正常发展的重要保证。

三、儿童发展的关键期问题

有关关键期的问题,最早可以追溯到19世纪末荷兰生物学家德弗里提出的昆虫生长发育的"敏感期"理论,此后,这一理论被蒙台梭利引用到了教育上。20世纪后,与"敏感期"概念类似的"关键期"问题再次成为个体早期发展研究中受到重视的问题之一。

20世纪50到60年代,奥地利动物行为学家洛伦兹(K. Lorenz,1903—1989)在研究动物习性时,首次提出关键期的概念。

---

① 参见井侃:《试论儿童可能能力的递减原则》,《陕西教育》1987年第7期。

他发现初生时的动物对最初的刺激会产生追随行为。刚出壳的小鹅在 1~2 天内有追随第一眼看到的运动物体的行为,过了这个时期就很难再形成这种追随行为了。洛伦兹把这种行为称为印刻现象,并把产生印刻现象的反应期称为关键期。这个概念引入心理学后,有了特殊的含义,即有机体的某种潜在能力只有在有机体生命的某一特定时期中,由于环境恰好提供了某种特定的刺激才能使之得到最好的发展。因为在这一特定时期,个体处于一种最积极的准备和接受状态,如果此时得到适当的刺激和帮助,某种能力就会迅速发展起来;如果错过了这个时期,就不能获得或达不到最好的水平。

有学者通过研究提出,0 至 6 岁儿童心理行为发展的主要关键期是:

0~1 岁:视觉、听觉关键期,言语关键期,直立行走关键期。

1~2 岁:手精细动作发展关键期,口语表达发展关键期,动作思维关键期,方位知觉、空间知觉关键期,兴趣发展关键期,再造想像萌芽关键期,模仿能力关键期,初步社会情感发展关键期,自我意识萌芽关键期。

2~3 岁:形象视觉关键期,时间知觉关键期,形象记忆关键期,体育技能关键期,独立性萌芽关键期,智能发展第一关键期。

3~4 岁:机械记忆关键期,外语口语学习关键期,艺术形象形成关键期,音乐表现能力关键期,内部言语关键期,自制能力关键期,求知欲发展关键期。

4~5 岁:书写关键期,手工劳动关键期,自我服务技能关键期,具体形象思维关键期,10 以内数分解、组合关键期,智能发展第二关键期。

5~6 岁:讲述能力关键期,20 以内加减计算能力关键期,创造想像萌芽关键期,受环境制约的性格形成关键期,社会性适应能力关键期。

近年来,关于关键期的研究工作还在继续,人们认为,人类行为非常复杂,要确定人的行为的关键期还需要做更系统、更精确的研究。

四、布鲁纳的早期教育理论

布鲁纳(Jerome Seymour Bruner,1915—)是当代美国著名的心理学家和教育家。他在认知心理学和结构主义教育学方面的研究成果,对美国20世纪六七十年代的教育改革和教育理论的发展,以至对欧美一些国家的教育理论与教育实践都产生了重大影响。

(一)生平和著作

布鲁纳1915年出生在纽约一个中上阶层家庭,青年时代,先后就读于杜克大学、哈佛大学,1941年获得哈佛大学心理学博士学位。从1945年起,布鲁纳任哈佛大学心理学讲师,1952年晋升为教授。在这个时期,他从个性动力和社会心理学的角度研究知觉,发表了《价值和需要是知觉的组织因素》(1947年)、《个性动力与知觉过程》(1951年)等论著。他认为,知觉是一个推论过程,包括对外部刺激进行选择、分类、识别并赋予意义等程序。这个观念使他在后来的教育研究中更加关注如何有效地组织和呈现学习材料,以改进使儿童知觉能力发展的教学技术。

布鲁纳注重知觉中的推论,这促使他接着研究思维过程中的推论。1951年,他和同事着手拟订了概念形成过程的5年研究计划,这个计划以1956年出版的《思维的研究》而达到高潮。当时美国行为主义思潮十分盛行,他的研究显得与众不同。1956年,他赴欧洲寻求知音,广泛接触了欧洲大陆的认知和发展理论,并拜访了皮亚杰。1960年,他和同事创建了哈佛大学认知研究中心,并任中心主任,直到1972年。该中心从事学校环境中儿童认知学习与智慧成长的研究。随后他出版了《论认知》(1962年)、《认知发展的研究》(1966年)等著作,成为认知心理学派的一个重要代表人物。

1957年,前苏联发射人造卫星成功,震惊美国朝野,激起美国重新检讨其科学研究政策和教育措施,全国一致呼吁要以高精尖的科学知识武装青年一代。布鲁纳以其独具的敏锐感,较快地洞察到美国社会政治、经济和科技发展新形势对教育工作所提出的各种新要求,及时地将他擅长的心理学理论运用于教育改革的研究。1958年,美国颁布了《国防教育法》,确定了"英才教育"的国策。1959年,美国"全国科学院"在伍兹霍尔召开了中小学数理学科的教育改革会议。当时身为全国科学院教育委员会主席的布鲁纳主持了这次会议。会后,他以自己的结构论思想为主导,综合学者专家们在会上发表的意见,于次年出版了《教育过程》这本用于指导这场教育改革的纲领性著作。由于他致力于精简学科内容,缩小现代科学与教育的差距,力求开辟促进儿童尽快成长的捷径,所以,他的教育改革设想一经提出便被人们欣然接受了。

伍兹霍尔会议之后,美国许多学科的专家以《教育过程》一书的思想为指导,编制了一系列新课程。布鲁纳也在教改实践中继续出版了《教学论探讨》(1966年)、《教育的适合性》(1971年)等教育著作,发展了最初的思想,逐步形成对这场教育改革运动具有重要指导意义的教育理论。由于他在教育和心理试验方面卓越的研究成果以及在社会科研活动中的杰出成绩,他在1962年至1964年期间担任了白宫教育委员会委员,并获美国心理学会"杰出科学贡献奖"等。

1972年至1978年,布鲁纳任英国牛津大学瓦茨实验室心理学教授,从事婴儿认知发展的研究。通过对较大儿童认知发展的研究,他发现:3岁儿童已经形成不少智能;学校除了发挥社会化的动力作用外,还应当用基本技能武装学生。如何实现这一职能,需要研究技能行为的起源和发展。他于20世纪60年代后期开始研究婴儿的认知发展,一直持续到80年代,发表和出版了《婴儿认知发展的过程》(1969年)、《婴儿技能活动的结构》(1974年)等论著。这项工作不仅提出了人的技能发展和结构的理论,而且为早期教育提供了理论依据和策略。1978年布鲁纳回国,退休后仍然继续从事科学研究和教学工作。

布鲁纳一生兴趣广泛,在许多研究领域内作出了重大贡献。尽管他的研究内容和风格总在变化,但他始终保持着一种高度统一的精神,总是顽强地致力于把不同的专业知识结合起来,置于人的认知发展和教育研究的背景上。这使他的研究具有连续性。

(二)教育思想的理论基础

1. 结构主义认识论

布鲁纳曾明确表示,他的思想受结构主义者皮亚杰、乔姆斯基(N. A. Chomsky)和列维·斯特劳斯(C. Levi－Strauss)等人的影响。他所提倡的认识论,并不认为知识是关于某种不变的外在现实的认知,而是人们构造起来的一种模式。这种模式使得经验里的规律性具有了意义和结构。任何组织知识体系的观念都是人类发明出来的,目的是为了使经验更经济、更连贯。例如,人们在物理学中发明了力的概念,在心理学中发明了动机的概念,在文学里发明了风格的概念,它们都是帮助人们获得理解的一种手段。知识就是由人们体验出来的事物的规律性所组成的。假设每一个知识领域都存在着一系列基本结构,那么每一个学科都由两部分组成:一是基本概念和原则;二是学科领域的特有程序和方法。当教师对这两个组成部分进行适当表述和讲授时,学生就能掌握这门学科的逻辑结构。学生掌握了结构,就获得了运用一个学科基本概念的能力;然后,学生就可以利用这些基本概念,把它们当做认识和攻克其他问题的基础。"他学到的观念越是基本,几乎归结为定义,则这些观念对新问题的适用范围就越宽广。"[1]

---

[1] 布鲁纳著,邵瑞珍译:《教育过程》,文化教育出版社1982年版,第18页。

他发现初生时的动物对最初的刺激会产生追随行为。刚出壳的小鹅在 1~2 天内有追随第一眼看到的运动物体的行为,过了这个时期就很难再形成这种追随行为了。洛伦兹把这种行为称为印刻现象,并把产生印刻现象的反应期称为关键期。这个概念引入心理学后,有了特殊的含义,即有机体的某种潜在能力只有在有机体生命的某一特定时期中,由于环境恰好提供了某种特定的刺激才能使之得到最好的发展。因为在这一特定时期,个体处于一种最积极的准备和接受状态,如果此时得到适当的刺激和帮助,某种能力就会迅速发展起来;如果错过了这个时期,就不能获得或达不到最好的水平。

有学者通过研究提出,0 至 6 岁儿童心理行为发展的主要关键期是:

0~1 岁:视觉、听觉关键期,言语关键期,直立行走关键期。

1~2 岁:手精细动作发展关键期,口语表达发展关键期,动作思维关键期,方位知觉、空间知觉关键期,兴趣发展关键期,再造想像萌芽关键期,模仿能力关键期,初步社会情感发展关键期,自我意识萌芽关键期。

2~3 岁:形象视觉关键期,时间知觉关键期,形象记忆关键期,体育技能关键期,独立性萌芽关键期,智能发展第一关键期。

3~4 岁:机械记忆关键期,外语口语学习关键期,艺术形象形成关键期,音乐表现能力关键期,内部言语关键期,自制能力关键期,求知欲发展关键期。

4~5 岁:书写关键期,手工劳动关键期,自我服务技能关键期,具体形象思维关键期,10 以内数分解、组合关键期,智能发展第二关键期。

5~6 岁:讲述能力关键期,20 以内加减计算能力关键期,创造想像萌芽关键期,受环境制约的性格形成关键期,社会性适应能力关键期。

近年来,关于关键期的研究工作还在继续,人们认为,人类行为非常复杂,要确定人的行为的关键期还需要做更系统、更精确的研究。

四、布鲁纳的早期教育理论

布鲁纳(Jerome Seymour Bruner,1915—　)是当代美国著名的心理学家和教育家。他在认知心理学和结构主义教育学方面的研究成果,对美国20世纪六七十年代的教育改革和教育理论的发展,以至对欧美一些国家的教育理论与教育实践都产生了重大影响。

(一) 生平和著作

布鲁纳1915年出生在纽约一个中上阶层家庭,青年时代,先后就读于杜克大学、哈佛大学,1941年获得哈佛大学心理学博士学位。从1945年起,布鲁纳任哈佛大学心理学讲师,1952年晋升为教授。在这个时期,他从个性动力和社会心理学的角度研究知觉,发表了《价值和需要是知觉的组织因素》(1947年)、《个性动力与知觉过程》(1951年)等论著。他认为,知觉是一个推论过程,包括对外部刺激进行选择、分类、识别并赋予意义等程序。这个观念使他在后来的教育研究中更加关注如何有效地组织和呈现学习材料,以改进使儿童知觉能力发展的教学技术。

布鲁纳注重知觉中的推论,这促使他接着研究思维过程中的推论。1951年,他和同事着手拟订了概念形成过程的5年研究计划,这个计划以1956年出版的《思维的研究》而达到高潮。当时美国行为主义思潮十分盛行,他的研究显得与众不同。1956年,他赴欧洲寻求知音,广泛接触了欧洲大陆的认知和发展理论,并拜访了皮亚杰。1960年,他和同事创建了哈佛大学认知研究中心,并任中心主任,直到1972年。该中心从事学校环境中儿童认知学习与智慧成长的研究。随后他出版了《论认知》(1962年)、《认知发展的研究》(1966年)等著作,成为认知心理学派的一个重要代表人物。

1957年,前苏联发射人造卫星成功,震惊美国朝野,激起美国重新检讨其科学研究政策和教育措施,全国一致呼吁要以高精尖的科学知识武装青年一代。布鲁纳以其独具的敏锐感,较快地洞察到美国社会政治、经济和科技发展新形势对教育工作所提出的各种新要求,及时地将他擅长的心理学理论运用于教育改革的研究。1958年,美国颁布了《国防教育法》,确定了"英才教育"的国策。1959年,美国"全国科学院"在伍兹霍尔召开了中小学数理学科的教育改革会议。当时身为全国科学院教育委员会主席的布鲁纳主持了这次会议。会后,他以自己的结构论思想为主导,综合学者专家们在会上发表的意见,于次年出版了《教育过程》这本用于指导这场教育改革的纲领性著作。由于他致力于精简学科内容,缩小现代科学与教育的差距,力求开辟促进儿童尽快成长的捷径,所以,他的教育改革设想一经提出便被人们欣然接受了。

伍兹霍尔会议之后,美国许多学科的专家以《教育过程》一书的思想为指导,编制了一系列新课程。布鲁纳也在教改实践中继续出版了《教学论探讨》(1966年)、《教育的适合性》(1971年)等教育著作,发展了最初的思想,逐步形成对这场教育改革运动具有重要指导意义的教育理论。由于他在教育和心理试验方面卓越的研究成果以及在社会科研活动中的杰出成绩,他在1962年至1964年期间担任了白宫教育委员会委员,并获美国心理学会"杰出科学贡献奖"等。

1972年至1978年,布鲁纳任英国牛津大学瓦茨实验室心理学教授,从事婴儿认知发展的研究。通过对较大儿童认知发展的研究,他发现:3岁儿童已经形成不少智能;学校除了发挥社会化的动力作用外,还应当用基本技能武装学生。如何实现这一职能,需要研究技能行为的起源和发展。他于20世纪60年代后期开始研究婴儿的认知发展,一直持续到80年代,发表和出版了《婴儿认知发展的过程》(1969年)、《婴儿技能活动的结构》(1974年)等论著。这项工作不仅提出了人的技能发展和结构的理论,而且为早期教育提供了理论依据和策略。1978年布鲁纳回国,退休后仍然继续从事科学研究和教学工作。

布鲁纳一生兴趣广泛,在许多研究领域内作出了重大贡献。尽管他的研究内容和风格总在变化,但他始终保持着一种高度统一的精神,总是顽强地致力于把不同的专业知识结合起来,置于人的认知发展和教育研究的背景上。这使他的研究具有连续性。

（二）教育思想的理论基础

1. 结构主义认识论

布鲁纳曾明确表示,他的思想受结构主义者皮亚杰、乔姆斯基(N. A. Chomsky)和列维·斯特劳斯(C. Levi-Strauss)等人的影响。他所提倡的认识论,并不认为知识是关于某种不变的外在现实的认知,而是人们构造起来的一种模式。这种模式使得经验里的规律性具有了意义和结构。任何组织知识体系的观念都是人类发明出来的,目的是为了使经验更经济、更连贯。例如,人们在物理学中发明了力的概念,在心理学中发明了动机的概念,在文学里发明了风格的概念,它们都是帮助人们获得理解的一种手段。知识就是由人们体验出来的事物的规律性所组成的。假设每一个知识领域都存在着一系列基本结构,那么每一个学科都由两部分组成:一是基本概念和原则;二是学科领域的特有程序和方法。当教师对这两个组成部分进行适当表述和讲授时,学生就能掌握这门学科的逻辑结构。学生掌握了结构,就获得了运用一个学科基本概念的能力;然后,学生就可以利用这些基本概念,把它们当做认识和攻克其他问题的基础。"他学到的观念越是基本,几乎归结为定义,则这些观念对新问题的适用范围就越宽广。"①

---

① 布鲁纳著,邵瑞珍译:《教育过程》,文化教育出版社1982年版,第18页。

2. 认知发展理论

布鲁纳的认知发展理论深受皮亚杰的影响,但两人又有区别。皮亚杰的认知发展理论强调"遗传图式"作用和机体成熟在心理发展中的地位,带有生物学化的倾向;而布鲁纳则坚信人的智慧生活具有创造性,并重视后天习得的经验和文化教育的作用。他运用信息加工理论对人的认知学习作了新的解说:一方面肯定人的认识的主观能动性,指出人的认识过程是通过知觉、发现、再认、想像、记忆、判断和思维等,以获得知识、保持知识,并将知识转化为个体的认知力量或智慧的一种"从内而外"的心理过程;另一方面,强调社会文化教育对人的认知发展起决定作用,指出教育是转换知识形式并引导人们的学习活动的"从外而内"的过程。同时,他构想出介于二者之间的桥梁——信息加工模式,又称编码系统、表象系统、认知结构等。其基本含义是指主体以不同的形式来反映、代表、认知客观事物的经验系统。布鲁纳进而又阐述了学习是一种认知过程,其中包含知识的获得、转换和评价三个几乎同时发生的过程。个体的学习就是通过自己的内部认知结构,对"从外而内"的输入信息进行编码和加工,以一种易于掌握的形式加以储存;采取外推、内插、转化等方法处理所获得的信息,"从内而外"地推出新的结论或知识;对处理知识的方法进行评价,重新提炼已有的经验系统,从而改组或扩大原有的认知结构。

布鲁纳的认知发展阶段论,虽然继承了皮亚杰的儿童认知发展的连续性和阶段性观点,但他们所运用的描述认知发展阶段的工具不同。皮亚杰以儿童的生理年龄来划分儿童的认知发展阶段,并以符号逻辑作为工具,广泛地采用数理逻辑来描述发展阶段的特征。布鲁纳既承认皮亚杰的独创性,又指出他的研究工作的缺陷,即空泛的形式主义。布鲁纳提出"再现表象"的心理学概念,并把它作为衡量认知发展的指标。他把认知发展划分为三种不同发展水平的认知结构,即动作的、形象的和符号的认知结构。

与此相适应,他把儿童的认知发展划分成三个阶段:

(1)动作式再现表象阶段:儿童主要通过动作来组织、再现外界事物的特征。

(2)形象式再现表象阶段:儿童显示出有构成环境经验的内在表象的实际能力。

(3)符号式再现表象阶段:大约出现在青春期,儿童开始能够应付命题,能够运用一种层次结构达到概念化,能够寻找决策的可能性,并用一种形式或另一种形式把它们结合起来。这一阶段的儿童,不仅能用语言传达经验,而且也能运用语言组织经验。语言已经成为一种最有力的长期储存的编码。

布鲁纳指出,这三个阶段是循序发展的,并且可以部分地互相迁移。当认知发展进入到下一阶段时,前一阶段的表象形式仍然发挥着作用,后者并不完全取代前者,还有重复出现的可能。

布鲁纳不同意皮亚杰以年龄来区分发展阶段的观点。他认为年龄不能绝对限制儿童智能的发展,文化教育条件也在很大程度上影响着儿童智能的发展。可见,布鲁纳关于人的认知发展阶段的解说,克服了日内瓦学派把序列化的认知发展阶段看做刻板的成熟步骤的机械性,揭示了人的认知发展的共性和个性的辩证统一关系,比皮亚杰的更为灵活和深入。

布鲁纳的智慧发展动力观认为,智慧发展的动力是由人类遗传和文化教育这两种内外因素构成的,而人类社会文化环境是智慧发展的根本条件,"没有文化,就没有智慧"[①]。他指出,将文化的力量转化为个体力量必须依赖教育。教育是传递人类文化的艺术,是促进个体智慧发展的外部因素。学校教育是将文化的力量和本质转换为个体易于接受和掌握的方式,并促使个体有效地去认识世界和人类思维的一种特殊活动。通过学校教育教学的设

---

① 布鲁纳著:《教育相关性》,纽约1973年版,第22页。

计,可以将人类文化知识转换为与儿童认知学习模式相适应的结构方式,以使各种认知水平的学习者有效地获得知识,解决问题。

总之,布鲁纳认为,"没有教育学理论的发展心理学是无的放矢,忽视儿童成长本质的教育学理论也将一无所得"①。"认知心理学的最终研究目的是服务于人类教育,也只有研究人类复杂的教育活动,才能得出有关人类行为的模式。同理,必须探讨学生学习的心理发展变化过程,教学理论才能完美,才能使人的心理能力得到最大的发展。"②

(三)论教育任务与课程

1. 论教育任务

布鲁纳认为,教育任务是现代教学论首先应该注意解决的问题。他提出了以教育作为社会创造的理论来回答这个问题。他提出这一理论是有充分科学依据的。他的根据是知识和环境都在发生变化,这些变化具体表现为:(1)对人的漫长的生长过程的理解日益加深;(2)对个体智力发展性质的理解日益加深;(3)对教育过程的了解日益加深;(4)社会日新月异的发展速度使我们面临重新考虑如何培养年轻一代的问题。

总之,时代变了,社会变了,旧观念必须以新观念来替代,旧方法必须以新方法来替代。尤其是20世纪60年代以来,知识、信息新陈代谢的速度惊人,这就给以继承前人知识为主要学习任务的青少年带来了新的问题,即如何解决有限的最佳学习年龄与无限的知识急速增长之间的矛盾。因此,布鲁纳认为,教育的根本任务就是帮助或促进学生的成长和发展。教学理论实际上就是关于怎样利用各种手段帮助人成长和发展的理论。通过教学,学生不仅要掌握必要的知识技能,而且要促进智力的发展,提高素质。他指

---

① 布鲁纳著:《教育相关性》,纽约1973年版,第14页。
② 布鲁纳著:《关于教学论》,哈佛大学出版社1971年版,第41页。

出:"教育的最一般的目标就是追求卓越性。……这个词,不仅意味着教育成绩优异的学生,而且也意味着帮助每一个学生获得最好的智力发展。"①

布鲁纳在多年的研究中,不仅以大量的实验和科学的理论强调学校教学应以培养学生的智力为首要任务,而且把儿童智力是否得到很好的发展同国家的安全或命运联系起来,提出,"如果促使所有学生充分利用他们的智力,就将使我们这个处于工艺和社会异常复杂时代的民主国家有更好的生存机会"②。

2. 论课程

要促进受教育者智力的发展,首先要解决"教什么"的问题,即课程和教材问题。为适应现代社会知识和信息加速增长的需要,布鲁纳以结构主义心理学为指导,要求革新课程内容,着重讲授每门学科的基本结构。

(1)学科的基本结构

布鲁纳主张,"不论我们选教什么学科,务必使学生理解该学科的基本结构"③。教学与其说是单纯地掌握事实和技巧,不如说是教授和学习结构。所谓的"学科的基本结构"指的是最能反映学科编著的统一的观点,或是一般的、基本的原理和规则。在每一门学科中都存在着某些"广泛和强有力适应性的观念",这些观念形成了学科的结构体系,它们不仅能解释这门学科中某种特定的客观事物,而且能规律地反映出这门学科中一般的客观事物。

布鲁纳强调指出,如果把每门学科的基本概念、原理和该学科所特有的研究方法作为教学内容,那么教学就会获得好的效果。布鲁纳列举了自然、人文和社会学科教学的许多事实,从正反两方

---

① 转引自钟启泉编著:《现代课程论》,上海教育出版社1989年版,第110页。
② 布鲁纳著,邵瑞珍译:《教育过程》,文化教育出版社1982年版,第30页。
③ 布鲁纳著,邵瑞珍译:《教育过程》,文化教育出版社1982年版,第31页。

面论证了掌握学科基本结构的优点：易于理解和掌握整个学科；有助于记忆；有助于从已知到未知，促进知识迁移；有助于缩小高级与低级知识间的差距。因为"基本"这个词，含有"普遍而强有力的适应性之意"。学生所学的知识越是基本的，就越能不断地扩充和加深，对新问题的适用性就越宽广。知识越是归纳为定义、原理和法则，越是有利于学生的理解和应用。

关于如何根据"学科的基本结构"来设计课程问题，布鲁纳提出了两点要求：第一，应重视基本课的改革，将那些和基础课有关的普遍的和强有力的观念与态度放在课程的中心地位；第二，要把教材分成不同的水平，使之与学校里不同年级不同水平的学生的接受能力配合起来。

布鲁纳呼吁，站在学生最前沿的学者、科学家，应该和优秀教师及心理学家共同努力，承担课程设计中学科基本结构的决策工作。他认为，按照反映知识领域基础结构的方式来设计课程，特别需要对那个领域有极其深刻的理解。因此，如果没有最干练的学者和科学家的积极参与，这一任务是不能完成的。

（2）螺旋式的课程编排

长期以来，美国传统教育的"学科中心课程"派与进步教育的"儿童中心课程"派，在课程是按知识逻辑顺序还是按儿童学习的心理顺序进行编排这一问题上一直争论不休。前者看重按知识本身的逻辑顺序编排的"直线式"，后者看重按儿童的经验与兴趣编排的"圆周式"。对此，布鲁纳指出，在课程编排方式上，"螺旋式"是最科学的。因为在教学理论上，教材的心理顺序与逻辑顺序并不是格格不入、互相排斥的，它们可以通过"转换"方式，使其互相沟通。布鲁纳提出了"螺旋式"编排方式的三项具体要求：符合儿童认知发展的特点；教材能适当地加以转换；采用适合于促进儿童智慧成长的教学方式。

螺旋式编排，就是按倒圆锥体的形状编排。它保留了直线式内容一阶段比一阶段高深和分化的逻辑顺序,也融会了圆周式由同心圆一波又一波扩散、加宽的心理要求。布鲁纳认为,任何知识通过一次学习便能被掌握的事例是罕见的,"当某一种题材包含了许多一连串彼此相关的事项时,这种情景尤为突出"①。要真正牢固地掌握知识的结构,就必须使不同水平的知识与不同年级学生的不同能力的认识水平配合起来,将同一题材每次都以新的观点反复多次地展开学习,"直至学生掌握了与这些观念相伴随的完全形式的体系为止"②。这样有助于学习者有效地掌握知识和技能,有助于知识的巩固,也符合人类认识能力发展的一般规律。从理论上说,如果其他条件完全相同,那么螺旋式编排显然优于单纯的直线式编排和圆周式编排,但遗憾的是布鲁纳对螺旋式编排没有进行更深入的论述。

(四)论早期教育

布鲁纳在探讨课程本质问题时,提出了一个大胆的并引起广泛争议的假设——"任何学科都能够用在智育上是诚实的方式,有效地教给任何发展阶段的任何儿童"③。据此,他认为一切学科教学的早期进行都是可能的。他通过自己多年的研究和经验的总结指出,过去的学校以过于困难为理由,将许多重要学科的教学往后推迟,甚至完全忽视,这从根本上影响了早出人才、快出人才。因此,强调学校教学的早期进行,使儿童尽早尽快地学习重要学科的基本知识,成为布鲁纳教育思想体系的重要一环。

1. 早期教育的可能性

布鲁纳在提出假设的同时,以大量的论据和实验材料支持自

---

① 转引自钟启泉编译:《现代教学论发展》,教育科学出版社 1988 年版,第 253 页。
② 布鲁纳著,邵瑞珍译:《教育过程》,文化教育出版社 1982 年版,第 33 页。
③ 布鲁纳著,邵瑞珍译:《教育过程》,文化教育出版社 1982 年版,第 32 页。

己的早期教育理论。

首先,布鲁纳认为"学习准备"具有非固定性的特征。在西方的学习心理学中,准备的概念是指有益于有效学习的学习准备,一旦超脱了准备的时期,学习者即使努力也收效甚微。因此,教育要考虑儿童身心发展的理论,课程安排要考虑儿童学习的心理顺序。这种准备观的出发点是认为儿童智力的发展主要是一种自然过程,不受来自环境的影响。布鲁纳对此进行了尖锐批评,指出这是一种僵化的准备观,与大量学习行为相互矛盾。最突出的问题,一是忽视了不同社会环境、不同文化背景下的儿童存在的差异性;二是忽视了儿童认知发展的三个阶段的转变的不稳定性。

布鲁纳认为,正确的准备观不应是上述生物学的概念,而应是作为教育学的概念。充分掌握先行的最基本的知识技能,构成后行的、更高深的知识技能的心理学基础,才是准备的真正意义。也就是说,儿童完成"学习准备"的状态并非随生理年龄的函数而是随环境和教育的作用而有所进展的,准备是教育影响的函数概念。因此,"儿童的智力发展不是像时钟装置那样的一连串机械动作的连续,它对环境,特别对学校环境的影响,也会作出反应"[①]。教育没有必要盲目服从儿童认知发展的自然过程,消极地静待儿童伴随自然成熟而到来的学习准备状态,而应当通过能影响儿童智力发展的教育环境的设计,积极创造条件,加速儿童学习准备状态的到来,促进儿童智力发展的进程。总之,要把学习准备观念由"等待准备"改为"创造准备"。

其次,布鲁纳强调学习行为的可控性。他认为人们的学习行为一般包括三个过程。一是新知识的获得。新知识不同于一个人以往所掌握的知识,它可能是以往知识的一种替代,也可能是先前知识的重新提炼。二是转换,也就是处理知识,使其形成另一种形

---

① 布鲁纳著,邵瑞珍译:《教育过程》,文化教育出版社1982年版,第54页。

式,以适应更多知识的学习。三是评价、检查处理知识的方法是否得当、正确。在布鲁纳看来,学习任何一门学科,常常有一连串的情节,每一学习情节几乎同时涉及学习行为的三个过程。为了科学地安排不同学科的教学,我们可以采取缩短或延长某一过程、实施外来奖惩的方式,适当调整学习情节,控制学习行动的三个过程,使获得、转换和评价达到教学所要求的最佳程度。学习情节安排得当,可以迅速再现以前学过的东西,便于新旧知识的有机联结,而且可以通过迁移效应超过前面的学习。比如对于年幼儿童,一个学习情节所包含的新知识应少一些,要强调"转换"功能,让他们多通过自己的活动来触摸到具体材料,以达到超越这点知识的目的,这样有益于教学的早期进行。

2. 早期教育的基本要求

(1) 教师应该充分发挥主导作用

布鲁纳认为,在进行早期教学时,儿童学习活动的盲目性很大,对知识的自我消化能力较差,教师对学生学习的引导显得尤为重要。在这一阶段,他要求教师应当"在教学中做到审慎的理智和忠实",对教材的性质和学生的能力要有深刻的认识。在充分分析了整个教学过程和充分估计多方面的因素之后,要对教学作出妥善的安排。

(2) 重视"直观"的教学方法

进行早期教育必须采取一系列适当的教学方法,其中直观教学是广泛适用,且最为有效的方法之一。布鲁纳不仅指出了直观教学的重要性,而且针对年幼儿童的特点,对直观教学的具体实施进行了多方面的研究,认为自然科学和社会科学的基本知识都可以用直观的方式教给小学低年级的学生。数学中的一些基本概念,可以不用数学用语,而通过儿童能触摸的具体材料来学习;有关社会问题的原理、概念,也可以"通过复述很出色的神话,通过采用儿童文学名著,通过放映和评论经过检验的影片"来教给儿童。此外，他还认为，游戏是一种儿童喜欢的活动，也是直观教学中更为具体的方式，在早期教育中有着特殊的意义，"游戏是重要的经验，它的确是儿童期一件原则性的大事"[①]。教师可以根据学科结构的性质和儿童分析具体经验的能力，设计出日常生活中的游戏，以此作为形成观念的辅助手段。

（3）提倡"发现学习法"

在早期教育的方法上，布鲁纳还提倡发现学习法。他认为，发现是教育儿童的主要手段，"我们教一门学科，并不是希望学生成为该学科的一个小型图书馆，而是要他们参与获得知识的过程。学习是一种过程，而不是结果"[②]。"学会学习"本身比"学会什么"更为重要。教师不仅要向学生传授学科结构的知识，还要培养学生探究问题的精神，把学生从小就作为小科学家、小学者来培养；要引导儿童用自己的头脑亲自获得知识，教给儿童解决问题的学习策略，使之日后成为独立自主的会思想的人。

布鲁纳以结构主义认识论和认知发展心理学为指导思想，建立了结构主义教育理论。他的教育理论在20世纪60年代初的美国教育改革中发挥了重要作用，也在不同程度上影响了其他一些国家的教育改革。

20世纪60年代以来，人们对于早期教育已越来越重视，对尽早开发儿童智力也越来越有信心。布鲁纳根据自己的教育理论提出了"任何学科的基本原理都可以用某种形式教给任何年龄的人"的大胆设想。虽然也有学者认为布鲁纳的这一设想缺乏严密的科学根据，儿童早期教育不是可以任意而为的，但总的来说，对早期教育的研究，仍然是当前学前教育研究中一个大有希望的领域。随着人们对相关研究的深入，人们对这个问题的认识一定会

---

① 布鲁纳著，邵瑞珍译：《游戏是重要的任务》，《教育研究》1980年第5期。
② 布鲁纳：《发现的行为》，《哈佛教育评论》第1期，1961年冬季号。

越来越接近客观实际。

思 考 题

1. 皮亚杰的儿童心理学思想的主要观点是什么？他在此基础上提出了哪些儿童教育的基本原则和方法？
2. 简述皮亚杰关于儿童道德发展及教育的主要思想。
3. 如何理解人本主义心理学？人本主义教育家关于幼儿教育的观点主要有哪些？
3. 早期教育为什么会受到重视？
4. 评述布鲁纳的早期教育思想。

附:

江苏省中小学幼儿园教师自学考试(本科)大纲

学前教育思想史

Ⅰ 课程性质与设置目的

《学前教育思想史》是江苏省中小学幼儿园教师自学考试学前教育专业(本科)课程中的必修课、必考课,也是该专业自学考生的专业基础理论课。

本课程是以历代教育家的学前教育思想为主线,研究古今中外学前教育思想的发展与演变的学科。其特点是:具有教育学科和历史学科的双重性质,着重于理论视野的拓宽和学科历史感的养成。

通过本课程的学习,使学生系统地了解中外、古今学前教育思想发展的基本过程及一般规律,能以"古为今用、洋为中用"的原则,继承发扬本国与外国学前教育思想的精华,为深入学习学前教育基本理论打好基础。

Ⅱ 课程内容与考核目标

上篇：中国学前教育思想

■ 第一章 古代学前教育思想

〔学习目的与要求〕

通过本章的学习，理解贾谊、颜之推、朱熹、王守仁、陆世仪、张履祥、崔学古、唐彪等中国古代教育家学前教育的基本思想，并掌握其不同特点。

〔学习内容〕

第一节 贾谊的早期教育思想

一、及早施教

二、慎重择师

三、三育并举

四、深浅适宜

第二节 颜之推的家庭教育思想

一、家庭奠基，父母有责

二、教儿婴孩，勿失良机

三、德艺双修，博专统一

四、偏宠有害，严教是爱

五、风化熏陶，闻见结合

第三节 朱熹重规范的教育思想

一、儿童教育的意义

二、儿童教育的内容

三、儿童教育的原则

（一）正面教育，防患未然

（二）认真专一，知行并重
（三）循序渐进，启发诱导

第四节　王守仁顺自然的教育思想

一、儿童教育的目的和任务

二、儿童教育的程序

三、儿童教育的形式

（一）考之以德，督其谨饬
（二）讽之读书，开其知觉
（三）导之习礼，肃其威仪
（四）诱之歌诗，发其志意

四、儿童教育的原则与方法

（一）顺其性情，寓教于乐
（二）随人分限，因材循序
（三）分班教学，相互观摩

第五节　陆世仪熏陶涵养的教育思想

一、重视早期教育

二、强调以身示范

三、加强礼乐教化

四、注意难易适中

五、力求宽严得当

第六节　张履祥耕读相兼的教育思想

一、正其心术

二、耕读相兼

三、谦虚笃实

四、恭俭勤谨

五、知耻改过

第七节　崔学古"爱养"的教育思想

一、爱护儿童是蒙养教育的出发点

二、因人而异是蒙养教育的基本要求
三、宽严相济是蒙养教育的重要原则
四、正面引导是蒙养教育的主要方法
五、家馆合作是蒙养教育的必要途径
第八节 唐彪"善诱"的教育思想
一、尊重蒙师,教之前提
二、读书为本,识字为先
三、先易后难,分层致功
四、随读随解,启发思考
五、奖功督过,赏罚分明

〔考核知识点〕

(一)贾谊关于及早施教、慎重择师、三育并举、深浅适宜的观点。

(二)颜之推关于家庭教育的奠基作用,教育儿童的时机,德艺双修的教育内容,严格要求、熏陶感染及闻见结合的教育原则。

(三)朱熹关于儿童教育的意义、内容和原则。

(四)王守仁关于儿童教育的目的、任务、程序、形式、原则与方法。

(五)陆世仪关于重视早期教育、强调以身示范、加强礼乐教化、注意难易适中、力求宽严得当的观点。

(六)张履祥关于正其心术、耕读相兼、谦虚笃实、恭俭勤谨、知耻改过的观点。

(七)崔学古关于爱护儿童、因人而异、宽严相济、正面引导和家馆合作的观点。

(八)唐彪关于尊重蒙师、分层致功、随读随解、启发思考和奖功督过的观点。

〔考核要求〕

(一)概念掌握

三公、《颜氏家训》、艺教、风化、眼学、《小学》、《童蒙须知》、主敬、考德、习礼、歌诗、随人分限、《节韵幼仪》、《初学备忘》、耕读相兼、《幼训》、爱养、《父师善诱法》、分层致功。

(二) 理解分析

贾谊、颜之推、朱熹、王守仁、陆世仪、张履祥、崔学古和唐彪关于学前教育的基本观点及其特色。

第二章 近现代学前教育思想

〔学习目的与要求〕

通过本章学习,理解并掌握张之洞、康有为、蔡元培、张雪门、陶行知、陈鹤琴、恽代英、张宗麟等中国近现代教育家学前教育的基本思想。

〔学习内容〕

第一节 张之洞的学前教育主张

一、"中体西用"的洋务教育指导思想

二、第一个学前教育法规中的基本思想

(一) 重视学前教育,蒙养家教合一

(二) 提倡保教结合,强调启发涵养

(三) 依据幼儿特点,确定教学内容

(四) 实施保姆培训,提高幼教师资

第二节 康有为的学前儿童公育思想

一、重视环境

二、慎择保傅

三、教导孕妇

(一) 学道

(二) 育德

(三) 养身

四、培育婴幼

（一）养体
（二）乐魂
（三）开智
第三节　蔡元培的儿童教育思想
一、"五育"并举的教育方针论
二、"尚自然"、"展个性"的儿童教育主张
三、学前儿童公育的理想
四、倡导学前儿童的美育
第四节　张雪门的学前教育理论与实践
一、论幼稚教育的目的
（一）以培植士大夫为目标的幼稚教育
（二）以培养宗教信徒为目标的幼稚教育
（三）以发展儿童个性为目标的幼稚教育
（四）以改造中华民族为目标的幼稚教育
二、论幼稚园的行为课程
（一）幼稚园行为课程的含义
（二）幼稚园行为课程的组织
（三）幼稚园行为课程的教学法
三、论幼稚师范教育
（一）关于见习、实习的场所
（二）关于见习、实习的时间安排
（三）关于实习的组织
第五节　陶行知的学前教育理论和实践
一、生活教育理论
（一）生活教育理论的形成
（二）生活教育理论的内容
（三）生活教育理论在学前教育中的运用
二、论学前教育的重要性

三、论学前教育为劳苦大众服务的方向
四、论儿童创造力的培养
（一）认识儿童的创造力
（二）解放儿童的创造力
（三）培养儿童的创造力
五、论幼稚师范教育的改革
（一）改造旧的幼稚师范教育
（二）用"艺友制"培养大批幼稚园教师
第六节　陈鹤琴的学前教育理论与实践
一、论儿童的发展与教育
（一）儿童期对人生教育方面的意义
（二）幼儿的心理特点与幼稚教育
（三）学前儿童的发展阶段与教育
二、论儿童的家庭教育和幼稚园教育
（一）要把家庭教育作为关系到国家前途、命运的大事
（二）要把科学地了解儿童作为实施家庭教育的依据
（三）要把教育功能自然地渗透于家庭生活的各个方面
三、论幼稚园教育
（一）办好幼稚园的 15 条主张
（二）幼稚园的课程理论
四、活教育理论
（一）三大纲领：目的论、课程论、方法论
（二）教学原则
（三）训育原则
第七节　恽代英的儿童公育思想
一、论儿童公育的重要性
（一）儿童公育关系到世界的改造和国家的前途
（二）儿童公育关系到人的全面发展

二、论儿童公育的优越性
（一）使教育得到普及
（二）教师能科学地教育儿童
（三）儿童公育机构是理想的教育园地
三、论家庭教育
（一）家庭教育的任务和内容
（二）家庭教育的方式和原则
第八节　张宗麟的学前教育理论与实践
一、论幼稚教育的地位和作用
二、论幼稚教育的服务对象和发展方向
（一）幼稚教育的服务对象
（二）幼稚教育的发展方向
三、论幼稚园的课程
（一）课程的含义
（二）社会化的幼稚园课程
四、论幼稚园教师的培训
（一）幼稚园教师的任务
（二）幼稚园教师的培养
（三）幼稚园教师的进修

〔考核知识点〕

（一）张之洞的"中体西用"思想与第一个学前教育法规。

（二）康有为的学前儿童公育思想。

（三）蔡元培论五育并举的教育方针、尚自然展个性、公育理想及学前儿童美育。

（四）张雪门论幼稚教育目的、幼稚园课程、幼稚师范教育。

（五）陶行知的生活教育理论及学前教育的重要性、服务方向、创造教育、师范教育。

（六）陈鹤琴的活教育理论及儿童心理、家庭教育、幼稚园教育。

（七）恽代英论儿童公育及家庭教育思想。

（八）张宗麟论幼稚教育的作用及服务方向、幼稚园课程及幼稚园师资。

〔**考核要求**〕

（一）概念掌握

1. 张之洞、劝学篇、中体西用、《奏定蒙养院及家庭教育法章程》。

2. 康有为、《大同书》、人本院、育婴院、慈幼院。

3. 蔡元培、五育并举的教育方针、尚自然展个性、学前儿童公育。

4. 张雪门、幼稚教育的目的、幼稚园行为课程教学法。

5. 陶行知、幼稚园之新大陆、六大解放、艺友制。

6. 陈鹤琴、活教育的三大纲领、幼儿的心理特点、家庭教育的重要性、幼稚园的15条主张、幼稚园的五指活动。

7. 恽代英、儿童公育、新旧家庭教育观。

8. 张宗麟、幼稚教育的地位和作用、服务方向。

（二）理解分析

1. 张之洞的中体西用思想与《奏定蒙养院及家庭教育法章程》。

2. 康有为的"公养"、"公育"思想。

3. 蔡元培五育并举教育方针的基本精神，学前儿童美育的要义与实施。

4. 张雪门论幼稚教育目的及幼稚园行为课程的基本精神，幼稚师范办学的基本经验。

5. 陶行知生活教育理论及儿童创造教育的基本精神，学前教育的重要性和服务方向。

6. 陈鹤琴活教育理论的精神实质，幼稚园课程论的基本要点,对儿童心理和家庭教育进行实验研究的意义。

7. 恽代英论述儿童公育的基本精神,与康有为、蔡元培论儿童公育本质不同之处。

8. 张宗麟论述幼稚教育的地位、作用和服务方向的基本精神,幼稚园师资培养的基本经验。

■ 第三章 当代学前教育思想

〔学习目的与要求〕

通过本章的学习,了解当代学前教育思想的基本内容,掌握受前苏联影响的我国20世纪五六十年代的学前教育思想及90年代以后具有中国特色的学前教育理论。

〔学习内容〕

第一节 前苏联教育理论影响下的学前教育思想

一、全面发展的学前教育思想

(一)体、智、德、美全面发展的学前教育目标

(二)强调教育在儿童发展中的主导作用

(三)学前教育中重视集体主义教育

二、学前教学论

(一)从教学与发展的关系中提出了教学对儿童发展的重要性

(二)注重知识的系统化与作业教学在儿童发展中的作用

(三)学前课程组织上的分科课程与实施上的分科教学

三、幼儿园游戏理论

(一)对幼儿园游戏基本特征的认识

(二)对游戏与教学关系的认识,游戏作为教学的手段

(三)幼儿园的两大类游戏

第二节 新时期学前教育思想的发展

一、我国学前教育思想的继承与发扬

二、外国学前教育思想的引进和吸收

三、建构具有中国特色的学前教育思想体系

（一）以儿童发展为本的学前教育价值取向

（二）注重儿童终生学习与发展品质的培养是学前教育的重要目标

（三）儿童是教育的主体观

（四）崭新的课程观

（五）学前教育注重为儿童创设良好、丰富的活动环境

（六）游戏是幼儿园的基本活动，注重游戏的愉悦、享乐价值

（七）发展性取向的学前教育评价

〔考核知识点〕

（一）受前苏联教育理论影响的全面发展的学前教育思想。

（二）乌索娃关于知识系统化的思想及作业教学的作用。

（三）幼儿园游戏的基本特征、类型及游戏的教学手段价值。

（四）学前综合教育课程对我国优秀幼教思想的继承与发扬。

（五）皮亚杰认知发展理论、人本主义教育理论、加德纳多元智能理论及泰勒课程目标设计理论对我国学前教育思想的影响。

（六）20世纪末具有中国特色的学前教育思想的内容。

〔考核要求〕

（一）概念掌握

1.《幼儿园暂行规程》、《幼儿园暂行教学纲要》、《幼儿园教育工作指南》。

2. 凯洛夫（《教育学》）、分科课程。

3. 游戏、分类。

4. 皮亚杰、认知发展理论，维果斯基、社会建构论，泰勒、课程目标设计理论，布朗芬布伦纳、人类发展生态学，加德纳、多元智能理论。

5.《幼儿园教育纲要》（试行草案）、《幼儿园工作规程》、《幼

儿园教育指导纲要》。

（二）理解分析

1. 受前苏联教育理论影响的全面发展的学前教育思想的内容。

2. 乌索娃关于知识系统化及作业教学思想的要义。

3. 游戏有哪些基本特征、游戏与教学的关系。

4. 从幼儿园综合课程看学前教育对我国传统优秀幼教思想的继承与发扬。

5. 皮亚杰认知发展理论、人本主义教育理论、加德纳多元智能理论、泰勒课程目标设计理论对我国学前教育思想的影响。

6. 20世纪末具有中国特色的学前教育思想的内容。

下篇：外国学前教育思想

■ 第一章　古代学前教育思想

〔学习目的与要求〕

通过本章的学习，了解古代学前教育思想的发展。重点掌握柏拉图、亚里士多德、昆体良的学前教育思想。

〔学习内容〕

第一节　柏拉图的学前教育思想

一、理念论：学前教育思想的理论基础

二、论学前教育的重要性

三、论儿童公育

四、论学前教育内容

第二节　亚里士多德的学前教育思想

一、灵魂论：教育思想的理论基础

二、论教育与政治的关系

三、论年龄分期与教育

四、论学前教育

第三节　昆体良的学前教育思想

一、论教育的作用

二、论教育的目的

三、论家庭环境与早期教育

四、论学前教育的意义和内容

〔考核知识点〕

（一）柏拉图的学前教育思想。

（二）亚里士多德的学前教育思想。

（三）昆体良的学前教育思想。

〔考核要求〕

（一）概念掌握

柏拉图、《理想国》、亚里士多德、昆体良、《雄辩术原理》。

（二）理解分析

1. 柏拉图学前教育思想的理论基础。
2. 柏拉图论学前教育的重要性及儿童公育。
3. 柏拉图论学前教育的内容。
4. 亚里士多德有关年龄分期与教育的思想。
5. 亚里士多德论学前教育。
6. 昆体良对教育的作用、目的的认识。
7. 昆体良论家庭环境与早期教育。
8. 昆体良论学前教育的意义和内容。

第二章　近代学前教育思想

〔学习目的与要求〕

通过本章的学习，了解近代学前教育思想的发展，理解和掌握近代几位资产阶级教育家的主要教育观点，并且能给予正确的分析和评价。

〔学习内容〕

第一节 夸美纽斯的学前教育思想

一、学前教育思想的基础

（一）人文主义儿童观

（二）重视早期教育

（三）遵循自然

二、学前教育的目的、机构

三、学前教育的内容与方法

（一）体育

（二）智育

（三）德育

（四）游戏与活动

（五）进入公共学校的准备

第二节 洛克的儿童教育思想

一、儿童教育思想的理论基础

二、论教育作用、教育目的和教育形式

（一）论教育作用

（二）论教育目的

（三）论教育形式

三、论儿童教育的内容和方法

（一）论儿童的体育

（二）论儿童的道德教育

（三）论儿童的智育

第三节 卢梭的儿童教育思想

一、儿童教育思想的理论基础

二、论教育作用和教育目的

三、论儿童的年龄分期及各个年龄阶段的教育

（一）论儿童身体的养护和锻炼

（二）论儿童的感觉教育

第四节 裴斯泰洛齐的儿童教育思想

一、教育实践活动

二、论教育作用和教育目的

三、论爱的教育

四、论家庭教育

五、论要素教育

第五节 赫尔巴特的儿童教育思想

一、儿童教育思想的理论基础

二、论教育目的

三、论儿童管理

四、论教学

五、论训育

六、论学前儿童教育

第六节 福禄倍尔的学前教育思想

一、教育实践活动

二、论教育目的和教育原则

三、论学前教育的作用和幼儿园教育的任务

四、论游戏及"恩物"

五、论幼儿园教育的其他内容

〔考核知识点〕

（一）夸美纽斯的学前教育思想。

（二）洛克的儿童教育思想。

（三）卢梭的儿童教育思想。

（四）裴斯泰洛齐的儿童教育思想。

（五）赫尔巴特的儿童教育思想。

（六）福禄倍尔的学前教育思想。

〔考核要求〕

（一）概念掌握

夸美纽斯、母育学校、《教育漫话》、"白板说"、《爱弥儿——论教育》、"自然后果法"、《林哈德和葛笃德》、要素教育、《普通教育学》、"教育性教学"、《人的教育》、"恩物"。

（二）理解分析

1. 夸美纽斯学前教育思想的基础。
2. 夸美纽斯对学前教育的主要内容的论述。
3. 夸美纽斯学前教育思想的历史地位。
4. 洛克的儿童体育思想。
5. 洛克的儿童道德教育思想。
6. 洛克的儿童教育思想的特点。
7. 卢梭自然教育理论的核心思想。
8. 卢梭关于感官教育内容和方法的论述。
9. 卢梭自然教育思想的现实意义。
10. 裴斯泰洛齐创办的斯坦兹孤儿院的教育特色。
11. 裴斯泰洛齐关于"爱"的教育的内容和方法的论述。
12. 裴斯泰洛齐的家庭教育思想。
13. 赫尔巴特的儿童管理思想。
14. 赫尔巴特关于教学内容和方法的论述。
15. 赫尔巴特的学前教育思想。
16. 福禄倍尔关于教育目的和教育原则的论述。
17. 福禄倍尔关于学前教育地位和作用的论述。
18. 福禄倍尔的游戏理论。

第三章 现代学前教育思想

〔学习目的与要求〕

通过本章的学习,了解现代学前教育思想的发展,理解和掌握现代几位教育家的主要教育观点,并且能给予正确的分析和评价。

〔学习内容〕

第一节 杜威的儿童教育思想

一、儿童教育思想的理论基础

(一)实用主义哲学

(二)"社会个人主义"社会观

(三)生物化的本能论心理学

二、论教育本质

(一)"教育即生长"

(二)"教育即生活"

(三)"教育即经验的连续不断的改造"

三、论教育目的

四、论教学

(一)论课程与教材

(二)论教学组织形式

(三)论教学方法和步骤

五、论学龄前儿童的教育

(一)论幼儿期的重要性

(二)论幼儿教育的内容和方法

第二节 蒙台梭利的学前教育思想

一、教育实践活动

二、论教育目的和教育原则

三、论教育环境

四、论自由和纪律的关系

五、论感官教育
六、论幼儿的日常生活技能训练和游戏
第三节　克鲁普斯卡娅的学前教育思想
一、论社会主义教育的目的和任务
二、论学前社会教育的重要性
三、论学前教育的内容和方法
（一）论幼儿体育
（二）论幼儿德育
（三）论幼儿智育
（四）论游戏和玩具
〔考核知识点〕
（一）杜威的儿童教育思想。
（二）蒙台梭利的学前教育思想。
（三）克鲁普斯卡娅的学前教育思想。
〔考核要求〕
（一）概念掌握
《民主主义与教育》、"儿童中心主义"、《蒙台梭利教学法》、"儿童之家"、克鲁普斯卡娅、《国民教育与民主主义》。
（二）理解分析
1. 杜威关于教育本质的论述。
2. 杜威的"从做中学"理论。
3. 杜威的"儿童中心主义"思想。
4. 杜威的学前教育思想。
5. 蒙台梭利关于教育原则的论述。
6. 蒙台梭利关于教育环境的论述。
7. 蒙台梭利的感官教育论。
8. 克鲁普斯卡娅关于学前社会教育重要性的论述。
9. 克鲁普斯卡娅关于学前教育内容和方法的论述。

10. 克鲁普斯卡娅学前教育思想的特点。

第四章 当代学前教育思想

〔学习目的与要求〕

通过本章的学习,了解当代学前教育理论的发展概况。理解和掌握著名教育家皮亚杰的学前教育思想、人本主义教育家的幼儿教育观点及当代早期教育理论。

〔学习内容〕

第一节 皮亚杰的认知发展理论与学前教育思想

一、生平和著作

二、论儿童心理发展与认知结构

(一) 儿童心理发展观

(二) 影响儿童心理发展的因素

(三) 儿童心理发展结构

(四) 儿童思维发展阶段理论

三、论教育科学发展观

(一) 论教育科学发展与儿童心理学的关系

(二) 教育科学研究必须重视教育科学发展史的研究

(三) 必须重视教育科学研究工作

四、论儿童教育

(一) 教育目的

(二) 儿童教育的原则和方法

五、论儿童道德发展和教育

(一) 儿童道德判断的客观规律

(二) 儿童道德发展的阶段性特点及教育

六、地位及影响

第二节 人本主义教育家的学前教育思想

一、人本主义教育家

二、人本主义心理学

（一）研究对象

（二）整体论方法

（三）需要层次理论

（四）人的本能

三、幼儿教育观点

（一）教育目的

（二）教育者应帮助儿童发现"自我同一性"

（三）尽量满足儿童的基本需要，促进其潜能发展

（四）创造自由的心理气氛

（五）培养儿童的创造性

四、影响及评价

第三节　当代早期教育理论概述

一、重视早期教育

二、儿童智力发展与早期教育的关系

三、儿童发展的关键期问题

四、布鲁纳的早期教育理论

（一）生平和著作

（二）教育思想的理论基础

（三）论教育任务与课程

（四）论早期教育

〔考核知识点〕

（一）皮亚杰的认知发展理论与学前教育思想。

（二）人本主义教育家的学前教育思想。

（三）当代早期教育理论概述。

〔考核要求〕

（一）概念掌握

皮亚杰、发生认识论、结构主义、平衡、图式、同化、顺应、人本

主义教育、人本主义心理学、马斯洛、自我实现、关键期、布鲁纳、学科的基本结构、发现学习法。

（二）理解分析

1. 皮亚杰论儿童教育的目的。
2. 皮亚杰论儿童教育的原则和方法。
3. 皮亚杰论儿童道德判断的客观规律。
4. 皮亚杰论儿童道德发展的阶段性特点及教育。
5. 人本主义教育家论幼儿教育的目的。
6. 人本主义教育家的"满足儿童基本需要,促进其潜能发展"的思想。
7. 人本主义教育家论培养儿童的创造性。
8. 儿童智力发展与早期教育的关系。
9. 布鲁纳论早期教育的可能性。
10. 布鲁纳论早期教育的基本要求。

后 记

《学前教育思想史》系学前教育专业本科的自学考试教材。在编写中,力求做到史论结合、中外结合,以便为深入学习和掌握学前教育专业课程打好基础。

本书由唐淑、王雯主编,上篇的第一章及第二章之第一、二节由高谦民编写,第二章的第三、四、五、六、七、八节由唐淑编写,第三章由王春燕编写。下篇的第一章、第二章的第一节、第四章由张蓉编写,第二章的第二、三、四、五、六节和第三章由王雯编写。全书由唐淑、王雯统稿。

编写时参考了有关中、外学前教育史的专著和教材,谨此致谢。

编　者

2003 年 12 月

江苏省中小学幼儿园教师自学考试学前教育专业专升本教材

《学前教育思想史》自学辅导

唐淑　王雯　主编

苏州大学出版社

图书在版编目(CIP)数据

《学前教育思想史》自学辅导/唐淑,王雯主编.—苏州:苏州大学出版社,2004.5(2023.5重印)
江苏省中小学幼儿园教师自学考试学前教育专业专升本教材
ISBN 978-7-81037-989-2

Ⅰ.学… Ⅱ.①唐…②王… Ⅲ.学前教育-教育思想-思想史-高等教育-自学考试-自学参考资料 Ⅳ.G619-09

中国版本图书馆GIP数据核字(2004)第030755号

《学前教育思想史》自学辅导
唐淑 王雯 主编
责任编辑 朱坤泉

苏州大学出版社出版发行
(地址:苏州市十梓街1号 邮编:215006)
丹阳兴华印务有限公司印装
(地址:丹阳市胡桥镇 邮编:212313)

开本 850mm×1168mm 1/32 印张 18.75(共两册) 字数452千
2004年5月第1版 2023年5月第9次印刷
ISBN 978-7-81037-989-2 定价:58.00元
(共两册)

苏州大学版图书若有印装错误,本社负责调换
苏州大学出版社营销部 电话:0512-67481020
苏州大学出版社网址 http://www.sudapress.com

江苏省中小学幼儿园教师自学考试学前教育专业专升本教材编写委员会

主 任 委 员 王斌泰

副主任委员 许仲梓　朱小蔓　杨九俊　孙建新
　　　　　　　鞠　勤　李学农

委　　　员 （以姓氏笔画为序）
　　　　　　　孔起英　许卓娅　朱　曦　邱学青
　　　　　　　张　俊　陈春菊　周　兢　耿曙生
　　　　　　　唐　淑　顾荣芳　徐文彬　虞永平

前　　言

为加快我省幼儿园教师本科学历培训步伐,优化教师队伍结构,提高幼儿园教师素质和学前教育质量,江苏省教育厅决定从2001年起启动幼儿园教师学前教育专业(专升本)自学考试,以南京师范大学为主考单位。

学前教育专业(专升本)自学考试,既是我国自学考试的一种全新形式,也是江苏省在21世纪推进幼儿园教师继续教育,提高学历,以适应教育现代化需要的重要举措。

1999年,原江苏省教育委员会组织专家着手进行了幼儿园教师学前教育专业(专升本)自学考试方案和课程考试计划的制定工作。2000年,江苏省教育厅组织专家对此进行了论证,确定了《江苏省中小学幼儿园教师自学考试学前教育专业(专升本)课程考试计划》。在此基础上,江苏省教育厅又组织了一批专家根据课程计划编写教材,确立了教材编写的指导思想:根据21世纪对幼儿园教师素质的要求,适应基础教育改革的需要,突出思想政治及道德素养的提高和教育思想的转变,进一步夯实幼儿园教师文化科学素质基础,强化在教育实践中进行学习研究、自我提高的意识及能力,进一步提高幼儿园教师现代教育理论素养,树立正确的教育思想和观念,提高教育技艺水平。教材编写力求体现先进性、科学性、专业性和实用性的原则。

学前教育专业(专升本)自学考试是一项全新的事业,需要不断发展和完善,希望广大自学考试辅导教师和自学考试者在教材的使用与学习中,提出宝贵意见,为这一事业的发展和提高作出贡献。

江苏省中小学教师自学考试办公室
2001年10月

目 录

上篇 中国学前教育思想

第一章 古代学前教育思想 …………………………………（3）
  第一节 贾谊的早期教育思想 …………………………（3）
  第二节 颜之推的家庭教育思想 ………………………（4）
  第三节 朱熹重规范的教育思想 ………………………（7）
  第四节 王守仁顺自然的教育思想 ……………………（8）
  第五节 陆世仪熏陶涵养的教育思想 …………………（10）
  第六节 张履祥耕读相兼的教育思想 …………………（12）
  第七节 崔学古"爱养"的教育思想 ……………………（13）
  第八节 唐彪"善诱"的教育思想 ………………………（14）

第二章 近现代学前教育思想 ……………………………（16）
  第一节 张之洞的学前教育主张 ………………………（16）
  第二节 康有为的学前儿童公育思想 …………………（18）
  第三节 蔡元培的儿童教育思想 ………………………（19）
  第四节 张雪门的学前教育理论与实践 ………………（21）
  第五节 陶行知的学前教育理论与实践 ………………（23）
  第六节 陈鹤琴的学前教育理论与实践 ………………（26）

第七节　恽代英的儿童公育思想 …………………（37）
第八节　张宗麟的学前教育理论与实践 ……………（40）
第三章　当代学前教育思想 ……………………………（44）
第一节　前苏联教育理论影响下的学前教育思想 ………（44）
第二节　新时期学前教育思想的发展 …………………（50）

下篇　外国学前教育思想

第一章　古代学前教育思想 ……………………………（55）
第一节　柏拉图的学前教育思想 ………………………（55）
第二节　亚里士多德的学前教育思想 …………………（58）
第三节　昆体良的学前教育思想 ………………………（61）
第二章　近代学前教育思想 ……………………………（66）
第一节　夸美纽斯的学前教育思想 ……………………（66）
第二节　洛克的儿童教育思想 …………………………（75）
第三节　卢梭的儿童教育思想 …………………………（80）
第四节　裴斯泰洛齐的儿童教育思想 …………………（85）
第五节　赫尔巴特的儿童教育思想 ……………………（90）
第六节　福禄倍尔的学前教育思想 ……………………（96）
第三章　现代学前教育思想 ……………………………（101）
第一节　杜威的儿童教育思想 …………………………（101）
第二节　蒙台梭利的学前教育思想 ……………………（108）
第三节　克鲁普斯卡娅的学前教育思想 ………………（111）
第四章　当代学前教育思想 ……………………………（115）
第一节　皮亚杰的认知发展理论与学前教育思想 ……（115）
第二节　人本主义教育家的学前教育思想 ……………（124）
第三节　当代早期教育理论概述 ………………………（129）

上 篇

中国学前教育思想

第一章 古代学前教育思想

第一节 贾谊的早期教育思想

一、及早施教

贾谊十分重视对太子的教育,认为这是国家治乱的根本。太子的教育要从胎教开始,王后怀孕后,要保证充足的营养,养成良好的心性,不食邪味,不听邪音,一切言行举止皆合正礼,腹中胎儿受其影响便会中正不邪。太子一出生就要接受教育,以一定的礼节仪式加以熏陶影响。在贾谊看来,儿童早期教育之所以重要,是因为婴幼儿时期,孩子心地单纯,既容易形成良好的品德,也会感染不良习气。当儿童尚未受到外界环境的不良影响时,须及早施教,可获得事半功倍的最佳效果。而且幼年形成的行为习惯,以后不易改变,仿佛天生的一般,正如孔子云:"少成若天性,习惯如自然。"

二、慎重择师

贾谊认为,慎重择师是对太子进行早期教育的根本保证。周成王之所以成为圣明君主,而秦二世则是昏庸暴戾的亡国之君,其根本原因在于他们的老师不同。成王的老师周公、召公、太公均为贤者,故成王"习与正人居之,不能无正也"。而秦二世以赵高为师,善恶不分,是非颠倒,故数载即亡。由此看来,择师不可不慎。

三、三育并举

贾谊主张德、智、体三育并举,"保其身体","傅之德义","道之教训"。他将"保其身体"置于首位,在保证儿童健康发育的前提下,要特别关注品德教育,以德育为本。"傅之德义"和"道之教训"虽含有认知的成分,但其主旨是为了培养儿童良好的品德。为达到此目的,早期教育须从细微处入手。"善不可谓小而无益,不善不可谓小而无伤。"无论善恶,均须在萌芽阶段及时加以正确引导,方能使儿童存善去恶,成为品行端正之人。

四、深浅适宜

贾谊认为,实施早期教育要深浅适宜、难易适度。不可过深,因为过深则会使儿童因学习困难而产生厌学情绪;亦不可太浅,因为太浅则达不到促进智力发展的功效。教育者应当根据儿童的学习能力来确定教学内容的深浅、难易和进程的快慢,使学习者能感到胜任快愉,不使其因负担过重而产生厌苦之情。这种深浅适宜、快慢适当,最大限度地发掘学生智慧潜能的教学原则,对后世产生了重要影响。

第二节 颜之推的家庭教育思想

一、家教奠基,父母有责

颜之推认为,在社会大变动时期,个人的地位和前途怎样,靠家庭和父兄是没有用的,只有靠自己。只要自己有知识、有才能,就可保住较高的社会地位。而一个人的道德和才能如何,又往往取决于其早期家庭教育的优劣。大凡在幼年时期接受了良好的家庭教育者,都能建功立业;早年未受到严格的家庭教育者,则可能会导致杀身败家。因此,家庭教育非常重要,它关系到个人的成败和家族的兴衰,是奠基的教育,而这一教育重任便历史地落到了父母的身上。

二、教儿婴孩,勿失良机

颜之推指出,家庭教育应当抓住时机,及早进行。如有条件,可从胎教开始;若无条件,也须在孩子刚刚"识人颜色,知人喜怒"时,就要及时加以教育。只有及时施教,才能取得最佳效果。因为儿童年幼,可塑性大,尽早加以引导,可使儿童养成良好的习惯,以抵御各种不良影响的侵袭。同时,年龄越小,思想越单纯,精神越专一,记忆力也就越好,因而学习的知识掌握得就牢固。所以家庭教育宜早不宜迟,每个做家长的切勿错失良机。

三、德艺双修,博专统一

颜之推主张家庭教育的内容应当是德艺双修。首先,要重视对儿童进行道德理想和道德情操的教育。要教育子女从小立志,树立高尚的生活理想,确立正确的道德观念,分清是非善恶。凡是符合仁义之事,要不惜一切代价努力去实行;凡是不仁不义之事,即使能为个人捞取好处,也决不去做。其次,要进行广泛的"学艺"教育,使儿童将来能有一技之长,从而获取谋生的手段。在他看来,"艺"包括"文艺"和"杂艺",前者主要是指"六经"及百家之书,后者包括琴、棋、书、画、医、数、射、卜及农业生产知识等。只要学成一艺,便可安身立命。

在学习过程中,颜之推重视博专统一。一方面要博闻,即广博地学习自然和社会方面的各种知识,包括各行各业中有价值的东西,这对于以后做事大有裨益;另一方面学习不能浅尝辄止,而要专一,只有专一,才能做到精深。所谓博专统一,就是既要博览群书,又要努力钻研以掌握其精要。

四、偏宠有害,严教是爱

颜之推指出,天下父母虽然都爱自己的子女,可是有不少人爱孩子的方式不正确,其中有的人一味地宠爱、溺爱孩子,只知道尽量满足孩子的各种欲望,不知道加以教育、引导。孩子做了错事,本应批评却反而奖励,或一笑了之,致使他们是非不分,以致养成不良习惯,长大后成为品德败坏的人。有的人偏爱孩子,对子女不一视同仁,从而造成有的孩子骄横无比,有的孩子则因受冷落而性格变态,这些均影响了他们的健康成长。总之,宠爱与偏爱,看起来是爱,实际上是害。颜之推要求父母将爱与教结合起来,寓爱于教。对孩子严格要求,"使为则为,使止则止"。只有严加管教,孩子才能成器。

五、风化熏陶,闻见结合

颜之推认为,儿童正处于生长发展的阶段,极易受环境的影响。父母应当为儿童创造良好的家庭环境,以家长的模范行为为孩子树立榜样。他把这种示范作用称为"风化",这种"风化"是一种自然的仿效,无须任何强制,好的家庭教育不在于长篇说教,而在于熏陶感染。

闻见结合是颜之推倡导的一种重要的学习方法。针对当时人们重耳闻、轻眼见,喜欢道听途说的不良学风,他指出,听闻虽能长知识、开眼界,但对道听途说之言不可轻信,只有眼见方能知其真伪。因此,他说:"必须眼学,勿信耳受。"所谓"眼学",包括书本知识的学习和实践经验的积累,它重视亲身直接观察以获取知识。他主张闻见结合,既要耳闻,但更需目睹,只有这样,才能得到真正的学问。

第三节　朱熹重规范的教育思想

一、儿童教育的意义

朱熹认为,儿童教育是"打坯模"的基础教育。如果基础打好了,那么到了大学就不费力;假若基础没打好,以后再来补救便十分困难。所以,儿童教育对于一个人的成长极为重要,只有抓紧抓好幼稚时期的教育,才能使儿童的心智得到充分发展。

二、儿童教育的内容

朱熹根据儿童年幼,"智识未开",思维能力较弱的特点,主张儿童教育的内容应当力求浅近、具体,所谓"小学者,学其事","必自其近而易者始"。他认为,要让儿童在日常生活中,通过具体行事,逐步懂得基本的道德规范,了解简单易行的行为准则,以养成良好的习惯,进而培养德性,增长才干,成为"圣贤坯璞"。

三、儿童教育的原则

(一) 正面教育,防患未然

朱熹指出,儿童教育要有预见性,要防患于未然,所谓"遏人欲于将萌"。因为儿童的不良品德一旦形成,再加以纠正就相当困难。为使儿童避免形成不良品德,需要从正面教育入手,积极引导。他说,对幼儿教育"要多说那恭敬处,少说那防禁处"。开展正面教育,就是引导儿童按照规矩去做。儿童长期受规矩约束,"积久成熟",便会"自成方圆",从而形成良好的行为习惯。

(二) 认真专一,知行并重

朱熹强调,儿童教育要培养"主敬"的学习态度,它包括严肃认真、一丝不苟的精神和专心一致、集中注意的态度。没有这种精神和态度,就"无以涵养本原",也"无以开发聪明"。朱熹重视儿童教育的知行并重。他指出,人的行为是受认识支配的,要做某件事,首先得明白如何去做。所以,教育儿童先要让他们认识规矩,这就是知;然后要求他们按规矩去做,这便是行。只有知行结合,知行并重,才能养成儿童良好的习惯。

(三)循序渐进,启发诱导

朱熹主张,儿童教育要循序渐进,根据儿童的年龄大小,教育内容应有高下、深浅、难易的差别。刚入学的孩子,当从浅近平易处开始,使他们易于理解和接受,以后"一岁有一岁的功夫"。教育儿童要启发诱导,所谓"指引者,师之功也"。教师只是个引路人,其作用在于"示之于始而正之于终",即在教育过程开始时由教师对儿童加以提示和引导,结束时则由老师作出评价和总结;而中间过程全由学生自己去思考、去践行。所谓"中间三十分工夫,自用吃力去做",由此形成良好的品德。

第四节 王守仁顺自然的教育思想

一、儿童教育的目的和任务

王守仁认为,儿童教育的目的是"明人伦",即培养儿童封建的道德品性,以塑造理想的人格,同时使儿童从小就学会处理社会人际关系,以巩固封建统治。从"明人伦"的目的出发,王守仁将培养德性作为儿童教育的主要任务,使他们了解道德规范,懂得做人的道理,切实遵守社会的行为准则,以实现"'蒙以养正'之功"。

二、儿童教育的程序

王守仁依据动静搭配、学行结合的原则,设计了每日功课表:首先考德,了解儿童在家中的德行表现;接下来背书,检查学生对已学内容掌握的情况,背完书后再读新书;然后学习各种礼节或练习写字;再往后又是读书,在熟读的基础上,教师对书中的要点逐一讲解;最后是歌诗,在悠扬的歌声中结束一天的课业。

三、儿童教育的形式

(一) 考之以德,督其谨饬

每日清晨,教师首先要逐一询问每个学生在家的行为表现是否符合道德准则,学生要如实回答,老师再根据每天的不同情况,有针对性地进行教育。这种教育方式有利于督促学生将知行统一起来,以培养良好的品德习惯。

(二) 讽之读书,开其知觉

读书是儿童教育的主要形式。王守仁要求儿童在读书时须专心一意,边读边想,字字句句,反复推敲,从而增长知识,开发智力,明白做人的道理,以形成良好的道德观念。

(三) 导之习礼,肃其威仪

习礼是培养儿童品德习惯的重要途经。王守仁认为,习礼不但能使儿童养成遵守礼仪的好习惯,而且通过礼仪动作的训练,还可以达到锻炼身体、增强体质的作用。

(四) 诱之歌诗,发其志意

歌诗是陶冶儿童心灵的好方法。王守仁指出,歌诗既能激发儿童的志趣和意向,也能将儿童活泼好动的倾向引向咏歌,使他们内心的忧闷与烦恼得到正当的排解与宣泄,对儿童的情感具有调节作用。

四、儿童教育的原则与方法

(一) 顺其性情,寓教于乐

王守仁认为,教育者要从儿童的身心发展特点出发,顺其性情,采用儿童喜闻乐见的教育方式和方法,激发他们的学习兴趣,使其"趋向鼓舞,中心喜悦",从而"乐习不倦"。快乐的气氛和愉悦的情境,必将大大提高教育效果。

(二)随人分限,因材循序

王守仁主张,儿童教育要"随人分限所及"。对于不同的儿童来说,就是要因材施教。由于人的"资质"不同,故施教的内容、分量和方法均要因人而异,充分发挥各人的特长,以培养出具有不同个性的人才。对于同一个儿童来说,就要按照他的接受能力,循序渐进地施教。儿童的生长是一个逐渐发展的过程,在不同的阶段具有不同的能力和水平。儿童教育必须从不同年龄阶段的特点出发,根据他们的认识水平,"渐渐盈科而进"。要量力施教,留有充分余地,使儿童"精神力量有余,则无厌苦之患,而有自得之美"。

(三)分班教学,相互观摩

王守仁认为,歌诗、习礼等活动性教育宜采用分班教学的形式,在集体活动中,可以互相观摩,并开展竞赛,这样既有利于互相学习,相观而善,又能提高儿童的学习兴趣,"使其乐习不倦"。

第五节 陆世仪熏陶涵养的教育思想

一、重视早期教育

陆世仪认为,儿童教育并非自入学开始,入学前的家庭教育也非常重要。有的家长不重视家庭教育,致使孩子受到不良习气的影响,后悔莫及。所以,在孩子刚开始懂事时,家长就要进行启蒙教育,使他们从小养成良好习惯,则终生受用无穷。

二、强调以身示范

陆世仪强调教育者以身示范的作用。他认为教育者的一切言行举止都要符合封建道德规范,这对于儿童来说是一种潜移默化的教育因素。良好的示范作用可以培养出具有善良品德行为的孩子。因此,教育者的自身素质是儿童教育的前提条件和基本保证。

三、加强礼乐教化

陆世仪根据儿童喜爱歌舞的天性,主张加强歌诗、习礼的教育,使他们在愉悦的情境中受到礼乐的熏陶,长此以往,则逐渐养成良好的品德,使其身心得到健康发展。他指出,歌诗可使儿童精神振作,情绪高昂,提高其学习积极性;习礼则可使儿童懂得各种规矩、准绳,以此来约束自己的言行。以歌诗、习礼来熏陶涵养,可收事半功倍之效。

四、注意难易适中

陆世仪认为,儿童思维能力较弱,难以领会高深的道理,应当引导他们去学习易学易做之事,如"头容直"、"手容恭"等幼儿礼仪知识,这些知识文字较少,朗朗上口,便于记诵,且难易适中,易懂会做。

五、力求宽严得当

陆世仪主张,教育儿童要宽严相济,即年幼以宽,年长以严。儿童幼小时,胆子较小,思想单纯,若过于严厉,会使其内心受到伤害,故可适当放宽要求,切不可大声呵斥与扑责,以保护儿童的身心健康。儿童稍长,智慧渐开,思想渐渐复杂起来,此时要求应严格一些,以防他们受不良环境影响,走上邪路。教育者应力求宽严得当,以引导儿童学习做人的道理,防止他们误入歧途。

第六节　张履祥耕读相兼的教育思想

一、正其心术

张履祥认为,人们立身处世,均以心术为本;而人的心术端正与否,关键在于儿童阶段所受的教育。因此,从小就要教育孩子明辨是非,"亲贤乐善",树立正确的道德观念,这样,心术便逐渐归于纯正。

二、耕读相兼

张履祥主张蒙养教育须亦学亦农,耕读相兼。首先是读书。"须立准课程",选择最适合儿童初学的内容,如《小学》和《近思录》等,先仔细体味,以理解其义;再联系实际,规范自己的言行,以此"正其趋向,立其根基"。其次是劳动。当孩子稍长,具备劳动能力时,便须参加农业劳动,以体验劳动的艰辛,培养良好的品德。同时掌握了一定的劳动技能,也就提高了他们的生存能力,增加了他们"治生"的本领。此外,参加劳动还有助于锻炼身体,促进儿童健康成长。

三、谦虚笃实

张履祥鼓励儿童谦虚好学,反对自以为是、妄自尊大。他主张引导儿童常和"贤于我者"相比,这样他们才会感到自己的不足,才会努力进取。他又认为儿童时期容易滋生轻浮之气,而轻浮乃百恶之根源,故蒙养教育要倡笃实而戒轻浮。

四、恭俭勤谨

张履祥认为,儿童初学,要培养恭敬、节俭、勤奋、谨慎的态度。

要"以敬存心",只有真正存有恭敬之心,才能恭敬地待人;要注意节约,生活上不要有过高的要求,不铺张浪费;要学习勤奋,做事勤劳,不可懒惰;要小心谨慎,脚踏实地,一步一个脚印。只有这样,才能不断地成长进步。

五、知耻改过

张履祥主张引导儿童逐步确立正确的羞耻观,了解什么是可耻的事,只有"能知耻",才不会成为可耻之人。要教育儿童有过即改。人都会有过失,但有的孩子看不到自己的毛病,自以为无过,故教育者要帮助儿童及时知过改过,这是蒙养教育的重要任务。

第七节 崔学古"爱养"的教育思想

一、爱护儿童是蒙养教育的出发点

崔学古提出"爱养"的观点。所谓"爱养",即以慈爱的精神关爱儿童,用说理的方法教育、感化儿童。对于孩子,不分年幼年长,也不管聪明还是愚蠢,都要"勤于教导",耐心说服,"循循诱掖",使他们心悦诚服。教育者要像爱护幼苗那样,关爱孩子稚嫩的心灵,关心他们的健康成长。

二、因人而异是蒙养教育的基本要求

崔学古认为,儿童的资质有高下之分,故须因人而异地进行教育。对于聪明听话的孩子,可采用"善言警悟",使其不责自成;对极个别绝顶聪明者,不宜过多表扬,却要常常指出他们的不足,以免其骄傲自满。对于愚钝顽劣的孩子,可适当予以责罚,但责罚后仍要"好言劝谕",使其真正认识错误并切实改正;但对极少数过

于笨拙的孩子,要多表扬,少批评,以增强其自信心。

三、宽严相济是蒙养教育的重要原则

崔学古提出"宽假其辞色,紧严其课程"的要求,就是说教育者一方面对儿童的态度要宽厚仁慈一些,表情要和蔼,语言要温和,则儿童就会产生亲近之感,从而敞开其心扉;另一方面在学习上要从严要求,丝毫放松不得。宽是指态度,严是指要求,宽严相济有利于儿童的成长发展。

四、正面引导是蒙养教育的主要方法

崔学古强调,蒙养教育应以正面开导为主,要经常给孩子们讲道理,用古代圣贤的"嘉言善行"及历史上可师可法之人与可歌可泣之事,对儿童进行教育,或用现实生活中的理想追求以及利害得失等,对儿童加以引导,使他们明白道理,产生追求上进之心。

五、家馆合作是蒙养教育的必要途径

崔学古认为,蒙养教育既是蒙馆的任务,也是家庭的责任,蒙馆与家庭应当既有分工又有合作,只有两方面协调得当,配合默契,统一要求,形成合力,才能取得良好的教育效果。

第八节 唐彪"善诱"的教育思想

一、尊重蒙师,教之前提

唐彪认为,蒙师的教育对象是儿童,儿童阶段是品德形成和学问奠基的关键时期,因此,蒙师对儿童的健康成长,关系重大。蒙师终日忙碌,劳苦至极,应当受到世人的尊敬。只有尊重蒙师,才能使儿童教育得到发展。

二、读书为本,识字为先

唐彪主张蒙养教育须"以读书为本"。读书不仅使儿童知识丰富,而且它有益于身心发展,使儿童明白事理,懂得如何做人。然而,读书又须以识字为基础,先教儿童认字,当他们认识一二千字后,再令其读书,这样才会有好的效果。

三、先易后难,分层致功

唐彪指出,蒙学教育应当根据儿童的理解能力,先易后难,先选择容易掌握的内容,使之易学,只有易学才能条理通达,然后再逐步加深。要做到先易后难,就必须分层致功。先读什么书,后读什么书,再读什么书,应当循序渐进,层层深入。这种由易到难的分层阅读,符合儿童的接受能力,容易取得成效。

四、随读随解,启发思考

唐彪认为教儿童读书,要"随读随解"。先解释大意,再具体加以说明。讲解要简单明白,通俗易懂,并能联系实际,这样儿童才容易领会。讲解时要启发儿童思考,要诱导儿童生疑,有疑才有问,有问才有悟,这样便能"开其智慧","学有进益"。

五、奖功督过,赏罚分明

唐彪主张恰当地运用奖励和惩罚两种手段,以引导儿童不断进步。对于聪明的孩子应当严格要求,若他们达不到要求,可加以惩罚,所谓"鞭打快牛"。对于愚顽的儿童则不可多加督责,而应当好言相劝,使其逐渐有所醒悟。若他们有了点滴进步,则须多加奖励,使其受到鼓舞,促其奋发向上。教育者若能做到奖功督过,赏罚分明,便能取得良好的教育效果。

第二章 近现代学前教育思想

第一节 张之洞的学前教育主张

一、"中体西用"的洋务教育指导思想

张之洞在《劝学篇》中全面地阐述了"中体西用"思想。他指出"中学"是中国的传统文化,其中最重要的就是封建的三纲五常;"西学"主要是指"西政"和"西艺",即西方的管理制度和科学技术。他主张,必须首先精通"中学",打下坚实的基础,然后再有针对性地学习"西学"。"中学"和"西学"两者不可偏废,但有主次之分,"中学"为主,"西学"为次,即"中学为体,西学为用",目的是以"西学"之长来维护清王朝的封建统治。因此,当维新思潮冲击了封建专制政体和纲常伦理之时,张之洞便以明"君臣之纲",反对维新派的民权之说,以明"夫妇之纲",反对男女平权思想,使"中体西用"的积极作用逐渐消失。

二、第一个学前教育法规中的基本思想

1904年,清政府颁布了由张之洞等人制定的《奏定学堂章程》,其中的《奏定蒙养院章程及家庭教育法章程》(下称《章程》)是我国第一个学前教育法规,它体现了张之洞的学前教育观点。

（一）重视学前教育，蒙养家教合一

《章程》指出，蒙养教育是国民教育的第一块基石，为此各地要设立蒙养院，以培养3~7岁的幼儿。但因普遍设立蒙养院尚有困难，故儿童教育仍以家庭教育为主。各省学堂要编辑家庭教育读本，发给每户一册，让家庭主妇学习和掌握家庭教育基本知识，从而使每个儿童都能受到良好的学前教育。以家庭教育为主，以蒙养院为辅，使蒙养家教合一，是促进学前教育发展的基本思路。

（二）提倡保教结合，强调启发涵养

《章程》指出，学前教育应以保教结合为原则，既重保育，使儿童身体健康发育，又重教导，使其精神健康成长。要根据儿童身心发展水平实施教育，使其力所能及；要从他们的性格特点出发，采用启发涵养的方法，逐渐加以引导；要营造良好的环境氛围，以榜样影响儿童，使之潜移默化，逐渐形成善良的品德。

（三）依据幼儿特点，确定教学内容

《章程》要求，蒙养院应根据幼儿的特点，将游戏、歌谣、谈话、手技作为教学内容，这与小学的学科教学迥然有别。喜好游戏与唱歌是儿童天性，所以开展游戏与歌咏活动最能满足儿童的心理需求，使其身体得到锻炼，情感得到陶冶。谈话可以培养儿童观察、思维以及语言表达能力，手工劳动可训练儿童手眼协调动作，发展其操作能力。

（四）实施保姆培训，提高幼教师资

《章程》指出，要对蒙养院内承担保教责任的保姆进行培训，以提高其保教能力，凡培训合格者发给凭单，学无成效者不给凭单。

由张之洞等人制定的我国第一个学前教育法规，虽然深受"中体西用"思想的影响而具有较为浓厚的封建性，但它主张吸取外国幼稚园成功的办学经验，以促进我国学前教育的发展，这又具有积极的作用。

第二节　康有为的学前儿童公育思想

康有为在《大同书》中描绘了一个没有家族,废除私有财产,提倡男女平等的理想社会。在这个理想社会中,有一个公养、公育的教育系统,即人本院、育婴院、小学院、中学院和大学院,其中人本院和育婴院是学前教育机构,它包括胎教与幼教两个阶段,而关于这两个阶段的教育主张,便是他的学前儿童公育思想。

一、重视环境

康有为认为,学前教育机构应建在气候冷暖适宜的平原地区,四周环境优美,空气清新,无噪声污染,使孕妇心情舒畅,精神愉悦,以利于胎儿的生长发育;使婴幼儿在优美的环境中受到熏陶感染,以形成优良品德。

二、慎择保傅

康有为主张,人本院和育婴院的保教人员均由女子担任,名曰女傅、女保。由于保傅责任重大,故须慎重选择。其要求是品德高尚、身体健康、聪敏智慧、和蔼慈祥,并且有恒心、有耐心、不急躁、不厌倦,具备这些条件的女子方能充任保傅。

三、教导孕妇

康有为要求,孕妇进入人本院后,即由师、傅、保等对其实施胎教,内容有学道、育德和养身三方面。第一,学道。由师保分别就"人道之公理"和个人卫生、育子良法等加以讲授,"以涵养其仁心","发扬其智慧"。第二,育德。孕妇由女傅陪伴,接受品德陶冶,无论院内院外,均使孕妇生活在良好的道德环境中,以培养其善良的品德,从而影响腹中胎儿。第三,养身。孕妇的冷暖饮食、行为举止等生活的各个方面,皆由医生安排和调理,使其身体健康强壮,以保证胎儿的正常发育。

四、培育婴幼

康有为认为,婴幼儿的教育应以"养儿体,乐儿魂,开儿知识为主"。首先是养体。在育婴院中,医生每日早晚诊视两次,对每个儿童的衣食游息作出具体安排,并由女保负责实施,以保证儿童身体健康。其次是乐魂。儿童年幼,易受外界感染,可通过音乐、游戏等儿童喜闻乐见的活动实施教育,使其感受快乐,以实现"乐儿魂"的目的。再次是开智,即对婴幼儿进行早期知识教育和能力培养。根据婴幼儿的认识特点,为增强直观性,可利用图画、模型、玩具等,教儿童说话或认识事物,以使其增长知识、发展能力。

康有为所主张的养体、乐魂和开智,并非孤立的、割裂的,而是统一的。养体是乐魂与开智的基础,乐魂又是开智的前提,而开智则有利于养体与乐魂。三者的统一体现了德、智、体、美和谐发展的精神,它们共同促进了儿童的健康成长。

第三节 蔡元培的儿童教育思想

一、"五育"并举的教育方针论

蔡元培于 1912 年发表《对于教育方针的意见》一文,提出了军国民教育、实利主义教育、公民道德教育、世界观教育和美感教育等五育并举的教育方针。首次从养成健全人格的教育目的出发,系统提出了体、智、德、美和谐发展的主张。

所谓军国民教育即体育,既是强兵富国的需要,也是健全人格所必须;所谓实利主义教育即智育,既能教给人们各种普通文化科学知识和实用技术技能,又要养成人们独立思考的能力和习惯;所谓公民道德教育即德育,为完全人格教育的核心,其目的在于进行自由、平等、博爱的教育,以养成具有资产阶级新道德的人才;所谓世界观教育,其任务是培养人们超轶现世之观念,以追求最高精神境界;所谓美感教育即美育,以陶冶感情,培养高尚纯洁的习惯为目的。

蔡元培在中国教育史上,首次系统地提出以德育为中心的体、智、德、美和谐发展的教育方针,这不仅是对封建教育宗旨的彻底否定,而且顺应了当时社会变革的潮流,反映了发展资本主义而对人才提出的要求,为中国资产阶级创建新教育体制提供了思想武器,也是改革学前教育的指导方针,并对新中国教育方针的形成和发展产生了潜在影响。

二、"尚自然"、"展个性"的儿童教育主张

蔡元培于1918年发表了著名的讲话《新教育与旧教育之歧点》。他认为,旧教育是使儿童受教育于成人,而新教育应反其道而行之。他主张"教育者,与其守成法,毋宁尚自然,与其求划一,毋宁展个性"。他提倡尊重儿童个性,让儿童自由自然地发展。这是反对封建儿童观、倡导新儿童观的有力武器。

三、学前儿童公育的理想

蔡元培于1919年在《贫儿院与贫儿教育的关系》这篇演讲中,揭露封建家庭的黑暗及对儿童的不良影响,指出教育是专门的事业,不是人人能担任的。他提出学前儿童公育的理想,主张通过胎教院、乳儿院、蒙养院来实施学前儿童公育,并从贫儿院下手,从贫儿推及不贫的儿童。

四、倡导学前儿童的美育

蔡元培于1922年发表《美育实施的方法》,主张将家庭教育、

学校教育、社会教育三方面结合起来进行美育。他设想通过胎教院、育婴院、幼稚园三级学前教育机构实施美育。他认为美育应从胎教起步,使婴儿和母亲生活在由自然美和艺术美构成的环境中。幼稚园的美育,一方面通过舞蹈、唱歌、手工等美育专课进行,另一方面还要充分利用其他课内含的美的因素。蔡元培是我国近现代美育的倡导者。

第四节　张雪门的学前教育理论与实践

一、论幼稚教育的目的

张雪门根据教育目标的不同,把中国幼稚教育分为四类:

一是以培植士大夫为目标的幼稚教育。以陈腐的学问、忠孝的道德、严格的管理,再加上劳心而不劳力的培养,为造就士大夫服务的幼稚教育即属此类,如清末仿日设置的蒙养院。

二是以培养宗教信徒为目标的幼稚教育。以基督教徒为标准,力图通过宗教毒害幼儿,使之将来成为虔诚的教徒和帝国主义温顺的奴仆的幼稚教育即属此类,如以宗教为本位的教会幼稚园。

三是以发展个性为目标的幼稚教育。以儿童为本位,成就儿童在该时期内身心的发展,并培养其获得经验的根本习惯,以适应环境的幼稚教育即属此类,如从意大利、美国传入的幼稚园。

四是以改造中华民族为目标的幼稚教育。幼稚教育的目标必须随时代的前进而改变,以符合时代的需要和造就中华民族优秀新一代的要求。他认为应通过教育"培养国民生产的习惯和兴趣,团结的能力,客观的态度,自动的精神,并唤起民族的意识及反帝国主义的情绪"。所以教育是关键,而幼稚教育应居其始。

二、论幼稚园的行为课程

张雪门于20世纪30年代初开始进行幼稚园行为课程的研究，一直沿续至五六十年代。他的观点如下：

（一）什么是课程？

课程是经验，是人类的经验。用最经济的手段，按有组织的配制，用各种方法，以引起孩子的反应和活动。他认为不应当把课程视为知识的积体，而应当把技能、知识、兴趣、道德、体力、风俗、礼节种种经验，都包括在课程里，课程是适应儿童生长的有价值的材料。

（二）什么是行为课程？

生活就是教育，五六岁的孩子们在幼稚园的生活实践，就是行为课程。生活和实际行为是行为课程的两大要素。首先，这种课程完全根据于生活，它从生活而来，从生活而开展，也从生活而结束。即以生活为中心，使教育生活化、生活教育化。其次，这种课程应注意实际行为（即行动、活动、做事），课程未经行为的活动，其所得到的经验，不过是表面的、机械的，绝不是有机的融化。生活和行为是相互联系的整体。

（三）行为课程的组织

幼稚园课程的特点是整体性（幼儿对自然和社会没有分明的界限）、个体性（满足个体的需要实甚于社会的希求）和直接性（须根据幼儿的直接经验）。组织时必须和儿童生活相联系；是有目的、有计划的活动；事前应有准备（确定目标、创设环境、组织活动）；活动应符合儿童的兴趣和需要。

（四）行为课程教学法

行为课程的实施要旨是以行为为中心，以设计为过程，采用单元教学法，并注意动机—目的—内容—实施—评量。教学法应起于活动的有计划的设计；根据设计指导幼儿的行为，注意劳动中劳心的原则;结束后进行评量与检讨。

张雪门行为课程的基本思想就是"生活即教育"、"行为即课程"。其目标兼顾个体与社会的需要,其内容来自周围的生活环境,其方法采用单元设计教学法,其实施则以行动为中心,并注意评量与检讨。行为课程是我国第一代幼教专家将东西方教育思想融合的结晶,其核心思想为生活教育化、教育生活化及以行为为中心。

三、论幼稚师范教育

张雪门一贯重视幼稚园师资的培训和幼师教育,其幼稚师范教育思想的鲜明特点是非常注重实践。他从"骑马者应从马背上学"这一指导思想出发,始终突出见习和实习的地位,并作了系统论述。

他提出的见习和实习的计划与传统师范教育的做法有明显的不同:一是在空间上,他把幼师生的实习场所从幼稚园扩大到婴儿园、小学,从园内扩大到园外,从城市扩大到农村;二是在时间上,他从只集中在三年中的最后一学期,增加到三年(六个学期)中均有实习;三是在内容上,他从仅仅实习幼稚教育扩展到婴儿保育、小学教育,从只实习教育、教学扩展到实习行政管理以及缝纫、炊事等;四是在组织上,实行一年级看、二年级做、三年级管,尽量培养幼师生独立从事各种幼教工作的能力。

第五节 陶行知的学前教育理论与实践

一、生活教育理论

(一) 生活教育理论的形成

陶行知的生活教育理论是在批判传统的死教育,吸收、改造杜威实用主义教育思想,探索普及大众教育的实践中产生的。

(二)生活教育理论的内容

1. 生活即教育

以实际生活为教育源泉;给生活以教育,用生活来教育,为生活向前向上的需要而教育;生活决定教育,教育要通过生活才能产生力量而成真正的教育。

2. 社会即学校

学校教育要伸张到大自然、大社会去活动,人人可做先生和学生,处处都是教育的场所和课堂。

3. 教学做合一

做是中心,在做上教的是先生,在做上学的是学生,教学做不是三件事而是一件事。

(三)生活教育理论在学前教育中的运用

"生活即教育"是承认一切非正式的东西都在教育的范围内,学前教育阶段是非正式学校阶段,强调寓教育于幼儿的生活之中,使生活无时不含教育的意义。"社会即学校"可使教育的材料、方法、工具、环境、范围都极大地增加和扩大。学前教育机构的教育也应使幼儿生活在大自然、大社会的怀抱里。"教学做合一"使教与学均以做为中心,以行求知,手脑并用。学前教育很适宜用此教学法,让儿童在操作中学习,教师在活动过程中进行教育、教学。

二、论学前教育的重要性

陶行知从人类自身发展的需要和国家的前途双重意义上阐发了学前教育的重要性。他认为幼稚教育是人生之基础的教育,凡人生所需要之习惯、倾向、态度,多半可以在6岁以前培养成功,即6岁以前是人格陶冶最重要的时期;幼稚教育更是建国根本之根本,幼稚教育和小学教育一样应当普及。

三、论学前教育为劳苦大众服务的方向

陶行知揭露当时幼稚园害了三种大病,即外国病、花钱病、富贵病。他针锋相对地提出了要把幼稚园建设成为中国的、省钱的、平民的幼稚园。他发现中国幼稚园的新大陆是工厂和农村,号召开展一个幼稚园下厂、下乡运动。他率领学生创办了我国最早的乡村幼稚园如南京燕子矶幼稚园和最早的工厂幼稚园如上海沪西劳工幼儿团。陶行知是我国向工农开门、为工农服务的幼教事业的开拓者和奠基人。

四、论儿童创造力的培养

（一）认识儿童的创造力

陶行知倡导通过创造教育培养儿童的创造力,应当注意发现他们,了解他们,相信他们,认识到儿童不但有力量,而且有创造力。

（二）解放儿童的创造力

陶行知提出了六大"解放":

解放儿童的头脑,让他们自己去思考、去想;

解放儿童的双手,让他们去做、去干;

解放儿童的眼睛,让他们去观察、去看事实;

解放儿童的嘴巴,让他们去说、去问;

解放儿童的空间,把他们从鸟笼式的学校解放出来,让他们去接触大自然和大社会;

解放儿童的时间,使他们做支配时间的主人。

（三）培养儿童的创造力

需要充分的营养、建立良好的习惯和因材施教。

五、论幼稚师范教育的改革

（一）改造旧的幼稚师范教育

旧的幼稚师范培养的学生理论脱离实际，新型的幼师必须以幼稚园为中心，既学理论又学习如何办幼稚园。

（二）用"艺友制"培养大批幼稚园教师

何谓"艺友制"？艺是艺术，也可作手艺解。友，就是朋友。用朋友之道，跟着幼稚教师在幼稚园里学做幼稚教师的，便叫幼稚园艺友。用这种方法来培养幼稚教师的方式就叫"艺友制"。其特点，一是边干边学，学用结合；二是周期短，比较经济。"艺友制"应与正规幼稚师范教育相辅而行。

第六节 陈鹤琴的学前教育理论与实践

一、论儿童的发展与教育

（一）儿童期对人生教育方面的意义

陈鹤琴于1925年发表《儿童心理之研究》，以后又写成《儿童心理学》等。他是我国儿童心理学的开拓者和奠基人。

陈鹤琴认为"人生一切的活动都要在儿童期内发展"，他特别强调儿童期是发展个人的最好机会，言语、习惯、道德、能力等在儿童期学习最速、养成最易、发展最快。儿童期一方面是发展能力的时期，另一方面具有可教性或可塑性，从而认定幼稚期（自出生至7岁）是人生最重要的一个时期。

（二）幼儿的心理特点与幼稚教育

陈鹤琴通过揭示幼儿的心理特点来提出教育、教学原则。他认为儿童不是"小人"，儿童的心理有其本身的价值，我们应当尊重儿童的人格，爱护他们的烂漫天真。幼儿具有以下主要特点：

1. 好动

儿童还没有养成自制力,他的行为完全为冲动与感觉所支配。成人应给他们充分的机会、适当的刺激,使儿童与万物多接触,让幼儿通过玩这玩那得到发展。

2. 好模仿

儿童的模仿心格外强烈,学习言语、风俗、技能等大都依赖模仿心。成人应以身作则,创造良好的环境,提供优良的模仿对象。

3. 好奇

好奇心是儿童学问之门径,是成人施教的钥匙。成人应创造条件使儿童多与新环境相接触,激发他们的好奇心,并鼓励儿童提出问题,引导儿童解答问题。

4. 好游戏

儿童好游戏乃是天然的,儿童以游戏为生命。游戏可以发展身体,培养高尚道德,使脑筋敏锐,游戏也是休息之灵丹。成人应顺应儿童身心发展,创设游戏环境,满足其游戏需要。

5. 喜欢成功

儿童更喜欢动作有成就,因为事情成功不仅有趣,还可得到赞许。成人应利用这种心理鼓励儿童去做各种事情,成就感能促进幼儿自信心的建立。

6. 喜欢合群

凡人都喜欢群居,成人应利用这种好群心理教育孩子,让儿童与同伴交往,与小动物友好相处,避免产生孤独感。

7. 喜欢野外生活

儿童都喜欢野外生活,郊游对孩子的身体、知识、行为都有很好的影响。成人要克服怕麻烦、怕弄脏了孩子、怕累了孩子等思想,让孩子多与自然界接触。

8. 喜欢称赞

两三岁的孩子就喜欢听好话,喜欢称赞他。成人应用言语、动作、表情来鼓励他,但不可滥用,以免适得其反。

(三) 学前儿童的发展阶段与教育

人生的过程,是一个连续不断的发展过程。人类独立人格的生活方式,包括反射生活、感觉运动生活、情绪生活、智慧生活和社会生活。这几种生活内容,在人类生活过程中虽是统一表现、相互发展的,但就其发展的程度上看,不同的年龄看其表现重点是有区别的。儿童的发展程度大致是:感觉运动生活在新生后1个月左右就已发展,情绪生活则在新生1个月后至1年左右亦具有发展的初型,其后到6岁为智慧生活奠基之时,到12岁则社会生活有显著的发展。

陈鹤琴根据其多年的观察和实验的研究成果,主张把从新生到学前分成四个阶段:新生婴儿期——新生,乳儿时期——新生后到1岁左右,步儿时期——1岁左右到3岁半左右,幼儿时期——3岁半左右到6岁左右。他按照儿童发展的有序性,揭示了每一阶段的发展特点,并确定了与各发展阶段相适应的教育重点:

1. 新生婴儿的发展与教育

新生的一刹那间,在人类的生命过程中是一个重要的关键。从这一刻开始,人逐渐向着独立的生活发展。发展特点是:生理现象复杂,生长非常迅速;视觉、听觉、触觉、嗅觉、压痛觉等均已发生;有无谓的动作和反射的动作;表现出快乐、惧怕、愤怒等情绪变化。教育重点是:建立儿童健康身体的基础,同时使优良习惯的形成有一个初始的基础。注意环境、饮食和睡眠。

2. 乳儿的发展和教育

一个成年人的体态和各种活动的姿势,在乳儿期就已具备了雏形。此期的显著特点为哺乳,动作发展和情绪发展为此期的重要表现:已开始从新生时的反射生活范围而发展为许多复杂的联合运动的范围;笑、快乐、愤怒、惧怕等情绪均有发展。教育重点是:在儿童身体筋肉活动时,应给予指导和维护,特别要鼓励孩子学习爬行和行走;培养其优良习惯,避免哭泣,养成乐观的情绪,如已养成不良的情绪反应,应采用隔离法、抑制法、同化法、更替法等予以纠正。

3. 步儿期的发展和教育

此期最大的表现为步行:儿童学习步行、开始步行、乐于步行,喜欢跑跳,进步迅速。陈鹤琴认为,人类之所以成为万物之灵,直身行走亦是主要因素之一。行走扩大了儿童活动的空间,使他从一个不独立的或半独立的个体而进于独立的个体。同时语言和智力也有明显的进步。陈鹤琴认为,言语是人类建立社会关系的因素之一。儿童言语发展分为四个阶段,即言语模仿的开始、将字结合、应用代名词与复数、应用叙述字。其子一鸣从出生后99天到2岁半,经历了从母音到子音、单音到复音、独字句到多字句、歌唱到说话的过程。此期的教育重点是:行走教育,必须顺应儿童行走的自然发展趋势,给予正确的指导,如合适的服装、适当的设备、积极的暗示和鼓励等;言语教育,使儿童将学习言语视做游戏一般乐于接受,儿童语言有障碍者需及早发现,考察其说话的各种生理机制及情绪、思想方面的因素,予以纠正。

4. 幼儿的发展与教育

陈鹤琴认为思维的活跃和社会性的发展是此期突出的表现:儿童的思想活动逐渐发展,由茫然无知到对环境中的形状、颜色、声音、物质等稍有认识,并有单独的观念和少数的联念,记忆力、言语、想像不断发展,理解力、思考力有较大进步;儿童的社会性获得发展,由对成人的依赖与被动到儿童之间的合作、交往和友谊,进而对成人给予的帮助或干涉表示反抗,四五岁的幼儿表现了充分的自信和互信,儿童的社会性还表现出充分的个别差异;儿童的情绪发生转变,即从自我的到他人的,从机械的到繁复的,从个人的到社会的等,而社会刺激日趋繁复是幼儿情绪发生转变的重要原因。教育重点是:幼儿期的教育非常重要,儿童对社会适应是否健全,生理或心理发展的程度是否表现出常态的前进,卫生习惯有否养成,儿童身体有否得到健美的发展,幼儿期的教育都负有相当的责任。教育时应注意多给以积极鼓励,不姑息、不严厉,让儿童使用自己的手脑,让儿童有自己的活动园地,发展儿童的好问心,父母和教师要以身作则。

二、论儿童的家庭教育和幼稚园教育

(一) 关于家庭教育

陈鹤琴于1925年写成《家庭教育》,后又陆续发表《怎样做父母》等论文。其《家庭教育》融生理学、心理学、教育学、社会学、美学等基本知识于一体,是具有中国特色的儿童家庭教育百科全书。陶行知肯定此书是中国做父母的必读之书。其家庭教育思想的主要内容如下:

1. 要把家庭教育作为关系到国家前途、命运的大事

知识之丰富与否,思想之发展与否,良好习惯之养成与否,家庭教育实应负完全的责任。儿童是振兴中华的希望,儿童教育是整个教育的基础,关系到我们伟大祖国的命运,培育人才要从小开始。家长是子女的第一个老师,父母应尽到教育好孩子的责任。

2. 要把科学地了解儿童作为实施家庭教育的依据

关于学习的性质,陈鹤琴认为儿童生来有三种基本能力,即感觉、联念、动作。学习就是先感觉外界的刺激,后把所感觉的事物与感觉联合起来,再发生相当的动作去反应外界的刺激。学习的原则就是刺激必须优良、正确,联念必须深刻牢固,学习事物必须让儿童自己与事物接触,不能包办代替。

3. 要把教育功能自然地渗透于家庭生活的各个方面

陈鹤琴认为家庭教育应融化和渗透在日常生活之中,并通过家长的言传身教、亲子间的交往和家庭生活的实践,随机地、个别地、面对面地进行。他主张对孩子进行卫生教育、情绪教育和群

育、智育等。

（二）关于幼稚园教育

1. 关于办好幼稚园的 15 条主张

陈鹤琴对当时抄袭外人、墨守成规、不知改良、陈腐不堪的幼稚教育极为不满，他于 1927 年发表《我们的主张》等论文揭露弊端、提出主张、指明方向，并通过创办鼓楼幼稚园，研究有关幼稚园的教育、教学及教材、设备等，探索中国化幼稚教育的道路。15 条主张为：

（1）幼稚园是要适应国情的；
（2）儿童教育是幼稚园与家庭共同的责任；
（3）凡儿童能够学的而又应当学的，我们都应当教他；
（4）幼稚园的课程可以以自然、社会为中心；
（5）幼稚园的课程须预先拟定，但临时可以变更；
（6）幼稚园第一要注意的是儿童的健康；
（7）幼稚园要使儿童养成良好的习惯；
（8）幼稚园应当特别注重音乐；
（9）幼稚园应当有充分而适当的设备；
（10）幼稚园应当采用游戏式的教学法去教导儿童；
（11）幼稚生的户外生活要多；
（12）幼稚园应多采取小团体的教学法；
（13）幼稚园的教师应当是儿童的朋友；
（14）幼稚园的教师应当有充分的训练；
（15）幼稚园应当有种种标准，可以随时考查儿童各方面的发展。

陈鹤琴提出的这 15 条主张阐明了我国幼稚教育的方向和任务，课程的中心和组织，教学的方式和方法，教师和幼稚生的关系，幼稚园和家庭的关系以及环境设备等。

2. 幼稚园的课程理论和实践

（1）课程实验

20世纪20年代的幼稚园课程非常混乱，有教会幼稚园的宗教课程，有蒙养园的日本式课程，也有少数幼稚园实施福禄倍尔、蒙台梭利课程。陈鹤琴认为这种大抵抄袭外国的课程，不合国情。同时，他对当时那种"幼稚监狱"式的幼稚园教育也十分不满。于是，他决定实验研究适合国情、适合幼儿身心发展特点的幼稚园课程。课程思想的主要内容为：

① 课程应为目标服务。做人——合作的精神，同情心和服务的精神；身体——健康的体格，卫生的习惯，相当的运动功能；智力——研究的态度，充分的知识，表意的能力；情绪——欣赏自然美和艺术美，快乐的精神。

② 课程应以自然和社会为中心。陈鹤琴认为让小孩子学的东西，必定要有一种组织，使其成为一个系统并使各科目中间互相连接起来发生关系。这种有系统的组织应当以儿童的环境（自然和社会）为中心。

③ 课程应实施"整个教学法"。陈鹤琴不主张幼儿园分科教学，因为儿童生活是整个的，教材也必然是整个的，是互相连接不能四分五裂的。他提倡的整个教学法就是把儿童应该学的东西整个地、有系统地去教儿童学。

④ 课程应当采用游戏式、小团体式等教学方法。陈鹤琴认为儿童在游戏中、活动中学习，会有事半功倍的效果。他还认为，幼稚生的年龄不齐、智力不同、兴趣不一，应当区别对待，分组施教，以便使处于不同发展水平的幼稚生都有新长进。以后，他又陆续提出比较法、比赛法、替代法、观察法等。

⑤ 课程应当有考查儿童成绩的标准。陈鹤琴认为幼稚园应当教什么，幼稚生做什么、做到什么地步、程度怎样等问题，非得有标准不可。他还编制了《幼稚生应有的习惯和技能表》计185项，

开创了我国幼稚园教育的评估工作。

综上可见，陈鹤琴创建的这种课程中心制，就是将幼儿在园一天的所有活动，包括教育、教学的各种教材、内容、范围和方法等的安排运用，都围绕自然、社会这个中心，组成一个个单元来实施。这种课程设计有明确的目标、生动的教育内容、整体的组织结构、多样的活动方式和方法，并有一定的评估测验标准，具有整体性、综合性和活动性。陈鹤琴关于幼稚园课程的实验研究拉开了我国第一次幼稚园课程改革的序幕，并为我国第一个幼稚园课程标准（1932年）的诞生起了奠基作用，影响了我国20世纪20~40年代的幼稚园课程，也影响了我国近20多年的幼儿园课程改革。

（2）课程发展

20世纪40年代末，陈鹤琴在建构活教育理论体系时，倡导在幼稚园开展五指活动，即健康活动（包括饮食、睡眠、早操、游戏、户外活动、散步等），社会活动（包括朝夕会、周会、纪念日集会、每天的谈话及政治常识等），科学活动（包括栽培植物、饲养动物、研究自然、认识环境等），艺术活动（包括音乐、图画、手工等），语文活动（包括故事、儿歌、谜语、读法等）。陈鹤琴将幼稚园的课程全部都包括在五指活动中，并采用单元制，各项活动都围绕着单元进行。他认为五指是活的，可以伸缩、互相联系。依据儿童身心的发展，五指活动在儿童生活中结成一个教育的网，有组织、有系统、合理地编织在儿童的生活上，这种课程是整个的、连贯的。五指活动不仅影响当时的课程，还对20世纪末北京、南京等地编写的幼儿园五大领域教材产生着直接影响。新世纪初，我国教育部颁发的《幼儿园教育指导纲要》，将教育内容相对划分为五大领域，更是对陈鹤琴五指活动思想的继承和发展。

（3）课程编制

20世纪50年代初，陈鹤琴结合新中国成立后的社会背景，逐步形成了新的教育观念，提出了编制课程的十大原则、九项内容、三种方法等。十大原则即是民族的,不是欧美的;是科学的,不是封建迷信的;是大众的,不是资产阶级的;是儿童化的,不是成人的;是发展连续的,不是孤立的;是配合实际形势的需要,而不是脱离现实的;是适应儿童心身发展,促进儿童健康的;是培养五爱国民公德和团结、勇敢等优良品质的;是陶冶儿童性情,培养儿童情感的;是培养儿童说话技能,以表达自己的情感和思想的。九项内容为节日、"五爱"教育、气候、动物、植物、工业、农业、儿童玩具、儿童卫生。三种方法为圆周法、直进法和混合法。

3. 幼稚园教师的培养

陈鹤琴认为,中国化的幼稚教育必须由中国化的幼稚教师来实现。他于1940年10月在江西泰和创办江西省立实验幼稚师范学校,继而又创办国立幼稚师范专科学校,完善了培养幼教师资的体系。他认为幼稚师范是幼稚教育的原动力,他对幼师生有严格的要求:首先要求学生去创造生活,使自己成为生活的主人;其次他主张培养学生具有敬业、乐业、专业、创业的精神;还注意培养学生从事校内外各种社会活动和教育活动的能力。新中国成立后,他除致力于高等师范教育的建设外,还对幼儿园教师寄予厚望,提出了政治思想、业务修养、教学技术等方面的要求。

三、论"活教育"及其实施原则

陶行知曾揭露旧教育"教死书,死教书,教书死;读死书,死读书,读书死"的情形,陈鹤琴决心使这种腐败的死教育变为前进的、自动的、有生气的活教育。他倡导"教活书,活教书,教书活;读活书,活读书,读书活"。活教育的理论体系包括三大纲领及教学原则、训育原则。

(一) 三大纲领

1. 活教育的目的论

即"做人,做中国人,做现代中国人"。这样的人应具有强健的身体、建设的能力、创造的能力、合作的态度和服务的精神。抗战胜利后,陈鹤琴又提出"做世界人"的目标,要"爱国家、爱人类、爱真理"。目的论不仅体现了陈鹤琴的爱国主义精神,也反映了他具有放眼世界的胸怀。

2. 活教育的课程论

即"大自然、大社会都是活教材"。针对传统教育书本万能的旧观念所形成的课程固定、教材呆板的现象,陈鹤琴认为大自然、大社会才是活的书、直接的书,应该向大自然、大社会学习。

3. 活教育的方法论

即"做中教、做中学、做中求进步"。活教育重视直接经验,强调以做为中心,主张在学校里的一切活动凡是儿童自己能够做的,都应当让他自己做。

(二)教学原则

陈鹤琴根据"心理学具体化,教学法大众化"的指导思想,提出了活教育的17条教学原则:

(1)凡儿童自己能够做的,应当让他自己做;
(2)凡儿童自己能够想的,应当让他自己想;
(3)你要儿童怎样做,应当教儿童怎样学;
(4)鼓励儿童去发现他自己的世界;
(5)积极的鼓励,胜于消极的制裁;
(6)大自然、大社会是我们的活教材;
(7)比较教学法;
(8)用比赛的方法来增进学习的效率;
(9)积极的暗示胜于消极的命令;
(10)替代教学法;
(11)注意环境,利用环境;
(12)分组学习,共同研究;
(13)教学游戏化;

（14）教学故事化；
（15）教师教教师；
（16）儿童教儿童；
（17）精密观察。

17条教学原则体现了主体性、活动性、多样性、灵活性、积极性及民主性精神，符合教学规律。

（三）训育原则

陈鹤琴认为训导工作在整个教育工作上可说是最繁重、最重要的，他提出了13条训育原则：

（1）从小到大；
（2）从人治到法治；
（3）从法治到心理；
（4）从对立到一体；
（5）从不觉到自觉；
（6）从被动到自动；
（7）从自我到互助；
（8）从知到行；
（9）从形式到精神；
（10）从分家到合一；
（11）从隔阂到联络；
（12）从消极到积极；
（13）从"空口说到"到"以身作则"。

13条原则提示了道德认知、道德情感和道德行为表现的内外统一和相互促进，充满了辩证法，符合道德教育的基本规律。

综上所述，陈鹤琴的活教育理论体系是五四新文化运动推动下对封建旧教育的有力批判，也是抗日战争烽火催生下时代精神的体现；活教育是对欧美新教育的吸收和再创造，更是陈鹤琴长期实践经验的总结和理论创新的结果。活教育理论尤其适合学前教育领域,它与《幼儿园教育指导纲要》的基本精神相通,无论对幼儿园教育还是幼教师资培训都有现实的指导意义。

第七节 恽代英的儿童公育思想

一、论儿童公育的重要性

恽代英明确指出儿童公育是历史发展的必然。他从唯物史观出发,认为随着社会的发展、经济状况的变迁,旧社会必然崩溃,"私产、家庭、国事,都失去了他时代的价值",代之而起的将是与新社会相适应的"打破私产,自由恋爱,儿童公育"。同时他列举了在新社会必须实行儿童公育的理由:

(一) 儿童公育关系到世界的改造和国家的前途

恽代英认为教育是改造世界的惟一有力工具,儿童公育对于世界的改造有很大的效力。他把公共育儿所当成解决不经济消耗的必要措施,这对改造旧社会、建设新社会是必不可少的。同时,他还强调了儿童教育与国家前途的重大关系,认为儿童是国家和社会将来托命之人物。

(二) 儿童公育关系到人的全面发展

恽代英认为,幼稚时期的教育是人的圆满发达最重要的事,能善导其本能,使之发达于个人及社会有益的方面;人类求知欲在学龄前早已发达,若有教师的指导,有必要的设备,并通过游戏、猎寻、模仿、搜集等方式,引导他们学习正确的知识和技能,他们就能聪颖起来,为日后的学校教育打好根基;强健和优美原是人类的共同追求,幼稚期就应使幼儿受到良好的体育和美育。只有实行儿童公育,儿童才能受到充分和良好的教育,身心才能得到全面的发展。

二、论儿童公育的优越性

其一,旧家庭不能使劳动人民的子女受到教育,实行儿童公育才能使教育得到普及。

其二,旧家庭中父母难以担负科学地教育儿童的重任,儿童公育机构的教师才能胜任这种工作。

其三,旧家庭不是儿童合宜的教育场所,儿童公育机关则是理想的儿童教育园地。

其四,幼稚园虽是专门的教育机构,但也不能完全承担教育儿童的任务。

恽代英还指出,私有制和阶级的存在是旧中国家庭教育和幼稚园教育一切弊病的根源,必须彻底根除之。但人们不能坐等儿童公育的实现,应先争取部分儿童公育,即由共同生活的小团体开始,去求儿童公育的逐步实现。他设想建立"理想的儿童俱乐部",供孩子共同游戏、活动、学习,使孩子健康发展,他深信这种儿童公育必然会培养出"人类中最优秀、最健全的分子"。

三、论家庭教育

恽代英指出,家庭教育是一门科学,一种学术。他在1916年发表的《家庭教育论》等论文中,对家庭教育进行了深入的研究和探讨,对改造旧式家庭教育提出了许多改革设想。

(一)论家庭教育的任务和内容

恽代英认为家庭教育使儿童身(体育)、心(智育)、性(德育)各方面均完全发达,他反对顾此失彼,强调不可畸轻畸重。

1. 家庭体育

要求从襁褓时开始,就让小儿在床上、地上"自爬自动",以活其筋骨,强其对疾病之抵抗力,促进其尽早发育,并认为婴幼儿体育应以体操和户外活动为主。他主张让孩子适当地过一些户外生活,从小建立合理的生活作息制度。他坚决反对父母经常抽烟、喝酒、打牌等。

2. 家庭智育

他主张母亲怀胎后即施行胎教,出生后即进行感官教育。他特别重视对幼儿进行科学常识的启蒙教育,提倡让幼儿学习一点简单的历史、地理、生活等常识。他强调应充分调动幼儿学习的积极性和满足孩子的求知欲望。教育应结合日常生活进行,采用儿童喜闻乐见的诗歌、谜语、歌谣等形式,并运用游戏方式教孩子识字。

3. 家庭德育

他重视父母的道德行为对子女的影响,对父母的道德行为提出了四项基本要求:第一,有秩序的习惯;第二,有勤俭的习惯;第三,有好善的习惯;第四,有清洁的习惯。他强调以身作则最重要亦最易有效。

(二)家庭教育的方式和原则

恽代英倡导通过游戏的方式对儿童进行教育。1917年,他翻译的《儿童游戏时间之教育》一文,介绍了西方教育家利用游戏的情况。他指出,"游戏为小儿各种发达之原动力",父母应有目的地和孩子一起游戏,为儿童慎选玩具,提供"玩品"、"玩物"、游戏材料,创造有意义的游戏内容。家庭教育的原则为:

(1)潜移默化;

(2)晓之以理,动之以情;

(3)严而有格,扬长补短;

(4)任其自由,合宜指导;

(5)适当暗示,积极防范。

总之,在20世纪20年代中国现代学前教育思想的发展过程中,恽代英作为无产阶级革命教育家,第一次以唯物史观论述了儿童公育的重要性和实施途径,为中国现代学前教育思想增加了新的内容,作出了新的贡献。他是我国无产阶级学前儿童教育思想的先驱。

第八节 张宗麟的学前教育理论与实践

一、论幼稚教育的地位和作用

首先,幼稚教育之重要是由儿童对人生、对社会国家的重要性所决定的。

(1)儿童此时在生理上最易蹈危险,而在心理上则所受影响最深。因此,良好的教育将影响一生。

(2)为国效劳或国家败类之壮年国民,追溯其根源,莫不在童年时代造成之。因此,教育当自最初级之教育开始。

其次,幼稚教育之重要是由它在学制上的地位和作用决定的。幼稚教育为学制上一切教育之起点、小学教育之基础,中学生、大学生的许多习惯、性情、态度、品性等皆奠基于此。

最后,幼稚教育之重要是因为幼稚园是家庭托付儿童的第一场所,肩负着辅导家长教育的责任。

二、论幼稚教育的服务对象和发展方向

(一)幼稚教育的服务对象

其一,幼稚园为谁服务的问题是决定幼稚教育的命运和价值的关键问题。幼稚园是整个民族的教育之一,幼稚教育运动应转向劳苦大众,转到乡村和工厂去。他并身体力行,协助陶行知创办了晓庄的乡村幼稚教育。

其二,幼稚教育的服务对象有农妇、女工、贫民、职业妇女等。他认为这四种母亲对人类都有特殊的贡献,她们的子女应该有人替她们负责教养。可见,张宗麟关于幼稚教育服务对象的观点充

分反映了他的平民化、大众化的教育思想,具有深刻的历史意义和现实意义。

(二) 幼稚教育的发展方向

首先,揭露当时我国幼稚教育存在的弊病:教会的垄断和社会的漠视。补救的办法是:停办外人设立之幼稚师范及幼稚园,严定幼稚师范及幼稚园标准,筹设幼稚师范并检定幼稚教师,引起社会的注意。

其次,对明日之幼稚教育提出了九点设想:是普及的;是训练未来民众的一种重要事业;是教养并重的;是家园沟通的;是与小学相联系的;是注意培养儿童有团队精神的;是用科学养护法的;是有一贯主张的;是为实现集团理想的。

三、幼稚园课程思想

(一) 课程的含义。

(1) 幼稚园课程指幼稚生在幼稚园的一切活动,其范围包括一切教材、科目、幼稚生之活动。

(2) 幼稚园课程的分类有两种:一是以儿童活动分类(开始的活动、身体的活动、家庭的活动、社会的活动等);一是以学科分类(音乐、游戏、手工、自然等)。

(3) 当时各国幼稚园课程大致范围有音乐、游戏、故事、谈话、图画、手工、自然、常识、读法、识数等10项。课程不是一成不变的,各国不同地区在不同时期的课程变化既有普遍的共同性,也有特殊的差异性。

(二) 社会化的幼稚园课程

(1) 张宗麟在20世纪30年代出版的《幼稚园社会》一书中提出了"社会化的幼稚园课程",他认为幼稚园各种活动都应当倾向于社会性,因为教育的灵魂乃在于养成适合于某种社会生活的人民。在幼稚园除设置"社会"这个科目外,幼稚园的一切活动都可以说是"社会",都应有社会性。社会化的课程有两个根据,即儿童社会和成人社会。这两者是极不相同的,成人应当尊重儿童社会,应当让孩子到他们自己的社会里去。

（2）社会化课程的内容有七类：关于衣食住行等生活需要和卫生方法,家庭、邻里、商铺、邮局、救火组织、公园、交通机关等社会组织的观察研究及本地名胜的游览；日常礼仪的演习；纪念日和节日的举行；身体各部的认识和简易卫生规律的实践；健康和清洁的查察；党旗、国旗、总理遗像等的认识；集会的演习等。

（3）社会化课程促进幼儿社会性的发展,应注意培养幼儿具有互助与合作的精神,具有爱与怜的情感,具有顾及别人和尊重劳动者的思想。

四、论幼稚园教师的培训

（一）幼稚园教师的任务。

张宗麟认为,幼稚园教师的任务,实际上重于小学教师,包括养护儿童,发展儿童身体,养成儿童相当之习惯,养成儿童相当之知识与技能,与家庭联络并谋家庭教育改良之方,研究儿童等。其中尤以养护儿童为幼稚园教师最重要的责任。

（二）幼稚园教师的培养。

张宗麟认为,幼稚园教师的培养主要通过幼稚师范学校进行,他对幼稚师范的设置、招生及课程安排都提出了明确的要求。首先,他认为师范教育为国家事业,绝不允许外国人、教会或私人包办。其次,他认为幼稚师范应以培养健全的幼稚园教师为目的,招收初中毕业以上之学生,年龄在16岁以上,身体健康,富有爱国心,真诚爱儿童,有优良基本知识和善变之思维者,进行2～3年的教育。特别指出幼稚园教师非女子之专业,必须有男子加入。此外,他反对搬用外国教会幼稚师范那种养成牧师式之教师的课程,设置了包括公民训练、普通科学、语文、艺术、普通教育、专门教育等各类课程。

（三）幼稚园教师的进修。

张宗麟认为,作为幼稚园的教师须随时修养,以谋合于潮流,以求其业之进步。其修养包括品性上的、学问上的,也有能力、技术和其他方面的。同时要与本地区幼稚教育联络,如参加研究会、俱乐部,定期讨论最近幼教趋势,交流心得;也可以利用假期集中进行学习;还应正确处理家庭与事业的关系。

第三章 当代学前教育思想

第一节 前苏联教育理论影响下的学前教育思想

中华人民共和国建立初期,国内各项事业百废待兴。由于缺乏建设社会主义经验,再加上当时的中国处于一个特殊的政治、经济、文化背景中,为了尽快地完成社会主义改造,促进新中国各项事业的发展,选择以苏为师,就成为在当时特殊的国内、国际背景中所作出的抉择。新中国的学前教育与其他教育一样,从教育理念到教育实践全面地学习前苏联。在前苏联儿童教育专家戈林娜等人的指导下,教育部于20世纪50年代初颁布了《幼儿园暂行规程草案》和《幼儿园暂行教学纲要草案》。1954年,教育部又委托北京师范大学学前教育教研室编写《幼儿园教育工作指南(初稿)》,从而形成了受前苏联影响的学前教育思想。

一、全面发展的学前教育思想

(一)体、智、德、美全面发展的学前教育目标

20世纪五六十年代,我国的学前教育主张对儿童实施全面发展的教育,即对儿童实施体育、智育、德育、美育,它是在借鉴前苏联的学前教育理论及《幼儿园教养员工作指南》的基础上形成的,而且详细地规定了体、智、德、美等几育的意义、内容和手段。总之,促进儿童全面发展的各项任务是彼此联系着的,是统一在一个

完整的教育过程中的,并且是在幼儿园中根据儿童的年龄特征和发育程度所进行的教育、教学的过程中实现的。这些思想鲜明地体现在我国当时的学前教育理论与文件中(如《幼儿园暂行规程草案》、《幼儿园暂行教学纲要草案》、《幼儿园教育工作指南》)。

(二)强调教育在儿童发展中的主导作用

前苏联的学前教育理论辩证地分析了遗传、环境、教育在儿童发展中的作用,对各种遗传决定论及环境决定论进行了深刻的批判。受前苏联学前教育理论的影响,我国五六十年代的学前教育理论也特别强调了教育在儿童发展中的主导作用,所以在我国的学前理论界,往往是以马克思列宁主义的思想为指导来看待这个问题的,既批判教育无能、遗传不变论,也否定教育万能、环境决定论,认为儿童出生时的禀赋并不是既成的知识、观念或见解,也不是性格或某种职业的倾向,而只是潜能,只是发展的前提条件,这些都要靠教育的力量来形成与完善。教育在人的全面发展中是起主导作用的。

(三)学前教育中重视集体主义教育

受马列主义指导的前苏联学前教育,特别重视儿童的集体主义与共产主义教育。早在30年代,克鲁普斯卡娅就曾在全苏学前教育工作大会上指出了苏联的学前教育工作者必须用共产主义精神教育儿童。到了马卡连柯,则系统地论述了集体教育的意义原则及方法。

前苏联学前教育理论中重视集体主义教育的思想正好迎合了中国社会传统文化中注重大一统的思想观念及计划经济体制的要求,所以在我国五六十年代的学前教育中也强调培养儿童的集体主义和友爱精神。《幼儿园暂行规程》及《幼儿园暂行教学纲要》都要求教养员从儿童年龄很小的时候起,就培养儿童善于把个人利益同集体利益结合,利用日常的事实,教育儿童掌握自己的行为,妥当地表达自己的愿望,使自己的行动不违反全体儿童的利益;要求在幼儿园里,儿童应该在同年龄的孩子当中,在集体当中受教育,使他们在幼儿园里逐渐养成共同游戏、学习、使用玩具和材料以及互助的习惯。所以,教养员要注意利用集体的作用和通过集体发生的影响,给每个儿童以直接的影响。

二、学前教学论

(一)从教学与发展的关系中提出了教学对儿童发展的重要性

维果斯基认为,儿童的发展状态不是任何时候都仅仅是由已经成熟的部分决定的,为此,我们至少要确定儿童的两种发展水平,不了解这两种水平我们就不能在每一个具体场合发现儿童的发展进程和教学可能性之间的正确关系。第一种水平指儿童到今天为止已经达到的发展水平,即儿童在独立活动中所达到的解决问题的水平;第二种水平是指儿童在有指导的情况下借助成人的帮助,在集体活动中,通过模仿所能达到的解决问题的水平。所谓最近发展区就是指两种水平之间的差异。教学不等于发展,但是,正确组织的儿童教学,即建立最近发展区的教学,能引起并激发儿童的发展。只有当教学走在发展的前面时,这种教学才是好的教学。这种教学引起了处于成熟阶段,位于最近发展区的一系列机能。教学在发展中的最主要的作用正在于此。维果斯基提出的关于教学与发展的理论在50年代前苏联学前教学理论界引起了广泛的注意与重视,同时也影响了我国的学前教学理论,重视教学对儿童发展的作用遂成为20世纪五六十年代至80年代我国学前领域的一个新的课题。《幼儿园暂行教学纲要》中明显地反映了这一思想。《纲要》具体详细地规定了幼儿园六科教学的目标与教学大纲,包括每一科小、中、大班的不同教学要求与教学要点,要求教师运用讲解、谈话、练习、直观(观察、示范、演示)等方法来达成教学目标,促进儿童的发展。在当时,教学的目标尽管可以通过一日生活作息、游戏、作业、教学、劳动、散步等来达成,但更为强调集体教学的重要作用。所以,教学是整个学前教育过程中不可缺少的重要一环,必须通过有目的、有计划、有组织的教学活动,才能完成使儿童全面发展的任务。

(二) 注重知识的系统化与作业教学在儿童发展中的作用

关于知识系统化的问题,在前苏联20世纪四五十年代至70年代一直是学前教学理论中的重要课题。乌索娃强调依据儿童直觉行动思维和直观形象思维,把有关事物之间的联系和关系的知识反映在表象形式中。按这个原则建立的知识体系,可以以某一本质规律为中心环节,把其他零散的知识按层次连接为体系,由此构成由表及里、由此及彼的知识网络结构。凭借这个网络,儿童不仅能灵活地再现已有的知识,使旧知识条理化、精确化,达到新的认识程度,而且能处理、解释新的问题与现象,由此及彼广泛迁移,从而促进儿童智力的发展。

关于如何使知识系统化就涉及作业的问题。乌索娃认为,学前儿童应该掌握的知识可以分为两类:一类是比较简单的知识和技能,儿童在与成人的日常交往中,在生活、游戏、劳动与观察中就可以获得,不需要专门的教学;第二类是比较复杂的知识与技能,这类知识虽然在学前儿童的知识总量中只占很小的比重,但对其智力发展却起决定作用,而且掌握这类知识必须经过专门的作业教学。所以,作业教学的任务就在于利用儿童的自发经验即第一类知识,引进轴心概念(表象形式的初级概念),以此为基础帮助学前儿童形成系统化的知识与相应的认识方式。因此,作业就是教学的组织形式。

乌索娃的作业教学及知识系统化思想也明显地反映在我国五六十年代的学前教学理论和幼儿园教学活动中:

(1) 作业是有目的、有计划、有组织的集体教学活动,全班儿童必须参加,要在一定的时间内进行同样的活动。

（2）在作业教学中，教师起主导作用。教师往往要根据作业的不同方式来灵活运用教学方法，组织多样化的活动，引导儿童围绕知识系统的核心积极思考，发现事物之间的内部联系与规律性，从而帮助儿童建立知识体系。作业教学应有的发展功能能否实现，儿童能否形成系统化的知识与认识方式，主要取决于教师。

（3）幼儿园各班每天都要有必修作业：小班每天作业时数30分钟，一周有9次；中班每天有两次作业，大约60分钟，一周12次；大班也有两到三次作业，每日作业时数80分钟，每次时间为20~30分钟，在最后一学期可以逐渐增加到40分钟，一周15次。

（4）选修作业尽管可以发展儿童个人的特长，可以由幼儿按照自己的意愿选择他自己所要做的，但选修作业并不是自由活动，仍要教师指导和帮助。这些思想都鲜明地反映了学前教学注重知识系统化及作业教学的思想。

（三）学前课程组织上的分科课程与实施上的分科教学

前苏联学前课程的组织采用纵向的发展序列，把需要儿童掌握的知识、技能大致分为了六科，这些科目包括体育、语言、认识环境、计算、美术、音乐等。每一科目各自按自己的体系，按照年龄大小顺次提出要求进行编排，然后制定严密的学科工作计划，把各科内容分门别类地、系统地传授给儿童。分科课程的模式是苏联学前课程的典型模式，它直接影响了我国五六十年代直至改革开放前的学前课程组织模式。在我国的《幼儿园暂行规程》中也明确地把幼儿园课程分为体育、语言、认识环境、图画和手工、音乐、计算六科，它们是根据知识的逻辑体系，按照一定的逻辑顺序及学科本身的体系，从简单到复杂，从具体到抽象，由浅入深来呈现学科知识的。而且，《幼儿园暂行教学纲要》更为详尽地列出了每一科的具体内容、教学要点、方法及实施的细则，从而使学科课程及分科教学在五六十年代直至80年代初成为了我国学前教学中的主要甚至惟一的模式。

三、幼儿园游戏理论

（一）对幼儿园游戏基本特征的认识

20世纪50至80年代的我国学前教育理论中关于游戏的基本特征是这样认识的：

（1）游戏是儿童主动的自愿的活动；

（2）游戏是在假想的情景中反映周围生活；

（3）游戏没有社会的实用价值，没有强制性的社会义务，不直接创造财富；

（4）游戏伴随着愉悦的情绪。

（二）对游戏与教学关系的认识，游戏作为教学的手段

受前苏联关于游戏理论的影响，在20世纪50年代至80年代我国的学前教育理论中，游戏更多地是从它的工具价值来讲的，是从为完成作业教学的目的而言的。游戏，尤其是教学游戏是从作业过渡到学习的一种形式，是为达到一定的教学目的服务的。如在《幼儿园工作指南》中就明确提出了教学游戏的领导方法，要求教师根据本班教育的任务和书本上各科的内容选择游戏，在游戏过程中，要求儿童完成一定的任务，遵守一定的规则，同时还要求发展儿童的语言能力及进行个别教育工作。这显然反映了当时游戏的教学目的性。

（三）幼儿园的两大类游戏

前苏联的学前教育理论中一贯采用按游戏的教育作用或目的对游戏进行分类。长期以来，由于受前苏联游戏理论的影响，我国也较常采用这种方法对游戏进行分类，基本上把幼儿园的游戏分为了两大类，即创造性游戏与有规则游戏。

1. 创造性游戏

由儿童自由创造的游戏，较多地体现儿童主动、创造的主体特征。一般包括角色游戏、结构游戏与表演游戏。

2. 有规则游戏

它是成人在儿童自发游戏的基础上,为一定的教育目的而编制的游戏,需要儿童遵守一定的规则,大都由教师组织儿童进行。一般包括智力游戏、体育游戏、音乐游戏。

第二节　新时期学前教育思想的发展

进入20世纪80年代以后,随着我国的改革开放,国际间的交流日益频繁,国外先进的儿童心理理论、教育理论及各种教育思潮逐渐引入我国,对我国传统的学前教育理论产生了很大的冲击。我国的学前教育工作者在重新学习、探讨及继承、发扬本国优秀的学前教育理论的基础上,引进、借鉴与吸收了很多西方的教育理论,如皮亚杰(Piaget)的认知发展理论、人本主义教育理论、泰勒(Tyler)的课程设计理论、维果斯基的社会建构论、人类发展生态学理论及瑞吉欧学前教育的理念等等,在此基础上努力建构具有中国特色的学前教育思想体系。

一、我国学前教育思想的继承与发扬

80年代中期,我国的学前教育工作者对我国以前的学前教育进行了系统的反思,对杜威的教育理论作了再认识,对我国过去已有的、在50年代被批判的学前教育理论,如陈鹤琴的活教育理论及单元中心制课程、陶行知的生活教育理论等,运用历史唯物主义的观点重新作了审视,重新进行了评价,肯定了他们的学术贡献,在继承其优秀思想的基础上,结合新的相关理论开始了新的探索。如南京师范大学与南京市实验幼儿园从1983年开展的"幼儿园综合主题教育"的探讨,北京市第五幼儿园和崇文区第二幼儿园进行的以常识教育为中心的"幼儿园综合教育"的实验研究,上海长宁区进行的"幼儿园综合性主题教育"研究,南京市鼓楼幼儿园的

"单元教育课程"研究等等,都是对原有的学前教育理论的继承与发扬。之所以称为继承,是因为综合教育或综合课程在我国20世纪二三十年代曾一度出现过,是与单元中心制课程、生活课程一脉相承的,有共同的理论基础。当然,这种继承并不是原有理论的复制,而是在吸收新的相关理论基础上的具有新意的发展,并超越了以往理论的继承,其间渗透了我国学前教育工作者对学前教育历史与现实的思考,包含了对学前教育理论优秀成果的吸收与借鉴,使我国学前教育思想的发展进入了一个新的层次。

二、外国学前教育理论的引进和吸收

20世纪80年代中后期,国际间的学术交流日益频繁,大量先进的儿童心理理论、教育理论不断涌现,我国的学前教育工作者也在学习中不断加以介绍、引进和吸收,其中对我国的学前教育理论产生较大影响的有皮亚杰儿童认知发展理论、人本主义教育理论、维果斯基的社会建构论、加德纳的多元智能理论、人类发展生态学理论及泰勒的课程目标设计理论等。近几年,意大利瑞吉欧学前教育系统的理念也进一步影响了我国的学前教育理论,如在我国学前教育实践中借鉴瑞吉欧教育理论形成的生态式融合课程、幼儿园活动整合课程、生存课程、田野课程等课程模式就是例证之一。之所以如此,主要是因为这些课程是在充分吸收皮亚杰理论、维果斯基理论及多元智能理论基础上的结晶,是90年代有关儿童发展理论、教育理论的新观点在学前教育中的体现。

三、建构具有中国特色的学前教育思想体系

(一)以儿童发展为本的学前教育价值取向

(二)注重儿童终生学习与发展品质的培养是学前教育的重要目标

(三)儿童是教育的主体

（四）崭新的课程观
1. 整合的课程观
2. 预成与生成课程统一观
3. 三级课程管理体制,学前课程模式的多样化
（五）学前教育注重为儿童创设良好、丰富的活动环境
（六）游戏是幼儿园的基本活动,注重游戏的愉悦、享乐价值
（七）发展性取向的学前教育评价
（八）学前教学活动中倡导交往、沟通、合作、对话

下 篇

外国学前教育思想

第一章 古代学前教育思想

第一节 柏拉图的学前教育思想

柏拉图是古希腊著名的哲学家、教育家。他的教育思想,包括学前教育思想,主要反映在其代表作《理想国》中。该书是一本泛论政治、经济、哲学、伦理和教育的综合性著作,其中以较大篇幅阐述了教育问题,因此它是西方第一部全面深入地探讨教育理论的著作。

一、理念论:学前教育思想的理论基础

柏拉图是西方第一个提出并详尽论证了客观唯心主义的人,客观唯心主义是柏拉图全部学说的理论基础和出发点。在柏拉图的整个哲学体系中,居于核心地位的是"理念论",这也是他的学前教育思想的理论依据和基础。

"理念"是柏拉图虚构的一种思想精神境界,是不依靠任何个别事物并先于个别事物而客观存在的精神实在。

柏拉图提出,所有的理念构成了一个客观存在的世界,即理念世界。现实的现象世界是虚幻的、变化无常的、不真实的,仅仅是感觉的对象,而理念世界则是永恒不变、绝对真实、不生不灭的。而且,理念世界有着严格的等级系统:最低级的是具体事物的理念;高一级的是数学或科学方面的理念;再高一级的是艺术和道德方面的理念,如正义、勇敢、节制;最高的理念是善,它居于众理念

之上,统御其下的理念是一切真理的源泉。

以这种理念论为基础,柏拉图对理想的国家学说进行了探讨。在《理想国》中,他试图设计一种用以改造现实社会的理想国家模式。柏拉图认为,理想的国家应该是正义的国家,是贤人治理的国家。为了实现这样一种理想的国家,柏拉图把教育作为一项重要的战略措施。他认为,理想的国家应该由最好的公民组成,而人们只有受了良好的教育,才能成为"事理通达的人";实现理想国的关键是由哲学家来治理国家,因此教育更要承担起培养哲学家的重任。柏拉图构思了一种与理想国的政治结构相适应并为之服务的教育体制,其中就包括学前教育。

二、论学前教育的重要性

柏拉图很重视学前教育,认为教育应该从幼年开始。因为人在幼年时,性格正在形成,任何事情都会给他留下深刻印象,影响他今后的成长。柏拉图说:"凡事开头最重要,特别是生物。在幼小柔嫩的阶段,最容易接受陶冶,你要把它塑成什么型式,就能塑成什么型式。"[①]他还强调指出:"一个人从小所受的教育把他往哪里引导,却能决定他后来往哪里走。"[②]

在柏拉图看来,教育的最高境界是造就哲学家,要由哲学家担任国王,这才能实现理想国。柏拉图所说的理想的哲学家的品格,也就是他所要培养的理想人格。这种理想人格,包括良好的记性、敏于理解、豁达大度、温文尔雅、爱好真理、正义、勇敢、节制。养成这种理想人格,必须从幼年开始,经过长期的锻炼、考验。为此,学前教育的任务应该着重于道德行为的熏陶,以形成良好的品质。

---

① 柏拉图著,郭斌和、张竹明译:《理想国》,商务印书馆1986年版,第71页。
② 柏拉图著,郭斌和、张竹明译:《理想国》,商务印书馆1986年版,第98页。

三、论儿童公育

柏拉图是第一个提出公共的学前教育思想的教育家。他主张婚配和育儿都要由国家负责。

柏拉图主张,要废除私有财产,使婚姻成为高尚的事。执政者要为人民选择婚配,结婚的目的是生子,婚姻一定要保证所生的后代属于优秀的种子。最好的男子配最好的女子,这种配偶越多越好。最不良的男子配最不良的女子,这种配偶越少越好。

柏拉图认为学前教育必须由国家统一办理。他指出,优秀的男女所生的子女属于整个国家,应当送到国家的育婴所,在国家最优秀的女公民监督下,挑选优秀的女仆照管,用摇篮曲、儿歌等对婴儿施加教育影响。儿童满3岁后,就要集中到附设于神庙的儿童游戏场,由国家指定专人负责照管、抚养。

四、论学前教育内容

柏拉图提出,学前教育的重要内容是唱歌、做游戏、讲故事等。

柏拉图认为卫国者的教育应该从幼年的音乐教育开始,唱歌的目的是为了陶冶心灵。他指出,音乐的节奏与乐调能浸入心灵的最深处,儿童如果受到和谐的音乐教育,就可以使心灵得到陶冶,性情得到调和。反之,如果音乐教育不适合,儿童的心灵就会被丑化。因此,要选择欢快、令人奋发的歌曲给儿童唱,避免让儿童听到忧郁的歌曲,以培养儿童积极向上的精神,养成良好的行为习惯。

柏拉图认为,讲故事的目的是要形成将来的卫国者的良好品质。他非常重视故事内容的选择,因为这对儿童道德品质的形成影响很大。他说:"早年接受的见解总是根深蒂固不容易更改的。因此……为了培养美德,儿童们最初听到的应该是最优美高尚的故事。"①在儿童的故事书里,神的形象应该神圣无疵,英雄人物应该公正无私,这样才有利于培养儿童的美德。

柏拉图很重视游戏在儿童发展中的实际意义,认为游戏是学前教育的一项重要内容。柏拉图的这一思想是教育史上第一次把游戏作为单项的行为类别提了出来。在柏拉图看来,儿童的天性是需要游戏的,成人应当满足儿童的这种需求。

柏拉图的学前教育思想在外国教育史上具有开创性意义。他提出了教育在治国中的职能,强调了学前教育的重要性;最早提出并系统论述了公共的学前教育体系,指出了故事、唱歌、游戏在幼儿教育中的重要地位及慎选内容等问题。柏拉图的学前教育思想中包含了许多珍贵见解,对后世的学前教育影响非常大。

第二节　亚里士多德的学前教育思想

亚里士多德是古希腊一位百科全书式的学者。他对哲学、政治学、物理学、生物学、伦理学、逻辑学、心理学、美学等学科都有精深的研究和建树。在教育上,亚里士多德是古希腊教育经验和教育思想之集大成者。后世的各种教育思想几乎都被亚里士多德以萌芽的形式提出过。《政治学》、《伦理学》、《逻辑学》是亚里士多德的重要著作,他的教育思想主要就体现在其中。从中我们可以发现亚里士多德有着非常丰富的学前教育思想。

一、灵魂论:教育思想的理论基础

亚里士多德认为,要认识事物,就必须认识物之所以为物的根本原因。他把个别具体存在的事物看做是"质料"和"形式"的统一体。"质料"是构成事物的原料,"形式"是事物的本质;形式不

---

① 柏拉图著,郭斌和、张竹明译:《理想国》,商务印书馆1986年版,第73页。

能和质料割裂开来。以这个观点为指导,亚里士多德把人作为有机世界的一个部分来考察。他认为,一切有机体都是由质料和形式构成的,有机体的躯体是质料,有机体的灵魂是形式。躯体是有机体的工具,灵魂是有机体的目的。凡有生命的地方就有灵魂,灵魂是统一的实体,但它有多种不同的功能,各种不同等级的功能与生命的各种形式相适应。他提出,人的灵魂包含两种成分,一种是非理性灵魂,其功能是本能、感觉、欲望等;一种是理性灵魂,这是灵魂的高级部分,其功能是思维、推理等。

在亚里士多德看来,一般人都包括躯体和灵魂两部分。人的发展进程,应先是躯体,然后是非理性灵魂,最后才是理性灵魂。他说:"首先要注意儿童的身体,挨次而留心他们的情欲境界,然后才及于他们的灵魂。"[①]合理的教育,应遵循人的自然行程:先是体格教育,使其有健康的体魄;然后以情欲的训练为主,养成其良好的习惯;最后才发达他们的理智,使其能过好闲暇的生活,从事于沉思,专心于学问。

二、论教育与政治的关系

亚里士多德看到了教育与政治的紧密关系,认为教育是国家的头等大事。他认为斯巴达人重视儿童的教育,使教育成为国家的事业,是值得称颂的。据此,他劝告国家的领导者应重视教育,把教育看做国家政权建设的一个方面。他提出领导者必须"首先注意少年人的教育",强调国家掌管教育,可以"维护这个政体的实力"[②]。

---

① 亚里士多德著,吴寿彭译:《政治学》,商务印书馆1983年版,第395页。
② 亚里士多德著,吴寿彭译:《政治学》,商务印书馆1983年版,第406页。

三、论年龄分期与教育

在教育史上,亚里士多德首次提出并论证了教育要与人的自然发展相适应的原则。他依据儿童的年龄特征,把新生一代的教育分为三个时期:

(1)从出生到7岁,是学龄前教育时期。在这个时期,幼儿主要是在家接受教育,教育的任务是使其身体正常地发育成长。

(2)7岁到14岁,是儿童"进入正规的集体教育"的阶段。教育的任务在于使儿童掌握读、写、算的基本知识与技能,并进行体操训练与音乐教育。

(3)14岁到21岁,这个时期教育的主要任务在于发展学生的理智灵魂。

四、论学前教育

亚里士多德对0~7岁的儿童教育进行了论述。

(一)注重孕妇的保健

为了培养健康的下一代,亚里士多德主张实行优生,要求以法律来规定婚配制度,保证在最宜于生育的年龄生育下一代。孕妇要注意自己的身体,经常进行运动,但不宜过于劳累。而且孕妇要吃富有营养的食物,保持宁静的情绪。

(二)注意幼儿的营养

亚里士多德特别注意幼儿的营养问题。他认为,婴儿出生以后,食物对他们的身体发育影响很大。乳制品的营养最好,应该让婴儿吃一些含乳分多的食物。因此,他要求母亲亲自哺乳,以满足婴儿的营养需要。

(三)锻炼幼儿的身体

亚里士多德主张锻炼主义,要求及时地引导幼儿做些适宜于肢体发育的各种活动。同时,亚里士多德也提出,对幼儿的身体锻炼应该循序渐进,一定要适量,防止幼儿过度疲劳。

(四)引导幼儿游戏

亚里士多德认为,5岁前的幼儿主要活动是游戏和听故事,不能教幼儿任何功课。儿童游戏要既不流于粗俗和卑鄙,又有节制,不过于疲劳和兴奋。亚里士多德认为,游戏可以为将来作准备,游戏和所讲的故事最好能与将来的工作相联系,是将来应从事的工作的简单模仿。

(五)为幼儿创设良好的环境

亚里士多德非常强调环境对幼儿的感染作用,认为儿童所处的环境对其性格的形成至关重要,任何卑鄙的见闻都可能导致不良的习惯。他强调务必使儿童隔离于任何下流的事物,不要让他们听污秽的语言,也不要允许他们看秽亵的图画或戏剧表演。

亚里士多德的学前教育思想是古代希腊教育理论的最高成就。他总结了斯巴达和雅典的幼儿教育经验,对0～7岁的儿童教育进行了论述。亚里士多德依据教育适应自然的思想,首次把0～7岁这一教育阶段列入教育机制,使学龄前教育成为青少年整个教育中不可缺少的一环。此外,他强调幼儿时期应以养育为主,对游戏在幼儿身心发展中的作用进行了高度评价,并意识到了环境对于幼儿的巨大感染作用,要求为儿童创设一个合乎教育理想的环境。亚里士多德的学前教育思想把古代学前教育理论推向了一个新的高度,对后世产生了很大影响。

第三节 昆体良的学前教育思想

昆体良是古代罗马最有成就的教育家。他撰写的《雄辩术原理》一书是古代教育思想的集大成者,他的学前教育思想主要就包含在这本书中。

一、论教育的作用

昆体良对教育在人的培养中的巨大作用充满了信心,深信人可以通过教育得到完善和发展。他认为,天生畸形和生而有缺陷的人只是稀有的例外,绝大多数人都是可以培养也必须加以培养的。如果有人没有得到应有的发展,缺少的不是天赋能力而是培养。

昆体良进一步论述了天性与教育的共性问题。他认为,天性是教育的原材料,教育是铸造这个原材料的艺术。没有原材料,艺术就无所作为。但是,如果仅仅有天赋才能而缺少教育,就不能达到最好。在昆体良看来,艺术的完善更胜于优质的材料。中等的雄辩家得之于天性者更多,而优秀的雄辩家则更多地得之于教育。

二、论教育的目的

昆体良认为,教育的目的就是培养"善良的、精于雄辩的人",即道德高尚的在雄辩术的造诣上达到完美之境的雄辩家。

昆体良认为,培养雄辩家不只是高等学校的任务,而是包括学前教育、初等教育、中等教育和高等教育在内的全部教育工作的共同任务。昆体良坚持一个未来的雄辩家的培养应从儿童最年幼的时候开始,即引导儿童"从咿呀学语开始,经过初露头角的雄辩家所必需的各个阶段的教育,一直达到雄辩术的顶峰"。[①]

昆体良认为,一个理想的雄辩家所应具备的首要条件是具有高尚的道德品质。在他看来,一个有能力而无道德的人较之没有能力的人对社会的危害更大。

[①] 任钟印选译:《昆体良教育论著选》,人民教育出版社 1989 年版,第 6 页。

三、论家庭环境与早期教育

昆体良主张儿童早期教育应在家庭进行,因此他十分重视家庭环境在早期教育中的意义。对于保姆、父母和教仆,他都提出了严格的要求。

昆体良认为,首要的事情是慎选保姆。如果可能,孩子的保姆最好是受过教育的妇女。首先应注意的是她们的道德,同时语言也必须正确。因为儿童首先听到的是她们的声音,首先模仿的是她们的言语,保姆会在习惯和言语方面影响婴儿。

至于孩子的父母,昆体良的理想是他们的教育水准越高越好,即使父母本身没有受到良好教育,也不要因此就减少对孩子教育的注意。正因为他们自己的学识少,他们就应该多做对孩子的成长有益的各种事情。

昆体良主张教仆应受过良好的教育,或至少应认识到自己在教育上的不足,而不要自以为是,误人子弟。

此外,昆体良很重视家庭环境对儿童道德的影响。他严厉批评当时罗马上流社会的家庭环境和娇生惯养的溺爱使儿童从小就败坏了道德。

总之,在当时一般不重视家庭教育和家庭教育中存在严重缺陷的背景下,昆体良力陈家庭教育环境的重要性,这是十分可贵的。

四、论学前教育的意义和内容

按照昆体良的计划,未来雄辩家的培养开始于襁褓之中。他专门讨论了儿童早期教育的重要意义以及学前教育的内容和方法等问题。

(一)学前教育的意义

昆体良非常重视学前教育,他明确肯定儿童在 7 岁以前学习的意义。幼儿时期虽然学得不多,却能一生受用。这是因为学习的基础靠记忆,而儿童期的记忆最牢固。所以,他主张不要浪费早年的光阴,"凡是儿童都要学习的东西,就应该早点开始学,不应过迟地才开始学习"。

(二)学前教育的内容

在学前教育的内容方面,昆体良主张教儿童认识字母、书写和阅读。他认为在教儿童认识字母的同时,应教形状和名称,可将有字母的象牙人像给孩子玩;当儿童开始摹写字母的形状时,可将字母尽可能正确地刻在木板上,指导孩子用铁笔沿着笔画的沟纹去写,这样就不会出错误了。昆体良强调书法的重要性,认为"它是获得根基深厚的专业特长的源泉之一"[1]。写得太慢,会延碍思维;粗糙而错乱的字迹则不能阅读。昆体良提出阅读应当首先要求正确,然后才要求连贯。在很长一段时间内要读得很慢,直到通过练习读得迅速而又准确。

(三)学前教育的方法

在谈到学前儿童的教学方法时,昆体良提醒教师或父母注意:不要让儿童在还不能热爱学习的时候就厌恶学习,要使最初的教育成为一种娱乐。

因此,昆体良提出了防止儿童疲劳过度、劳逸结合的宝贵意见,主张学习与休息相间。如果儿童的精力因休息而得到恢复,他就能以更旺盛的精力和更清晰的头脑进行学习。

昆体良反复告诫要防止儿童学习负担过重。他主张:"必须仔细考察学生的接受能力。他们远远不能理解的东西是不能进入他们的头脑的,因为头脑还没有成熟到能容受它们。"[2]

昆体良竭力反对儿童教育中的体罚现象。他认为体罚是一种

---

[1] 任钟印选译:《昆体良教育论著选》,人民教育出版社1989年版,第17页。
[2] 任钟印选译:《昆体良教育论著选》,人民教育出版社1989年版,第24页。

残忍的行为,是一种凌辱;体罚会造成儿童心情压抑、沮丧和消沉;如果经常正面告诫,在课业上严加督促,体罚就没有必要。

昆体良还论述了因材施教的思想,要求教师必须仔细地观察儿童,了解儿童的能力,从而根据儿童不同的性格特点采取不同的教育方法,长善救失。

昆体良是古罗马的一位杰出的教育家,他的《雄辩术原理》是古代西方第一部系统的教育理论著作,代表了欧洲古代教育理论发展的最高成就。他重视早期教育,对幼儿学习抱有充分的信心,他提出的注意幼儿语言的纯洁性、慎选保育人员、反对体罚等见解,均给后人以重要影响。

第二章　近代学前教育思想

第一节　夸美纽斯的学前教育思想

夸美纽斯是17世纪捷克著名教育家。他在人类教育史上是一位里程碑式的人物，对世界教育的发展作出了不可磨灭的贡献。

夸美纽斯的学前教育思想主要体现在他的两本著作中。1633年出版的《母育学校》是世界上第一部论述学前教育的专著。1658年出版的《世界图解》是世界上第一本依据直观原则编写的课本，也是一本授予儿童基本知识的带有插图的百科全书。

一、学前教育思想的基础

夸美纽斯学前教育思想的基础主要在于：

（一）人文主义儿童观

夸美纽斯生活在文艺复兴运动的鼎盛时期，深受人文主义思想的影响，形成了人文主义儿童观。

西欧中世纪，在天主教会和世俗封建主的专横统治下，人们对待人生的态度是悲观、消极的。儿童被看做是生来就有罪，需要不断地受苦受难以赎罪，因此儿童没有童年的快乐，有的只是个性受压抑、身体受摧残。文艺复兴运动兴起后，人们重新估价人的能力，有了新的认识，改变了对儿童的观念。人文主义者从人性论出发，反对束缚和压抑儿童身心，主张为儿童提供身心发展的条件，并把儿童当做世界上最珍贵的宝物来加以赞美，把儿童看做是未来新社会的开拓者而寄予殷切期望。受这种思想影响,夸美纽斯提出了与传统的"原罪"说完全不同的儿童观。他把儿童比做是上帝的种子,认为儿童是清白无罪的,是无价之宝。

(二)重视早期教育

正因为儿童是"无价之宝",夸美纽斯非常重视早期教育。他认为,一切都有赖于开端,早期教育是儿童以后教育的基础,抓好早期教育,可以防止儿童沾染不良习惯,预防人类的堕落。"任何人在幼年时代播下什么样的种子,那他老年就要收获那样的果实,诚如谚语所说:'幼年的追求就是老年的爱好。'"[①]

(三)遵循自然

到17世纪,各种新科学迅速发展,天文学、力学、地理学、气象学、生物学等所取得的一系列科学成就,促进了近代自然科学体系的形成,也在教育界产生了很大影响,促使人们去了解、研究儿童的心理、生理特征。

夸美纽斯虽然笃信上帝是万事万物的创造者和主宰,但受时代影响,他也重视自然科学,提出要遵循儿童的自然发展规律来开展教学。

二、学前教育的目的、机构

夸美纽斯第一次从普及教育的角度,以及儿童心理发展的连续性和阶段性的角度,提出了学前教育的目的。

夸美纽斯主张,所有儿童不论贫富、贵贱、性别,都应当受到教育。教育必须从幼年开始,而且应该按照自然之道进行。为此,夸美纽斯设计了一个统一的学校系统,根据儿童的身心发展顺序,把儿童从出生到24岁的成长分为四个阶段,即婴幼儿期、儿童期、少

---

① 夸美纽斯著,任宝祥译:《母育学校》,西南师范大学教育系1981年印行,第12页。

年期、青年期,各为6年;与之相应的教育机构是母育学校、国语学校、拉丁语学校和大学4级学制。

母育学校是这一学校系统的第一个必不可少的阶段。这一阶段教育的主要目的是为儿童奠定体力、智慧和道德发展的最初基础。夸美纽斯说:"简言之,幼年儿童必须受教育,其目的有三:(1)信仰与虔敬;(2)德行的端正;(3)语言和艺术的知识。"①

在夸美纽斯看来,母育学校不是普通的学校,而是以0至6岁的婴幼儿为对象的、由母亲进行的一种家庭教育。因此,家庭是孩子的第一所学校,母亲是孩子的第一任教师。

三、学前教育的内容与方法

为了使儿童在身体、智慧和道德方面得到初步发展,成为身心和谐发展的新人,夸美纽斯提出母育学校要对儿童实施全面的教育。

(一)体育

夸美纽斯认为健康的精神寓于健康的身体。父母必须为儿童的身体健康付出辛勤的劳动。他要求:

注重孕妇保健。妇女从怀孕时起就应该注意自身生理和心理的养护。要节制饮食,注意营养,从事轻松的活动;约束自己的感情,保持愉快、舒畅的情绪,这样能使生育的幼儿有明快、开朗的性格。

注重孩子的护理。孩子出生后,应该由母亲亲自抚养,特别重要的是用母亲的乳汁哺育。哺乳是上帝和自然赋予母亲的应做的事,是对孩子爱的体现。母亲不应因为害怕失去匀称的形体,而不尽照顾子女的责任。

---

① 夸美纽斯著,任宝祥译:《母育学校》,西南师范大学教育系1981年印行,第9页。

注重孩子的营养。婴儿断奶后,要给婴儿多食用富含自然营养的食品,不能让儿童习惯于服用药品。

制定合理的生活制度。要让幼儿得到有节制的睡眠,为幼儿安排适当的游戏娱乐和运动,并使幼儿养成遵守一定规律的习惯。

细心保护孩子的健康。幼儿的骨骼还没有成型,身体异常脆弱,因此父母在抱、牵、背、放、包扎孩子时,要特别谨慎,不能使幼儿受到伤害。当幼儿开始学走路时,要注意周围的环境,避免各种可能的危险。

夸美纽斯强烈反对中世纪"肉体是灵魂的监狱"的宗教神学思想,坚信身体是灵魂的基础,在学前教育史上系统论述了幼儿体育问题,有一定的科学性。但有些论述仍然没有脱离其自身的宗教局限性。

(二)智育

在西方学前教育思想史上,夸美纽斯第一个为6岁以下儿童的智育提出了一个广泛而详细的教学大纲,主张给儿童以百科全书式的启蒙教育,强调"应当把一个人在人生旅途中所应当具备的一切知识的种子播植在儿童身上"①。

母育学校的智育内容是启蒙性质的,主要是为儿童奠定各门科学知识的最初步的基础。夸美纽斯指出,儿童在人生的头六年应掌握的知识有:

(1)各类自然事物:如雨雪风霜、花草树木、牛马禽鸟及自己身体各部分的名称。

(2)各类自然科学常识:如在光学方面,知道何为光明、黑暗;在天文学方面,能辨别日月星辰及其运动;在地理学方面,知道周边的城市、乡村、山川、河流、森林、牧场等;在机械学方面,了解不同方式的运动,如放下、抬起、旋转等;在算术方面,能数到60,理

---

① 夸美纽斯著:《大教学论》,人民教育出版社1984年版,第224页。

解何为偶数、奇数,能做10以内的加减;在几何学方面,能对大小、厚薄、长短等多种几何形体进行比较,了解度量衡的名称等;在物理学方面,知道什么是火、空气和土,并且会说出雨、雪、冰、铅、铁等名称;在天文学方面,能辨别日、月、星等。

(3)各类社会科学知识:如年代学方面,知道早、中、晚、年、月、周、日、小时及春、夏、秋、冬的概况;在历史学方面,知道最近发生的事情;在政治学方面,知道君主、议员、行政官员的概念;在经济学方面,知道各类家庭物品及生产物品的用途。

(4)音乐知识:包括学习唱歌,分辨各种打击乐器、和弦,背唱圣诗,得到音乐的陶冶。

(5)语言:为了发展儿童的语言,必须先教儿童清楚准确地发出字母、音节和单词的声音,然后说出他们在家中所见的以及作业用的一切东西的名称。

(6)绘画写字:适合在四五岁时开始,可用粉笔练习画点、线、勾、圆。幼儿习惯了拿粉笔写字母,以后可以减轻小学教师的气力。

夸美纽斯对幼儿的教学方法及合适的教育时机也进行了讨论,提出:

(1)教育幼儿应尽早开始。如父母怀抱婴儿时就可以向他们说"看啊,那儿有一匹马、一只鸟"等。

(2)可通过大人与孩子的对话进行。如教儿童正确说出自己身体各器官的名称和用途,父母问:"这是什么?"儿童答:"耳朵。"父母再问:"你用耳朵干什么?"儿童答:"我听。"等等。

(3)可随机进行。如儿童抬头看到光亮,就是获得光学知识的开端。

(4)可通过游戏进行。如可通过游戏来发展语言。

(5)尽量利用寓言、动物故事等来教育幼儿,这样不仅丰富了知识,而且有助于道德的发展。

（6）考虑个别差异，避免强求一律，不能套用正规学校的教学模式。

（7）循序渐进。如儿童两三岁时，可以让他们分辨日月星辰；四五岁时，教他们理解日月的升降、月圆月缺的含义；6岁时，理解冬夏昼夜短长的交替。

（8）注重直观。在幼儿阶段，教育的主要媒介是感官知觉，其中最主要的一种是视觉，所以要把各门学问中最重要的事物以图像形式呈现给儿童，每张图画上端写出它所代表的物体的名称，帮助儿童阅读。

夸美纽斯重视知识的作用，为儿童提出了一个广泛的尝试教育。同时，根据6岁以前儿童的特征，教给儿童的是一些有关他们周围的自然界和社会生活的基本观念和生动形象，符合儿童的认识能力。这有一定的合理性和进步意义，但也是难以实现的，因为这对作为教师的父母提出了较高的要求，而一般的父母是不具备这些广泛的知识和恰当的教学方法的。

（三）德育

夸美纽斯认为，幼儿生活的头几年，是形成良好德行的最佳时期。幼年时若未受过管教，长大就会缺乏德行。夸美纽斯批评有些思想浅薄的父母，对儿童过于溺爱，听之任之，甚至容忍儿女干各种坏事。这样的父母实在是愚不可及，因为儿童生下来不是要做一头小牛或一匹驴，而是要成为一个有理性的人。不明智的父母娇惯孩子，孩子以后不仅不会尊敬他们，反而会成为他们的困扰。

夸美纽斯仿效柏拉图、亚里士多德，认为睿智、节制、勇敢、公正是最基本、最重要的德行。除了这些主要的德行以外，夸美纽斯认为还要培养儿童的谦虚、顺从、同情心、整洁、准确、礼貌、敬老、爱劳动、诚实、耐心等美德。其中，夸美纽斯特别强调节制和俭朴，他认为节制、俭朴是"健康和生活的基础，和其他一切品德的根本"①,应该列为首位。

在德育的方法上,夸美纽斯提出了自己的意见:

(1)树立良好的榜样。由于上帝已经在儿童天性中播下了模仿的种子,儿童最富有模仿别人的欲望,因此示范十分重要。整个家庭都必须注意节制、清洁、尊敬长辈、相互关心、诚实等,为儿童树立良好的榜样。这样自然地无需多费口舌或打骂,儿童通过模仿就能养成良好的德行。

(2)教导。教导是榜样的补充。如果示范对儿童没有收到充分的效果时,跟儿童谈话,增加教导是必要的和适当的,可以对儿童在行为规范上加以劝告或命令。

(3)惩罚。惩罚有两种,即斥责和体罚。当儿童的行为实在不像样时,要加以斥责,但斥责应该是明智的,而不是用威吓来打击儿童;在斥责无效时,才用鞭打或掌击。惩罚的目的是使儿童有所畏惧、有所反省,并加以检点。

夸美纽斯的德育思想反映了当时新兴资产阶级积极向上、奋发进取的精神。他强调从幼年开始就培养儿童的良好品德,这一观念有着重要意义。

(四)游戏与活动

夸美纽斯是西方教育史上第一个从幼儿的年龄特征来论述游戏的教育家。

夸美纽斯指出,儿童天性好动,血气旺盛,不能静止,所以对儿童不应该加以限制,而应该让他们常常有事可做,像蚂蚁一样不停地忙碌。凡是儿童喜欢玩的东西,只要没有害处,就应让他们玩到他们满意为止,而不应该阻止他们。通过活动,可使儿童自得其乐,并可增进身体健康、精神活泼、肢体敏捷。不让儿童活动,反而

---

① 夸美纽斯著,任宝祥译:《母育学校》,西南师范大学教育系 1981 年印行,第 43 页。

会损害他们的身心。

在夸美纽斯看来,游戏是最适合儿童的活动方式。幼儿游戏时,其精神专注于某种事物,自然本身在激发他们去做事。用此手段,儿童可受到一种积极生活的锻炼而没有任何困难。而儿童的父母也应该积极行动起来,尽可能地为儿童提供各种玩具,帮助和指导儿童游戏,甚至直接参与游戏。

夸美纽斯还指出,儿童活动时喜欢模仿大人所做之事,成人对此不应该干预。但由于真正的工具或物品,如刀、斧、玻璃等,可能会给孩子带来危险,所以必须找一些可取代的玩具,如小的铁刀、木剑、小车等。

夸美纽斯关于儿童游戏的重要性和方式的论述具有重要意义。这些思想反映出夸美纽斯对幼儿身心发展规律有了正确认识,并影响了以后的教育家,如福禄倍尔、蒙台梭利等。

(五)进入公共学校的准备

夸美纽斯还谈到了母育学校与小学的衔接问题。他认为儿童在6岁以前入小学是不适宜的,一方面是因为稚龄儿童需要更多的监护和照顾,另一方面是因为儿童大脑还没有发育稳固。但6岁以后,儿童就可以入学受教育了。夸美纽斯认为,儿童能够进入公共学校的能力标志是:该儿童真正获得了在母育学校所应学会的东西;该儿童对问题有辨别、判断的能力;该儿童有进一步学习的要求和愿望。

夸美纽斯指出,父母没有准备就把孩子送往学校是不智之举,学校教师会为这样的孩子所困扰。更为糟糕的是一些父母作了错误的准备,这些父母用儿童对教师和学校的恐惧来惊吓、刺激儿童,这样会使儿童对学校和教师生有憎恶和恐惧的情绪。他指出,正确的准备应当是:第一,在儿童接近入学的时候,父母应当以快乐的心情尽力鼓舞儿童,好像节日快到时那样;要告诉儿童入学获得学问是何等美好的事情。第二,父母应当努力激发儿童对于未来教师的信心和爱戴,要"告诉儿童,教师是一个出众的人,知道许多事情,对儿童和气而且喜欢孩子们;同时也应向儿童讲明教师惩罚某些儿童虽然是真实的,但这只是那些不听话和顽劣的儿童"①。

夸美纽斯以一位教育家的敏锐,注意到了学前教育阶段与小学教育阶段的衔接问题,他的一些见解至今仍有启发意义。

夸美纽斯生活在欧洲从封建社会向资本主义社会过渡的历史大变革时期。他从新兴资产阶级的立场出发,以大胆革新的精神论述了幼儿教育的意义、内容和方法,提出了比较系统的新的学前教育理论,在人类幼儿教育发展史上建立了不可磨灭的功绩。夸美纽斯的幼儿教育思想中,充满了人文主义、民主主义的精神,他摆脱了中世纪天主教散布的"原罪说",无限热爱和尊重儿童。西方教育史上,在夸美纽斯之前,还没有一个教育家像他那样对儿童倾注了全部的爱。他希望每一个母亲都在身体、智慧、道德等各方面给予自己的子女以充分的教育,为他们的健康成长打下坚实的基础。夸美纽斯总结了人类长期儿童教育的经验,并力图从近代科学所能达到的水平进行论述。虽然由于他的宗教观的限制,他的教育思想不尽完善,但他关于学前教育的许多见解在一定程度上反映了幼儿教育的客观规律。总之,夸美纽斯确立了近代幼儿教育思想的基础,对18、19世纪欧洲幼儿教育思想和制度发展产生了极大的影响。

---

① 夸美纽斯著,任宝祥译:《母育学校》,西南师范大学教育系1981年印行,第54页。

第二节 洛克的儿童教育思想

约翰·洛克是英国17世纪著名的哲学家、政治家和教育家。

洛克的绅士教育思想集中表现在《教育漫话》这本书里。《教育漫话》出版于1693年,是继夸美纽斯《大教学论》之后的又一本教育经典著作。在这本书中,洛克详细阐明了自己的教育观点,提出了他的关于绅士教育的思想体系。

一、儿童教育思想的理论基础

洛克的教育思想与他的社会政治观和哲学观有着密切的联系。

洛克从资产阶级人性论出发,用"社会契约论"来解释国家问题。他认为,人们为了避免出现战争,便共同订立契约,建立了国家,国家是契约的产物。国家应该按照"大多数人"的意志行事,而不该受命于某一个人,而符合这种要求的最理想的国家制度就是君主立宪制。从这种观点出发,他提出国家分权的学说,主张国家权利应分成立法权、行政权、外交事务权,并分别由资产阶级、新贵族和国王掌握。总的来说,洛克的政治观是资产阶级调和妥协的政治观。

洛克哲学的中心论题是认识论问题。在哲学上,洛克承认事物是客观存在的,他反对天赋观念,即反对"人的认识起源于先天"的思想。他认为在人的意识中没有先天的思想观念,人的心灵原来就像一块白板,人生下来时是一片空白,一切思想观念都是从后天经验中获得的,这就是洛克著名的"白板说"。洛克的"白板说"对于批判当时盛行的天赋观念起着很大的作用。正是因为人的认识来源于后天的经验,所以教育对人的成长发展是非常必要的。在这里,洛克坚持认识的客观性,这是应当肯定的唯物主义观点。

二、论教育作用、教育目的和教育形式

（一）论教育作用

洛克从反对天赋观点的"白板说"出发，极为重视教育的作用。他认为人的观念并不是与生俱来的，观念出现前，人心只是一块"白板"，是没有任何特征的一张白纸。他反对先天观念的存在，认为全部观念都依赖于后天的"经验"。儿童观念的形成和完善的过程就是受教育的过程。因此洛克认为，教育在形成人的过程中起着非常重要的作用。

（二）论教育目的

洛克提出教育的目的就是培养绅士。他提出，培养的绅士应当是有德行、有智慧、懂礼仪、有学问的人。洛克还提出绅士也应当具有强健的身体。总的来说，洛克的主张是：教育就是要培养有德行、有能力又具有良好礼仪的绅士。洛克认为，这种绅士教育要从儿童幼年时就开始进行，使儿童及早形成以上几方面的品质。

（三）论教育形式

洛克主张采取家庭教育的形式，而不赞成学校教育。他认为，绅士教育最适于在家庭中进行，主张聘请家庭教师。他认为学校环境是不利于绅士教育的，比如，学校里学生人数多，学校对儿童滥施体罚，有碍儿童身心健康发展，学校里也缺少道德教育和礼仪培养等等，这些对于绅士的培养都是不利的。由此，洛克推断学校教育弊多利少，提出由家庭教育来取代学校教育，建议把绅士教育交给有很好修养的家庭教师去进行。洛克的这一思想奠定了欧洲双轨学制的基础。

三、论儿童教育的内容和方法

在教育内容上，洛克把教育分为德、智、体三个部分，这样的划

分在西方教育史上还是第一次。

（一）论儿童的体育

在西方教育史上，洛克是第一个提出并详细论述儿童体育问题的教育家。洛克特别强调通过体育锻炼来培养绅士的意志，尤其是"忍耐劳苦"的精神。他拟定了一个使未来绅士保持健康体魄的具体计划，主要内容有以下三个方面：

1. 培养儿童忍耐劳苦的精神

洛克认为，儿童的身体有很大的适应性，只要从小注意锻炼，身体就能适应任何环境。洛克反对父母溺爱孩子，而主张从小培养儿童具有"忍耐劳苦"的精神。

2. 养成儿童良好的生活习惯

洛克主张，儿童的生活应该有规律，用餐、睡眠、休息、学习、游戏、体育锻炼等都要定时。同时，他反对给儿童穿紧身衣服，还主张儿童的饮食要清淡，睡眠要充足，并要求儿童养成早起的习惯。

3. 加强身体锻炼

在洛克看来，要保持儿童身体健康强壮，最重要的是要通过各种体育活动来锻炼儿童的身体，让儿童多呼吸新鲜空气，多运动（如游泳、旅行等），由此来增强儿童的体质，增强免疫力。

洛克把体育看做是全部绅士教育的基础，他的关于儿童健康教育的理论，在当时是系统而崭新的理论，是对经院主义教育反对身体锻炼思想的有力批判，其中有不少积极合理的见解。

（二）论儿童的道德教育

在洛克的绅士教育理论体系中，道德教育可以说是最重要的内容，他用资产阶级功利主义的观点论述了培养德行的重要性。

洛克提出，道德教育的主要内容就是培养儿童坚强的意志和性格，以及养成遵守道德纪律的习惯。洛克还阐述了品德和礼仪之间的相互关系。

在道德教育的方法上，洛克提出了一些在当时来说具有进步意义的主张：

1. 及早教育

洛克提出，在儿童很小的时候就要进行道德教育，从小培养孩子克制欲望的能力。洛克还主张父母不能娇惯孩子，应在日常生活中定下规则，一旦规则定下来之后，就得严格遵守。

2. 说理教育

为了培养儿童服从理智、克制欲望、遵守约束的能力，洛克主张进行说理教育。同时他又提出，在进行说理教育时，要考虑到所说的理与儿童的年龄相适应，道理要讲得"明白晓畅"，适合儿童的思想水平，使他们乐于接受。

3. 榜样教育

洛克认为，榜样在儿童道德教育中的作用尤其重要，对儿童具有潜移默化的影响。洛克特别提醒父母要注意孩子游戏伴侣的选择，尽量远离那些没有教养、德行不好的伙伴，避免从他们那里学到不良的言行。同时，为人父母、导师者，也应以身作则。

4. 实际练习

洛克还重视道德练习的方法，他主张对儿童进行实际的道德行为的训练，认为要养成儿童的某种行为习惯，不能光靠死记规则和说教，而应当利用一切机会进行道德行为的练习。

5. 奖励和惩罚

在对儿童进行教育时，洛克还注意到奖励和惩罚的作用。在奖励的方式上，他提倡实行精神奖励。在洛克看来，尊重儿童，当众赞扬儿童的良好行为，使儿童"觉得自己是有名誉的人"，这才是对儿童正确的奖励方式。洛克主张尽量避免对孩子的惩罚，特别是鞭挞用得越少越好。

（三）论儿童的智育

洛克认为，智育的任务是教授给儿童各种文化知识和技艺，并促使其智力得到发展，成为有文化修养的绅士。

1. 智育内容

洛克在考虑最适于培养绅士的课程时,提出要遵循两个原则:一是有用性原则,二是多样性原则。洛克从资产阶级功利主义的立场出发,主张只有被肯定了是有用的知识才能教给儿童。另外,他又认为,应让儿童广泛地学习各方面的知识。

洛克在《教育漫话》一书中对儿童的游戏和玩具也提出自己的一些看法。他指出儿童非常喜欢自由自在的游戏活动,成人对此要最大限度地予以满足。他还强调父母和教师要从儿童身心发展的角度对儿童的游戏加以指导,通过游戏来培养儿童好的品质。

2. 教与学的方法

洛克还详细而具体地论述了教与学的方法,对教学问题提出了一些积极的、很有价值的意见,主要有以下几个方面:

(1) 要注意培养儿童形成爱好知识和尊重知识的精神。洛克认为,教师的工作是要让儿童感觉到学好知识是一件光荣的事情,这样儿童就会自觉自愿地、高兴地去学习,而不需要教师强迫他学习了。

(2) 要注意鼓励和引导儿童的好奇心。洛克认为,父母和教师要注意满足儿童的好奇心,一方面要鼓励儿童多提问题,另一方面要抓住时机进行启发诱导,培养儿童的学习兴趣。

(3) 采用实物教学的方法。洛克主张在教学活动中应采用实物教学的方法,使儿童确切地掌握知识,获得关于事物的鲜明印象。

(4) 把学习和娱乐结合起来。洛克还提到对年龄小的孩子施教时要注意寓学习于游戏之中,把学习变成一种娱乐,这样既符合幼儿的心理特点,又能取得良好的教学效果。

洛克所提出的这些教学方法,在当时是有进步意义的,是与当时经院主义教育脱离实际,不考虑儿童身心发展特点和年龄特征,扼杀儿童主动思维,不重视培养儿童求知方法的教学活动相对立的。

洛克儿童教育思想的特点是：其一，有关儿童教育的内容非常丰富，包括体育、德育和智育，其中有很多精辟的见解。其二，十分重视儿童的身心发展特点，并要求在此基础上选择使用适当的教育方法。其三，主张儿童的教育应通过家庭教育的形式来进行，父母和教师在家庭教育中起主导作用。

洛克的绅士教育思想对近代资本主义各国教育实践和教育理论的发展都产生了极大的影响。他首次提出了一个包括德、智、体三育在内的初步的教育理论体系。洛克的绅士教育思想体系中有大量合理的因素，其中还有不少是对教育规律性的总结，特别是他提出的那些好的教育方法是我们应该肯定与继承的。但是，洛克作为资产阶级的教育家，不可避免地带有阶级的局限。比如，他低估学校教育的价值，又过于注重"礼仪"的培养，这些都带有较强的保守性。他的整个教育思想体系有明显的资产阶级功利主义色彩。

第三节　卢梭的儿童教育思想

卢梭是 18 世纪法国杰出的启蒙思想家和教育家。他的教育代表作《爱弥儿——论教育》(1762 年)，在近代教育史上居于十分重要的地位。在这本书里，卢梭通过对他所设想的教育对象"爱弥儿"进行教育的过程来反对封建教育制度，阐述他的自然教育思想。

一、儿童教育思想的理论基础

卢梭的教育思想是建立在他的哲学观和社会政治观基础上的。

卢梭把唯物主义经验论作为自己哲学思想的出发点，认为物质世界是客观存在的,物质的宇宙是运动变化的。在宗教方面,卢梭是一个自然神论者,他虽然肯定上帝的存在,但又认为上帝不能随意干涉宇宙间的事物。在认识论方面,卢梭坚持唯物主义感觉论,反对天赋观念论,他把客观物质世界看做是人的认识对象,认为认识起源于感觉经验,因此他非常重视感觉经验的作用。

卢梭把人类社会的发展划分为三个阶段:自然状态的平等阶段、社会状态的不平等阶段、社会契约的平等阶段。他认为,解决社会不平等的惟一办法就是建立社会契约、制定法律,以保护人们的自由平等和财产。卢梭的社会契约论反映了他要求资产阶级民主政治的理想和愿望,体现了他的民主主义思想。卢梭把进行自然教育作为他资产阶级民主政治的重要组成部分,因此对教育改革倾注了极大的热情,希望通过教育来培养民主政治所需要的人才。

二、论教育作用和教育目的

卢梭首先强调了教育对人的发展的作用。卢梭认为,人的教育来自于三个方面:自然的教育、人的教育和事物的教育。他指出,这三种教育力量必须协调统一才能达到教育的目的,而只有"人的教育"和"事物的教育"服从于"自然的教育",才能做到真正的协调统一。由此他提出,真正的教育应当是顺应儿童天性发展的教育,即自然教育。卢梭自然教育的思想反对在教育中压抑儿童的天性,干涉和限制儿童身心的自由发展,因而具有强烈的反封建性。在西方教育思想史上,卢梭第一次明确提出教育应从人的自然本性出发,使人得到充分的自由发展的思想。

卢梭认为,自然教育的目的就是要培养自然人(或自由人),即天性得到自由发展的人,其主要特征是具有独立自主性。这种人在任何时候都能把自己的自然感情放在第一位,绝不压抑自己的自然本性,并且能依靠自己的劳动过独立的生活。卢梭认为,只有顺应儿童本性的教育才能培养出自然人。

卢梭自然教育的核心思想是:强调对儿童进行教育必须遵循自然的要求,顺应儿童的自然本性,即顺应儿童身心自然发展的特点进行教育。他反对成人按照自己的意志强迫儿童接受教育,干涉、限制儿童的自由发展。他要求把儿童在教育中的被动地位变为主动地位,教师要多给儿童自由,尊重儿童的天性,使儿童真正成为教育上的主人。

卢梭的自然教育理论是建立在他的天性哲学基础之上的。他的天性哲学的一个根本原则就是:人的本质是自由的,自由是人所具有的可贵的天性。另外,"理性"和"良心"(或称"善良")也是人生来具有的天性。他的哲学观体现在他的教育思想上,就是教育应以培养自然人、自由人为目的,教育必须遵循自然的要求,顺应人的自然本性,使教育与人的身心发展的各个阶段相一致。

三、论儿童的年龄分期及各个年龄阶段的教育

卢梭按照儿童年龄发展的自然进程,把儿童受教育划分为四个阶段,并提出对不同年龄阶段的儿童实施教育的原则、内容和方法。这四个阶段分别是:0~2岁婴儿期的教育,以身体的养护为主;2~12岁儿童期的教育,以体育锻炼和感官训练为主;12~15岁青年期的教育,以知识教育为主;15~20岁青春期的教育,以道德教育为主。

(一)论儿童身体的养护和锻炼

卢梭认为,0~2岁婴儿时期的教育,主要是让儿童的四肢和各个器官得到自然发展,保证儿童的身体健康,锻炼和增强儿童的体质。他特别强调,这一时期的教育要适应儿童身体的自然发育,对此他提出许多建设性的主张。

卢梭主张儿童的食品最好是简单而清淡的,应使儿童养成吃简单、清淡食物的习惯。他特别提到要注意使儿童保持自然的饮

食习惯。在婴幼儿着装方面,卢梭指出,为了适应儿童身体的自然发育,一定要给儿童穿宽松的衣服。他还特别提到,切忌用襁褓捆缚婴儿的四肢,认为这样做对儿童的发育是有害的。他建议用松软的法兰绒被子包裹婴儿,以便他的四肢能自由活动。卢梭还指出,婴幼儿不宜穿戴过多,应让他们尽早地适应寒冷的天气,养成适应天气变化的能力。卢梭还主张儿童的衣装要朴素,他反对儿童穿华丽的服装。卢梭还对婴幼儿的睡眠问题进行了合理的论述,他认为儿童的睡眠时间一定要充足,儿童的睡眠还应当服从规律,即"日出而起"、"日没而眠"。卢梭还提到,为了把孩子培养成为能够通过自己的劳动养活自己的独立自由的人,就要从婴儿时期起培养他凡事尽可能地依靠自己、自己照顾自己的习惯,在日常生活中要让孩子自己多动手做事。

(二)论儿童的感觉教育

卢梭认为,2~12岁这个阶段儿童的语言有所发展,但是理智还没有开发,因此教育的重点应放在儿童的感觉发展方面,他认为这个时期主要是进行感觉教育。

卢梭从其哲学的认识论出发,强调了感觉教育的重要性。他指出,感觉教育的重要作用在于它有助于儿童智力的开发,能激发儿童的智慧。可以说,感觉教育是儿童智力发展的先决条件。

感觉教育必须以体育(即儿童的体格锻炼)作为基础。卢梭主张从幼年起便对儿童进行严格的身体训练,养成健壮的体格,能经受各种苦痛。他极力提倡儿童参加跳跃、登山、游泳等活动,认为这些活动不仅能够使儿童体格强壮,而且可以培养儿童的勇气和胆量。卢梭也反对对儿童娇生惯养,反对溺爱儿童,他主张要多训练儿童忍受痛苦。

卢梭进一步提出了对儿童如何进行感觉教育的问题。在西方教育史上,卢梭是第一位详细地论述如何训练儿童感官的教育家。在触觉、视觉、听觉、味觉和嗅觉这几种感觉中,卢梭特别重视发展儿童的触觉和视觉,他主张,在日常生活和游戏中,应尽可能地多给儿童发展触觉的机会。卢梭还主张通过图画、几何形体和制图来训练儿童的视觉,培养其观察力;通过唱歌和听有节奏、有旋律的声音来发展儿童的听觉;而对于儿童的味觉和嗅觉,卢梭认为不必特别训练,而应顺其自然地发展。

卢梭的感觉教育论很多方面是合理的,如将感觉教育作为儿童智力开发的先决条件,认为儿童的感觉只有受到正当的训练之后才会得到充分发展,由此主张加强对儿童的各种感觉的训练,等等。但是,他的理论中也存在着缺点和错误,如过分强调对儿童的感觉教育,而忽略了儿童期的知识教育,把感觉教育和知识教育割裂开来,这是错误的。

卢梭还提到,2～12岁这个阶段的教育,重点不在于知识教育和道德教育,而是要防止儿童沾染上不良习气,要特别地防范儿童的不良行为,净化其灵魂。在教育方法上,卢梭提倡"自然后果法",反对进行道德说教,同时也反对实施体罚,而主张以儿童的行为所产生的自然后果去惩罚他,使儿童从自己的行为后果中得到自然教育。

卢梭关于知识教育和劳动教育方面的论述,对学龄前儿童的教育也有一些启发。卢梭指出,知识教育的目的是促使儿童理性的发展,让儿童学会如何独立地学习,并且培养他们对各种学问的兴趣。关于知识教育的内容,卢梭要求让儿童学习实用的知识和与儿童个人经验相关的知识,从而使他们了解自然的变化和社会人生的意义。在教学方法上,他反对死记硬背和强迫灌输知识,而主张实物教学,要求从大自然现象中学习知识,要求儿童独立地观察事物,独立地思考问题。卢梭还提倡进行劳动教育,他主张通过手工劳动使儿童学习一技之长,从而可以不依靠他人独立生活,真正成为一个独立自主的人。

卢梭关于儿童年龄分期及各个年龄阶段教育的思想有较大的

主观臆断性,缺乏严格的科学依据,因而没有能够阐明儿童发展的客观规律,而且还过分强调儿童各生长阶段的身心发展特性,把体育、感觉教育、知识教育和道德教育截然分开,分别集中在某一阶段进行,这是不科学的。但是,他要求根据儿童身心发展特点进行教育的思想,无疑是有巨大的积极意义的,而且在各个阶段教育中所提到的一些具体的教育内容和方法有很多合理性的方面。

卢梭的自然教育理论开辟了资产阶级教育理论的新阶段。他在自然教育理论中提出,通过教育培养自然人,教育要顺应儿童的天性发展,把儿童作为教育的主体,这些思想具有很强的反封建性,反映了新兴资产阶级的要求。另外,他从教育内容和教育方法上对封建教育进行了全面的声讨,主张改革封建的教育,建立以发展儿童天性为目的的资产阶级的新教育。卢梭的教育思想对欧美近、现代教育理论的发展产生过重要影响。卢梭的教育理论也有其局限性,在理论和实践方面存在一定的矛盾,如片面强调教育要顺应自然,把儿童的天性过分理想化,在教育的年龄分期方面缺乏科学依据。还有,过分强调儿童的个人生活经验,过分强调感觉教育,而忽视理论知识的学习,等等。而最根本的缺陷是忽视了教育的社会制约性,对教育的社会本质缺乏深刻的揭示。

第四节 裴斯泰洛齐的儿童教育思想

裴斯泰洛齐是18世纪末、19世纪初瑞士著名的资产阶级民主教育家。他一生致力于发展贫民教育,他那丰富的教育理论和实践为我们留下了宝贵的遗产。

一、教育实践活动

1774年,裴斯泰洛齐在涅伊霍夫开办了一所孤儿院(也称"贫儿之家")。裴斯泰洛齐开办这个孤儿院的目的就是为了拯救贫困儿童,使他们的穷苦状况得到改善。他力图把孤儿院办成教育与生产劳动相结合的机构,希望通过文化知识教育和农业、手工业技术教育,把儿童培养成为有知识、有能力以及有高尚的道德品质的人。

裴斯泰洛齐主要的教育著作是《林哈德和葛笃德》(又名《贤伉俪》,1781~1787),他在书中阐述了社会和教育的关系,表达了他通过教育改良社会的思想,体现了他资产阶级的民主教育观。

1798年,裴斯泰洛齐担任斯坦兹孤儿院的管理和领导工作。斯坦兹孤儿院的教育有两方面内容最为突出:(1)实施爱的教育,激发儿童的良心,培养儿童善良的情感和团结友爱、互助合作的精神,使孤儿院的教育和生活家庭化;(2)实施劳动教育,根据儿童的年龄特点,组织儿童从事手工和农业劳动,使他们受到多方面的劳动训练,促进他们的体力、智力和道德的发展,从而获得生活所必需的劳动技能。斯坦兹孤儿院的教育方法也比较先进,教学和教育工作注意从观察入手,将生动、直观的事例和教师的榜样作为最好的教育手段,即坚持教育教学直观化的原则。另外,在教育过程中还注意尊重儿童的个性和人格,发展儿童的自主精神,鼓励他们在生活中进行自我服务、自我管理。

1800年,裴斯泰洛齐在布格多夫城创办了一所小学,在此确立了"教育心理化"的思想,强调把教学建立在心理学的基础上,要求一切教学必须按照儿童心理的发展而进行,从对事物的直接观察开始,在教授语言、算术、地理、历史、图画、唱歌、体操等课程时,均采用直观教学法。在教育史上,裴斯泰洛齐第一个提出"教育心理化"的口号,这对儿童教育和儿童心理学的研究起了积极的推动作用。

二、论教育作用和教育目的

裴斯泰洛齐坚信:通过教育可以消除贫困,改造社会。他严厉地批评了当时不平等的教育制度,主张建立一种民主的教育制度,使社会各个阶级的儿童都受到一种合理的符合他们实际需要的教育。他提出,受教育应该是每一个人的权利。他认为,每个人生下来就具有"天赋的能力"。也就是说,每个人都具有一些自然赋予的潜在的力量和才能,这些力量和才能都具有渴望发展的倾向,只有通过教育才能使这些先天能力发挥出来,也只有通过教育才能实现人的充分和谐的发展。他提出,教育的目的就是促进人的一切天赋能力的和谐发展,培养身心和谐发展的人。教育的作用也就在于努力去激发和促进儿童天赋能力的发展。

三、论爱的教育

为了培养身心和谐发展的完人,裴斯泰洛齐提出实施和谐发展的教育内容,包括德育、智育、体育和劳动教育。裴斯泰洛齐把道德教育放在重要的地位,他主张把道德教育作为家庭教育和学校教育的主要内容。道德教育的目标就是使儿童具有博爱的精神,即爱全人类和爱上帝,因此就要对儿童进行爱的教育。道德教育的任务,就在于发展儿童积极的爱。在裴斯泰洛齐看来,道德教育就是"爱"的教育。

裴斯泰洛齐还提出了在家庭教育和学校教育中如何实施爱的教育问题。他提议,在家庭中父母要给予孩子充分的母爱和父爱。他特别强调母亲在培养儿童爱的情感中的作用。他还主张把母爱精神引进学校,使爱的教育进一步深化。他提出,在学校里,教师应该像慈祥的母亲一样热爱儿童、教导儿童,教师应当与儿童共同生活,产生深厚的思想感情,并通过良好的示范作用,全心全意地以母爱精神去感化儿童。

四、论家庭教育

裴斯泰洛齐非常重视儿童的家庭教育,并从三个方面来说明家庭教育的重要性。第一，母亲在儿童教育中占据着重要地位。裴斯泰洛齐把母亲看做是孩子的天然教养员，母亲拥有对孩子的最初教育权。他指出，儿童最初的教育都是从母亲那里得到的。第二，父母最了解自己的孩子，他们知道自己的孩子的个性和能力，所以在孩子的教育方面最有发言权，也最适宜进行遵循自然的教育。第三，教育应从摇篮开始，应从儿童生下来的时候开始，因为人的潜在的力量和才能从他诞生的时刻起就需要培育发展，这样也就使得家庭教育显得格外重要了。裴斯泰洛齐把家庭教育看做是实现他的教育目标的一个重要途径，他认为家庭教育是最能体现教育适应自然原则的，即家庭教育能够追随儿童的天性，能够很好地促进儿童潜在的力量和才能的发展。裴斯泰洛齐还要求把家庭教育作为整个教育体系的基础，他甚至提倡学校教育和社会教育都要以家庭教育为榜样。

裴斯泰洛齐对家庭教育的内容和方法也作了规定。他提出家庭教育的内容同学校教育内容一样，包括四个方面：体育、德育、智育和劳动教育。裴斯泰洛齐的重要贡献还在于，他力图探索出一套符合儿童心理特点的，并使每个家庭的母亲都可以运用的简化教学法，从而使每个家庭都有可能对儿童实施初等教育。

裴斯泰洛齐要求把家庭教育列入教育体系，并强调家庭教育的重要性以及在儿童教育中的作用，这些都是正确的。但是他过分强调家庭教育，主张其他形式的教育都要以家庭教育为榜样，甚至设想用家庭教育取代学校教育，这显然是片面的。

五、论要素教育

要素教育的理论是裴斯泰洛齐教学理论的核心。裴斯泰洛齐认为，教育过程必须从一些最简单的因素开始，逐渐转向复杂的因素。德育、智育、体育和劳动教育，不同的方面有不同的要素，各育都能找到一定的最简单的要素作为实施教育的起点。

体育和劳动教育的要素都是儿童身体关节的活动,在进行体育训练和劳动时,就要先对儿童进行关节活动训练。所谓关节活动训练,主要就是训练儿童使用其手和脚的实际活动能力,包括儿童日常生活中的各种最简单的动作,如走、跑、跳、抓握、投掷、推拉等,这些基本动作结合起来,构成复杂的动作。这些动作要素,按照一定的程序加以训练,不仅能锻炼儿童的身体,全面发展儿童的体力,而且还可以训练儿童的劳动技能,培养儿童爱劳动的精神。

道德教育的最简单的要素是儿童对母亲的爱,以这个要素为起点,使儿童逐渐扩展到对其他人的爱,最初爱自己的父母,进而爱兄弟姐妹,然后扩展到爱上帝、爱全人类,从而上升到"博爱"境界。裴斯泰洛齐认为,儿童最初对母亲的爱,是在母爱的基础上逐渐发展起来的。母爱在儿童道德品质形成过程中的作用是巨大的,是不容忽视的。裴斯泰洛齐认为,道德教育的最高目标是培养儿童爱全人类、爱上帝,而这需要从最基本的要素开始,即从爱自己的母亲开始。

智育的要素就是"对事物产生一种最初的印象",也就是对事物的形状、数目和名称三个基本点产生较强的印象,只要抓住了这三个要素来培养儿童的能力,就可以发展儿童的想像力、观察力和思维能力。因此,他认为教给儿童记数、学习语言、辨别形状是知识教育的关键。

要素教育论的提出,说明裴斯泰洛齐已经看到了教学与儿童心理发展的关系。他根据"教育心理化"原则,认为教育必须适应儿童的天性,与儿童体力和智力的自然发展的顺序相协调,一切教学都要从最简单的要素开始,逐步提高儿童的认识水平。从这一理论的社会意义上来讲,要素教育的方法简单易行,每一个孩子的母亲都可以运用要素在家里实施教育,这样就有助于初等教育的普及,从而实现裴斯泰洛齐的"人人受教育"的理想。要素教育理论集中体现了裴斯泰洛齐教育民主化的追求。

第五节 赫尔巴特的儿童教育思想

约翰·菲力德力赫·赫尔巴特是德国近代著名的哲学家、心理学家和教育家。在西方教育史上,赫尔巴特被誉为"科学教育学的奠基人"。赫尔巴特主要的教育著作有《普通教育学》(1806年)、《教育学讲授纲要》(1835年)等。《普通教育学》是赫尔巴特的教育代表作,它是西方最早以"教育学"来命名的教育专著,这本书奠定了赫尔巴特在教育史上的重要地位。

一、儿童教育思想的理论基础

赫尔巴特的教育理论是建立在他的哲学、心理学和伦理学思想的基础上的。他的哲学观又是其心理学和伦理学思想的基础。

在哲学上,赫尔巴特主要是吸收、融合了康德和莱布尼兹等人的唯心主义哲学思想,在此基础上提出了"实在"(即精神实体)的概念。他认为宇宙是由无数个"实在"构成的,"实在"永恒不变,由"实在"组成的万事万物也是永恒不变的。因此,国家政权也应该是永恒不变的。很显然,赫尔巴特是在为现存的资产阶级政权的巩固作理论上的论证。

赫尔巴特的心理学思想是其教育学的最重要的理论基础。"观念"是其心理学的核心概念,他把观念看做是人的先天认识能力对事物现象感知所产生的结果,观念是人的心理活动的基本内容。他认为,人在感知事物时会形成一个又一个的观念,观念之间具有相互吸引和相互排斥的作用,这样也就形成了人的各种心理活动。赫尔巴特进而提出,教学的作用就是要加强观念的清晰度,并促进观念的结合,从而发展思维能力。

赫尔巴特在他的心理学思想中,还提出一个"统觉作用"的概念,即人的意识之中已有的观念对新形成的观念具有统合、吸收的作用,也就是在原有的经验基础上形成新观念的过程。"统觉作用"运用到教学上就是用旧知识体系理解新知识,再重新排列组合成为一个新的知识体系。他认为"统觉作用"是形成正确的教学方法的基础,好的教学方法都是以此为基础产生的。"兴趣"也是其心理学思想中的一个重要概念,他认为对某事物有了兴趣,就是在心理上对此事物形成了高度注意,有了兴趣才会对事物主动,有了兴趣也才会产生欲望和意志,所以在教学中要注意培养学生的兴趣。由此我们可以看到,赫尔巴特力图把心理学和教育学结合起来研究,使裴斯泰洛齐的"教育心理化"思想得到了进一步的发展。

赫尔巴特的伦理道德观是保守、落后的。他认为,凡是不违反现存国家统治制度的行为、思想就是道德的;反之则是不道德的。他提出五种道德观念(即"五道念"),认为这五种道德观念是人类生活的目标,也是教育的目标。这五种道德观念是:(1)"内心自由"观念。(2)"完善"观念。(3)"仁慈"观念。(4)"正义"观念。(5)"公正或报偿"观念。赫尔巴特认为,只要人们达到了这五种道德观念,人生就会尽善尽美。他要求人们自觉自愿地服从这五种道德观念,任何时候都能用"五道念"来激励和约束自己,控制内心的欲望,保持内心的平静,而这一目的需要通过教育来达到。

二、论教育目的

按照赫尔巴特的观点,教育目的是和道德教育的目标等同的,就是通过教育使儿童清晰地理解和掌握五种道德观念,培养儿童明辨是非的能力,训练他们的意志力,使之成为具有完善的道德品格的人。赫尔巴特把教育的这一目的称为"必要的目的",它贯穿于整个教育过程之中。除此之外,教育还有一种"可能的目的",即与每个人未来的职业有关的目的。可见,在赫尔巴特的教育思想中,道德教育是最根本、最重要的任务,整个教育都是围绕着培养完善的人这一目的进行的。

三、论儿童管理

赫尔巴特把教育过程分为三个阶段:管理、教学和训育。赫尔巴特认为,在教育过程中应当管理先行,他把对儿童的管理看做是整个教育过程的前提。管理的目的是要克服儿童"天生的野性",使儿童养成服从秩序的习惯,从而为教育教学工作的顺利进行创造良好的外部秩序。

赫尔巴特还提出了一整套具体的管理方法,归纳起来主要有以下四种:

(一)课业

赫尔巴特认为,最有效的管理方法莫过于课业本身。他强调,无论什么时候都要使儿童有事情做,空闲和懒散最容易导致儿童做坏事和不受约束。

(二)威胁

赫尔巴特认为,威胁是一种带有强制性的手段,家长或教师应向儿童宣布一些确实而具体的命令和禁则,并设置惩罚记录本,专门记载儿童的过失。

(三)监督

赫尔巴特指出,对于那些威胁方法不起作用的儿童,就需要用监督的方法,即将他们严格控制在父母和教师的监督之下,一发现过失就马上纠正。

(四)惩罚

赫尔巴特认为,如果儿童出现恶劣行为,就必须加以惩罚,包括体罚、剥夺自由、禁止用餐、关禁闭室和站墙角等。

另外,赫尔巴特还把父母和教师的威信以及对儿童的爱,作为管理儿童的辅助方法,这是为了克服前几种方法带来的消极后果。

赫尔巴特重视管理在教育中的重要地位和作用,这是有积极意义的。他主张建立严明的规章制度,安排丰富而紧凑的儿童生活,注意教育者对儿童的爱等,也有一定的合理因素。但是,他的儿童管理观立足于维持社会的现存秩序,这在当时是保守的;他把管理和道德教育机械地分开,这也是错误的;而且他把儿童看成仅仅是被动地受管理的对象,而没有看到儿童的主动性,这也是片面的;他提出的体罚办法更是落后的和反科学的。

四、论教学

赫尔巴特把教学看做是整个教育过程的核心。他强调通过教材、课堂、教师来使知识系统化,这便形成了传统教学的特点,即以教材、课堂、教师这三者为中心来开展教学活动。因此,赫尔巴特也被称为"传统教学的鼻祖"。

(一)论教学原则

赫尔巴特在论述教学问题时,提出了一个"教育性教学"的原则。他把教学作为进行道德教育的最主要和最基本的手段。他认为,没有教学就没有道德教育,道德教育只有通过教学活动才能系统地进行;反过来说,凡是教学活动都是要发生教育作用的,或是说,没有一种教学是不带教育性的。在这里,赫尔巴特论述了教学同训育的关系。

(二)论教学内容

赫尔巴特本着在教学中发展儿童多方面兴趣的原则,提出了一个具体的课程体系,这个课程体系是以儿童的兴趣为基础的。他把儿童的兴趣分为两大类六个方面,并且根据六个方面的兴趣设置了相应的学科:

(1)经验的兴趣,开设物理、化学、地理等科目;

(2)思辨的兴趣,开设数学、逻辑学、文法等科目;

(3)审美的兴趣,开设音乐、美术等科目;

(4)同情的兴趣,主要设置语言学科;

（5）社会的兴趣，开设历史、政治、法律等学科；

（6）宗教的兴趣，开设神学课程。

赫尔巴特这种结合儿童心理发展需要来设立学科，使课程设置有所依据的思想，在当时具有进步意义。但是，赫尔巴特课程论思想也存在严重缺陷，他把课程设置仅仅建立在对儿童心理发展需要研究的基础上，而忽视了其他方面的因素，如社会生活的需要、科学知识发展水平，以及学生的接受能力等，这是不科学的。

（三）论教学方法

赫尔巴特依据"统觉作用"原理把教学过程分为明了、联想、系统、方法四个阶段。每一个阶段由于观念活动的状态不同，儿童所表现出来的心理活动也就不同，因此需要教师根据儿童不同的心理活动来确定不同的教学任务，采取不同的教学方法。

赫尔巴特的这一教学法，后来被他的学生发展成为"五段教学法"，即把教学分为预备、提示、联系、总结、应用五个阶段。五段教学法被广泛地运用于教学实践活动中。

赫尔巴特这一教学法思想的合理性是：

（1）注意在儿童心理活动的基础上规定教学活动；

（2）所设计的几个阶段容易掌握；

（3）有助于系统知识的传授和掌握。

这一教学法思想的缺陷是：

（1）过分强调教师的教而忽视了学生的学，使学生处于消极的被灌输的地位，抑制了学生主动性和创造性的发挥；

（2）教师也容易被这几个阶段所束缚，限制了教师教学的灵活性；

（3）按照观念活动来划分四个阶段，没有考虑到教学方法的制定还要受到其他因素的影响，如教材、学科特点、儿童的年龄特征等。

五、论训育

赫尔巴特认为,德育的出发点是向学生灌输五种道德观念,让学生学习、理解其内容,再由观念形成意志,由意志陶冶性格,最终形成完善的道德性格。赫尔巴特提出,道德训练的主要方法有:一是陶冶,即对儿童心理施加影响。二是有秩序的健康生活。另外,他还提到教师的人格力量在道德训练中的作用。赫尔巴特认为训育可以对严厉的管理和紧张的教学起缓解作用。

六、论学前儿童教育

赫尔巴特在《教育学讲授纲要》中专门论述了 0~8 岁的婴幼儿教育问题。

赫尔巴特认为,0~3 岁这个阶段教育的最主要的任务是照料儿童的身体。他提到,成人应为儿童提供安全的活动场所,以供儿童进行四肢活动的练习,并有助于儿童对事物的观察。他提倡对 3 岁前儿童及时地实施智育,但又提到,不能给儿童过多的负担,不能对其身体造成损害。赫尔巴特认为,这个阶段的智育主要是以感官教育和语言教学为主。关于这个阶段的德育,赫尔巴特指出,其主要任务是防止儿童养成任性的毛病,要训练他服从成人的管理。

关于 4~8 岁这个阶段儿童的教育,赫尔巴特主要强调德育和智育两个方面。在德育方面,他要求对这个阶段的儿童继续加强管理,彻底消灭其任性的毛病,同时还要防止其他坏习惯的产生。赫尔巴特还要求在这个阶段培养儿童合理的生活习惯,使他学会克制自己的欲望,约束自己的行为,以促使其道德观念的形成。在智育方面,赫尔巴特主张这个阶段应进行初步的教学活动,教学内容包括数数、组合、观察学习、计算、阅读、绘画、书写等,以此增长儿童各方面的知识。赫尔巴特还要求通过教学来促进儿童智力的发展,注意儿童综合思维形式的培养。他还提出一些教学方法,如鼓励儿童提问题,寓教学于游戏之中,等等。

赫尔巴特的教育理论在欧洲近代教育思想史上占有重要地位,他的儿童教育思想是非常丰富的,他对教育科学的发展作出了杰出贡献,他的教育思想的很多方面至今仍然有一定的价值。特别是他的教学理论部分,如教育性教学原则、主张知识教育和道德教育的结合、系统知识的传授等,都具有一定的合理性。但是,他的唯心主义世界观决定了他的教育理论在认识论和方法论上都存在着机械主义和形式主义的倾向。比如,在教学活动中忽视儿童的主动性,对儿童采取严酷的管理方法,教学内容和教学方法中存在不少片面性的观点等。

第六节 福禄倍尔的学前教育思想

弗里德里奇·福禄倍尔是德国19世纪著名的幼儿教育家,他的主要贡献是创立了以"幼儿园"命名的学前教育机构,同时创立了一整套学前教育理论,推动了德国以及世界学前教育的发展,故后人称他为"幼儿教育之父"。

一、教育实践活动

1837年,福禄倍尔在德国勃兰根堡开办了一所学龄前儿童教育机构,即"儿童活动学校"。又于1840年将它正式命名为"幼儿园",招收3~7岁的幼儿实施教育。福禄倍尔创办的幼儿园是世界上第一所以"幼儿园"来命名的学前教育机构。在幼儿园教育过程中,他研究了幼儿园的教学方法,并开办讲习班对幼儿园教师进行培训,还从理论上论证了开办幼儿园的必要性。在福禄倍尔的倡导下,德国的幼儿园迅速发展起来,而且还影响到其他国家,在世界范围内形成了福禄倍尔幼儿园运动。

福禄倍尔重要的教育著作有《人的教育》(1826年)等。

二、论教育目的和教育原则

福禄倍尔认为宇宙万物是由上帝创造的,上帝主宰着一切,上帝是宇宙万物的本源。他从这种唯心主义观点出发,进一步认为,"上帝的本源"是全部生活和全部教育的出发点,教育的目的就是唤起和发展埋藏在人体内部的"上帝的本源",把人身上潜在着的上帝精神表现出来,而教育的作用就在于激发和推动这一过程的实现。这样,福禄倍尔就在他的教育学体系中注入了神秘主义的色彩。

福禄倍尔还进一步论述了教育原则,主要有以下两点:

一是发展的原则。福禄倍尔认为,宇宙万物都是在无限发展着的。因此人也是在连续不断地发展的,他特别强调人的各个发展阶段之间的连续性,他反对把各个发展阶段孤立起来看待,而主张应看到各个阶段之间的联系,认为人的发展过程就是"从一个阶段向另一个阶段上升"的过程。他进而指出,人类的教育活动就应当按照儿童的本性,连续、协调地促使他们在各方面得到发展。

二是教育适应自然的原则。福禄倍尔把教育适应自然的原则理解为适应潜藏的人体中的力量和才能的自我发展,而这种力量和才能的发展是"上帝的本源"的表现。他还把教育适应自然原则理解为"追随本源",即追随儿童的天性。他把儿童的本能分为四种,即活动的本能、认识的本能、艺术的本能和宗教的本能。其中活动的本能是最重要的,是最能表现"上帝的本源"的。他进而提出,教育要追随活动的本能,就是要唤起和发展儿童的积极性、创造性和自动性(所谓"自动",就是自我活动或自发活动)。

三、论学前教育的作用和幼儿园教育的任务

福禄倍尔非常重视学前教育在人的发展中的作用。他认为,幼儿时期是人生的一个最重要的阶段,这个时期儿童的生活方式和所受的教育将影响他整个一生。他指出,如果幼儿期教育不当,阻碍了儿童的本性和各种天赋潜能的发展,那必将对儿童以后的教育和发展带来极大的困难。所以,他要求把学前教育作为人的教育过程中的一个重要部分,把学前教育看做是人的真正教育的开始,是儿童以后各个阶段的教育和发展的基础。鉴于此,福禄倍尔提出要建立学前教育的专门机构——幼儿园,对幼儿实施社会的公共教育,由训练有素的幼儿教师承担教育职责。他把幼儿园比做一座大花园,把幼儿比做花草树木,把教师比做园丁,"园丁"须关怀、爱护幼儿,具有母爱精神。

福禄倍尔规定了幼儿园教育的任务,主要有三个方面:

首先,保护儿童身体和精神的健康成长。具体地说,就是通过游戏、唱歌、作业等活动,增强幼儿的体质,促进幼儿各种感觉器官和语言的发展;扩大幼儿对周围生活的认识,激发其创造性、积极性和自觉性;对幼儿进行初步的道德教育和宗教教育,培养他们初步的道德观念和行为习惯。

其次,培养训练有素的幼儿教师。一是为家庭训练照管孩子的保育人员;二是为其他学前教育机构训练幼儿教育工作者。

最后,推广幼儿教育经验。负责向家庭和社会介绍合适的儿童玩具、儿童游戏,以及合适的游戏手段、游戏内容和游戏方法。

福禄倍尔重视人的早期教育,倡导发展幼儿园,实施集体的公共教育,这些都是他对学前教育发展所作出的贡献,在教育史上具有不可磨灭的功绩。

四、论游戏及"恩物"

福禄倍尔阐述了游戏对于儿童发展的重要意义。他认为,游戏在学前教育体系中占有独特的地位,它既是组成儿童生活的一个重要方面,也是学前教育中一个主要的教育手段。游戏不仅可以使儿童内心的冲动得以表现,使儿童感到兴奋、愉快、幸福,而且还能促进儿童身体和感官的发展,提高他们认识自然和社会的能力。另外,游戏还能预示儿童未来能力的发展倾向。福禄倍尔还认为,在游戏过程中最能表现出儿童的积极性、主动性和创造性。

福禄倍尔还制定了一个完整的游戏体系,力图使儿童通过游戏活动来发展认识能力、创造力、想像力和体力,并培养良好的道德品质。他制定的儿童游戏体系将游戏分为两大类:第一类是活动性游戏,即儿童对自然及周围生活中事物的模仿;第二类是精神性游戏,就是运用他设计的玩具(即"恩物")进行游戏。

"恩物"是福禄倍尔为幼儿设计的一系列玩具,供幼儿游戏时使用。福禄倍尔力图以"恩物"来发展儿童的认识能力和创造性,训练他们手的活动技能。"恩物"通常有六种。第一种是6只用柔软的羊毛绒结成的小球,分别为红、黄、蓝、绿、白、紫6种颜色,借此来发展儿童辨别基本颜色的能力,帮助幼儿认识各种颜色和数目,还可以发展幼儿的空间观念。第二种恩物是木制的球体、立方体和圆柱体,使用这种材料进行活动,可以帮助幼儿认识物体的形状,认识几种几何形体。第三种是由8个同样大小的小立方体组成的1个大立方体。第四、五、六种恩物都是1个大立方体,可以分割成大小和数目不等的小立方体、长方体、长方板以及小的三角形板。"恩物"是福禄倍尔对幼儿教育的一个重要贡献,他的"恩物"作为幼儿玩具在世界范围内被广泛流传。

五、论幼儿园教育的其他内容

福禄倍尔为幼儿园确定了一种教育活动形式——作业,通过作业对幼儿进行初步的教学。作业是运用恩物所提供的观念来开展活动,将恩物的知识运用于实践。作业的种类很多,有绘画、纸工(编纸、折纸、剪纸)、用小木棒或小环拼图、串联小球、刺绣等。作业活动可以使恩物知识得以巩固。在福禄倍尔为幼儿园规定的作业中,还包括一些劳动作业,如初步的自我服务、照料植物等。他认为,这些活动能够促使儿童热爱自然、亲近自然,并发展其创造能力。福禄倍尔还主张把讲寓言故事和歌唱作为幼儿园的教育手段,他为此编辑了《慈母曲》、《歌曲和游戏一百种》等幼儿教材,供家长和幼儿园教学使用。

福禄倍尔创立了幼儿园教育体系,使学前教育成为教育领域中的一个重要分支和独立部门,标志着学前机构的作用开始由"看管"转向"教育",通过幼儿园的教育促使儿童的身体和精神健康成长。福禄倍尔创建的学前教育理论体系,对许多资本主义国家学前教育的发展都有很大的影响。但是,由于他的教育理论是建立在其唯心主义哲学基础之上的,因此不可避免地带有神秘主义和形式主义倾向。

第三章 现代学前教育思想

第一节 杜威的儿童教育思想

约翰·杜威是美国著名的哲学家和教育家,实用主义教育理论的创始人。1896年,杜威创办了"芝加哥大学实验学校"。《民主主义与教育》是杜威实用主义教育思想的最系统和最集中的阐述,它作为美国进步主义教育运动的指导纲领,影响深远,同时它也是世界教育史上的一本经典著作。

一、儿童教育思想的理论基础

(一)实用主义哲学

实用主义哲学是杜威教育理论的首要理论基础。杜威强调哲学作为思维的工具的作用,他把哲学看做是人们用来适应环境、整理经验的一种工具。杜威创造性地把实用主义哲学应用到了教育上。在杜威的教育哲学中,有一个最重要的概念就是"经验"。杜威认为,经验是人的有机体与环境相互作用的结果,在杜威看来,通过人和环境的相互作用,人所认识的只能是主观的经验世界,而不是离开人的经验而独立存在的物质世界。由此,他提出存在即被经验。在他看来,人的主观经验是客观世界存在的基本前提,自然界所存在的一切都是"被经验到的东西",这是明显的主观唯心主义经验论。根据这种经验论,杜威曾给教育下了一个定义:教育就是"经验的改造或重新组织"。他认为,一切学习都来自于经验;教育必须从个人的实际生活的经验出发。

(二)"社会个人主义"社会观

杜威的教育理论,同时又是把以人性论和庸俗进化论为核心的社会学观点作为理论基础的。他认为社会就是由具有原始本性(如本能、习惯等)的个人组合而成的,也可以说,社会就是人性的组合。他进而分析说,社会的进步依赖于人性的改造,而人性的改造又依赖于教育。由此,他提出教育在促进社会进步方面具有重要的意义,主张通过教育去激起人的智慧,发展人性,从而达到改良社会的目的。

(三)生物化的本能论心理学

生物化的本能论心理学是杜威教育思想的又一重要理论依据。杜威把心理理解为本能的活动,把人的情绪、习惯、冲动等生物性的本能作为心理的基本内容。他把心理看成是生物化本能活动的产物,而否定了心理是客观世界在人的头脑中的反映。杜威在这种生物化本能论的心理学思想的基础上提出,教育的任务就是要按照儿童本能生长的不同阶段,提供适当的材料,组织各种活动,以有利于儿童本能的表现和发展。

二、论教育本质

(一)"教育即生长"

杜威从其生物化本能论的心理学出发,认为教育就是促进儿童本能生长的过程,即教育的本质和作用就是促使儿童的本能生长。

在这一认识的基础上,杜威提出了著名的"儿童中心主义"思想,这是他实用主义教育理论的基本原则。这一思想成为他的教育理论甚至整个现代派教育理论中的一个核心要求。

杜威认为,传统教育的最大缺点就是从"上面"或"外面"对儿童施以强迫教育,让儿童学习成人的经验,忽视儿童内在的本能需要,使教育成为一种外来的压力。杜威在批判传统教育弊病的基础上,明确提出以儿童为教育中心的响亮口号。他主张把教育的重心转移到儿童方面来,使儿童成为教育的主宰。杜威强调,在教育过程中要重视儿童的本能活动,并把它们作为教育的出发点,教育的任务就在于为儿童本能的生长和儿童活动的开展创造条件。这种论述,在反对传统教育长期把儿童置于被动地位,限制儿童的个性发展,忽视儿童自身的需要等方面,有其积极的意义,不仅击中了传统教育的要害,而且还阐明了儿童在教育、教学过程中应有的主动地位这一规律性的问题,对我们今天教育理论和实践的改革仍具有一定的现实意义。"儿童中心主义"的主要缺陷在于:它是以杜威的生物化本能论的心理学为基础,是在把人的心理活动看成是生物化本能活动的产物,完全否定社会实践对人的心理发展的作用这一前提下提出来的,因而是不科学的。杜威一味强调教育要顺应并促进儿童心理本能的发展,要以儿童为中心,却忽略了社会因素对教育的制约性。

(二)"教育即生活"

在"教育即生长"这一观点的基础上,杜威又从他的社会学观点出发,提出教育的本质即是生活。他指出,儿童的本能生长总是在生活过程中展开的,或者说生活就是生长的社会性表现。在杜威看来,最好的教育就是"从生活中学习",学校教育应该利用儿童现有的生活作为其学习的主要内容。他认为,教育就是儿童现在生活的过程,而不是未来生活的准备,因此要把教育与儿童眼前的生活结合起来,教儿童学会适应眼前的生活环境。

根据"教育即生活"的观点,杜威又提出"学校即社会"的思想。他要求把学校办成一个小型的社会,以便从中培养出能完全适应眼前社会生活的人。这一思想中有一定的积极因素,如要求学校教育应与社会实际相联系,反对学校完全脱离实际生活等。

(三)"教育即经验的连续不断的改造"

这一观点是以杜威的主观唯心主义经验论的哲学理论为基础而提出来的。杜威认为,人的最初经验来源于"先天的能力"与环境的相互作用。但人在一生中要不断地经历、改变各种事物,在活动中不断获得新的经验,这些新的经验增加到原有的经验上,就会对原有经验进行不断的改组和改造。杜威认为,教育要帮助儿童进行经验的改组、改造。

按照杜威的观点,在教育过程中,儿童经验的获得要依靠儿童自身的活动去达到,由此他又提出另一个教育基本原则——"从做中学",并把它作为教学理论的中心原则。

杜威关于教育本质的论述虽然有一些合理的见解,但从根本上来说它是唯心主义的。他在论述教育的本质这一问题时,忽视了教育的社会基础和教育的阶级性,没有能正确地阐明教育在促进社会发展和人的发展方面的重要作用。

三、论教育目的

杜威提出,教育只是一种过程,除这一过程自身发展以外,教育是没有目的的,或者说是只有"教育过程以内"的目的,而无"教育过程以外"的目的。他所说的"教育过程以内"的目的,是指由儿童的本能、冲动、兴趣所决定的具体的教育过程,实际上杜威是将"生长"作为其教育的目的,反对外在的、固定的、终极的教育目的,认为外在的教育目的不能顾及儿童的兴趣和需要;固定的目的不具有灵活性,不能适应变化了的具体情况;终极目的是一种理论上的虚构。

四、论教学

在教学理论上,杜威提出了"从做中学"这一基本原则。他在论述教学中的一些主要问题时(如教学过程、课程、教学组织形式等),都是从"从做中学"的要求出发的。杜威所说的"从做中学",实际上也就是"从活动中学"、"从经验中学"。他认为,儿童应该从自身的活动中进行学习;教学应该从学生的经验和活动出发。杜威提出"从做中学"的理论是以其主观唯心主义经验论作为理论基础的。杜威的"从做中学"理论也是在他批判传统的学校教育弊端的基础上提出来的。

杜威要求现代学校要用活动教学来完全取代传统教学,用活动课程取代学科课程。杜威指出,活动教学的主要特点是:

(1) 以表现和培养儿童的个性为主,即教学中注意培养儿童的创造性思维能力;

(2) 以儿童自由活动的形式进行;

(3) 儿童从自己的活动、自身经验中学习;

(4) 教学从儿童当前的实际需要出发,也就是说儿童需要学习什么,教学就要适时地提供给他这方面的知识,一切都要从儿童的需要出发。

总而言之,活动教学要以儿童的活动为中心,注重儿童的主动性和创造性的发挥。

(一) 论课程与教材

杜威反对以既有知识编写系统教材,而且也反对用这种教材所组成的学科课程教学。他认为,让学生学习各种各样的学科课程,虽然可以学到系统知识,但是这样做的最大缺陷是把儿童同实际生活割裂开来了,这样必然会阻碍儿童的本能生长。杜威的基本倾向是反对传统教育中的分科教学,反对现成的、孤立于学生经验之外提供的知识。他要求把课程和教材建立在儿童现在的生活经验的基础上。儿童本身的活动就是课程,也是教材。杜威认为,学校课程的主要内容就是各种不同形式的主动作业,在这个过程中,由儿童自己发现问题,再由他们去寻找解决问题的方法,知识也就在"做"中获得了。杜威认为,这样获得的知识完全是通过儿童的自身体验得来的,是绝对的直接经验。

(二)论教学组织形式

杜威还本着"从做中学"的原则,对传统的教学组织形式进行了全新的改造。他反对传统的班级授课形式,认为这种教学形式不仅在形体上束缚了儿童,而且更严重的是束缚了儿童的思想,使儿童只能被动地接受知识的灌输。杜威主张开展室外活动,设置活动教室,让儿童多接触自然,多接触社会。如果教学活动必须在室内进行,教室里也应该有能让儿童充分活动的地方,并备有适合儿童活动所需要的各种材料和工具,让儿童在制作的活动中学习。

(三)论教学方法和步骤

杜威提出了教学过程的五个步骤:

(1)教师给学生准备一种真实的经验的情境,并依据儿童的本能需要和既有经验给予学生一些暗示,使学生在暗示中产生要了解某个方面问题的兴趣。

(2)学生在情境中产生一个真实的问题,作为引起思维的刺激物。教师要给学生提供足够的资料,使学生得以对付在情境中产生的问题。

(3)学生从资料的应用中产生对解决疑难问题的思考和假设。

(4)学生自己负责把设想出来的解决问题的方法加以整理和排列。

(5)为了验证这些假设的价值,学生要根据这些假设亲自动手去做,在做的过程中,自己去发现这些假设的真实性和有效性。

杜威这一"教学五步"的产生是建立在对传统教学方法批判的基础上的,他针对传统教学中只考虑教师的教而忽视学生的学,提出了研究"怎样学"的问题。他的"教学五步"的可取之处在于:在教学中重视学生的能动性活动,重视学生的独立思考,特别是整个教学围绕着学生的兴趣进行,这种方法有利于锻炼学生解决问题的能力。但是,杜威的"教学五步"理论的基础是其主观唯心主义的经验论,因此在这样的教学步骤下,学生获得的只是主观经验的重新组合,以及养成怎样去获得主观经验的习惯,这是它的弊端所在。

总的来说,杜威提出的以"从做中学"为核心的活动教学体系有其合理的一面,它改变了传统教学的僵死状态,为学校教学注入了新的活力,有利于培养开拓型人才。但是,由于杜威过分强调活动课程和儿童的直接经验,甚至提出一切知识都要由儿童亲自实践去获得,这是不符合教学规律的,也浪费了儿童的学习精力和时间,必然导致学习质量和效率的下降。

五、论学龄前儿童的教育

杜威对学龄前儿童教育问题的论述,主要有以下几个方面的内容:

(一)论幼儿期的重要性

杜威认为婴幼儿身上蕴藏着学习和成长的潜能,有巨大的可塑性。他明确指出,幼儿期为人一生的事业、爱好、习惯等方面打下基础,因此应当重视对这个阶段儿童的研究和教育。他主张对儿童的教育要从一出生就开始。

(二)论幼儿教育的内容和方法

杜威提出,学龄前儿童的教育内容主要就是游戏活动。他十分重视游戏在学龄前儿童教育中的作用,认为游戏最能体现儿童的活动本能,而且游戏也有助于儿童的身心健康发展,还能够促进儿童道德和智力的成长。他要求教育者要为儿童的游戏创造良好的条件,通过游戏活动促进儿童的本能生长。关于游戏的内容,杜威指出,为儿童安排的游戏应当符合儿童的本能和兴趣需要,同时要根据儿童的年龄特征来安排。

除了游戏以外,杜威还主张从儿童的兴趣和需要出发来组织其他活动课程,如折纸、照料植物、讲故事、唱歌、戏剧表演、制作玩具等。

杜威还对幼儿的文化学习问题提出了自己的看法,强调一定要遵循儿童的身心发展特点来施教,反对过早地让幼儿学习文化,过多地占用儿童宝贵的时间。他提出,除非儿童有了学习书写和阅读的需求,否则就不要特别去安排这些内容,以免给幼儿造成紧张和疲劳。

第二节 蒙台梭利的学前教育思想

蒙台梭利是欧洲"新教育"运动中一位重要的代表人物,也是继福禄倍尔之后又一位杰出的幼儿教育家。

一、教育实践活动

1907年,蒙台梭利在罗马贫民区开办了一所招收3~6岁贫民儿童的幼儿学校,并命名为"儿童之家"。蒙台梭利在"儿童之家"的教育实践活动取得了很大的成功。蒙台梭利的主要著作有《教育人类学》(1908年)、《蒙台梭利教学法》(1909年)、《高级蒙台梭利方法》(1912年)、《童年的秘密》(1933年)等。

二、论教育目的和教育原则

蒙台梭利对旧式学校和家庭教育压抑儿童个性的做法给予猛烈的抨击。她指出,旧式教育忽视了儿童发展的内在力量,硬是把成人的思想、要求强加给儿童,对儿童横加干涉,压抑了儿童的本性,窒息了儿童创造力的发展。她要求彻底改变这种做法,提倡新教育应让儿童过一种自然、自由的生活,让儿童充分地自由活动,成人尽量少去干扰儿童。

蒙台梭利认为教育目的是双重的,即"生物的"目的和"社会的"目的。她更强调的是"生物的"目的。她认为,在儿童身上存在着一种强烈的、天赋的内在潜力,它规定和制约着儿童的成长与发展。这种内在潜力的不断展现构成了儿童的发展。而儿童的生命力则是通过自发冲动表现出来的,这种自发冲动的外在形式就是自由活动。她要求新教育应本着自由的原则进行,要重视儿童发展的内在力量,在儿童的自由活动中促使其潜在能力不断提高。

三、论教育环境

蒙台梭利建议兴办新型的学校教育,为儿童的身心发展提供一个良好的环境。

蒙台梭利认为,儿童的内在潜能是在环境的刺激、帮助下发展起来的。具体到如何为儿童准备教育环境的问题,蒙台梭利认为,对于新生婴儿来说,最好的环境就是父母本身,因为儿童这一时期最需要"营养"与"爱",要求与父母相处。对于3岁以上的儿童,蒙台梭利则主张为他们提供一个能激发其活动动机的预备环境。她对"有准备的环境"提出了以下的标准和要求:

(1) 必须是有规律、有秩序的生活环境;
(2) 能提供美观、实用,对幼儿有吸引力的生活设备和用具;
(3) 能丰富儿童的生活印象;
(4) 能为幼儿提供感官训练的教材或教具,促进儿童的智力发展;
(5) 能让儿童独立地活动、自然地表现,并意识到自己的力量;
(6) 能引导儿童形成一定的行为规范。

蒙台梭利认为,教育的作用就在于帮助儿童内在力量的发展,作为教育者必须信任儿童内在的、潜在的力量。她分析说,教育的任务就是促使儿童的潜能在一个有准备的环境中得到自由的发展。

四、论自由和纪律的关系

蒙台梭利还谈到自由和纪律的关系问题。她认为,给儿童以极大的活动权利,并不意味着允许儿童可以任意妄为。在蒙台梭利看来,自由和纪律并不是对立的。她指出,当儿童在自由活动中专心于某一件事、某一项活动时,当他专注于表现自己的个性时,他就是在形成自己的良好纪律。因此,自由活动不仅是儿童发展的重要条件,也是形成良好纪律的重要方式。蒙台梭利主张通过自由活动的方式让儿童自觉地形成纪律,明确地指出,"纪律必须通过自由而来"。

五、论感官教育

蒙台梭利非常重视幼儿的感官训练和智力培养,这是"儿童之家"的重要特色,也是蒙台梭利教学法的一大特点。

蒙台梭利强调了感官教育的重要性:

(1)幼儿正处在各种感觉的敏感期,这时加强相应的教育,可以不失时机地使感官得到最充分的发展。

(2)感官训练是形成认识能力的第一道大门,感官训练有利于发展幼儿对事物的观察力和辨别力。所以,只有通过感官的训练,才可能使智力得到发展。

从这种认识出发,蒙台梭利非常重视感官教育。她在"儿童之家"里对儿童进行了各种感官训练。她设计了一套"感官练习材料",包括训练听觉、视觉、嗅觉、触觉等感觉能力的材料,其中以触觉为主。在"儿童之家"里,训练触觉的材料很丰富,有滑度触觉、温度触觉、重量触觉、实体触觉等方面的训练材料。

蒙台梭利这套感觉练习材料有以下几个特点:

(1)按照用途分为不同的种类,每一类分别训练某一种感觉。

(2)各种材料使用时,要求尽可能地排除其他感官的干扰,以使所训练的感官得到的印象尽可能地纯正、清晰。

（3）教具有控制、纠正错误的功能。蒙台梭利一再强调这些感官训练的教具是提供给儿童自己做的，可以通过幼儿自己操作，尝试错误，而达到"自我教育"的目的。

蒙台梭利的感官教育思想和实践，有很多值得我们参考和借鉴之处。例如，她强调对幼儿进行感官训练，这是符合人的认识发展规律的，而且她所设计的训练材料，也是符合幼儿的年龄特点的，让儿童通过对注意、比较和判断的练习，使感官趋于敏锐。这套感官训练材料活动性强，容易引起儿童的兴趣和好奇心，有助于促进幼儿智力的发展。蒙台梭利的感官教育也有其不足之处：

（1）其感觉训练是孤立地进行的，孤立地训练幼儿的各种感官，割裂了各种感觉之间的内在联系。

（2）其感官教育采取的方法有机械、呆板、枯燥乏味的倾向，儿童长期利用感官教具进行训练，容易受到操作顺序的束缚，不利于儿童想像力和创造力的培养。

六、论幼儿的日常生活技能训练和游戏

蒙台梭利还要求重视儿童的日常生活技能的训练。在她看来，日常生活技能的训练，不仅有利于促进儿童的体力和各种能力的协调发展，而且也是培养儿童独立性的重要手段。

第三节 克鲁普斯卡娅的学前教育思想

娜·康·克鲁普斯卡娅是前苏联著名的教育家。她于1917年出版了她的教育代表作《国民教育与民主主义》，此书是第一次用马克思主义的观点来研究教育学和教育史。十月革命后，克鲁普斯卡娅为建立苏联学前教育的理论与实践体系作出了卓越的贡献。

一、论社会主义教育的目的和任务

克鲁普斯卡娅从马克思主义的辩证唯物主义和历史唯物主义的观点出发，论述了社会主义教育的目的和任务。她认为，在阶级社会中，学校教育是有阶级性的，无产阶级的学校教育同资产阶级的学校教育有着根本的区别，这种区别主要就是体现在教育目的方面。她进而指出，社会主义国家的各级学校的教育目的是一致的、共同的，就是要培养全面发展的人。她明确地指出，培养全面发展的、既能从事脑力劳动又能从事体力劳动的人，是社会主义学校教育的根本任务，也是社会主义学校的重要标志。她还特别强调劳动教育是实现"培养全面发展的人"这一教育目的的最重要的手段。

二、论学前社会教育的重要性

克鲁普斯卡娅从三个方面阐述学前社会教育的重要意义。第一，她把发展学前社会教育同国家的建设事业联系在一起。她提出，社会主义建设需要妇女也参加生产劳动，而这势必会影响到对儿童的照顾，而设立公共的学前教育机构，就可以解决这一问题。第二，她从重视儿童早期教育的角度来阐述学前社会教育的重要性。她认为，儿童的教育应及早开始，她号召人们要重视学前期的教育，要为儿童提供良好的受教育场所。第三，她从培养共产主义新人的角度强调学前社会教育的重要意义。她认为对儿童进行共产主义教育，需要借助于公共的学前教育机构来进行。

克鲁普斯卡娅在充分肯定学前社会教育的重要性的同时，也提醒人们不要忽视家庭教育的作用。她认为父母对儿童的成长有很大的影响，主张学前社会教育和家庭教育两方面互相配合。

三、论学前教育的内容和方法

（一）论幼儿体育

克鲁普斯卡娅认为,幼儿园最重要的任务之一,就是关心儿童的身体健康,培养"健康的一代人"。因此,幼儿园必须合理地安排和组织幼儿的生活,要有各种保健措施,要给幼儿提供富于营养、合乎卫生要求的食品,还要注意幼儿食品应简单、清淡,忌油腻。

克鲁普斯卡娅还提到,为了保护及增进儿童的身体健康,还需要充分利用自然条件,如设置儿童室外活动场地,让幼儿多进行户外活动,多呼吸新鲜空气,使他们的身体得到锻炼。另外,还要注意使儿童养成良好的卫生习惯,饮食起居要有规律,要经常洗手,保持清洁等等。

（二）论幼儿德育

克鲁普斯卡娅认为,幼儿园的另一项重要任务就是为幼儿奠定共产主义道德的基础,她尤其重视集体主义思想的教育,把集体主义教育看做是幼儿园德育的核心,主张从小培养儿童集体主义情感和对劳动、对学习、对周围生活的正确态度和兴趣。克鲁普斯卡娅还特别重视儿童在共同游戏和作业中的团结。

关于道德教育的方法,克鲁普斯卡娅反对道德说教和形式主义的做法,她主张在对幼儿进行道德教育时要考虑到幼儿的年龄特征,可以采取游戏的方式来进行。

（三）论幼儿智育

克鲁普斯卡娅认为,学前教育这个阶段主要是对儿童进行感官训练,培养儿童的观察力,激发儿童的求知欲,鼓励儿童去认识周围世界,扩大眼界,充实他们的生活经验,培养他们对各方面事物的兴趣。克鲁普斯卡娅要求幼儿园教师要多鼓励幼儿用自己的视觉、听觉、触觉去认识客观世界,并且学会用动作、语言、面部表情来正确地表达自己获得的印象,使他们的思维能力有所发展。还可以让儿童用各种材料从事创造性的活动,从而发展儿童的创造能力。克鲁普斯卡娅还要求幼儿园教师要学会研究、了解儿童,知道如何去正确引导他们观察和了解自然与社会环境,唤起他们的求知欲,并培养他们独立自主的精神。她要求在学习活动中要多给儿童一些发展主动性的机会,让儿童从自己的活动中去学习。

(四)论游戏和玩具

克鲁普斯卡娅对游戏也有精辟的见解。她认为,游戏在幼儿园是一种重要的教育形式,在儿童教育中具有重要意义,主要体现在以下几个方面:

(1)对儿童来说,游戏往往是最实际的学习。游戏是儿童生活的基础,是他们认识周围世界的手段,他们通过游戏形成对生活的正确观念,形成集体生活的习惯。

(2)游戏能够增强儿童的体质,发展肌肉和感官,培养儿童动作的协调性。

(3)可以在游戏中培养儿童的集体主义精神,巩固儿童间的友谊,并在游戏中使儿童形成遵守纪律的习惯。

克鲁普斯卡娅还对儿童玩具提出自己的看法。她提出,制作、选择儿童玩具要从儿童的喜好、需要出发,在深入了解儿童的基础上,结合儿童的年龄特点来设计和选择。她反对在玩具的装潢上过于下功夫,而要求加强玩具的实用性,多设计一些能够启发儿童智力的玩具。克鲁普斯卡娅特别强调,成年人在为儿童提供玩具时,一定要仔细地研究儿童的年龄特征,所提供的玩具要真正能被儿童所喜爱,并有助于儿童的成长和发展。

克鲁普斯卡娅的学前教育理论为十月革命后苏联社会主义学前教育体系的形成奠定了基础,对苏联社会主义学前教育的发展起了很大的推动作用。

第四章 当代学前教育思想

第一节 皮亚杰的认知发展理论与学前教育思想

皮亚杰是瑞士著名的儿童心理学家、教育家。他的教育理论对世界教育发展的影响巨大而深远。

一、生平和著作

皮亚杰毕生致力于心理学、哲学、生物学等研究,取得了较深的造诣,著作丰富。特别是他在认知发展和儿童思维心理的研究上创造了自己独特的科学体系,因而被称为日内瓦学派或皮亚杰学派,在国际心理学界享有盛誉。其著作主要有《儿童的语言与思维》、《儿童的判断和推理》、《儿童的世界概念》、《儿童的物理因果观》、《儿童的道德判断》、《儿童智慧的起源》、《儿童对现实的建构》、《儿童的游戏、梦和模仿》、《发生认识论》、《结构主义》等。

二、论儿童心理发展与认知结构

皮亚杰的学前教育思想是以他的儿童心理学理论为基础的。皮亚杰儿童心理学的理论核心是"发生认识论"。发生认识论是一门主要研究认识的发生、发展结构及其心理起源的科学。

(一)儿童心理发展观

在儿童心理发展上,皮亚杰赞同"内外因相互作用发展观"。

他既强调内因、外因的相互作用,又强调在这种相互作用中儿童心理不断产生量和质的变化。

(二) 影响儿童心理发展的因素

皮亚杰认为,制约儿童心理发展的因素主要有以下四种:

成熟:主要指神经系统的成熟。

实际经验:包括物体经验和数理逻辑经验。物体经验是个体从物体中抽象出来的特性,如形状、重量、大小等;数理逻辑经验是个体通过摆弄物体,通过主体动作的内部结构获得的逻辑知识。

社会相互作用:指个体在社会生活、文化教育、语言等社会环境中发生的社会传递。

平衡:指的是不断成熟的内部组织和外部环境的相互作用。平衡在影响儿童心理发展的四因素中起着首要的协调性作用,它可以调和成熟、实际经验和社会相互作用三方面的作用,是儿童心理发展中最重要的、决定性的因素。

(三) 儿童心理发展结构

结构主义是一种由结构主义方法论联系起来的,20世纪60年代盛行于西方,尤其是法语国家的哲学思潮。这里所说的结构不是生理解剖学上的感官物质结构,而是机能上的结构。

皮亚杰是一位结构主义心理学家,他依据结构主义的基本原理,从研究儿童智力与思维的整体发展着眼,提出了儿童思维发展结构理论。他认为儿童心理发展涉及以下四个基本概念。

1. 图式

图式即人类认识事物的主观上的结构。图式不是指神经系统的物质生理结构,而是指一种主体活动(包括外部动作和内部思维)的功能和心理结构。各个人所具有的图式就构成他们理解现实世界和获得新经验的基础。儿童心理发展的过程,就是儿童动作的图式不断完善,由较低水平达到较高水平,从而也使认知结构由较低水平到较高水平不断发展的过程。

2. 同化与顺应

同化和顺应是个体适应环境的两种作用,也是主体图式在适应活动中的功能所包括的两种形式。

同化是个体把新的知觉事件或刺激事件纳入个体现存的图式或行为的模式之中的过程。同化会影响图式的生长,引起图式量的变化,但不会导致图式质的改变。顺应是当主体不能同化客体时,主体的图式不得不发生质的变化,从而创立新的图式或调整原有的图式。

3. 平衡

平衡是指同化和顺应两种作用的平衡。儿童每遇到新事物,在认识过程中,总是先用原有图式去同化,如果成功了,便得到暂时的认识上的平衡;如果不成功,儿童便作出顺应,调整原有图式或创立新图式去同化新事物,直至达到认识上新的平衡。不断发展的平衡状态,就是整个心理的发展过程。这也是个体的智力从最初的感知活动逐步发展为高级理性思维活动的过程。

由上述可见,皮亚杰的认知结构的核心是图式。他认为,知识不是摹本,知识总是要被纳入主体和客体关系之中,也就是把客体组合到图式中去。

(四)儿童思维发展阶段理论

皮亚杰从结构主义心理学观点出发,对儿童思维发展年龄阶段作了划分。他从逻辑中引进"运算"概念,并以此作为划分儿童思维发展的各个阶段的标志。他把儿童思维发展划分为既相互连接又具有质的差异的四个年龄阶段。

1. 感知运动阶段:儿童思维萌芽(0~2岁)

这个阶段相当于婴儿期。儿童还没有掌握语言,他们主要是通过感觉运动图式来和外界相互作用,经过同化和顺应,取得平衡。

2. 前运算阶段:表象或形象思维(2~6、7岁)

在这个时期,儿童的各种感知运动图式开始内化,成为表象。尤其是语言的出现和发展,更促使儿童日益频繁地用表象符号来代替外界事物,描述外界事物。随着生理的成熟,儿童也开始重视外部活动。这个时期儿童思维的第一个特点是具体形象性;第二个特点是不可逆性。

3. 具体运算阶段:初步逻辑思维(6、7~11、12岁)

这个阶段相当于小学阶段。儿童发展到这个阶段,出现了具体运算的图式,能够进行初步的逻辑思维。

4. 形式运算阶段:抽象逻辑思维(11、12~14、15岁)

这个阶段相当于初中阶段。这时的儿童思维发展迅速,能用抽象符号进行逻辑思维及命题运算,形成认知结构的整个体系,它属于儿童思维的高级形式。

从感知运动阶段、前运算阶段、具体运算阶段到形式运算阶段,儿童逐渐出现了思维萌芽、表象思维、初步逻辑思维和抽象逻辑思维。儿童的思维、心理就是这样发展、完善的。

三、论教育科学发展观

"教育应当成为一门科学",这是皮亚杰教育思想的核心。

(一)论教育科学发展与儿童心理学的关系

皮亚杰指出,要使教育成为一门科学,就必须把教育奠定在儿童心理学的基础之上。他要求教师接受儿童心理学的基本训练,不能对教学本身比对儿童更感兴趣。

(二)教育科学研究必须重视教育科学发展史的研究

皮亚杰在1965年写的《1935年以来的教育与教学》一文中曾尖锐指出,30年来教育科学研究中一件令人惊奇的事情,就是我们至今还不知道我们的教育所取得的成果。他认为研究教育科学发展史可以明确今天教育科学研究的任务。

（三）必须重视教育科学研究工作

皮亚杰呼吁，再也不能只根据常识解决问题，必须重视教育学上的科学研究，必须像医生诊治病人需要有坚实的医药和生理学知识为根据一样，教师教学也必须以实验教育学理论为依据。

四、论儿童教育

皮亚杰的儿童认知发展理论中蕴含着丰富的儿童教育思想。

（一）教育目的

皮亚杰认为，教育的目的，一方面是发展儿童的智力，另一方面是培养儿童的道德推理能力。

皮亚杰进一步指出，智力训练的目的是形成智慧，而不是储备记忆；是造就智力探索者，而不是博学者。

（二）儿童教育的原则和方法

皮亚杰根据自己的儿童心理学理论，提出儿童教育应该遵循以下原则：

1. 教育应贯彻准备性原则

皮亚杰认为，儿童认知的发展具有一定的阶段性，后一阶段总是在前一阶段发展的基础上产生新的进步，因此学习得有准备。反映在教育上，也就是要求教育应遵循儿童的认知发展顺序，贯彻准备性原则，循序渐进。

第一，不应教给儿童明显超出其认知发展阶段的材料。皮亚杰指出，儿童为了接受有关的知识信息，必须具备一种能同化它们的结构。如果过早传授这些知识，必然事倍功半，会使儿童不能有所创造，也不能真正理解，只是机械记忆。

第二，应努力避免从外部人为地加速儿童对某种问题的认识过程。在现实的教育实践中，进度常被用做判断儿童学习成效的指标，于是教师总是设法促使学生加速学习。皮亚杰认为，加快学习是可能的，但不能指望有极大加速，儿童对内容的彻底掌握比速度快慢更为重要。要使儿童学得的知识具有持久性,就必须让儿童经历一个"错误的"和"缓慢的"阶段。

第三,应尽可能按儿童的认知发展顺序编制课程。皮亚杰曾指出:"儿童的智慧和道德结构与我们成人的不一样;因此,新的教育方法要尽一切努力,编写出一套在形式上各年龄儿童能接受,并与他们的智慧结构以及各发展阶段相协调的教材来进行教学。"[①]

强调准备性,在教学方法上必然要因人施教。因为儿童的准备性各不相同,具有个别差异,所以个别化教学就很有必要。从理论上讲,教师应该针对每个儿童准备性特点来制定适合每个人的个别化教学程序,而且在教学过程中,应该随时判断学生学习的效果,及时修改程序。

2. 教育应贯彻主动性原则

皮亚杰主张,教育应该强调儿童的兴趣和需要,大力发展儿童的主动性,让儿童主动地、自发地学习。

在皮亚杰看来,儿童不仅受教于成人,而且自己能独立地进行学习。儿童是主动的学习者,真正的学习并不是由教师传授给儿童,而是出自儿童本身。因此,必须让儿童主动地、自发地学习。皮亚杰认为,要强调儿童学习的自主性,就得引起儿童的学习动机,调动儿童的学习兴趣。内在动机是主要的,奖励惩罚之类的外在动机并不起主要作用。

3. 教育应贯彻活动性原则

皮亚杰主张,应该重视活动的作用,教育要把儿童的实际活动置于优先地位,让儿童通过动作进行学习。

皮亚杰理论的核心思想是思维产生于动作。智慧自动作始,

---

① D. 埃尔金德著,刘光年译:《儿童发展与教育:皮亚杰的观点》,华东师范大学出版社1988年版,第195页。

如果切断与动作之间的联系,那么智慧的发端是不可能的。因此,皮亚杰提倡活动教学法。他认为,要使儿童主动学习,就必须使儿童通过主动活动和接触具体事物进行学习。仅仅看和听,而没有活动的教学,只不过是口头的学习,不能真正掌握知识。

4. 教育应贯彻协作性原则

皮亚杰主张,教育应重视儿童的相互协作作用,重视儿童的社会交往。皮亚杰认为,儿童间的相互学习是儿童认知发展的主要源泉;儿童的智力发展需要与他人相互刺激。学习中的交往重点应放在儿童间的合作上,而不是放在竞争上。如果儿童不能了解彼此相对的立场和观点,那么他们将长久地停留在本质上是自我中心的立场。处于同一认知水平上的其他儿童,比成人更能促进儿童从自我中心解脱。所以,皮亚杰提倡同伴影响法,重视儿童之间的互教,主张儿童上课时可与同伴交谈讨论。

五、论儿童道德发展和教育

皮亚杰是第一个试图有系统地追踪儿童道德推理的转变过程的人。

(一) 儿童道德判断的客观规律

皮亚杰通过研究,揭示了儿童道德判断的主要规律。

1. 关于行为的动机和后果

年幼儿童往往是按行为的客观责任去作出判断;年长儿童往往是按行为的主观责任去作出判断。

2. 关于道德判断的依据

年幼儿童总是根据成人是鼓励还是惩罚来判断行为或事情的好坏、是非、公正与否;年长儿童则是按照是否平等、公正的原则去判断行为或事情的公正与否。

3. 关于道德行为的因果关系

年幼儿童常常把过失行为同日常生活中普通的偶然发生的灾

祸相联系,把过失行为看做是偶发灾祸的根本原因,把偶发灾祸看做是过失行为的必然结果;而年长儿童却能把两者区别开。

4. 关于道德判断中的绝对和相对

年幼儿童评价道德行为时,总是以自我为中心,很少想到别人,更不会把自己放到别人所处的地位上去考虑;年长儿童评价行为时,就有较大的灵活性和相对性,懂得不能光从自己的角度去考虑问题,还应设身处地,把自己放到别人的位置上去看问题。

(二)儿童道德发展的阶段性特点及教育

皮亚杰根据儿童道德发展的规律,对儿童道德发展的年龄阶段作了划分。

1. 感知动作阶段(2岁以前)

这一阶段的儿童出于感知觉和随意运动才去摆弄周围物品,他们的道德发展属于道德情感萌生阶段。

2. 自我中心阶段(2~5岁)

这一阶段,儿童能够接受外界的准则,但由于和成人、同伴之间还没有相互合作的关系,他们常常按照自己的想像去理解事物,外界的准则对他们来说还缺乏约束力。

3. 权威阶段(6~8岁)

这一阶段,儿童道德生活的特征是几乎绝对地服从权威。这里,权威既指父母、教师等成人,也指年龄较大、更为成熟、更有力量和威望的人。这时的儿童的道德水平是"他律",每个儿童都按照违反或遵从权威的规定去判断是非。

4. 可逆阶段(8~10岁)

这一阶段,儿童道德生活的特征是相互尊重准则逐渐取代了对权威的单方面服从。这时,儿童的道德判断已明显开始摆脱外界的约束并具有了初期自律道德水平的萌芽。

5. 公正阶段(11、12岁以后)

这一阶段,儿童已经不再刻板地按某种准则去作出道德判断,而能按具体情况,能"设身处地"地从关心人和同情人的真正的道德关系出发去作出道德判断了。

皮亚杰要求儿童道德教育应根据儿童道德发展的阶段性特点展开。按照儿童道德判断的年龄特点,家庭、学校的道德教育就应该不同阶段有不同的具体要求、不同的方式、不同的衡量尺度。

皮亚杰在儿童道德发展领域中的贡献是十分巨大的,他的见解正越来越为人们所重视。但我们也应该看到,皮亚杰关于儿童道德发展的理论并非完美无瑕。例如,他把道德发展看做是认知发展的单一过程,在一定程度上忽视了道德情感和道德行为的作用,这不能不说是个缺陷。

六、地位及影响

皮亚杰的理论和实践对当代世界的儿童教育已经产生并将继续产生重大影响。他的大量著作被翻译成各国文字,他的实验研究和学术成就成了20世纪世界教育发展的重要内容。"在近代教育史上,还没有哪一种与教育有关的心理学理论,像皮亚杰的理论那样,如此引人注意,并对教育家们有如此的吸引力,受到那么多科学研究的支持。"[①]

但"人无完人,金无足赤"。无庸讳言,皮亚杰的理论也有其不足。主要体现在,他的理论强调儿童内在的发展,而对社会对个体发展的影响则不够重视。比如,他注重儿童主体认知的能动性,但对社会作用、社会因素在儿童认知发展中的重要性却重视不够。

[①] B.J.沃兹沃思著,周镐等译:《皮亚杰的认知发展理论》,中译本第二版序言。

第二节 人本主义教育家的学前教育思想

人本主义教育是20世纪六七十年代在美国盛行的一种教育思潮。它以人本主义心理学为理论基础,主张教育是为了培养心理健康、自我实现和富于创造性的人,学校必须提供最好的条件,并创造促进人们学习和成长的良好的心理气氛,使每个学生达到自己力所能及的最佳状态。

一、人本主义教育家

人本主义教育理论的代表人物有杰出的人本主义心理学家马斯洛、罗杰斯、弗洛姆、奥尔波特等。

马斯洛是当代美国心理学家,人本主义心理学的宗师。他的主要著作有《科学心理学》、《人性能达到的境界》、《动机与人格》等。

罗杰斯是美国当代著名的人本主义心理学家。他的主要著作有《问题儿童的临床治疗》、《咨询和心理治疗:新近的概念和实践》、《论人的成长》、《学习的自由》等。

弗洛姆是美国当代著名人本主义心理学家。他的主要著作有《爱的艺术》、《逃避自由》、《心理分析和伦理学》、《为自己的人》、《遗忘的语言》等。

奥尔波特是美国当代著名人本主义心理学家。他的主要著作有《人格的模式和成长》、《个人与其他领域》、《偏见的个性》、《传闻的心理学》等。

二、人本主义心理学

人本主义教育家们在创立他们的教育理论体系时,是以人本主义心理学为基础的。人本主义心理学是在特定的社会背景下,吸收了存在主义哲学的基本思想、现象学的方法以及格式塔心理学的整体论方法,在与心理学领域中的行为主义和精神分析理论这两大派别的论争中应运而生的。它的产生被称为心理学界的"第三力量",打破了当时西方心理学界以精神分析学派和行为主义学派占主要地位的格局。

马斯洛认为,人本主义心理学"不是一个有严密体系的单一学派",而"是一种强调人的尊严和价值的多学派松散联盟"①。

（一）研究对象

人本论者主张心理学家应当着重研究人类中的优秀分子,即"不断发展中的那一部分",然后从特殊到一般,以推动人类潜力的发展。

（二）整体论方法

人本主义心理学家们强调,不仅要从知觉角度去把握整体性,而且要"从意识经验自身这一整体去开辟新的研究领域"②,要致力于在教育中恢复整体的人的观念。

（三）需要层次理论

人本论者认为,人的活动主要根源于内部动机,而不是根源于对外部的反应。

马斯洛指出,使人产生动机的直接原因是人类的基本需要,包括：

（1）生理需要：即对生存的需要,包括衣、食、住、行、睡眠等需求。

（2）安全需要：指生活有保障而无危险。

（3）归属和爱的需要：即与他人亲近,受到接纳,有所归依。

（4）尊重需要：包括自尊和来自他人的尊重。

---

① 马斯洛等著,林方主编：《人的潜能和价值》,华夏出版社1987年版,第274页。
② 马斯洛等著,林方主编：《人的潜能和价值》,华夏出版社1987年版,第11页。

(5)认知需要:即求知、理解、探索的愿望,表现为好奇心。

(6)审美需要:即厌恶丑恶,对和谐的秩序与美感有追求的欲望。

(7)自我实现的需要:即充分发挥人的潜能。

(四)人的本能

人本主义心理学家们提出人的本性是好的,各种本能需要的满足能促进人的成长。这种观点给教育带来了一种新的观念,即教育应该给儿童以爱和尊重,让儿童体验到兴奋与喜悦,教育者只能引导而不能压抑儿童的成长。

三、幼儿教育观点

以人本主义心理学理论为依据,人本主义教育家们对幼儿教育问题提出了自己的观点。

(一)教育目的

人本主义教育的目的是培养自我实现的人,即要促使"个人达到所能达到的最高度的发展,即达到他所能达到的最佳状态"[①]。整体性、动态性和创造性是这种自我实现的人最显著的人格特征。这一教育目的对于所有儿童都是适用的。

(二)教育者应帮助儿童发现"自我同一性"

所谓"自我同一性",指的是"找出你的真实愿望和特征是什么,并生活在一种方式中使它们能表现出来"[②]。

马斯洛主张,儿童经过学习应当能抵制现实的不良风气或陈规旧俗对他们的影响,成为真诚、忠实的人,其言行应当成为他们

[①] 马斯洛著,林方译:《人性能达到的境界》,云南人民出版社1987年版,第169页。

[②] 马斯洛著,林方译:《人性能达到的境界》,云南人民出版社1987年版,第184页。

的内在感受的真实而自发的表现。

（三）尽量满足儿童的基本需要，促进其潜能发展

人本主义教育家认为，为了达到自我实现，促进人的潜能充分发挥，教育者应该充分满足儿童的基本需要。

生理需要：即对生存的需求。

安全需要：儿童一旦生理需要得到了满足，就会出现安全需要。马斯洛要求，为了满足儿童的安全需要，社会、家庭应当通力合作，给孩子提供一个和平、宁静的环境。

归属与爱的需要：马斯洛认为，归属需要是儿童心理正常发展的必要条件之一。漫无目标的流动生活，或被迫与家人分离、孤独寂寞的生活，都会损害儿童的身心。而爱的需求是人与生俱来的，爱对儿童的成长非常重要，在孩提时代得到爱的人，往往更容易健康成长；如果缺乏爱，就会抑制儿童的成长及其潜能的发展。而且，只有得到爱的人，才会给予爱。所以，马斯洛强调，"我们必须懂得爱，我们必须能教会爱、创造爱、预测爱"[①]。

尊重需要：马斯洛要求成人要倾听儿童内在的呼声，满足儿童受尊重的需要。对儿童自尊需要的满足会使儿童产生自信的感情，从而促进儿童的健康成长，使他们更有独立性和创造性，更向往成功。

认知需要：认知需要的主要表现是好奇心。儿童不必经过成人教诲，就有着天然的好奇心，而且比成人的好奇心更为强烈。所以，马斯洛主张，教育者应当抓住时机，积极引导，满足儿童的好奇心，促使儿童健康发展。

审美需要：在马斯洛看来，健康的孩子普遍都有着对美的需求。他经过实验证明，环境的美丑会对儿童的心理产生影响。家

[①] 弗兰克·戈布尔著，吕明等译：《第三思潮：马斯洛心理学》，上海译文出版社1987年版，第44页。

长、教师必须为儿童的健康成长创造一个美的环境,把美感教育渗透到各种教育活动中去,满足儿童的审美需要。

(四) 创造自由的心理气氛

人本主义教育家们信奉的一贯原则,就是儿童必须通过自由选择成长起来,别人的选择和过分控制只会削弱他的能力和自信心。人本主义教育家提出,儿童"对于他们学什么、怎样学、什么时候学,应该有更多的自由和责任"。他们批评教师、家长只注意指导儿童应当做什么、怎样做,却没有认识到学习是个人的事,儿童是有个性和独特性的。

人本主义教育家所说的自由主义是指选择的自由,是在社会、学校所提供的各种学习内容、方法等方面作出选择的自由,这种自由是和责任紧密相联系的。获得自由,也意味着担负责任,即为自己的选择负责。给予儿童自由,让其学会自己为自己负责,这不仅有助于培养他们健康的自由意识,而且有利于培养他们的责任心。

(五) 培养儿童的创造性

"自我实现的人"的一个重要人格特征是具有创造性。为了达到教育目的,人本主义教育家非常重视对儿童创造性的培养。

人本主义教育家认为,人人都有创造的潜能,创造潜能的发挥不仅依赖于文化教育和环境因素,而且需要心理上的安全和自由。因为人的创造潜能既有可塑性,又有脆弱性,容易被消极情绪引起的防御机制所埋没。所以,在培养儿童的创造性时,必须注意几个方面:重视儿童的情感因素;重视开发儿童的右脑;建立良好的教育环境。

四、影响及评价

以马斯洛、罗杰斯等人为代表的人本主义心理学派自20世纪60年代初异军突起后,其影响超越了美国,波及到全世界。

建立在人本主义心理学基础上的人本主义幼儿教育理论是围

绕着培养自我实现的人这一教育目的展开的,"自我实现"理论是其核心基础。人本主义教育家反对行为主义学派和精神分析学派把人的高级心理本质与低等动物的本能混为一谈,试图用整体的方法来研究人的发展;认为教育不是简单地建立在刺激—反应模式上的行为塑造,而是发展人的价值、理想、真善美等高级心理品质的内在学习过程;主张教育要以儿童为出发点和归宿点,要求尊重儿童,帮助儿童发现"自我同一性",满足儿童的各种基本需要,促进儿童潜能的发展,为儿童创造自由的心理气氛,培养儿童的创造性。人本主义教育家的这一思想,丰富了儿童心理学理论,从新的角度论证了教育必须适应并促进儿童心理发展这一永恒的儿童教育的基本原理。

人本主义教育家的幼儿教育思想不仅有其合理性和进步意义,而且在当今仍然极有影响力。但它也带有严重的缺陷。人本主义教育理论把立足点放在人性的内部力量上,过分夸大了人的自然素质的作用,没有看到社会对个体发展的现实性和可能性的制约关系。毕竟人是社会存在物,个人的发展不能完全依赖于各种潜能素质的发展,同时还要受到个人所处的社会现实条件的制约。

第三节 当代早期教育理论概述

当前,随着科技的进步和人类文明的高速发展,早期教育的研究和实践被提到了空前重要的地位,成为各国教育改革的重要内容。

一、重视早期教育

自20世纪60年代以来,早期教育问题引起了人们极大的关注。不仅有许多心理学家、教育家在积极研究这个问题,而且各国政府也介入了早期教育的研究与实践领域。原因在于：

首先,国际竞争的加剧。当今国际社会竞争日益激烈,各国的竞争实际上是科技竞争、人才竞争。这使得各国都高度重视教育,重视"早出人才,快出人才"。早期教育观念逐渐深入人心。

其次,自然科学的发展。20世纪50年代后,心理学、脑科学、生理学等学科对人的多维度研究有了新的进展。这些研究发现,儿童的发展有极大的潜力,进行早期教育是可行的。

二、儿童智力发展与其早期教育的关系

科学研究已经证明了早期教育与个体智力发展有着密切关系,早期教育是使个体智力获得正常发展的重要保证。

1964年,美国芝加哥大学心理学家布鲁姆(B. S. Bloom)综合了一些心理学家对智力测验的研究成果,用不同年龄的智商与成熟年龄智商的相关系数绘制了一张个体智力发展的曲线图。他认为,以17岁时测得的智力为准,1岁儿童的智力发展至少达到20%,4岁达到50%,8岁达到80%,12岁达到90%。幼儿期被剥夺了智力刺激的人永远达不到他们原来应该达到的水平。布鲁姆的研究结论发表后,引起了广泛的注意,重视早期智力开发的思想得到人们的认同。

三、儿童发展的关键期问题

"关键期"问题是个体早期发展研究中受到重视的问题之一。

20世纪50到60年代,奥地利动物行为学家洛伦兹在研究动物习性时,首次提出"关键期"的概念。他发现初生时的动物对最初的刺激会产生追随行为。刚出壳的小鹅在1~2天内有追随第一眼看到的运动物体的行为,过了这个时期就很难再形成这种追随行为了。洛伦兹把这种行为称为印刻现象,把产生印刻现象的反应期称为关键期。这个概念引入心理学后,有了特殊的含义。

即有机体的某种潜在能力只有在有机体生命的某一特定时期中,由于环境恰好提供了某种特定的刺激才能使之得到最好的发展。因为在这一特定时期,个体处于一种最积极的准备和接受状态,如果此时得到适当的刺激和帮助,某种能力就会迅速发展起来。否则,错过这个时期,就不能获得或达不到最好的水平。

有学者通过研究提出,0~6岁儿童心理行为发展的主要关键期是:

0~1岁:视觉、听觉关键期,言语关键期,直立行走关键期。

1~2岁:手精细动作发展关键期,口语表达发展关键期,动作思维关键期,方位知觉、空间知觉关键期,兴趣发展关键期,再造想象萌芽关键期,模仿能力关键期,初步社会情感发展关键期,自我意识萌芽关键期。

2~3岁:形象视觉关键期,时间知觉关键期,形象记忆关键期,体育技能关键期,独立性萌芽关键期,智能发展第一关键期。

3~4岁:机械记忆关键期,外语口语学习关键期,艺术形象形成关键期,音乐表现能力关键期,内部言语关键期,自制能力关键期,求知欲发展关键期。

4~5岁:书写关键期,手工劳动关键期,自我服务技能关键期,具体形象思维关键期,10以内数分解、组合关键期,智能发展第二关键期。

5~6岁:讲述能力关键期,20以内加减计算能力关键期,创造想象萌芽关键期,受环境制约的性格形成关键期,社会性适应能力关键期。

四、布鲁纳的早期教育理论

布鲁纳是当代美国著名的心理学家和教育家。

(一) 生平和著作

布鲁纳一生兴趣广泛,在许多研究领域内作出了重大贡献。

尽管他的研究内容和风格总在变化,但他始终保持着一种高度统一的精神,总是顽强地致力于把不同的专业知识结合起来,置于人的认知发展和教育研究的背景上。这使他的研究具有连续性。他的著作有《价值和需要是知觉的组织因素》、《个性动力与知觉过程》、《思维的研究》、《论认知》、《认知发展的研究》、《教育过程》、《教学论探讨》、《教育的适合性》、《婴儿认知发展的过程》、《婴儿技能活动的结构》等。

（二）教育思想的理论基础

1. 结构主义认识论

布鲁纳认为,任何组织知识体系的观念都是人类发明出来的,目的是为了使经验更经济、更连贯。知识就是由人们体验出来的事物的规律性所组成的。假设每一个知识领域都存在着一系列基本结构,那么每一个学科都由两部分组成：一是基本概念和原则；二是学科领域的特有程序和方法。当教师对这两个组成部分进行适当表述和讲授时,学生就能掌握这门学科的逻辑结构。学生掌握了结构,就获得了运用一个学科基本概念的能力；然后,学生就可以利用这些基本概念,把它们当做认识和攻克其他问题的基础。

2. 认知发展理论

布鲁纳坚信人的智慧生活具有创造性,并重视后天习得的经验和文化教育的作用。他运用信息加工理论对人的认知学习作了新的解说：一方面肯定人的认识的主观能动性,指出人的认识过程是通过知觉、发现、再认、想像、记忆、判断和思维等,以获得知识、保持知识,并将知识转化为个体的智慧的一种"从内而外"的心理过程；另一方面,强调社会文化教育对人的认知发展起决定作用,指出教育是转换知识形式并引导人们的学习活动的"从外而内"的过程。同时,他构想出二者之间的桥梁——信息加工模式,又称编码系统、认知结构等。其基本含义是指主体以不同的形式来反映、代表、认知客观事物的经验系统。

布鲁纳把认知发展划分为三种不同发展水平的认知结构,即动作的、形象的和符号的认知结构。与此相适应,也把儿童的认知发展划分成三个阶段:

一是动作式再现表象阶段:儿童主要通过动作来组织、再现外界事物的特征;

二是形象式再现表象阶段:儿童显示出有构成环境经验的内在表象的实际能力;

三是符号式再现表象阶段:大约出现在青春期,儿童开始能够应付命题,能够应用一种层次结构达到概念化,能够寻找决策的可能性,并用一种形式或另一种形式把它们结合起来。

布鲁纳指出,这三个阶段是顺序发展的,并且可以部分地互相迁移。当认知发展进入到下一阶段时,前一阶段的表象形式仍然发挥着作用,后者并不完全取代前者,还有重复出现的可能。

(三) 论教育任务与课程

1. 论教育任务

布鲁纳认为,教育任务是现代教学论首先应该注意解决的问题。他指出,教育的根本任务就是帮助或促进学生的成长和发展。教学理论实际上就是关于怎样利用各种手段帮助人成长和发展的理论。通过教学,不仅要使学生掌握必要的知识技能,更为重要的是促进人的智力发展,提高人的素质。他指出:"教育的最一般的目标就是追求卓越性。……这个词,不仅意味着教育成绩优异的学生,而且也意味着帮助每一个学生获得最好的智力发展。"①

2. 论课程

要促进受教育者智力的发展,首先要解决"教什么"的问题,即课程和教材问题。为适应现代社会知识和信息加速增长的需要,布鲁纳以结构主义心理学为指导,要求革新课程内容,力求现

---

① 转引自钟启泉编著:《现代课程论》,上海教育出版社1989年版,第110页。

代化,着重讲授每门学科的基本结构。

(1)学科的基本结构

布鲁纳主张,"不论我们选教什么学科,务必使学生理解该学科的基本结构"①。所谓"学科的基本结构",指的是最能反映学科观点的一般的、基本的原理和规则。在每一门学科中都存在着某些"广泛和强有力适应性的观念",这些观念形成了学科的结构体系,它们不仅能解释这门学科中某种特定的客观事物,而且能有规律地反映这门学科中一般的客观事物。

布鲁纳强调指出,如果把每门学科的基本概念、原理和该学科所特有的研究方法作为教学内容,那么教学就会获得好的效果。因为"基本"这个词,含有"普遍而强有力的适应性之意"。学生所学的知识越是基本的,就越能不断地扩充和加深,并对新问题的适用性就越宽广。

(2)螺旋式的课程编排

长期以来,美国传统教育的"学科中心课程"派与进步教育的"儿童中心课程"派,围绕课程是按知识逻辑顺序编排还是按儿童学习的心理顺序编排,一直争论不休。前者看重按知识本身的逻辑顺序编排的"直线式",后者看重按儿童的经验与兴趣编排的"圆周式"。对此,布鲁纳指出,在课程编排方式上,"螺旋式"是最科学的。

螺旋式编排,就是按倒圆锥体的形状编排。它保留了直线式内容一阶段比一阶段高深和分化的逻辑顺序,也融会了圆周式由同心圆一波又一波扩散、加宽的心理要求。布鲁纳认为,任何知识通过一次学习便掌握的事例是罕见的。要真正牢固地掌握知识的结构,就必须使不同水平的知识与不同年级学生的不同能力的认识水平配合起来,将同一题材每次都以新的观点反复多次地展开

---

① 布鲁纳著,邵瑞珍译:《教育过程》,文化教育出版社1982年版,第31页。

学习,"直至学生掌握了与这些观念相伴随的完全形式的体系为止"①。这样有助于学习者有效地掌握知识和技能,有助于知识的巩固,也符合人类认识能力发展的一般规律。

(四) 论早期教育

布鲁纳在探讨课程本质问题时,提出了一个大胆的并引起广泛争议的假设——"任何学科都能够用在智育上是诚实的方式,有效地教给任何发展阶段的任何儿童"②,从而认为一切学科教学的早期进行是可能的。他通过自己多年的研究和经验的总结指出,过去的学校以过于困难为理由,将许多重要学科的教学往后推迟,甚至完全忽视,这从根本上影响了早出人才、快出人才。因此,强调学校教学的及早进行,使儿童尽早尽快地学习更多重要学科的基本知识,成为布鲁纳教育思想体系的重要一环。

1. 早期教育的可能性

布鲁纳在提出假设的同时,以大量的论据支持自己的早期教育理论。

首先,布鲁纳认为"学习准备"具有非固定性的特征。在西方的学习心理学中,准备的概念是指有益于有效学习的学习准备,一旦超越了准备的时期,学习者即使努力也收效甚微。因此,教育要考虑儿童身心发展的理论,课程安排要考虑儿童学习的心理顺序。这种准备观的出发点是认为儿童智力的发展主要是一种自然过程,不受来自环境的影响。布鲁纳对此进行了尖锐批评,指出这是一种僵化的准备观,与大量学习行为相互矛盾。

布鲁纳认为,正确的准备观不应是上述生物学的概念,而是作为教育学的概念。充分掌握先行的最基本的知识技能,构成后行的、更高深的知识技能的心理学基础,这才是准备的真正意义。也

---

① 布鲁纳著,邵瑞珍译:《教育过程》,文化教育出版社1982年版,第33页。
② 布鲁纳著,邵瑞珍译:《教育过程》,文化教育出版社1982年版,第32页。

就是说,儿童完成"学习准备"的状态并非随生理年龄的函数而是随环境和教育的作用而有所进展的,准备是教育影响的函数概念。教育没有必要盲目服从儿童认知发展的自然过程,消极地静待儿童伴随自然成熟而到来的学习准备状态,而应当通过能影响儿童智力发展的教育环境的设计,积极创造条件,加速儿童学习准备状态的到来,促进儿童智力发展的进程。总之,要把学习准备观念由"等待准备"改为"创造准备"。

其次,布鲁纳强调学习行为的可控性。他认为人们的学习行为一般包括三个过程:一是新知识的获得;二是转换,也就是处理知识,使其形成另一种形式,以适应更多知识的学习;三是评价、检查处理知识的方法是否得当、正确。在布鲁纳看来,学习任何一门学科,常常有一连串的情节,每一学习情节几乎同时涉及学习行为的三个过程。为了科学地安排不同学科的教学,可以采取缩短或延长时间、实施外来奖惩的方式,适当调整学习情节,控制学习行动的三个过程,使获得、转换和评价达到教学所要求的最佳程度。学习情节安排得当,可以迅速再现以前学过的东西,便于新旧知识的有机联结,而且可以通过迁移效应超过前面的学习。

2. 早期教育的基本要求

(1) 教师应该充分发挥主导作用

布鲁纳认为,在进行早期教学时,儿童学习活动的盲目性很大,对知识的自我消化能力较差,教师对学生学习的引导显得尤为重要。在这一阶段,他要求教师对教材的性质和学生的能力要有深刻的认识,要对教学作出妥善的安排。

(2) 重视"直观"的教学方法

布鲁纳认为,直观教学是早期教育中广泛适用且最为有效的方法之一。布鲁纳针对年幼儿童的特点,对直观教学的具体实施进行了多方面的研究,认为自然科学和社会科学的基本知识都可以用直观的方式教给小学低年级的学生。数学中的一些基本概念可以不用数学用语,而通过儿童能触摸的具体材料来学习;有关社会问题的原理、概念,也可以通过复述神话、采用儿童文学名著、放映和评论经过检验的影片来教给儿童。此外,他还认为游戏是一种儿童喜欢的活动,也是直观教学中更为具体的方式。

(3)提倡"发现学习法"

在早期教育的方法上,布鲁纳还提倡发现学习法。他认为,发现是教育儿童的主要手段,"我们教一门学科,并不是希望学生成为该学科的一个小型图书馆,而是要他们参与获得知识的过程。学习是一种过程,而不是结果"①,"学会学习"本身比"学会什么"更为重要。教师不仅要向学生传授学科结构的知识,还要培养学生探究问题的精神,把学生从小就作为小科学家、小学者来培养。要引导儿童用自己的头脑亲自获得知识,教给儿童解决问题的学习策略,使之日后成为独立自主的会思想的人。

布鲁纳以结构主义认识论和认知发展心理学为指导思想,建立了结构主义教育理论。他的教育理论在20世纪60年代初的美国教育改革中发挥了重要作用,也在不同程度上影响了一些国家的教育改革。

20世纪60年代以来,人们对于早期教育已越来越重视,对尽早开发儿童智力也越来越有信心。布鲁纳根据自己的教育理论,提出了"任何学科的基本原理都可以用某种形式教给任何年龄的人"的大胆设想。但也有学者认为布鲁纳的这一设想缺乏严密的科学根据,儿童早期教育不是可以任意而为的。但总的来说,对早期教育的研究,仍然是当前学前教育研究中一个大有希望的领域。随着相关研究的深入,人们对这个问题的认识一定会越来越接近客观实际。

---

① 布鲁纳:《发现的行为》,《哈佛教育评论》第1期,1961年冬季号,第26页。